国家社科基金重点项目“经济特区与中国道路研究”成果
“中国经济特区研究数据库”(SezData)文献索引汇编

经济特区研究文献索引

（第五辑）2011-2015

主　　编　陶一桃
副 主 编　钟若愚
执行主编　王保卫

INDEX ON SPECIAL ECONOMIC ZONES RESEARCH (NO.5)

中国经济出版社
CHINA ECONOMIC PUBLISHING HOUSE
北京

图书在版编目（CIP）数据

经济特区研究文献索引．第五辑／陶一桃主编．--北京：中国经济出版社，2022.8（2022.11 重印）
ISBN 978-7-5136-7031-9

Ⅰ．①经… Ⅱ．①陶… Ⅲ．①经济特区-文献-索引-中国 Ⅳ．①Z89：F

中国版本图书馆 CIP 数据核字（2022）第 142293 号

责任编辑　丁　楠
责任印制　马小宾
封面设计　华子设计

出版发行　中国经济出版社
印 刷 者　北京九州迅驰传媒文化有限公司
经 销 者　各地新华书店
开　　本　710mm×1000mm　1/16
印　　张　20.25
字　　数　351 千字
版　　次　2022 年 8 月第 1 版
印　　次　2022 年 11 月第 2 次
定　　价　88.00 元
广告经营许可证　京西工商广字第 8179 号

中国经济出版社　**网址** www.economyph.com　**社址** 北京市东城区安定门外大街 58 号　**邮编** 100011
本版图书如存在印装质量问题，请与本社销售中心联系调换（联系电话：010-57512564）

序

深圳奇迹与中国共产党的改革智慧

陶一桃

在中国共产党百年辉煌而又艰苦卓绝的发展历程中，改革开放无疑具有独特的历史意义及理论与实践价值。如果说始于1978年的改革开放，彰显了中国共产党人自我革命的勇气与挑战教条主义的大无畏的批判精神，那么打破不适应生产力发展要求的传统计划经济体制，建立社会主义市场经济体制，走中国特色社会主义道路，则充分展示了中国特色社会主义的道路自信、理论自信、制度自信与文化自信。深圳经济特区作为社会主义市场经济的试验田，作为最早的改革开放窗口，作为中国道路的先行者，作为中国特色社会主义的先行示范区，其不仅以令世人瞩目的辉煌成就和发展奇迹，证明了改革开放的决策是英明的，印证了中国道路是正确的，同时体现了中国共产党的改革智慧和力量。

纵观经济特区发展的历程，它的建立与成功是中国共产党发展史上的辉煌一笔，它不仅以改革开放的实践真正推动了马克思主义的中国化，还以中国共产党人在社会转型进程中不断的探索性突破，丰富发展了马克思主义，形成了中国特色社会主义理论体系，为新兴市场经济发展、国家转型提供了可以被借鉴的中国解决方案。正如习近平总书记在深圳经济特区建立40周年庆祝大会上所说的："深圳是改革开放后党和人民一手缔造的崭新城市，是中国特色社会主义在一张白纸上的精彩演绎。"

一、中国共产党的伟大抉择：经济特区的创立与中国道路的开启

在建党百年的历史背景下，我们从中共党史的视角出发，回顾、总结、

思考中国经济特区41年的伟大历程可以发现，正是中国共产党带领全国人民实事求是、解放思想，摆脱传统计划经济的束缚，探索适合中国国情的现代化道路，并以创办经济特区的方式开启了中国道路的伟大抉择，才有中国特色社会主义的伟大实践，才有改革开放40余年的伟大成就，才有中华民族的伟大崛起，才有令世界刮目相看的伟大的中国奇迹。经济特区在中国社会制度变迁的进程中具有不可替代的地位、功能与独特的历史使命，经济特区与中国道路作为中国特色社会主义理论的重要内涵与组成部分，也将成为中国共产党的理论与思想财富。

自1980年中共中央、国务院决定将深圳、珠海、汕头和厦门这四个出口特区改称为经济特区以来，在中国改革开放40余年的历史进程中，经济特区，尤其是深圳经济特区，以制度变迁的先行者和政策性经济增长极的双重使命与身份，率先探索着中国社会由传统计划经济向社会主义市场经济转型的发展路径，寻找着由普遍贫穷走向共同富裕的实践模式，探寻着由经济体制改革逐步深入政治体制、社会管理体制机制等全方位改革的制度安排，践行着以非均衡发展战略实现区域协同发展的有效途径，贡献着由政策开放走向制度开放，由外向型经济走向开放型经济的理念、做法与可借鉴、复制的经验。以深圳为典型代表的经济特区，作为中国社会制度变迁的逻辑起点与中国道路的重要组成部分，既是自上而下强制性制度变迁的产物，又是这一制度变迁的结果，同时是中国特色“渐进式改革”的伟大践行者。作为自上而下强制性制度变迁的产物，它肩负起“先行先试”和“先行示范”的历史使命；作为强制性制度变迁的结果，它以“政策性增长极”的制度力量，不断产生、释放着“虹吸效应”与“扩散效应”①，从而改变、形成中国经济的新版图；作为中国特色“渐进式改革”的伟大践行者，它以自身的发展不断探索着中国社会制度变迁的路径，更以自身的成功证明着中国道路的正确性。

41年前，在“发展是硬道理”的渴望中，在“摸着石头过河”的探索中，坚定而倍受瞩目的经济特区诞生，作为由传统计划经济向社会主义市场经济转型的试验田，作为中国对外改革开放的窗口，经济特区不仅成为冲出传统计划经济体制的一种崭新而富有挑战意义的制度尝试，而且成为中国改革开放具有划时代意义但却充满众多不确定因素的突破口，同时开

---

① Gunnar Myrdal. Economic Theory and Underdeveloped Regions [M]. London: G. Duckworth, 1957.

启了中国道路的探索征程。从此，中国现代化建设走上了一条既不同于传统体制下的“苏联模式”，又不同于资本主义的“西方模式”，更不同于被苏联、中东欧前社会主义国家和拉美转型国家所采纳的“华盛顿共识”的中国特色的发展道路——中国道路。① 中国共产党在民族生死存亡关头的伟大而坚定的决策，铸就了一条民族发展繁荣走向现代化的道路——中国道路。

这里所说的中国道路是指，1978 年以来中国所选择的社会转型、经济发展与全面实现现代化的方式与路径。具体地说，就是在一个已经拥有 30 年计划经济历史，同时传统意识形态又毋庸置疑地占据统治地位的计划经济的大国里，在区域及城乡发展严重不平衡的国度中，以创办经济特区的方式来突破传统体制的制度变迁，旨在全国范围内逐步完成由传统计划经济向社会主义市场经济的转型，使中国在一段时期内全面走上市场经济的道路，逐渐成为一个真正的经济繁荣、制度自信、文化昌盛、国富民强的法制的社会主义市场经济国家。② 经济特区作为一种制度安排，打破了传统体制下的一般均衡状态，使非均衡发展成为中国社会制度变迁的最佳路径选择，其也成为探索中国道路的路径选择。经济特区作为非均衡发展道路的产物，与非均衡发展道路共同成为中国道路的重要组成部分。经济特区在“摸着石头过河”的理念下，构成了中国特色“渐进式改革”的独特实践模式，而“先行先试”“率先示范”“敢闯”又构成了这一独特实践模式的重要内涵与品质；它们以符合中国国情的改革实践方式，证明了中国道路的理论价值与实践意义。经济特区作为中国改革的探索者与先行者，在构成中国道路重要实践载体的同时，以其路径选择的正确性和辉煌发展，推动、促进了中国特色社会主义市场经济体制的确立、发展与完善，掷地有声地证明了中国道路选择的正确性。

经济特区成立 41 年后的今天，无论是从中国改革开放的历史进程来看，还是从中国道路形成的视角来看，给予经济特区多么高的评价都不为过。因为对于今天的中国，经济特区已经不是一个单纯的特殊政策的产物，更不是一项权宜之计，而是中国社会制度变迁和中国道路的逻辑起点，它本身就构成了中国道路的重要内涵。从深圳经济特区的新时代新使命来看，其由“先行先试”到“先行示范”，并且还将继续以“政策性增长极”的

① 陶一桃．新时代经济特区新使命新作为［J］．深圳特区报，2018-5-8.
② 陶一桃，鲁志国．经济特区与中国道路［M］．北京：社会科学文献出版社，2017.

方式，成为中国深化改革进程中“先行先试”的先锋、增长极中的增长极、降低试错率的先行区和创造可复制、可推广经验的制度创新高地。正如习近平总书记所说的：“改革开放是我们党的一次伟大觉醒”“改革开放是中国人民和中华民族发展史上一次伟大革命”。[①]

二、中国共产党的伟大探索：经济特区与中国特色“渐进式改革”

如果说以建立经济特区的方式开启中国改革开放是中国共产党的伟大抉择，那么中国特色“渐进式改革”则是中国共产党的伟大探索。所谓中国特色“渐进式改革”是指，1978 年以来中国所采取的既不同于“华盛顿共识”所推崇的“激进式改革”，又不同于典型的“渐进式改革”的中国特色的制度变迁道路与模式。具体地说，其就是在以建立经济特区为重要实践载体，在以“先行先试”为主要实践逻辑与步骤的前提下，以强制性制度变迁为主导，以诱致性制度变迁为潜能；以自上而下的顶层设计为核心，以自下而上的授权改革为路径；以经济改革为切入口，以全方位改革为方向；以发展经济为着眼点，以全面发展为目标；以非均衡发展为路径，以协调与共享发展为宗旨的非激进式改革。这一改革的基本路径，反映了中国道路前行的内在逻辑轨迹。[②] 所以，中国特色“渐进式改革”，不仅是中国道路的重要组成部分，而且以改革开放 40 余年的成功实践发展了传统转轨经济学理论与区域经济学理论，丰富了中国特色政治经济学理论体系，为转型国家提供了一条可供选择、借鉴的成功道路，这是中国共产党对马克思主义理论的全球性贡献。

经济特区作为中国特色“渐进式改革”的实践模式与路径，一方面，它在中央特殊政策所创造的率先改革的制度空间内，实践着国家改革的整体意图，同时以不断“先行先试”的成功经验创造新的制度需求，从而使中央顶层设计的强制性制度变迁与特殊政策诱发的、源于地方政府改革能动性的诱致性制度，作为改革过程中制度供给与需求的两个方面，形成了中国特色“渐进式改革”相辅相成的有机进程；另一方面，经济特区在自上而下的强制性制度变迁占绝对主导地位的社会转型框架下，作为强制性制度变迁结果和推动力，是不断以“先行先试”所派生的，充分体现地方

① 习近平．在深圳经济特区建立 40 周年庆祝大会上的讲话［N］．人民日报，2020-10-15.

② 陶一桃．经济特区与中国特色“渐进式改革”的绩效［J］．广东社会科学，2020（6）.

政府的改革勇气与胆识，自下而上的诱致性制度变迁与强制性制度变迁的相互促进推动的方式，构成了中国特色“渐进式改革”不断向纵深迈进的内在演进逻辑。经济特区作为中国特色“渐进式改革”的实践模式与路径，在形成由特殊政策所致的、对生产要素和经济实体强大吸引力的“虹吸效应”的同时，以其中央授权下的诱致性制度变迁（地方政府的大胆改革）创造被加强了的“虹吸效应”，进一步提高了中国特色“渐进式改革”的制度绩效；经济特区作为中国特色“渐进式改革”的实践模式与路径，在形成由特殊政策所致的、对周边区域经济产生推动或有利影响的“扩散效应”的同时，以其中央授权下的诱致性制度变迁（地方政府的大胆改革），创造、释放日益扩大、深化的“扩散效应”，进一步加快了中国特色“渐进式改革”的实践进程。经济特区作为中国特色“渐进式改革”的实践模式与路径，在制度化地形成先富带后富的“涓滴效应”，较为迅速地展现出率先发展城市“倒U形曲线”（随着经济的发展贫富差距缩小）的同时，从内在逻辑与机理上更加彰显中国特色“渐进式改革”的时代意义。

马克思说：“理论在一个国家的实现程度，决定于理论满足这个国家需要的程度。”① 中国经济特区不仅是特殊政策的产物，同时它本身就是一种制度安排，即由特殊政策赋予了“率先改革权”的一项制度安排。作为一种制度安排，它既率先担负起中国社会改革开放与深化改革的使命，又以“次级行动集团”② 的独特身份与率先改革的特权，不断开拓性地为中国社会的制度变迁提供着可复制、可借鉴的做法与经验。所以，经济特区作为“政策性经济增长极”，不仅在中国特色“渐进式改革”的框架内，有力地诠释、践行着中国经济特区独特功能、作用与使命，而且使西方传统区域经济理论以“中国式”机制的方式非“经典”地展现了出来。这在丰富、完善中国特色社会主义理论的同时，展示着中国共产党的思想与道路的力量。③

三、深圳奇迹印证中国共产党的改革智慧

回顾40余年的改革开放历程，经济特区拥有着划时代意义。它不仅是

---

① 马克思恩格斯选集，第三卷［M］.北京：人民出版社，1972.

② L. E. Davis，Douglass C. North：“Institutional Change and American Economic Growth”［M］. Cambridge University Press，1971.

③ 陶一桃．经济特区与中国特色“渐进式改革”的绩效［J］.广东社会科学，2020（6）.

中国共产党所创造的足以载入中国改革开放史的、厚重的政治财富，而且是不断开创历史、创造奇迹的制度力量。从“先行先试”到“先行示范”，经济特区都在以“政策性增长极”的独特制度绩效，展示着中国共产党的改革智慧，而深圳经济特区正是这一改革智慧的印证者。

我们知道，在社会转型的初期，获取民众对改革支持的最直接、最有说服力的方法就是发展经济及随着经济发展人们收入水平的普遍提高。这是典型的“渐进式改革”的基本逻辑步骤。中国特色“渐进式改革”以首先建立“政策性增长极”——经济特区的方式，富有感染力与感召力地创造了一个具有说服力的制度空间。这就是改革开放初期邓小平同志所说的“让部分人，部分地区先富起来”的政治智慧。1980 年，深圳经济特区始建时，GDP 不足 2 亿元（19638 万元），是同期广州的 GDP 4%不到（广州 1980 年的 GDP 约为 48 亿元），不足同期中国香港的 0.2%（中国香港 1980 年的 GDP 约为 1117 亿元）。但 41 年过去了，深圳的 GDP 增长了约 1.5 万倍。按常住人口 1343.88 万人计算，2019 年深圳的人均 GDP 已达到 20.03 万元（2.9 万美元），约是全国平均水平（7.09 万元，约 1.03 万美元）的 3 倍，连续七年超过中国台湾地区（2.59 万美元），接近韩国人均 GDP（3.18 万美元），比 1980 年深圳刚建成的时候（606 元）翻了 330 倍。[①] 深圳工资水平与中国经济不发达地区相比，差距不是“沙滩”，而是“峭壁”。如果说改革开放初期，深圳相对其他城市较高的工资收入是吸引人们“闯”深圳的巨大动力，那么改革开放 40 余年来，深圳不断增长的 GDP 和人均 GDP 则同样是深圳不断吸引人才的重要因素，甚至让今天的创业者“忘记”了高房价的巨大压力。当然，人均 GDP 本身并不能完整地说明深圳创造奇迹的原因，如果把人均 GDP 看作生产要素的价格，它无疑是吸引人力资本的重要因素。作为对社会发展起决定性作用的人力资本，其是蕴含在社会机体内的、创造财富和奇迹的生生不息的力量。41 年来，深圳的 GDP 增长了 1.5 万倍，深圳总人口增长了 40 倍，广州增长了 2 倍，中国香港增长了 0.5 倍，深圳可能是近几十年来世界上 GDP、人口增幅最大的城市之一。近 10 年，广东省人口流入排名前四的城市分别是：深圳、东莞、中山、惠州，其中深圳人口流入幅度最大，10 年人口增速为 61.27%，其次是东莞，增速为 48.69%。根据百度地图发布的 2019 年度城市人口吸引力指数排行榜，排名前十的依次是深圳、广州、北京、东莞、上海、成都、

① 数据来源：《深圳统计年鉴》。

苏州、重庆、杭州、佛山。值得关注的是，深圳海归人才和数字人才的引进数量，在全国大中城市名列第三。[①] 人口无疑是一座城市发展的核心因素，尤其对一个处在社会转型成长的城市而言。一方面，人口流动的变化情况，足以体现一座城市对“人”的吸引力与魅力。另一方面，城市自身在获取劳动力红利和创造价值的同时，更获得了消费规模与消费能力。两者相互促进，又会产生有利于城市发展的“极化效应”。以深圳为典型代表的经济特区，正是自身发展所产生的“极化效应”[②] 的最大受益者。“极化效应”是邓小平同志“让一部分人、一部分地区先富起来，逐步实现共富裕”思想实施过程中的产物，它也构成了中国特色“渐进式改革”内在的自发溢出效应。[③]

第一，深圳经济特区的成功证明，中国共产党建立经济特区的决策是正确的。如何在传统计划经济体系中开始社会主义市场经济的实践，这对中国共产党人来说是一个既陌生又全新的问题。一方面，谁都不知道社会主义市场经济到底应该是什么样子；另一方面，万一实践失败了，如何将其后果降至最小，不至于给濒临崩溃的国民经济雪上加霜。所以，如何在计划经济的“汪洋大海”中，建立市场经济的“绿洲”，无疑是对共产党人改革意志与智慧的历史性考验。深圳、珠海、汕头、厦门由于计划经济布局相对薄弱，又具有地理位置优势（或比邻港澳，或与台湾隔海相望）；它们既不是计划经济的重镇，又远离政治中心，一旦实践失败，对当时的国民经济不会带来较大的影响。正因为如此，这些地区成了率先开启中国改革开放的沃土。可以说，这既是一个降低改革政治风险和成本的最佳选择，又是一个充满政治智慧的、符合中国国情的选择。经济特区的建立不仅大大降低了传统意识形态依然占据主导地位的社会制度变迁的阻力，降低了传统体制依然占据支配地位的制度变革的成本，而且还成功地规避了改革开放有可能带来的各种风险和巨大的社会动荡，从而使制度变迁的绩效在短期内就迅速地显现，并卓有成效地示范于全国。以建立经济特区开启中国改革开放的进程，是中国共产党人的辉煌一笔，是马克思主义中国化的

---

① 引自百度地图发布的《2019年年度中国城市研究报告》。

② “极化效应”由经济学家G. 迈达尔在其著作《经济理论和不发达地区》（1957年）中提出。这一理论认为，在市场机制的作用下，一旦地区间发展水平与发展条件出现差距，条件好、发展快的地区就会在发展过程中不断为自身积累有利因素，从而进一步遏制落后地区的发展，使其不利于发展的因素越来越多，处境日益恶化。

③ 陶一桃．经济特区与中国特色“渐进式改革”的绩效［J］．广东社会科学，2020（6）．

经典案例。

第二，深圳经济特区的成功证明，中国共产党中国特色“渐进式改革”的路径选择是正确的。“渐进式改革”的一个重要特征就是改革的实施从局部到全局逐步展开。中国共产党人并没有机械地照搬西方渐进式改革理论模式，而是首先建立一个既能体现中央整体改革意图，又赋予其改革自主权的“政策高地”——经济特区，进而为渐进式改革成功地寻找具有“实验田”意义的实践载体。“先行先试”是转型中国赋予经济特区的“先天”品格，是中央统筹部署下的强制性制度变迁赋予经济特区的政策“特权”，是渐进式改革赋予经济特区的伴有风险和成本“试验权”，是非均衡发展战略赋予经济特区需要智慧与勇气的“优先”改革权，更是经济特区不朽生命力的原因所在。中国特色“渐进式改革”的道路选择，不仅体现了中国共产党人的改革智慧，同时展示了中国共产党的理论自信与对马克思主义的再认识。

第三，深圳经济特区的成功证明，中国共产党非均衡发展方式的选择是正确的。非均衡发展方式是在经济发展不均衡的大国里，有效完成社会转型，从而较快实现全面发展的绩效最佳、成本代价最低的路径选择，尤其对于降低改革开放的试错成本和传统意识形态成本而言，其效果很显著。如果说中国特色“渐进式改革”是面临制度约束的一种发展步骤，那么非均衡发展则是面临资源约束的一种发展方式，作为同一改革过程中相互支撑、相互推动的两个方面，它们共同保证了中国改革开放历程中强制性制度变迁主导下的诱致性制度变迁的自然发生；保证了转型进程从局部向全局的稳步推进；保证了体制内改革与体制外推动的有效相结合；保证了经济的市场化与全方位改革的渐进式发生与实现；保证了改革、发展与稳定的相互协调；从而以符合中国国情的改革实践，为道路自信提供现实依据。

第四，深圳经济特区的成功证明，中国共产党“中国道路”的选择是正确的。“中国道路”的实质就是中国共产党领导中国人民实现社会主义现代化。从根本上说，中国道路的探索过程是对人类文明的认同过程，是为世界提出中国智慧的过程。这一过程承载着一个民族独立自主谋求富强的美丽故事，更体现了中国共产党作为改革开放倡导者、领导者的政治智慧与民族担当。首先，建立经济特区，并赋予经济特区以改革开放不同历史阶段的不同功能与使命，是中国道路的中国特色。如果说当年以建立经济特区的方式开启中国社会的制度变迁，主要在于降低改革开放的政治风险和试错成本，那么之后的各类特区的建立则更多的是以政策的力量培育经济增长极，并通过“虹吸效应”“扩展效应”和“涓滴效应”的释放，以制度示范制度，以区域带动区域，并以“先行先试”所形成、积累的增长极，逐步带动、实现社会的均衡发展与全面发展。无论是典型经济特区、广义经济特区，还是自由贸易试验区、湾区，都是在中国改革开放不同时期与阶段中承担着不同的先行先试使命，从而实现国家整体发展战略的一项制度安排，或者说，其都是在产生之初就被赋予了独特功能的“政策性增长极”。这些增长极功能的发挥，如以“扩散效应”实现梯度转移，并不是简单的发展后的自然释放，更多地表现为在市场机制基础之上的，为实现国家发展战略的政策性释放。市场选择与政策引力相互作用，市场力量与制度力量相结合，使中国社会经济发展呈现独特的轨迹与较高的速度。从典型经验特区到广义经济特区，再到经济特区拓展形式的如自由贸易试验区、湾区的建立与形成，正是“梯度发展”与“反梯度发展”路径选择的有机结合。这种有机结合在改革与深化改革的进程中，不断诠释着中国道路所蕴含着的“举国体制”的独特魅力，彰显着中国共产党源于改革智慧的稳健而坚定的创新精神。

1984年，中国改革开放的总设计师邓小平同志在视察深圳、珠海、厦门三个经济特区时曾十分高兴地说：“深圳的发展和经验证明，我们建立经济特区的政策是正确的。”1987年，他再次谈及经济特区时说：“现在我可以放胆地说，我们建立经济特区的决定不仅是正确的，而且是成功的。所有的怀疑都可以消除了。”① 2020年10月14日，在深圳经济特区40周年庆祝大会上，习近平总书记站在新时代的起点上发出了充满力量的历史回声：“深圳等经济特区的成功实践充分证明，党中央关于兴办经济特区的战略决策是完全正确的。经济特区不仅要继续办下去，而且要办得更好、办得水平更高。”②

如果说深圳奇迹印证了中国共产党的改革智慧，那么中国改革开放的成功实践则展示了中国共产党思想与道路的力量。这一思想与道路的力量将作为珍贵的制度财富，镌刻在中国共产党的发展史中。

---

① 邓小平．改革的步子要加快［J］．新湘评论，2018（11）：57-58.

② 习近平．在深圳经济特区建立40周年庆祝大会上的讲话［N］．人民日报，2020-10-15.

前　言

深圳大学中国经济特区研究中心是中国国内唯一一家专门研究经济特区问题的学术机构，也是教育部人文社科重点研究基地中唯一以经济特区为研究对象的基地。经过10余年的努力与学术积累，深圳大学中国经济特区研究中心已在国内外经济特区研究领域占有一席之地，并具有相当高的学术影响力与声誉。其出版的《中国经济特区史论》被中宣部和国家新闻出版署推荐为中国改革开放35本重点书目之一，被选立为“国家社科基金外译项目”，并已由英国Pasi出版社翻译出版并在全球发行。此书的中文版于2011年获广东省哲学社会科学著作类一等奖，得到国内外学者、同行的高度评价。其出版的以书代刊的中英文双语期刊《中国经济特区研究》，以其长年坚守的、具有特色的研究方向，在学术界产生广泛的影响，并得到相关领域学者的普遍关注。已故著名经济学家苏东斌教授所创办的《建议沽贝》，以其文笔简洁、观点犀利、切中时弊的特点而广受社会各界的肯定与好评。此外，每年交替举办的“中国经济特区论坛”和“中国经济特区工作联席会议”，也深受学术界与各级政府的认可，并成为在海内外具有一定影响力与知名度的国际性学术论坛。与世界银行和联合国计划开发署不定期联合举办的各类发展论坛，使中国经济特区研究中心与南非、印度、巴基斯坦、柬埔寨、越南及中非国家保持着频繁的学术交流，为总结、介绍中国经济特区的成功经验，探索、推广中国道路作出积极的努力与贡献。

随着中国改革开放进程的深入和经济特区功能的转变，近年来，中国经济特区研究中心将研究的重心由对经济特区本身的功能、使命、产业结构、发展路径研究，拓展到对中国道路和中国改革开放史、经济特区发展史的研究。本书以为，对中国道路研究的一个重要内容，就是对中国改革开放路径选择的研究。经济特区作为中国改革开放的逻辑起点，其成功就是对中国道路的最好的、也是最有说服力的诠释。对中国改革开放史及经济特区发展史的整理研究，既是对中国改革开放历程的梳理、保存，又是对40余年改革开放成功经验与失误教训的总结与反思。正如俄国著名思想家赫尔岑所说的：“充分理解过去，我们可以弄清楚现状；深刻认识过去的意义，我们可以揭示未来的意义；向后看就是向前进。”

文献索引的编辑、整理工作是开展经济特区问题研究及中国道路研究的重要基础性工作，因此，中国经济特区研究中心将“经济特区研究文献索引”系列出版物，作为中国经济特区研究中心研究资料汇编建设的一个重要内容。研究中心专门成立了“索引集”编撰组，组织研究人员对海内外经济特区研究文献进行收集、整理与编撰，文献类型包括著作、期刊论文、学位论文、报刊文章、析出文献及其他类型的文献。

《经济特区研究文献索引（第五辑）》，覆盖2011—2015年经济特区研究相关文献的索引。本系列索引集的整理与编撰，已纳入我正在主持的国家社科基金重点项目“中国经济特区发展史（1978—2018）”阶段性成果。

为方便经济特区研究领域的学术同人及高校师生迅速而准确地检索所需文献资料，了解国内外经济特区领域研究文献与动态，深圳大学中国经济特区研究中心也将本系列研究文献索引纳入“中国经济特区研究数据库（SezData）”系列资料文献汇编。从这个意义上说，这部文献索引是目前深圳大学中国经济特区研究中心正在全力建设的“中国经济特区研究数据库”纸质版内容的一部分。

中国经济特区研究中心致力于建设“中国经济特区研究数据库”，目的在于建设一个全球资源共享、开放的经济特区研究数据库。该数据库的建设将为检索经济特区研究相关文献提供便捷、开放的网络检索途径。目前该数据库（http：//www. sezdata. org. cn）已上线运作。

我希望并相信，“经济特区研究文献索引”系列出版物的陆续面世，不仅能为“中国经济特区研究数据库”奠定索引基础，也将成为开展经济特区和中国道路研究的重要文献研究索引基础。系列索引集作为开放的、资源共享的研究文献的基础性资料，其本身就是对研究、整理工作的现实检验。由于理性的有限性，呈现给读者的这部文献索引难免会有选源遗漏甚至错误存在，诚恳地希望各位经济特区问题研究的专家、学者和有兴趣的同人，通过各种渠道为文献索引的完善提出宝贵建议。我们将第一时间在“中国经济特区数据库”中将反馈信息进行更新和完善，以期为特区研究提供基础性的、权威性的资料数据索引。

其实，对于中国经济特区研究中心的全体同人来说，对经济特区问题的研究是一种情结。深圳作为中国改革开放的前沿城市，它的发展是中国社会制度变迁与社会转型的缩影。研究团队透过深圳这个当年小渔村的成长、发展历程，通过对中国经济特区发展路径的研究，见证了中国奇迹的辉煌与中国道路的魅力。中国经济特区研究中心也在发展与积累中成长为深圳大学理论经济学的学术重镇，拥有了深圳大学目前唯一的一级学科博士点和一级学科博士后流动站，在国内外独具研究特色和学术地位。

陶一桃

2022 年 3 月于荔园

经济特区研究文献索引（第五辑）·目 录

文献分类及体例说明

一、文献分类

本书收录了2011—2015年海内外经济特区研究文献。文献分类参考GB 7714—87《文后参考文献著录规则》及《中国学术期刊（光盘版）检索与评价数据规范》，并在常用8类文献类型中选择以下5类文献进行编撰，即著作、期刊论文、学位论文、报刊文章、析出文献。

二、体例说明

1. 著作

标注顺序：责任者与责任方式/文献题名/出版地点：出版者/出版时间，中间用“/”隔开，若出现连续两个“/”，则表示在数据搜索过程中由于来源问题，暂时无法收集完整，欢迎广大读者提供和补充。

示例：

袁易明主编/中国经济特区研究/北京：社会科学文献出版社/2011年1月

樊纲，武良成主编/先进城市建设深圳的挑战和抉择/北京：中国经济出版社/2011年5月

2. 期刊论文

标注顺序：责任者/文献题名/期刊名/年期（或卷期，出版年月），中间用“/”隔开，若出现连续两个“/”，则表示在数据搜索过程中由于来源问题，暂时无法收集完整，欢迎广大读者提供和补充。

示例：

鲍锋/一页浓墨重彩的华章——海南省“十一五”发展成就述评/今日

海南/2011 年第 1 期/第 13-15 页

鲍富元，赵芸/三亚邮轮经济发展的 SWOT 分析/红河学院学报/2011 年第 4 期/第 55-58 页

Ahmed Ashraf/Potential for Progress/Harvard International Review/fall 2011/Vol. 33 Issue 3，p28-31，4p

3. 学位论文

标注顺序：责任者/文献标题/论文性质/地点或学校/文献形成时间，中间用“/”隔开。

示例：

董朝君/深圳大部制改革研究/中国博士学位论文全文数据库/博士论文/武汉大学/2011

Changhui Zhou，Andrew Delios，Jing Yu Yang/Asia Pacific Journal of Management/The Pennsylvania State University Archives/2011-10-28

4. 报刊文章

标注顺序：责任者/篇名/报纸名称/出版年月日/版次，中间用“/”隔开，若出现连续两个“/”，则表示在数据搜索过程中由于来源问题，暂时无法收集整齐，欢迎广大读者提供和补充。

示例：

陈斌/发展旅游产业建设幸福汕头/汕头日报/2011/8/1/006 版

Bruns Adam/Cummins Revs Up in Zones Around the World/Site Selection/November/December 2011/Vol. 56 Issue 6，p936-936，1p

5. 析出文献

析出文献包括海内外文集、部分著作的析出文献，以及英文文献中一些难归入以上 5 类的文献，如：country report、finance report 等。

标注顺序：责任者/析出文献题名/原著题名/编者/出版地点/出版者/出版时间/页码，中间用“/”隔开，若出现连续两个“/”，则表示在数据搜索过程中由于来源问题，暂时无法收集整齐，欢迎广大读者提供和补充。

示例：

苏东斌，钟若愚，金传/中国经济特区论纲/中国经济特区研究（2010

年期总第 3 期）//2011/

Simavi Sevi/Fostering Women's Economic Empowerment Through Special Economic Zones：Comparative Analysis of Eight Countries and Implications for Governments，Zone Authorities and Businesses//Learning for Development/The World Region/2011/1/1/

2011年

一、著作

1. 本社/新中国往事深圳奇迹、人才大潮、义乌小商品市场/北京：中国文史出版社/2011年1月
2. 本社编/中国道路的创新实践厦门经济特区建设30年/北京：中央文献出版社/2011年11月
3. 本书编委会编/敢为天下先深圳有色金属交易所得创建和发展纪实/深圳：海天出版社/2011年5月
4. 本书编写组编著/创新社会管理的“珠海经验”/广州：广东人民出版社/2011年7月
5. 柴盈，曾云敏著/深圳发展模式研究城市化、自主创新与国际化/北京：中国社会科学出版社/2011年7月
6. 陈二加主编/厦门经济特区30年/北京：中共中央党校出版社/2011年11月
7. 陈寅主编/鹏程（2）当年今日话深圳（1980—2010）/深圳：海天出版社/2011年9月
8. 陈寅主编/鹏程（3）当年今日话深圳（1980—2010）/深圳：海天出版社/2011年9月
9. 陈寅主编/鹏程（1）当年今日话深圳（1980—2010）/深圳：海天出版社/2011年9月
10. 陈寅主编/鹏程（4）当年今日话深圳（1980—2010）/深圳：海天出版社/2011年9月
11. 陈卓雷，黎世光著/经济特区进一步发展的体制机制创新研究/北京：经济管理出版社/2011年
12. 单辉，吴丽琼主编；卢茂材，杨耀志副主编；中共厦门市委党史研究室编/中共厦门地方史大事记2002—2010/北京：中共党史出版社/2011年5月
13. 樊纲，武良成主编/先进城市建设深圳的挑战和抉择/北京：中国经济出版社/2011年5月

14. 福建省炎黄文化研究会，福建省作家协会编/厦门经济特区的摇篮/福州：海潮摄影艺术出版社/2011 年
15. 高红著/循环经济系统与模式深圳实证研究/北京：社会科学文献出版社/2011 年 8 月
16. 海南省住房和城乡建设厅，雅克设计有限公司编著/海南国际旅游岛风貌规划导则/海口：海南出版社/2011 年 7 月
17. 韩晓莉著/生态困境与海南突破海南省生态政策创新研究/北京：中国文史出版社/2011 年 8 月
18. 洪远主编/特区人物志深圳卷 3/广州：广东人民出版社/2011 年 9 月
19. 侯莉颖著/深圳住房制度改革理论与实践/长春：吉林人民出版社/2011 年
20. 侯伊莎主编/开放社会的建设之路深圳市从社区建设到社会建设论文集/北京：中国社会出版社/2011 年 1 月
21. 胡锦涛讲话/致厦门经济特区建设 30 周年的贺信 2011 年 12 月 25 日/北京：人民出版社/2011 年 12 月
22. 黄晓东主编；苏能译/珠海简史/北京：社会科学文献出版社/2011 年
23. 李伟华主编/厦门战略产业技术路线图/厦门：厦门大学出版社/2011 年 2 月
24. 李燕著/天津滨海新区现代服务业发展研究/北京：经济科学出版社/2011 年 6 月
25. 李永文主编/海南国际旅游岛建设与发展战略研究/北京：科学出版社/2011 年 2 月
26. 梁景海主编；深圳市盐田区档案局（馆），深圳市盐田区地方志办公室编/中英街志/北京：方志出版社/2011 年
27. 梁振球总纂；海南省地方志办公室编；范晓军主编/海南省志，第十一卷，文化志/海口：海南出版社/2011 年
28. 梁振球总纂；王晓桥，肖杰主编；海南省地方志办公室编/海南省志，第七卷，乡镇企业志畜牧志/海口：海南出版社/2011 年
29. 林楠主编/天津滨海新区开发开放攻坚战 2010 年“十大战役”纪实/天津：天津人民出版社/2011 年 8 月
30. 林起编/2011 年厦门文化体制改革与文化发展蓝皮书/厦门：厦门大学出版社/2011 年 7 月
31. 林权主编；莲下镇志编纂委员会编/莲下镇志/广州：广东人民出版社/

2011 年
32. 林勇著/走进海南/北京：中国旅游出版社/2011 年
33. 刘斌著/崛起水晶城中国深圳大运中心、大运村建设纪实/北京：人民日报出版社/2011 年 7 月
34. 刘深著/谁说深圳是小渔村/深圳：深圳报业集团出版社/2011 年
35. 刘晓明著/深圳旅游市场系统研究/北京：中国物资出版社/2011 年 6 月
36. 刘彦随编/土地利用系统评估与整治决策技术研究以海南省为例/北京：中国科学技术出版社/2011 年 9 月
37. 罗玉芬主编/唐家湾/广州：世界图书出版广东有限公司/2011 年
38. 马航，王耀武著/深圳城中村的空间演变与整合/北京：知识产权出版社/2011 年 8 月
39. 毛彧著/海南椰子资源经济研究/北京：中国农业出版社/2011 年 12 月
40. 倪振良著/传奇深圳上下/北京：中共中央党校出版社/2011 年 5 月
41. 彭曙曦，张晋光等著/深圳民营企创新与发展研究/北京：中华工商联合出版社/2011 年 10 月
42. 厦门市档案局（馆）编/厦门经济特区建设三十年重要档案文献/厦门：厦门大学出版社/2011 年 9 月
43. 深圳博物馆编/深圳文博论丛 2011 年/北京：文物出版社/2011 年 8 月
44. 深圳金融发展报告编委会编/深圳金融发展报告 2010/广州：广东经济出版社/2011 年 8 月
45. 深圳经济特区研究会，深圳市史志办公室编著/深圳经济特区三十年 1980—2010/深圳：海天出版社/2011 年 4 月
46. 深圳市地方志编纂委员会编/深圳市志第三产业卷/北京：方志出版社/2011 年 5 月
47. 深圳市规划和国土资源委员会编著/转型规划引领城市转型深圳市城市总体规划 2010—2020/北京：中国建筑工业出版社/2011 年 9 月
48. 深圳市盐田区地方志编纂委员会/深圳市盐田区志/北京：方志出版社/2011 年
49. 深圳物业管理三十年标杆企业评选委员会编/物业管理三十年深圳标杆企业三十家/北京：中国标准出版社/2011 年 10 月
50. 沈依鹭，程鹏著/咱们经济特区（厦门·深圳）这样发展的/丹阳文化有限公司/2011 年
51. 汤庭芬主编/深圳劳动关系发展报告 2011/北京：社会科学文献出版社/

2011 年 5 月
52. 唐伟志主编/魅力深圳/北京：中央广播电视大学出版社/2011 年
53. 陶一桃，钟坚主编/中国经济特区发展报告/北京：社会科学文献出版社/2011 年
54. 王芳编/海南农业保险补贴与需求研究/北京：经济科学出版社/2011 年 10 月
55. 王锋主编/深圳房地产发展报告 2010—2011/北京：中国大地出版社/2011 年 8 月
56. 王锋著/房价与调控 2001—2010 年深圳房地产市场发展研究/北京：中国建筑工业出版社/2011 年 6 月
57. 王京生著/深圳十大观念/深圳：深圳报业集团出版社/2011 年 5 月
58. 王喜义著/血路深圳金融改革拓荒者足迹/北京：中国金融出版社/2011 年 7 月
59. 吴忠主编/深圳社会发展报告 2011 版/北京：社会科学文献出版社/2011 年 11 月
60. 吴忠主编/深圳经济发展报告 2011 版/北京：社会科学文献出版社/2011 年 4 月
61. 许经勇/统筹城乡经济社会发展推进厦门岛内外一体化建设/厦门：厦门大学出版社/2011 年 1 月
62. 鄢维民，冯玉主编/深圳资本圈企业社会责任报告/北京：社会科学文献出版社/2011 年 8 月
63. 鄢维民，张文著/深圳资本圈生产力报告 2010/北京：社会科学文献出版社/2011 年 8 月
64. 杨刚勇等著/深圳龙岗区核心竞争力报告/北京：社会科学文献出版社/2011 年 12 月
65. 杨洪编著/政府绩效管理深圳的探索与实践/北京：新华出版社/2011 年 12 月
66. 杨长明主编；厦门市翔安区志编纂委员会编/厦门市翔安区志/北京：方志出版社/2011 年
67. 俞花美，唐晓兰，葛成军著/海南省经济环境系统演进与循环经济研究/北京：中国农业科学技术出版社/2011 年 7 月
68. 袁易明主编/中国经济特区研究/北京：社会科学文献出版社/2011 年第 1 期

69. 张洪波，张昕著/海南热带主要作物设施农业技术信息集成与示范/北京：经济科学出版社/2011 年 12 月
70. 张景安主编/深圳创新评价/北京：科学出版社/2011 年 9 月
71. 张志宏著/后危机时代城市经济转型与深圳案例研究/北京：社会科学文献出版社/2011 年 1 月
72. 郑明武编写/改革前沿深圳经济特区建立与发展/长春：吉林出版集团股份有限责任公司/2011 年 3 月
73. 中共厦门市委宣传部编/厦门新跨越厦门市推进岛内外一体化纪实/厦门：厦门大学出版社/2011 年 1 月
74. 中国（海南）改革发展研究院著/2020 年的海南/北京：中国经济出版社/2011 年 10 月
75. 中国（海南）改革发展研究院著/走向开放的海南/北京：中国经济出版社/2011 年 10 月
76. 中国保险监督管理委员会厦门监管局编/厦门保险业发展报告 2006—2010/厦门：厦门大学出版社/2011 年 11 月
77. 周天麟著/深圳港的崛起/深圳：海天出版社/2011 年 3 月
78. 朱崇实主编/转型与发展厦门转变经济发展方式问题研究/厦门：厦门大学出版社/2011 年 3 月
79. 珠海经济特区研究会编著/前所未有的道路致富思源庆祝经济特区创建三十周年/北京：金城出版社/2011 年
80. 深圳市史志办公室编/诠史述志/深圳：海天出版社/2011 年 12 月

二、期刊论文

1. 鲍锋/一页浓墨重彩的华章——海南省“十一五”发展成就述评/今日海南/2011 年第 1 期/第 13-15 页
2. 鲍富元，赵芸/三亚邮轮经济发展的 SWOT 分析/红河学院学报/2011 年第 4 期/第 55-58 页
3. 毕普云/经济特区实践三十年与海南再发展/新东方/2011 年第 1 期/第 47-49 页
4. 毕普云，姜维/海南经济增长动力实证研究/海南师范大学学报（社会科学版）/2011 年第 5 期/第 102-106 页
5. 毕素梅/三亚旅游饭店业发展策略——基于 SWOT 方法的分析/中国经贸

导刊/2011 年第 8 期/第 52-53 页

6. 蔡旭/厦门市和谐社区建设的实践经验与发展对策/厦门特区党校学报/2011 年第 6 期/第 12-18 页
7. 曹红/珠海：坚守蓝天碧水、发展好中求快/环境经济/2011 年第 1 期/第 121 页
8. 曹伟，吴佳南/厦门经济特区扩容背景下的城市交通战略规划探讨/城市发展研究/2011 年第 12 期/第 108-114 页
9. 岑璐，梁亚荣/完善海南国际旅游“免签证”制度的思考/行政与法/2011 年第 2 期/第 76-78 页
10. 岑岩/深圳：建设国家级住宅产业现代化示范园区/住宅产业/2011 年第 10 期/第 38-40 页
11. 曾彩虹，赵静茹/深圳零售业发展现状及对策/中国国情国力/2011 年第 4 期/第 62-64 页
12. 曾彩虹，赵静茹，陈建贤/深圳市零售企业发展状况分析/广东经济/2011 年第 1 期/第 48-52 页
13. 曾东萍/深圳民政改革“春天里”/南风窗/2011 年第 8 期/第 42-44 页
14. 曾静/深圳特区街道图书馆文化建设的现状与对策/群文天地/2011 年第 13 期/第 105-107 页
15. 曾仕娟/汕头港欲借海西东风展翅飞/中国港口/2011 年第 4 期/第 19-21 页
16. 曾智华/经济特区和产业集群如何引领中国经济高速发展/新金融/2011 年第 5 期/第 15-21 页
17. 陈传发/厦门利用外资“十一五”回顾与“十二五”发展研究/厦门科技/2011 年第 2 期/第 3-5 页
18. 陈福生，郑鸣/厦门建设两岸金融中心的比较分析与对策/福建金融/2011 年第 12 期/第 8-11 页
19. 陈国榕/港口向现代服务业转型的探索研究——以厦门港为例/现代商业/2011 年第 35 期/第 74-75 页
20. 陈劲松/深圳文学的当下处境与前景/特区实践与理论/2011 年第 5 期/第 48-51 页
21. 陈孟南，周李承/检验检疫与“深圳质量”/中国检验检疫/2011 年第 8 期/第 20-21 页
22. 陈民伟/厦门市产业集群的资源支持力分析——兼论厦门百亿产值产业

链（群）培育的产业政策实施/福建商业高等专科学校学报/2011 年第 6 期/第 73-77 页
23. 陈沫/浅谈文化义工的运作模式及发展策略——以龙岗为例/特区经济/2011 年第 1 期/第 297-298 页
24. 陈丕衡，陈首哲/海南国际旅游岛建设与博鳌旅游开发/特区经济/2011 年第 3 期/第 142-144 页
25. 陈淑妮，程英，吴剑平/提升深圳人才安居工程实施效果的对策研究/特区经济/2011 年第 10 期/第 27-30 页
26. 陈穗芳/汕头今年经济建设项目大步跨越/潮商/2011 年第 3 期/第 11-15 页
27. 陈太宇/试论海南区域经济发展的战略思考/湖北函授大学学报/2011 年第 4 期/第 66-67 页
28. 陈太宇/海南区域经济发展的问题与对策/长江大学学报（社会科学版）/2011 年第 5 期/第 48-49 页
29. 陈文波/特区改变汕头/潮商/2011 年第 4 期/第 1 页
30. 陈文武/深圳市发展低碳经济的路径及策略思考/特区经济/2011 年第 9 期/第 45-46 页
31. 陈祥敏，皮永华/我国旅游城市零售业商圈发展瓶颈问题研究——以三亚市为例/特区经济/2011 年第 3 期/第 161-163 页
32. 陈祥敏，宗和静/三亚市零售业商圈特点分析及其拓展研究/特区经济/2011 年第 4 期/第 296-298 页
33. 陈小燕/国际旅游岛建设下的海南经济型酒店发展战略研究——基于 SWOT 分析/特区经济/2011 年第 8 期/第 137-139 页
34. 陈晓珊，胡志科/汕头市休闲旅游的发展研究/法制与社会/2011 年第 26 期/第 194-195 页
35. 陈新造/提速科学发展建设幸福潮阳/广东经济/2011 年第 10 期/第 30-31 页
36. 陈延平/深圳市宝安区刑事犯罪调查研究/法制与社会/2011 年第 17 期/第 177-178 页
37. 陈一新/探讨深圳 CBD 规划建设的经验教训/现代城市研究/2011 年第 3 期/第 89-96 页
38. 陈怿韵，袁俊/深圳客家旅游资源开发研究/特区经济/2011 年第 9 期/第 150-153 页

39. 陈勇，John M. Clapp，Dogan Tirtiroglu/基于特征价格模型的住宅需求价格弹性分析——深圳住宅市场实证研究/城市发展研究/2011 年第 2 期/第 62-67 页
40. 陈志萍/世界大学生运动会与深圳文化形象塑造/广州体育学院学报/2011 年第 4 期/第 27-30 页
41. 陈卓如，刘子正，黄鹄/深圳市污泥处理与处置对策及布局系统研究/给水排水/2011 年第 9 期/第 50-53 页
42. 程明雄/海南省低碳产业体系建设研究/特区经济/2011 年第 12 期/第 287-289 页
43. 程明雄，陈彩霞，陆娜/海南省房地产行业操作风险成因及对策探析/海南金融/2011 年第 3 期/第 71-75 页
44. 程明雄，陆娜，刘晓文，陈彩霞/海南省县域经济竞争力的思考/特区经济/2011 年第 11 期/第 277-279 页
45. 池丽月，蒋晓蕙/厦门电子商务产业集群建设策略研究——基于 SWOT 的分析/莆田学院学报/2011 年第 4 期/第 24-28+73 页
46. 迟爱萍/陈云与经济特区——兼谈 20 世纪 80 年代党对经济特区政策的探索/中国浦东干部学院学报/2011 年第 3 期/第 32-41 页
47. 迟福林/海洋文化与国际旅游岛建设/新东方/2011 年第 1 期/第 26 31 页
48. 迟福林/海南国际旅游岛走向/新东方/2011 年第 6 期/第 1-5 页
49. 崔健，杨珊/前海合作区借鉴境外法定机构管理模式研究/中国机构改革与管理/2011 年第 4 期/第 41-45+25 页
50. 代明，刘俊杰，韩启钰/深圳未来经济增长的情景分析/城市观察/2011 年第 4 期/第 94-101 页
51. 代明，刘俊杰，韩启钰/基于情景企划的集约型城市经济增长前景分析——以深圳市为例/城市问题/2011 年第 10 期/第 27-32 页
52. 戴伟辉，何练/珠海市环保产业的发展现状与趋势分析/特区经济/2011 年第 9 期/第 24-27 页
53. 戴霞，韦瑞英，史悦红/深圳外来农村籍产业工人与深圳市居民健康自评对比分析/广州体育学院学报/2011 年第 3 期/第 16-20 页
54. 邓金杰，仝德，李贵才/城中村外来人口的购房意愿研究——以深圳为例/人文地理/2011 年第 5 期/第 34-38+93 页
55. 邓琼飞/海南椰雕的传承现状及其旅游商品开发/琼州学院学报/2011 年

第 1 期/第 30-31 页
56. 丁学辉，李灵/特区发展“助推器”/中国海关/2011 年第 10 期/第 40 页
57. 杜宾宾/珠海建设低碳城市战略初探/市场论坛/2011 年第 1 期/第 29-30 页
58. 杜芳/深圳文化产业可持续发展的对策思考/广东工业大学学报（社会科学版）/2011 年第 1 期/第 58-61 页
59. 杜康，王娅婕，蔡丽萍/商业地产的发展趋势——以深圳市为例/中国房地产/2011 年第 11 期/第 50-53 页
60. 杜生鸣/深圳市生产性服务业与工业互动关系实证研究/城市问题/2011 年第 6 期/第 71-75 页
61. 杜威/海南经济特区的发展经验对喀什经济特区的启示/黑龙江对外经贸/2011 年第 9 期/第 100-101 页
62. 段凯，陈练，田智华/深圳地区典型建筑玻璃节能参数检测和分析/建筑节能/2011 年第 3 期/第 58-60 页
63. 段忠东，朱孟楠/扩大内需政策下的房价冲击与居民消费增长——厦门的实证研究/中央财经大学学报/2011 年第 5 期/第 86-91 页
64. 樊纲/再创 30 年的辉煌——深圳建设现代化国际化先进城市的战略选择/开放导报/2011 年第 1 期/第 7-11 页
65. 樊芸/深圳、香港行业协会的运作发展及其启示/上海人大月刊/2011 年第 9 期/第 50-51 页
66. 范明水，范士陈/建省办特区以来海南岛苗族地区社会变迁概览/农业经济/2011 年第 5 期/第 13-15 页
67. 范士陈，孟繁华/海南经济特区县域城镇化水平地域分异特征评析/中国集体经济/2011 年第 4 期/第 42-43 页
68. 范耀登/论特区政治改革的先行与试验/汕头大学学报（人文社会科学版）/2011 年第 1 期/第 13-16+94 页
69. 方从法/在保护生态环境中促进海南农村经济可持续发展/学理论/2011 年第 27 期/第 42-43 页
70. 方鹏程/区位商视角下的深圳优势产业实证分析/特区经济/2011 年第 9 期/第 40-41 页
71. 方煜，刘倩/转型期可持续的城市更新途径——深圳市人民南路及周边地区城市设计探析/城市建筑/2011 年第 2 期/第 46-50 页

72. 冯苏宝/以全球视野看深圳的过去和未来/开放导报/2011 年第 1 期/第 37-39 页
73. 符琼光/海南经济特区立法路向初探/新东方/2011 年第 4 期/第 41-44 页
74. 傅才武，赵苏皖/区域趋同环境下如何建构城市特色文化发展战略优势？——以“后特区时代”的深圳为例/艺术百家/2011 年第 5 期/第 70-76+238 页
75. 傅小随/加强社会建设推进社会管理创新——以深圳的实践为例/桂海论丛/2011 年第 5 期/第 68-72 页
76. 高红，叶微/碳排放总量控制对深圳经济发展的影响/开放导报/2011 年第 4 期/第 44-47 页
77. 高雪莲/外源推动与内源融合：经济新区管理体制的创新机理——以天津滨海新区管理体制改革为例/天津大学学报（社会科学版）/2011 年第 4 期/第 298-302 页
78. 高钰婷，张卫/发展海南国际旅游岛游艇经济的法律探讨/行政与法/2011 年第 2 期/第 79-81 页
79. 郭瓅，陈卫国，梁治宇，王孟琪，孔莉，代衍吉/坚持科学发展建设和谐绿城——深圳市创建国家生态园林城市纪实/城乡建设/2011 年第 10 期/第 48-51+4-5 页
80. 郭万达，辛华/深圳要突破“承载力局限”，加快转变发展方式/开放导报/2011 年第 1 期/第 12-15 页
81. 郭伟/璀璨火炬光耀海峡——厦门火炬高新区 20 周年建设与发展纪实（中）/中国高新区/2011 年第 6 期/第 44-51 页
82. 郭晓远/海南省产业结构与经济增长的实证研究/特区经济/2011 年第 4 期/第 269-271 页
83. 郭泽轩，符毅/融入东盟产业链的海南经济发展对策研究/现代经济信息/2011 年第 1 期/第 257 页
84. 韩宁/构建海南循环经济金融支持机制体系的对策探讨/经济研究导刊/2011 年第 23 期/第 46-48+54 页
85. 韩平/前海深港现代服务业合作区设立香港商事仲裁机构的可行性研究/暨南学报（哲学社会科学版）/2011 年第 4 期/第 54-60 页
86. 韩婷婷，李丽君/滨海新区国际人才引进优化研究/中国人力资源开发/2011 年第 9 期/第 71-73 页

87. 何邓清/广东省经济特区城镇居民边际消费倾向差异性分析——基于状态空间形式的可变参数模型/中国市场/2011 年第 6 期/第 89-91 页
88. 何军/论深圳“设计之都”可持续发展战略定位/特区经济/2011 年第 4 期/第 22-25 页
89. 何军明/厦门市与东盟国家的经贸合作：新机遇与对策/东南亚纵横/2011 年第 2 期/第 55-60 页
90. 何逸英/厦门人口转变与特区经济增长/厦门特区党校学报/2011 年第 6 期/第 36-42 页
91. 何元春，谢黎红，徐卫华，李腾飞，刘祺/厦门市体育公共服务数据挖掘及量化分析/上海体育学院学报/2011 年第 5 期/第 7-11 页
92. 贺承军，曾庆宝/深圳城市地名规划：理念与时俱进，方案科学精到/中国地名/2011 年第 4 期/第 26-27 页
93. 侯贺良，杜枫/再看深圳/走向世界/2011 年第 27 期/第 92-94 页
94. 侯燕/深圳：中国“特”窗/现代工业经济和信息化/2011 年第 4 期/第 26-27 页
95. 胡大立，肖乐明/以南粤航海文化促进深圳航运发展/中国远洋航务/2011 年第 4 期/第 66-68 页
96. 胡婷婷，林华/特区建设三十年厦门商业经济繁荣发展/厦门特区党校学报/2011 年第 6 期/第 6-11 页
97. 胡秀群，吕荣胜，倪力/海南省税务代理行业发展与对策研究/海南大学学报（人文社会科学版）/2011 年第 6 期/第 12-17 页
98. 胡雪琴，韩冬/深圳的“前海突围”/中国经济周刊/2011 年第 14 期/第 40-41 页
99. 胡勇/SWOT 分析法解析海南休闲农业旅游的生命力/特区经济/2011 年第 8 期/第 145-146 页
100. 华本良，王凯宏/珠海模式的实践与探索/特区经济/2011 年第 9 期/第 30-32 页
101. 黄静，崔胜辉，李方一，李扬，马克明/厦门市三个产业土地利用变化的敏感性/生态学报/2011 年第 14 期/第 3863-3871 页
102. 黄俊毅/区域旅游合作背景下的旅游城市发展战略选择——以厦门为例/旅游论坛/2011 年第 4 期/第 83-86 页
103. 黄强/发展精品经济建设幸福城市/中国财政/2011 年第 1 期/第 50-53 页

104. 黄巧敏/厦门第三产业发展探研/中国统计/2011 年第 3 期/第 21-22 页
105. 黄巧敏/激发经济增长源泉推动发展方式转变——特区建设三十年厦门市经济增长模式变化探研/厦门特区党校学报/2011 年第 6 期/第 43-46 页
106. 黄威文/深圳改革开放遗产的相关思考/山西建筑/2011 年第 11 期/第 6-7 页
107. 黄卫东，唐怡/市场主导下的快速城市化地区更新规划初探——以深圳市香蜜湖为例/城市观察/2011 年第 2 期/第 86-94 页
108. 黄岩，杨方/最低工资制度的保障性程度分析——以广东省深圳市为例/中国人口科学/2011 年第 4 期/第 83-91+112 页
109. 黄振达/关于将海南国际旅游岛建设成为循环经济特区的几点思考/生产力研究/2011 年第 4 期/第 76-79 页
110. 黄志鹏/浅析厦门市水资源现状及水资源管理构想/中国城市经济/2011 年第 14 期/第 297-298 页
111. 江军，过建春/海南中部建设生态旅游特区的对策研究/琼州学院学报/2011 年第 5 期/第 93-95 页
112. 姜婷/论海南岛会展旅游发展策略研究/科技信息/2011 年第 24 期/第 454-455 页
113. 蒋升阳/科技成厦门经济发展主引擎/厦门科技/2011 年第 6 期/第 1 页
114. 蒋晓蕙，刘广洋/提升厦门城市竞争力问题探讨/综合竞争力/2011 年第 1 期/第 56-60 页
115. 孔维巍，安瓦尔·买买提明/喀什地区生态足迹计算与探讨/喀什师范学院学报/2011 年第 3 期/第 36-39 页
116. 蓝梦柔/珠海临港产业发展战略研究/商场现代化/2011 年第 20 期/第 102-103 页
117. 雷建华/海南社会工作进入制度化建设新里程/社会与公益/2011 年第 6 期/第 46-47 页
118. 雷昭新/物业管理的“深圳模式”/城市开发/2011 年第 1 期/第 20-23 页
119. 李成辉/深圳市高端服务业调查/特区实践与理论/2011 年第 4 期/第 54-55+58 页
120. 李成辉/发展高端服务业促进深圳经济跨越发展/广东经济/2011 年第 8 期/第 34-39 页

121. 李海龙，于立/深圳市低碳生态示范城市建设/建设科技/2011 年第 15 期/第 39-43 页
122. 李灏/主持深圳工作的八年/百年潮/2011 年第 1 期/第 15-22 页
123. 李怀建/经济特区发展实践的再思考/特区经济/2011 年第 1 期/第 15-16 页
124. 李惠武/找准定位选好产业奋发努力建设发达幸福和美新特区——写在汕头特区建立 30 周年的一点思考/广东经济/2011 年第 10 期/第 14-16 页
125. 李佳/滨海新区税收与经济发展问题浅析/特区经济/2011 年第 3 期/第 50-51 页
126. 李金星，丁煜/厦门市最低生活保障水平研究/南京人口管理干部学院学报/2011 年第 1 期/第 55-59 页
127. 李静/珠海社会管理体制改革探析/中共珠海市委党校珠海市行政学院学报/2011 年第 4 期/第 44-48 页
128. 李林峰，闫静，阳知妹/海南国际旅游岛发展博彩业的 SWOT 分析/旅游纵览（行业版）/2011 年第 6 期/第 16-17 页
129. 李强/浅议天津滨海新区金融创新趋势/中国城市经济/2011 年第 14 期/第 47+49 页
130. 李荣强/深圳物业管理 30 年的主要贡献和基本经验/中国物业管理/2011 年第 3 期/第 10-12 页
131. 李桐/深圳经济特区与我国经济发展路径的制度变迁/经济导刊/2011 年第 10 期/第 59-60 页
132. 李文玉/中国经济特区产业结构演进对经济增长的影响分析/经济研究导刊/2011 年第 36 期/第 187-189 页
133. 李文玉/中国经济特区产业结构演进的异质性研究/求实/2011 年第 2 期/第 102-105 页
134. 李雅娟，郭碧銮/ECFA 下厦门构建两岸区域性金融服务中心问题的探讨/厦门科技/2011 年第 1 期/第 18-22 页
135. 李亚军/深圳市人口发展的几个基本问题/深圳职业技术学院学报/2011 年第 4 期/第 25-30 页
136. 李永红，周向阳/生物育种是深圳因地制宜发展农业的最优选择/种子世界/2011 年第 6 期/第 3-5 页
137. 李桢/关于厦门和谐示范区建设的思考/厦门广播电视大学学报/2011

年第 4 期/第 26-30 页

138. 梁庆保/构建新时期深圳技能人才培养服务体系/中国培训/2011 年第 9 期/第 5-7 页

139. 梁学斌/珠海：因“绿”而贵/房地产导刊/2011 年第 6 期/第 54-55 页

140. 梁亚荣，罗勇/国际旅游岛建设背景下的海南土地承包经营制度创新分析/安徽农业科学/2011 年第 33 期/第 20685-20686+20731 页

141. 梁毅华，陈文静/深圳港口发展及其影响因素——基于协整模型实证/工业技术经济/2011 年第 8 期/第 14-20 页

142. 廖湘荣/横琴新区金融创新发展探究/中国高新技术企业/2011 年第 33 期/第 9-12 页

143. 林朝晖/把旅游业作为厦门战略性支柱产业来做/厦门特区党校学报/2011 年第 1 期/第 55-57 页

144. 林群，宋家骅/新时期深圳交通发展战略/城市规划/2011 年第 1 期/第 88-93+164 页

145. 林珊/基于 SWOT-PEST 模型的珠海市现代物流业发展分析/徐州工程学院学报（社会科学版）/2011 年第 2 期/第 16-19 页

146. 林涛/世界金融危机背景下厦门纺织服装出口问题与对策/特区经济/2011 年第 10 期/第 224-226 页

147. 林文生，彭涛/汕头经济特区范围扩大至全市大扩围大格局大产业大商机/潮商/2011 年第 2 期/第 5-11 页

148. 林香菜/厦门国际马拉松赛对提升厦门城市品牌价值的效果研究/厦门特区党校学报/2011 年第 5 期/第 72-76 页

149. 林宇川，冯健/深圳关内关外一体化过程中的边界效应及时空演变/热带地理/2011 年第 6 期/第 580-585 页

150. 林肇武，钟华，刘峰/深圳建设全球技术创新中心战略构想和对策建议/科技管理研究/2011 年第 23 期/第 26-31 页

151. 刘博文/浅议喀什经济特区发展的新思路/世纪桥/2011 年第 5 期/第 69-70 页

152. 刘华，邹炜/宏观调控下海南经济周期波动与成因分析/海南金融/2011 年第 3 期/第 24-29 页

153. 刘建华/深圳立法欲为城管解围/小康/2011 年第 11 期/第 78-80 页

154. 刘军，容朝阳，吴昕/厦门市外资企业“出口转内销”的促进措施研究/商业文化（上半月）/2011 年第 12 期/第 262-264 页

155. 刘铭宝/国际旅游岛建设呼唤文化创新/价值工程/2011 年第 4 期/第 12 页
156. 刘宁静，朱科勇，卢勋/深圳地税促总部经济与税收互动发展/南方论刊/2011 年第 6 期/第 6+5 页
157. 刘铁奇/海南省实际利用 FDI 与对外贸易之间关系的实证分析/中小企业管理与科技（下旬刊）/2011 年第 11 期/第 135-136 页
158. 刘昕/深圳城市更新中的政府角色与作为——从利益共享走向责任共担/国际城市规划/2011 年第 1 期/第 41-45 页
159. 刘应明，何瑶，张华/深圳市建设共同沟的可行性分析/市政技术/2011 年第 6 期/第 57-60 页
160. 刘永红，刘秋玲/深圳市近期建设规划年度实施计划制度探索与实践/规划师/2011 年第 3 期/第 66-69 页
161. 刘永红，刘秋玲/深圳规划制度改革——从近期建设规划到近期建设规划年度实施计划/城市发展研究/2011 年第 11 期/第 65-69 页
162. 路淑英/提升珠海文化软实力的资源优势和发展战略选择/中共珠海市委党校珠海市行政学院学报/2011 年第 6 期/第 52-56 页
163. 罗海平/中国经济特区的职能绩效与发展效率/深圳职业技术学院学报/2011 年第 4 期/第 8-15 页
164. 罗海平/经济特区与中国的转型路径/云南财经大学学报/2011 年第 4 期/第 140-148 页
165. 罗海平/基于马克思主义经典作家的经济特区理论溯源/深圳大学学报（人文社会科学版）/2011 年第 3 期/第 30-33 页
166. 罗青和，尹华杰/基于熵的深圳外商直接投资环境分析（2005—2010）/中国城市经济/2011 年第 23 期/第 18-19 页
167. 罗文胜/特区中的“特区”/中国民营科技与经济/2011 年第 1 期/第 49-50 页
168. 吕斌，温贵和/顾敏康：前海模式需在探索中完善/法人/2011 年第 3 期/第 33-34 页
169. 马巾英，尹锴，吝涛/城市复合生态系统碳氧平衡分析——以沿海城市厦门为例/环境科学学报/2011 年第 8 期/第 1808-1816 页
170. 马丽/前海模式是怎样炼成的/法人/2011 年第 3 期/第 31-32 页
171. 马纳提/浅析新疆与中亚经贸合作——基于霍尔果斯经济特区/中国发展/2011 年第 3 期/第 64-68 页

172. 莫清华/海南的历史年轮/书屋/2011 年第 11 期/第 52-54 页
173. 牛慧恩/深圳城市发展与产业布局的规划实践/上海城市规划/2011 年第 1 期/第 54-55 页
174. 牛志男，李晓林/掀起喀什神秘的面纱——访喀什历史文化学者刘学杰/中国民族/2011 年第 1 期/第 45-49 页
175. 潘永强，林筱璟，罗亚男/国际旅游岛背景下海南县域经济发展问题研究/综合竞争力/2011 年第 1 期/第 51-55 页
176. 彭鸿林，邱名训/深化价格改革促进科学发展——对深圳特区价格工作先行先试的思考/价格理论与实践/2011 年第 2 期/第 20-21 页
177. 彭清华/新形势下特区经济发展问题研究/黑龙江对外经贸/2011 年第 4 期/第 70-71 页
178. 彭盛华，尹魁浩，梁永贤，林高松，邓联木/深圳市河流水污染治理与雨洪利用研究/环境工程技术学报/2011 年第 6 期/第 495-504 页
179. 彭武锦/深圳市物业管理公司成立及运作情况回忆/中国物业管理/2011 年第 5 期/第 14-16 页
180. 彭治安，严智广/经济特区与民族自治区立法的比较与借鉴/贵州警官职业学院学报/2011 年第 3 期/第 71-76 页
181. 钱新梅，刘云亮/国际旅游岛下免税购物的法律探讨/行政与法/2011 年第 2 期/第 72-75 页
182. 乔振祺/天津滨海新区新区新故事/中国报道/2011 年第 10 期/第 60-61 页
183. 秦鹏，陈健飞/香港与深圳土地集约利用对比研究/地理研究/2011 年第 6 期/第 1129-1136 页
184. 戎章榕/走进厦门经济特区纪念馆/福建党史月刊/2011 年第 11 期/第 46-48 页
185. 阮加文，马丽/前海元年/法人/2011 年第 3 期/第 16-27+96 页
186. 深圳市委党校罗湖分校课题组，蔡伟强，兰峻/建设国际消费中心必须正确处理三个关系/特区实践与理论/2011 年第 1 期/第 47-49 页
187. 沈陆澄/厦深高速铁路建设背景下交通枢纽门户建设对区域和城市空间结构的影响——以汕头市为例/规划师/2011 年第 7 期/第 20-25 页
188. 沈媚/海口旅游地产业投融资平台构建因素探析/中国商贸/2011 年第 5 期/第 165-166 页
189. 施瑾/新疆喀什地区跨越式发展研究/怀化学院学报/2011 年第 11 期/

第 1-3 页

190. 宋聚生，刘浩，孙艺/深圳市旧工业地段更新规划编制对策/城市建筑/2011 年第 8 期/第 18-20 页
191. 宋清渭/厦门特区创建之初驻军回顾/百年潮/2011 年第 7 期/第 31-34 页
192. 宋晓巍/深圳经济特区对外贸易发展分析及对策/经济纵横/2011 年第 4 期/第 70-73 页
193. 宋周，张惠春/深圳：从“制造型经济”向“创意型经济”的战略转型/群众/2011 年第 8 期/第 78-79 页
194. 苏武江，齐延信，高静/珠海市公共服务与社会事业发展现状与对策分析/经济研究导刊/2011 年第 2 期/第 194-197 页
195. 苏熠慧/城市化进程中国家与流动人口的关系——以深圳市流动人口管理模式的变迁为例/甘肃行政学院学报/2011 年第 2 期/第 66-74+119 页
196. 孙贵艳，王传胜，肖磊，董冠鹏/快速城市化地区农村居住用地布局变化及其影响因素研究——以深圳市龙岗区为例/地理科学进展/2011 年第 3 期/第 352-360 页
197. 孙新华/深圳产业发展的若干问题/特区实践与理论/2011 年第 1 期/第 37-41+1 页
198. 孙延风，林永明，张绍勇/特区建设三十年厦门工业发展回顾与展望/厦门特区党校学报/2011 年第 4 期/第 73-76 页
199. 孙燕/喀什旅游业现状分析及其优化政策/黑龙江农业科学/2011 年第 2 期/第 127-130+144 页
200. 孙莹，赵凌飞/深圳科技人力资源的开发与利用研究/中小企业管理与科技（上旬刊）/2011 年第 12 期/第 199 页
201. 汤向东/深圳物流业发展利弊因素分析/经济师/2011 年第 1 期/第 241+243 页
202. 唐永红，刘坚/两岸 ECFA 下厦门经济特区对台先行先试问题探讨/台湾研究集刊/2011 年第 4 期/第 35-43 页
203. 田伟宏/深圳社会管理的风险与创新/特区实践与理论/2011 年第 5 期/第 70-72 页
204. 田晓萍/关于前海深港现代服务业合作区发展路径的思考/特区经济/2011 年第 10 期/第 16-17 页

205. 仝德，冯长春，邓金杰/城中村空间形态的演化特征及原因——以深圳特区为例/地理研究/2011 年第 3 期/第 437-446 页
206. 万鲁宁/自主创新为深圳插上腾飞的翅膀/宁波通讯/2011 年第 17 期/第 32-33 页
207. 万武杰/“十二五”：海南真正步入快速发展期/新东方/2011 年第 2 期/第 21-25 页
208. 汪洁/国际旅游岛战略下的海南保障性住房制度研究/改革与战略/2011 年第 2 期/第 156-158+166 页
209. 王斌，宋玉忠/特区扩容：破解深圳市“一市两法”困局的路径选择/特区经济/2011 年第 3 期/第 23-24 页
210. 王成，郄光发，董建文，蔡干强，詹晓红，贾宝全，邱尔发/厦门森林城市建设理念与布局研究/中国城市林业/2011 年第 3 期/第 8-11 页
211. 王定跃/关于深圳道路绿化的思考/特区实践与理论/2011 年第 1 期/第 88-91 页
212. 王飞/汕头港“转身”之痛/珠江水运/2011 年第 7 期/第 38-43 页
213. 王飞/汕头港落差的深层追问/珠江水运/2011 年第 7 期/第 44 页
214. 王刚/厦门特区 30 年文化建设的基本成就与经验启示/厦门特区党校学报/2011 年第 6 期/第 1-5 页
215. 王国晶/天津滨海新区出口加工贸易模式与本土产业升级/经营管理者/2011 年第 10 期/第 23+22 页
216. 王国良/喀什特区建设与人才资源探析/重庆科技学院学报（社会科学版）/2011 年第 19 期/第 82-83+88 页
217. 王华/厦门岛内外义务教育一体化问题分析/厦门特区党校学报/2011 年第 1 期/第 67-73 页
218. 王见敏/深圳市户籍迁移制度改革经验与成效研究/西北人口/2011 年第 6 期/第 101-105 页
219. 王京元，葛宏伟，张彬/深圳市过境与疏港货运交通组织规划/规划师/2011 年第 3 期/第 44-49 页
220. 王京元，郑贤，莫一魁/轨道交通 TOD 开发密度分区构建及容积率确定——以深圳市轨道交通 3 号线为例/城市规划/2011 年第 4 期/第 30-35 页
221. 王婧，舒桂林/树立全新理念，拓宽报道视野，推行整体联动——2011 年深圳大运会报道思路/新闻知识/2011 年第 5 期/第 41-42+39 页

222. 王俊声/深圳市轨道交通线网控制中心设计问题分析/中国高新技术企业/2011 年第 2 期/第 73-74 页
223. 王利，尚晓昆，蒋宁/滨海新区游艇产业环境分析与发展动力机制研究/特区经济/2011 年第 12 期/第 52-55 页
224. 王琳/海南语言多样性的保护与传承/海南大学学报（人文社会科学版）/2011 年第 3 期/第 8-12+17 页
225. 王琳/天津滨海新区文化肌理及文化资源整合方向研究/城市/2011 年第 10 期/第 61-64 页
226. 王世巍/深圳人口均衡发展的对策/特区实践与理论/2011 年第 2 期/第 70-72 页
227. 王书成/前海“基本法”：如何先行先试？/法人/2011 年第 3 期/第 28-30 页
228. 王书明，高晓红/自然、文化与发展战略的整合——论海南生态省建设的三大优势/中国海洋大学学报（社会科学版）/2011 年第 5 期/第 18-22 页
229. 王婷，石玲/海南国际旅游岛发展总体思路研究/中国商贸/2011 年第 6 期/第 177-178 页
230. 王唯山/海峡西岸经济区战略下的“厦门—金门”互动发展研究/规划师/2011 年第 1 期/第 20-25 页
231. 王唯山/厦门市旧城改造实证研究（1980—2010 年）/城市规划学刊/2011 年第 4 期/第 51-58 页
232. 王晓耕/天津滨海新区平台竞争力提升途径研究/天津师范大学学报（社会科学版）/2011 年第 5 期/第 40-43 页
233. 王毅林/项南为海峡两岸和平发展作出重要贡献——纪念厦门经济特区成立 30 周年/福建党史月刊/2011 年第 21 期/第 13-14 页
234. 王雨/创意城市空间发展新策略研究——以深圳市西丽地区为例/特区经济/2011 年第 11 期/第 46-47 页
235. 王越兴/深圳湾水环境质量及变化趋势分析/环境科学导刊/2011 年第 3 期/第 94-96 页
236. 王真慧，向丽/海南经济特区建立 20 年来黎、苗民族关系观察/海南大学学报（人文社会科学版）/2011 年第 4 期/第 13-17 页
237. 王智斌/大胆探索先行先试——经济特区立法在中国特色社会主义法律体系中的地位和作用/人民之声/2011 年第 5 期/第 15-17 页

238. 魏达志/特区 30 年时代节点上的回顾与前瞻/开放导报/2011 年第 1 期/第 26-29 页
239. 魏达志，畅小娜/对深港共建全球性物流中心的探讨/特区实践与理论/2011 年第 5 期/第 54-57 页
240. 魏华颖/深圳吸引国际人才政策建议/特区经济/2011 年第 9 期/第 33-34 页
241. 魏咏梅/厦门科技旅游产品开发的 SWOT 分析/厦门科技/2011 年第 5 期/第 26-30 页
242. 文善恩，王永利，骆其武/海南国际旅游岛建设中的外汇服务便利化研究/海南金融/2011 年第 1 期/第 36-37+42 页
243. 翁孟迁/把海南建成南中国海区域会展岛/今日海南/2011 年第 3 期/第 31 页
244. 吴川醌，赵振华/海南国际旅游岛航权开放的法律视角/行政与法/2011 年第 2 期/第 85-87 页
245. 吴东海/海南：绘就对接世界的宏图/广西经济/2011 年第 4 期/第 19 页
246. 吴海燕，杨武，雷家骕/深圳市区域创新体系建设中的问题及对策分析/未来与发展/2011 年第 1 期/第 103-107 页
247. 吴佳丽，李红军，袁浩正/天津滨海新区土地利用总体规划的创新性研究/城市/2011 年第 11 期/第 52-55 页
248. 吴学品，姜岩磊/海南经济增长、房地产投资和货币供应量——基于状态空间模型的实证分析/统计与咨询/2011 年第 5 期/第 46-47 页
249. 武志/厦门建设两岸区域性金融服务中心的总体思路/福建金融/2011 年第 4 期/第 21-22 页
250. 西春/霍尔果斯：边城新秀/新经济/2011 年第 11 期/第 14-17 页
251. 西春/边疆特区经济大家谈/新经济/2011 年第 11 期/第 22-25 页
252. 夏勃，周泽萱/我国保税区转型为自由贸易区的模式分析——以深圳福田保税区为案例/中国市场/2011 年第 23 期/第 204-205 页
253. 夏芳，张宇，刘梦恬/基于中小企业融资的物流金融运作模式研究——以天津滨海新区为例/金融经济/2011 年第 12 期/第 63-65 页
254. 夏季/厦门：涤荡腐恶促发展/中国监察/2011 年第 3 期/第 24-25 页
255. 肖刚/经济特区：成就、模式的国际影响、今后的改革方向/战略决策研究/2011 年第 5 期/第 69-77 页
256. 肖刚/经济特区是中国走向海洋强国的核心地缘支撑/国际经贸探索/

2011 年第 9 期/第 44-51 页
257. 肖毅，冯学敏，占云生/以特区精神引领海南金融创新的构想/海南金融/2011 年第 2 期/第 4-6 页
258. 谢达理，万新焕/海南国际旅游岛旅游会计人才培养的必要性/经济与社会发展/2011 年第 1 期/第 18-20 页
259. 谢启标/厦门市二、三产业互动发展的对策研究——基于岛内外一体化建设的视角/厦门特区党校学报/2011 年第 1 期/第 61-66 页
260. 谢启标/试论厦门市制造业与生产性服务业的互动发展/福建财会管理干部学院学报/2011 年第 1 期/第 5-8 页
261. 谢涛/谷牧的经济特区思想及其历史作用/党史研究与教学/2011 年第 2 期/第 70-75 页
262. 谢霞/深圳：打造人才宜聚城市再引“孔雀东南飞”/宁波通讯/2011 年第 17 期/第 30-31 页
263. 辛诚，杜心灵/珠海市高新技术产业发展的 SWOT 分析/特区经济/2011 年第 8 期/第 28-29 页
264. 徐丽/国际旅游岛背景下海南工业的发展/法制与社会/2011 年第 9 期/第 187-188 页
265. 徐卫红，张福生，刘殿国/海南省大中型企业债务融资现状及建议/特区经济/2011 年第 6 期/第 225-227 页
266. 徐文涛/建设喀什经济特区对当地经济带来的影响及研究对策/科技创新导报/2011 年第 5 期/第 175+177 页
267. 徐艳，黄智敏/30 年风雨兼程助推特区辉煌/政协天地/2011 年第 11 期/第 18-19 页
268. 徐宗玲/大特区后的机遇与挑战——汕头经济特区建立三十周年的思考/广东经济/2011 年第 10 期/第 17-21 页
269. 许还运，邢捷/让海南不再“蕉”急/新经济杂志/2011 年第 9 期/第 84-87 页
270. 许经勇/努力当好推动科学发展、促进社会和谐的排头兵——厦门经济特区建立 30 周年的回顾与前瞻/厦门特区党校学报/2011 年第 5 期/第 6-12 页
271. 薛博，胡刚/深圳建设公交都市的探索与实践/城市公用事业/2011 年第 2 期/第 1-3+55 页
272. 薛占栋/深圳物质资本存量估算/生产力研究/2011 年第 10 期/第 107-

109 页

273. 闫文陆/新疆喀什、霍尔果斯经济开发区成为中国向西开放窗口/大陆桥视野/2011 年第 11 期/第 67-69 页

274. 严音莉/当前海南加快发展最需要什么/今日海南/2011 年第 8 期/第 22-23 页

275. 颜节礼/海南特区的优势分析和发展探讨/特区经济/2011 年第 3 期/第 268-270 页

276. 杨保军，赵群毅，查克，徐有钢/海南发展的战略转型与空间应对——写在“国际旅游岛”建设之初/城市规划学刊/2011 年第 2 期/第 8-15 页

277. 杨立勋/深圳社会建设新模式的探索之路/开放导报/2011 年第 1 期/第 16-19 页

278. 杨庆贵/滨海新区行政管理体制革新策略/合作经济与科技/2011 年第 7 期/第 106-107 页

279. 杨忠诚，谭键/“十二五”：海南实现跨越式发展的黄金期/今日海南/2011 年第 1 期/第 16-17 页

280. 杨子江，聂危萧/基于 SOFM 网络的城镇土地定级研究——以深圳宝安区为例/特区经济/2011 年第 10 期/第 298-300 页

281. 姚魁/海南给力“人才强卫”/中国卫生人才/2011 年第 1 期/第 10-13 页

282. 姚迅/在新的房地产政策下的海南房地产发展前景分析/经营管理者/2011 年第 19 期/第 20 页

283. 叶文香/深圳城中村违法建筑现象的经济学视野分析/中国流通经济/2011 年第 10 期/第 69-72 页

284. 伊明江·阿布都热依木/保护古城文化景观延续古城历史文脉——对喀什历史名城保护的理性思考/设计艺术研究/2011 年第 4 期/第 60-62+80 页

285. 易丽丽/深圳：公民社会“试验田”/决策/2011 年第 4 期/第 60-62 页

286. 易振龙/珠海近现代历史名人与珠海人精神品质的塑造/特区经济/2011 年第 1 期/第 46-47 页

287. 尹强，王佳文，吕晓蓓/新型城市发展观引领深圳城市总体规划/城市规划/2011 年第 8 期/第 72-76 页

288. 于保霞/海南现代服务业发展面临的机遇和挑战——用 SWOT 方法分

析/海南广播电视大学学报/2011 年第 4 期/第 70–75 页

289. 于坤，谢永萍，姑丽格娜·哈力木拉提/喀什地区生态环境与经济协调发展的对策性研究/喀什师范学院学报/2011 年第 3 期/第 40–43 页
290. 余梦洁/喀什：重点围绕“两区”建设/商用汽车新闻/2011 年第 11 期/第 6 页
291. 余强/以创业投资引导基金推进“创新厦门”建设/厦门科技/2011 年第 4 期/第 12–16 页
292. 袁琼/深港国际金融中心建设的问题与对策研究/开放导报/2011 年第 4 期/第 101–104 页
293. 袁晓江/深圳仍然是改革的“试验田”/开放导报/2011 年第 1 期/第 30–33 页
294. 袁晓江/深圳“国际化城市”的提出及战略意义/特区实践与理论/2011 年第 4 期/第 36–40+1 页
295. 张殿军/民族自治地方变通立法与经济特区变通立法比较研究/宁夏党校学报/2011 年第 2 期/第 49–52 页
296. 张坚奇/厦门第三产业发展探析/现代经济信息/2011 年第 23 期/第 439 页
297. 张静，李颖/喀什地区对外贸易与经济增长关系研究/中国集体经济/2011 年第 25 期/第 32–33 页
298. 张雷/发展经济学视野下的印度经济特区建设评析/南亚研究季刊/2011 年第 3 期/第 40–44+5 页
299. 张琳/国外国际旅游岛建设对海南发展的启示/改革与战略/2011 年第 2 期/第 172–175 页
300. 张凌鸿/海南：唱好生态经济的大戏/杭州（周刊）/2011 年第 7 期/第 78–81 页
301. 张明哨/深圳投资率合理水平分析/特区实践与理论/2011 年第 1 期/第 42–46 页
302. 张平，陈志龙/城市地下停车需求比例规划研究——以深圳地下停车场为例/地下空间与工程学报/2011 年第 1 期/第 9–16 页
303. 张擎/发挥前海引领作用推进珠三角产业转型升级/中国高新区/2011 年第 10 期/第 122–123 页
304. 张蓉/珠澳合作发展的思考/中共珠海市委党校珠海市行政学院学报/2011 年第 5 期/第 52–55 页

305. 张锐钢/天津滨海新区的开发开放与会计服务业的发展/中国注册会计师/2011 年第 1 期/第 68-69 页
306. 张述存/关于“十二五”期间经济区经济管理模式改革问题的思考/甘肃理论学刊/2011 年第 1 期/第 21-24 页
307. 张卫/海南省旅行社管理立法研究/人民论坛/2011 年第 23 期/第 77-79 页
308. 张亚亚/海南“铁腕”政策促淘汰工作圆满完成/现代工业经济和信息化/2011 年第 6 期/第 26-27 页
309. 张则武/深圳城市化历程中的社区变迁/特区实践与理论/2011 年第 1 期/第 80-83 页
310. 张增帆/海南发展博彩业的机遇、挑战及对策/科学经济社会/2011 年第 4 期/第 71-77 页
311. 赵红霞，张希颖/以喀什经济特区的建立推动西部大开放/特区经济/2011 年第 5 期/第 210-211 页
312. 赵江敏，张炜熙/天津滨海新区综合竞争力评估研究/贵州大学学报（社会科学版）/2011 年第 1 期/第 102-106 页
313. 赵文静，周厚诚/广东省海岛旅游业发展的经济学分析/海洋开发与管理/2011 年第 1 期/第 83-86+95 页
314. 赵一帆/关于海南旅游房地产业现状研究以及发展对策分析/中国商贸/2011 年第 5 期/第 147-148 页
315. 赵影，钟小东/海南黎苗族文化旅游资源开发的问题与对策/特区经济/2011 年第 3 期/第 159-160 页
316. 赵玉榕/在厦门岛内外一体化进程中加强对台合作的思考/福建农林大学学报（哲学社会科学版）/2011 年第 1 期/第 5-10 页
317. 郑良泽/论汕头经济特区扩围后加快发展的对策/广东广播电视大学学报/2011 年第 6 期/第 29-33 页
318. 郑清贤/厦门立法促进“两岸区域性金融服务中心”建设的思考/福州党校学报/2011 年第 5 期/第 60-63 页
319. 郑荣荣/汕头：立法保障台胞投资权益/中国人大/2011 年第 24 期/第 43-44 页
320. 钟坚，刘晓晗/加快推进我国沿边地区经济特区的建设/开放导报/2011 年第 3 期/第 53-56 页
321. 钟恺琳/深圳：大特区再出发/房地产导刊/2011 年第 6 期/第 48-49 页

322. 钟蕾，张妍/滨海新区公共设施系统化设计研究/包装工程/2011 年第 18 期/第 38-41 页
323. 钟晓渝/立法与深圳经济特区的建立/深圳职业技术学院学报/2011 年第 6 期/第 3-9 页
324. 周翠蓉，郑东/厦门市文物艺术品市场的历史及现状分析/福建文博/2011 年第 2 期/第 75-82 页
325. 周国宏，余淑苑，彭朝琼，刘国红，李思果，黄广文，蓝涛，李锦，刘桂华，谢建滨，何建凡，林爱红/深圳经济特区国家城市饮用水监测网络水质分析/中华疾病控制杂志/2011 年第 8 期/第 712-715 页
326. 周健，崔胜辉，林剑艺，李飞/厦门市能源消费对环境及公共健康影响研究/环境科学学报/2011 年第 9 期/第 2058-2065 页
327. 周健，崔胜辉，林剑艺，李飞/基于 LEAP 模型的厦门交通能耗及大气污染物排放分析/环境科学与技术/2011 年第 11 期/第 164-170 页
328. 周健，崔胜辉，刘勇，宋晓东/城市公共交通满意度分析——以厦门岛为例/城市发展研究/2011 年第 1 期/第 74-80 页
329. 周启蕾/产业转移对深圳物流业的影响及其应对策略/中国流通经济/2011 年第 9 期/第 33-39 页
330. 周伍阳/深港人民币离岸市场：人民币区域化国际化的“试验田”/深圳大学学报（人文社会科学版）/2011 年第 1 期/第 64-68 页
331. 周宇/关于天津滨海新区战略地位与发展规划的思考/特区经济/2011 年第 11 期/第 68-69 页
332. 朱冰/浅析新形势下如何做好霍尔果斯经济特区档案管理工作/中共乌鲁木齐市委党校学报/2011 年第 1 期/第 58-60 页
333. 朱科勇，秦燕玲/树立经济税收观实现税收新跨越——深圳地税局“十一五”税收发展回顾/南方论刊/2011 年第 1 期/第 4-7 页
334. 邹兵，范军，张永宾，王桂林/从咨询公众到共同决策——深圳市城市总体规划全过程公众参与的实践与启示/城市规划/2011 年第 8 期/第 91-96 页
335. 邹永广，郑向敏/厦门市旅游经济与生态环境协调性评价研究/江西科技师范学院学报/2011 年第 1 期/第 106-110 页
336. 左双双/天津市滨海新区典型制造业与生产性服务业的产业关联与空间关系研究/首都师范大学学报（自然科学版）/2011 年第 3 期/第 62-68 页

337. /喀什特区/中国民族/2011 年第 1 期/第 32-36 页
338. /霍尔果斯特区/中国民族/2011 年第 1 期/第 37-39 页
339. /汕头：首创经济特区行政程序统一立法/上海人大月刊/2011 年第 6 期/第 45 页
340. /天津市：滨海新区/环渤海经济瞭望/2011 年第 5 期/第 60-62 页
341. /传承创新潮汕文化建设文化强市/潮商/2011 年第 4 期/第 33 页
342. /特区建设三十年百载商埠换新颜/潮商/2011 年第 4 期/第 14-15 页
343. /深圳经验：三招创新破解社会难题/宁波经济（财经视点）/2011 年第 10 期/第 37 页
344. /一路为先的深圳物业/城市开发/2011 年第 21 期/第 16-17 页
345. /霍尔果斯向东向西开放；成为欧亚大通道的主枢纽/港口经济/2011 年第 11 期/第 52 页
346. /Africa-China：Records Continue to Be Set/Africa Research Bulletin：Economic，Financial&Technical Series/11/16/2011/Vol. 48 Issue 11，p19331-19332，1p
347. /Anjaney Ferro Alloys closes on ferromanganese plant in Andhra Pradesh/Project Finance & Infrastructure Finance/May 2011/p113-113，1p
348. /Arab Maghreb Union：Agriculture Pact/Africa Research Bulletin：Economic，Financial&Technical Series/12/16/2011/Vol. 47 Issue 12，p18933-18934，2p
349. /BPO Sector Is Doomsday Near? /Silicon India/April 2011/Vol. 14 Issue 4，p22-24，3p
350. /Doing Business in Fujairah/MEED：Middle East Economic Digest/9/2/2011/p84-90，7p. 3 Charts
351. /Exogenous Zones/Economist/6/18/2011/Vol. 399 Issue 8738，p46-46，2/3p
352. /Foreign Trade Zone Approval to Help Klausser Compete/Furniture/Today/11/28/2011/Vol. 36 Issue 12，p39-39，1/4p
353. /Free Trade Zones/MEED：Middle East Economic Digest/9/2/2011/p29-30，2p
354. /GABON：Special Economic Zone/Africa Research Bulletin：Economic，Fina ncial & Technical Series/11/16/2011/Vol. 48 Issue 11，p19334-19335，2p
355. /How to Sell Our National Birthright/Industrial Heating/August 2011/Vol. 78 Issue 8，p16-16，1p
356. /India Exim Credits Alstom Bharat Plant/Trade Finance/December 2011/Vol. 14 Issue 10，p28-28，1p

357. /ITD Selling Stake in Dawai SEZ Project/Project Finance&Infrastructure Finance/May 2011/p252-252, 1p
358. /Japan Sets Up Special Zones/International Tax Review/November 2011/Vol. 22 Issue 9, p21-21, 1p
359. /Jubilant Setting Up Sym-Tet Facility at Bharuch SEZ/Chemical Business/March 2011/Vol. 25 Issue 3, p27-27, 1/2p
360. /Khed Closes SEZ Debt/Project Finance&Infrastructure Finance/February 2011/p127-127, 1p
361. /New Issues/Coin World/3/7/2011/Vol. 52 Issue 2656, p208-215, 8p
362. /News-UAE: Oman Insurance Opens Branch in Mussafah/Middleeast Insurance Review/February 2011/p33-33, 1p
363. /Nigeria: Economic Diplomacy/Africa Research Bulletin: Economic, Financial & Technical Series/8/16/2011/Vol. 48 Issue 8, p19224-19224, 1p
364. /Opportunities for Speciality Chemicals in Mangalore Special Economic Zone Highlighted/Chemical Business/October 2011/Vol. 25 Issue 10, p77-77, 3/4p
365. /Q&A Mohammed Turk, Chief Executive Officer/Meed: Middle East Economic Digest/2/4/2011/Vol. 55 Issue 5, p25-25, 1/5p
366. /Reliance Industries' Petrochemical Project Back on Track/Popular Plastics&Packaging/October 2011/Vol. 56 Issue 10, p64-64, 1/8p
367. /The Benefits of Engaging on Trade/WWD: Women's Wear Daily/10/11/2011/Vol. 202 Issue 75, p7-1, 1p
368. /Torrent Power Closes on Dahej CCGT/Project Finance&Infrastructure Finance/May 2011/p225-225, 1p
369. Adrian Negrea/Sustenable Development of the Romanian Economy by Adopting the Chinese Model of Special Economic Zones/Annals of the University of Oradea, Economic Science Series/2011/Vol. 20 Issue 2, p103-108, 6p
370. Ahmed Ashraf/Potential for Progress/Harvard International Review/fall 2011/Vol. 33 Issue 3, p28-31, 4p
371. Alperowicz Natasha/Iran Eyes Leadership in Mideast Petrochemical Industry/Chemical Week/5/23/2011/Vol. 173 Issue 14, p16-16, 1p
372. Bogataj David/The Role of Free Economic Zones in Global Supply Chains—A Case of Reverse Logistics/International Journal of Production Economics/May

2011/Vol. 131 Issue 1, p365-371, 7p

373. BorozanĐula, Klepo Željko/An Assessment of Croatia's Free Zone Benefits Within the International Framework/Contemporary Legal&Economic Issues/ 2011/p330-352, 23p

374. Amsterdam/ADB and Special Economic Zones: ADB and the Greater Mekong Subregion Program/Both Ends/2011375. Bräutigam Deborah, Xiaoyang Tang/Shenzhen: China's special economic zones in Africa/Journal of Modern African Studies/03/01/2011/Vol. 49 Issue 1, p27-54, 28p

376. Chengri Ding/Assessment of Urban Spatial-Growth Patterns in China During Rapid Urbanization/Chinese Economy/January 2011/p46-71, 6p

377. Chigurupati Ramach, Raiah/Special Economic Zones as New Forms of Corporate Land Grab: Experiences from India/Development/March 2011p59-63, 5p

378. Dikili Ali/Turkey Free Zones/Middle Eastern Analysis/Ortadogu Analiz/ 2011/Vol. 3 Issue 25, p52-59, 8p. 3 Color Photographs, 1 Chart

379. Dukgeun/Analysis of Anti-dumping Use in Free Trade Agreements/Journal of World Trade/April 2011/Vol. 45 Issue 2, p431-456, 26p

380. Farole Thomas/Special Economic Zones: What Have We Learned? /Economic Premise/September 2011/

381. Fenton Suzanne/Aqaba Development Corporation/MEED: Middle East Economic Digest/2/4/2011/Vol. 55 Issue 5, p24-25, 2p

382. Gamonal Sergio/Labour Obligations in the US-Chile Free Agreement: The Illusion of Soft Law/International Journal of Comparative Labour Law&Industrial Relations/December 2011/Vol. 27 Issue 4, p407-417, 11p

383. Golis Maria/Problems of Functioning Special Economic Zones In Poland// Studies&Proceedings Polish Association for Knowledge Management/2011/Issue 41, p69-79, 11p

384. Gong Chongfeng, Chen Jiquan, Yu Shixiao/Spatiotemporal Dynamics of Urban Forest Conversion Through Model Urbanization in Shenzhen, China/International Journal of Remote Sensing/12/20/2011/Vol. 32 Issue 24, p9071-9092, 22p

385. Hakimian Hassan/Iran's Free Trade Zones: Back Doors to the International Economy? /Iranian Studies/November 2011/Vol. 44 Issue 6, p851-874, 24p. 10 Charts

386. Hao Pu/The Development and Redevelopment of Urban Villages in Shenzhen/ Habitat International/April 2011/Vol. 35 Issue 2, p214-224, 11p

387. Jain Sumeet/ “You Say Nano, We Say No”, Getting A “Yes” Instead for Special Economic Zones in India/Northwestern Journal of International Law&Business/ 2011-01-01

388. Jayasuriya Sisira, Panza Laura/Will India Be the Next China? Challenges, Prospects and Implications for Australia/Australian Economic Review/December 2011/ Vol. 44 Issue 4, p446-456, 11p. 1 Chart, 4 Graphs

389. John M. Litwack, Yingyi Qian/Balanced or Unbalanced Development: Special Economic Zones As Catalysts for Transition (1998) /Journal of Comparative Economics//

390. Karmali Naazneen/Fast-rising Indian Billionaire Clinches Australian Port for $2 billion/Forbes/5/3/2011/p17-17, 1p

391. Kaushik Manu/Caught in a Logjam/Business Today/3/6/2011/Vol. 20 Issue 5, p40-41, 2p

392. Kottegoda Nilwala/A Green Slow-release Fertilizer Composition Based on Urea-modified Hydroxyapatite Nanoparticles Encapsulated Wood/Current Science/7/10/2011/Vol. 101 Issue 1, p73-78, 6p

393. Levien Michael/Special Economic Zones and Accumulation by Dispossession in India/Journal of Agrarian Change/October 2011, /Vol. 11 Issue 4, p454-483, 30p

394. Lisogor Maxim/The Problems of Development of Small Enterprises within Furniture Industry in the Conditions of a Special Economic Zone/Vestnik IKBFU/2011/Issue 9, p168-172, 5p

395. Malini L. Tantri/Trade Performance of SEZs in India/Margin: The Journal of Applied Economic Research/May 2011/p: 267-288, 22p

396. Mangra Mâldâlina Giorgiana, Sperdea Natalita Maria, Celenkovic Ljubisav, Cojocaru Constantin/China's Special Economic Zones and the Current Global Economic Downturn/Economics, Management&Financial Markets/December 2011/Vol. 6 Issue 4, p132-137, 5p

397. N. N. Mikheyeva/Tools of Regional Policy: Assessing the Efficiency of Their Application/Region: Economics and Sociology/2011/2011-3-3

398. Negrea Adrian/Sustenable Development of the Romanian Economy by Adopting the Chinese Model of Special Economic Zones/Directory of Open Access Journals: DOAJ Articles/2011-12-01

399. Mee Kam/Strategic Planning of China's First Special Economic Zone: Shenz-

hen City Master Plan/Planning Theory&Practice/December 2011/Vol. 12 Issue 4, p638-642, 5p

400. Nilov Konstantin/The legal Regime of Special Economic Zone in the Kaliningrad Region: the Routes to Improvement/Vestnik IKBFU/2011/Issue 9, p65-72, 8p

401. Orenstein Dara/Foreign-Trade Zones and the Cultural Logic of Frictionless Production/Radical History Review/Winter2011/Issue 109, p36-61, 26p. 14 Black and White Photographs, 2 Maps

402. Peerally Jahan/The Impact of Trade Policy Regimes on Firms' Learning for Innovation from Suppliers/International Journal of Innovation Management/February 2011/Vol. 15 Issue 1, p29-68, 40p. 1 Diagram, 10 Charts

403. Portyakov Vladimir/Shenzhen: A Success Story/Far Eastern Affairs/2011/Vol. 39 Issue 3, p37-56, 20p

404. Rangarajan S. /Indian Petrochemical Industry-Challenges for Growth/Popular Plastics&Packaging/January 2011/Vol. 56 Issue 1, p18-18, 1p

405. Shadikhodjaev Sherzod/International Regulation of Free Zones: An Analysis of Multilateral Customs and Trade Rules/World Trade Review/April 2011/Vol. 10 Issue 2, p189-216, 28p

406. Singala Subbaiah, Atmavilas Yamini, Singh Ekta/Special Economic Zones in India: Policies, Performance and Problems/ASCI Journal of Management/March 2011/Vol. 40 Issue 2, p21-59, 39p

407. Sowinski Lara L/Don't Forget Aboutftzs/World Trade: WT100/May 2011/Vol. 24 Issue 5, p22-22, 1/2p

408. Stewart Michael/Moroccan Auto Industry Moving into Top Gear/Automotive Industries/October 2011/p24-24, 1p

409. Sung-Hoon Lim/Risks in the North Korean Special Economic Zone: Context, Identification and Assessment/Emerging Markets Finance and Trade/January 2011/p50-66, 16p

410. Tang Shubiao/Wanjiang City Belt in the Making/China Today/April 2011/Vol. 60 Issue 4, p40-43, 4p

411. Tantri Malini L. /The Dynamics of SEZs over EPZs: A Case Study of Santacruz SEZ/Journal of International Economics /January 2011/Vol. 2 Issue 1, p62-75, 14p

412. Thomas Farole, Hayrettin Zeynep Akıncı/Special Economic Zones : Progress,

Emerging Challenges and Future Directions/World Bank Publications/2011

413. Wang De-rong/Study on Issues Concerning Regional Intergovernmental Cooperative Governance in Guangxi Beibu Gulf Economic Zone/Asian Agricultural Research/December 2011

414. Winters Patrick/China Eastern closes French lease/Airfinance Journal/November 2011/p40-40，1p

415. Douglas Zhihua/How Do Special Economic Zones and Industrial Clusters Drive China's Rapid Development? /Policy Research Working Paper Series/March 2011

421. Zhao Wei，Arvanitis Rigas，Pira Frank La/Innovation Policy and Local Cluster of Entrepreneurs in South China/International Journal of Management&Enterprise Development/2011/Vol. 11 Issue 2/3/4，p109-126，18p

422. Zhu Hong/A Boomtown with Faith/China Today/October 2011/Vol. 60 Issue 10，p54-55，2p

三、学位论文

1. 董朝君/深圳大部制改革研究/中国博士学位论文全文数据库/博士论文/武汉大学/2011
2. 段江岩/生产性服务业发展的深圳模式比较及借鉴/中国优秀硕士学位论文全文数据库/硕士论文/天津商业大学/2011
3. 段永桓/基于 RFA 和 Copula 的海南旅游业及高尔夫产业预测/中国博士学位论文全文数据库/博士论文/天津大学/2011
4. 谷星辉/跨越式发展背景下的喀什外向型经济初探/中国优秀硕士学位论文全文数据库/硕士论文/新疆财经大学/2011
5. 何欣/珠海市文化产业现状及发展途径研究/中国优秀硕士学位论文全文数据库/硕士论文/吉林大学/2011
6. 侯广军/珠海港经济发展模式及对策研究/中国优秀硕士学位论文全文数据库/硕士论文/吉林大学/2011
7. 胡志翔/新疆内陆特区建设的法制保障研究/中国优秀硕士学位论文全文数据库/硕士论文/兰州大学/2011
8. 李岚/社会转型期我国制度信任的现状研究——以深圳经济特区为例/中国优秀硕士学位论文全文数据库/硕士论文/南京大学/2011
9. 李晓莉/深圳特区发展模式创新研究/中国优秀硕士学位论文全文数据库/硕士论

文/吉林大学/2011
10. 李祖宝/厦门市建设两岸人才特区研究/万方数据/硕士论文/厦门大学/2011
11. 林弋筌/海南城市化与产业结构演进的相互关系研究/中国优秀硕士学位论文全文数据库/硕士论文/海南师范大学/2011
12. 刘云凤/厦门市促进科技企业自主创新的扶持体系研究/中国优秀硕士学位论文全文数据库/硕士论文/华侨大学/2011
13. 莫天福/海南村落宗族对新农村建设的影响及对策研究/中国优秀硕士学位论文全文数据库/硕士论文/海南师范大学/2011
14. 宁杰/邓小平经济特区理论与厦门特区建设实践研究/中国优秀硕士学位论文全文数据库/硕士论文/集美大学/2011
15. 逄艳/基于国际旅游岛背景下海南体育旅游项目开发研究/万方数据/硕士论文/海南师范大学/2011
16. 丘学才/珠海经济增长影响因素实证分析/万方数据/硕士论文/中山大学/2011
17. 吴松谚/深圳创业板市场主要运行制度研究/中国博士学位论文全文数据库/博士论文/云南大学/2011
18. 张得保/深圳体育赛事取向研究/中国博士学位论文全文数据库/博士论文/北京体育大学/2011
19. 张可/海南国际旅游岛建设背景下期货市场构建研究/中国优秀硕士学位论文全文数据库/硕士论文/吉林大学/2011
20. 张倩/海南国际旅游岛建设背景下的异地置业客服策略研究/中国优秀硕士学位论文全文数据库/硕士论文/郑州大学/2011
21. 张文静/海南农业经济增长影响因素的实证分析，1988—2008/中国优秀硕士学位论文全文数据库/硕士论文/海南大学/2011
22. 张新/基于海南国际旅游岛的区域旅游开发评价及开发模式研究/中国优秀硕士学位论文全文数据库/硕士论文/天津大学/2011
23. 张钟琴/海南国际旅游岛战略品牌管理/万方数据/硕士论文/天津大学/2011
24. 钟军/海南文化旅游产业建设研究/中国优秀硕士学位论文全文数据库/硕士论文/中南大学/2011
25. Changhui Zhou, Andrew Delios, Jingyu Yang/Asia Pacific Journal of Management/The Pennsylvania State University Archives/2011-10-28
26. Fong Hildy Felicia/Policy Implications of Migration for Immunization of Chinese Children in HongKong and Shenzhen/The Chinese University of Hong Kong/2011

27. Jennifer Maureen Finnegan/The Lives, Working Conditions and Insecurities of Frontier Workers between Cambodia and Thailand at the Poipet-Aranyaprathet border crossing/Chulalongkorn University/2011
28. Micek Grzegorz/Spatial Problems of Estimating Multiplier Effects in the Local Scale/University of Lodz/2011
29. Ming Men/Developing Zhuhai's Sustainable Competitiveness/The Pennsylvania State University Archives/2011-10-29
30. Mukherjee Soumyatanu/Special Economic Zones and Agriculture with Increasing Returns/2011-09-29
31. Reyes Richard R. /Latin American Special Economic Zones and Their Impacts on Regional Security/Naval Postgraduate School/2011-06
32. Seshadri Triyakshana/The Political Economy of Special Economic Zones in India/George Mason University/2011

四、报刊文章

1. 陈斌/发展旅游产业建设幸福汕头/汕头日报/2011/8/1/006 版
2. 陈俊钊/试论经济特区坚持和实践党的思想路线/珠海特区报/2011/7/4/006 版
3. 陈炫坤/用好用足特区立法权营造良好法治环境/汕头日报/2011/12/5/008 版
4. 陈祎波/建设海南旅游行业组织的思考/海南日报/2011/8/9/A06 版
5. 傅勇涛/海南：建海岛型立体化治安防控体系/新华每日电讯/2011/2/28/006 版
6. 华本良，王凯宏/珠海模式的特点与发展思路/珠海特区报/2011/7/25/006 版
7. 黄燕，吴婧婧，文博/汕头市发展工业旅游的基本思路及政策建议/汕头日报/2011/11/28/006 版
8. 李尔冰/加强特区文化创新的途径/汕头日报/2011/12/12/008 版
9. 李惠武，林伦伦，潘英豪，刘锦庭/创新特区优势建设幸福汕头/汕头日报/2011/10/17/006 版
10. 廖明中，董晓远/推动深圳经济从数量型向质量型发展/深圳特区报/2011/5/17/B09 版

11. 陆集源/发挥港口优势再创特区辉煌/汕头日报/2011/12/12/008 版
12. 孙良胜/抢抓扩围新机遇用好特区立法权/汕头日报/2011/5/24/006 版
13. 王凤源/推进汕头社会管理理念创新/汕头日报/2011/12/19/004 版
14. 王京生/深圳城市发展中的文化自觉/中国文化报/2011/10/10/008 版
15. 王梦阳/关于建设“幸福珠海”的思考/珠海特区报/2011/6/20/006 版
16. 王梦阳/关于珠海发展模式的再思考/珠海特区报/2011/8/15/006 版
17. 王梦阳/关于珠海发展思路的历史总结和思考/珠海特区报/2011/9/5/007 版
18. 王延中，赵智奎/增创经济特区科学发展新优势/人民日报/2011/8/3/007 版
19. 许经勇/综合配套改革试验区与经济特区有何异同/人民日报/2011/9/6/007 版
20. 杨忠诚/海南发展绿色经济的思考/海南日报/2011/7/12/A05 版
21. 元诗超/关于珠海城市品牌定位的思考/珠海特区报/2011/12/5/006 版
22. 袁晓江/“闯”和“创”成就了深圳/人民日报/2011/6/10/007 版
23. 赵中社/强化陆海统筹实现海南可持续发展/海南日报/2011/8/30/A06 版
24. 郑艳丽/特区知识产权制度构建浅析/汕头日报/2011/11/28/006 版
25. /展望汕头特区新的三十年/汕头日报/2011/12/12/008 版
26. /Gains on Colombia Send Trade Pacts to Congress/New York Times/5/5/2011/Vol. 160 Issue 55，396，p6-6，1p
27. /They Said They Wanted a Deal：It Is Hard to See Republican Objections to a Trade Agreement as Anything but Partisan/New York Times/6/30/2011/Vol. 160 Issue 55，452，p26-26，1p
28. Michael Ryan/Location Determinants of Japanese Multinationals within Poland：Do Special Economic Zones Really Matter for Investment Decisions? /The Pennsylvania State University Archives/2011-10-28
29. Appelbaum Binyamin/White House-G. O. P. Deal Clears a Trade Pact Hurdle/New York Times/6/29/2011/Vol. 160 Issue 55，451，p1-1，1p
30. Bruns Adam/Cummins Revs Up in Zones Around the World/Site Selection/November/December 2011/Vol. 56 Issue 6，p936-936，1p
31. Bruns Adam/The Ties That Free/Site Selection/November/December 2011/Vol. 56 Issue 6，p925-940，7p

32. Francisco Little/A Super Computer For a Super City/Beijing Review/9/22/2011/Vol. 54 Issue 38，p48-48，1p

五、析出文献

1. 廖爱红，齐延信，王二威/珠海市城市可持续发展能力分析/2011 中国可持续发展论坛暨中国可持续发展研究会学术年会//2011/
2. 杨国昌/城市定位准确发展才可持续——关于珠海发展的几点思考/2011 中国可持续发展论坛暨中国可持续发展研究会学术年会//2011/
3. 王丽娅/金融支持海南国际旅游岛建设的模式和政策建议/2010 当代海南论坛文集（下）//2011/
4. 杨跃辉/海南发展现代物流新思考/2010 当代海南论坛文集（下）//2011/
5. 吴杰/国际旅游岛背景下海南加快转变经济发展方式研究/2010 当代海南论坛文集（下）//2011/
6. 张传具/经济特区综合竞争力比较研究/2011 广东社会科学学术年会——地方政府职能与社会公共管理//2011/
7. 杨玉民/推动汕头迈向城乡一体化发展新时代研究/2011 广东社会科学学术年会——地方政府职能与社会公共管理//2011/
8. 赵鹤芹/珠海生态文明新特区建设的几点思考/2011 中国可持续发展论坛暨中国可持续发展研究会学术年会//2011/
9. 施洁/中国经济特区具有重要的现实与理论意义——世界银行首席经济学家兼高级副行长林毅夫教授访谈/中国经济特区研究（2010 年期总第 3 期）//2011/
10. 施洁/深圳经济特区对非洲具有重要借鉴意义——世界银行非洲区金融与私营发展局长马丽·简·尤依访谈/中国经济特区研究（2010 年期总第 3 期）//2011/
11. 马跃，李炜琦/中国经济特区发展的昨天、今天和明天——香港岭南大学马跃教授访谈/中国经济特区研究（2010 年期总第 3 期）//2011/
12. 唐杰，戴群，李战杰，高阳光，施洁，金传/深圳经济增长的理论研究/中国经济特区研究（2010 年期总第 3 期）//2011/
13. 苏东斌，钟若愚，金传/中国经济特区论纲/中国经济特区研究（2010 年期总第 3 期）//2011/

14. 陶一桃，金传/经济特区与中国道路/中国经济特区研究（2010 年期总第 3 期）//2011/
15. 钟坚/深圳：新的起点/中国经济特区研究（2010 年期总第 3 期）//2011/
16. 曾智华，李桐/中国两大增长引擎：经济特区和产业集群——它们是如何引领中国经济高速发展的？/中国经济特区研究（2010 年期总第 3 期）//2011/
17. 王和平，李一鸣/海南海洋经济发展中的政府职能定位/首届东方行政论坛·沿海蓝色经济区建设与合作发展机制创新研讨会//2011/
18. 黄卫平，郑超/经济特区的政治逻辑——献给深圳经济特区 30 周年/地方政府发展研究·第 6 辑//2011/
19. 范耀登/论特区政治改革的先行与试验/地方政府发展研究·第 6 辑//2011/
20. 萨支辉/从汕头“禁摩”谈特区立法的政治学意义/地方政府发展研究·第 7 辑//2011/
21. 师春苗/浅析改革开放初期中央对经济特区的分权——以深圳经济特区为个案/中国共产党 90 年研究文集（下）//2011/
22. 谢涛/1979—1984 年城市经济体制改革中的“深圳试验”及其示范意义/中国共产党 91 年研究文集（下）//2011/
23. 张庆良/海南沿着低碳走向生态文明/当代海南论坛’2011 秋季峰会//2011/
24. 唐晓阳/海南国际旅游岛文化生态问题初探/当代海南论坛’2011 秋季峰会//2011/
25. 罗海平/五大综合性经济特区的职能与发展绩效研究/中国经济特区研究（2011 年第 1 期）//2011/
26. 周运源/关于中国经济特区分类发展的再思考/中国经济特区研究（2011 年第 1 期）//2011/
27. 樊纲，Xiao Jia/中国经济特区的独特价值与作用——体制转轨与经济发展角度/中国经济体制改革研究基金会，国民经济研究所，中国社会科学院研究生院//2011/
28. 陶一桃/经济特区与中国道路/2011 年中国经济特区论坛：“经济特区与中国道路”国际学术研讨会/中国经济特区研究中心/深圳/2011/第 3-12 页
29. 苏东斌/奇文共欣赏/2011 年中国经济特区论坛：“经济特区与中国道路”国际学术研讨会/中国经济特区研究中心/深圳/2011/第 13-15 页

30. 胡培兆/保守特色稳健发展也是招/2011 年中国经济特区论坛：“经济特区与中国道路”国际学术研讨会/中国经济特区研究中心/深圳/2011/第 16-20 页
31. 袁易明/产业发展的政府力量/2011 年中国经济特区论坛：“经济特区与中国道路”国际学术研讨会/中国经济特区研究中心/深圳/2011/第 21-22 页
32. 尤安山/试论浦东开发开放的基本模式、效应及发展趋势/2011 年中国经济特区论坛：“经济特区与中国道路”国际学术研讨会/中国经济特区研究中心/深圳/2011/第 23-32 页
33. 刘建华，王纪成，丁重扬/贫困理论与中国反贫困实践/2011 年中国经济特区论坛：“经济特区与中国道路”国际学术研讨会/中国经济特区研究中心/深圳/2011/第 33-42 页
34. 罗青和，尹华杰/经济特区与中国模式/2011 年中国经济特区论坛：“经济特区与中国道路”国际学术研讨会/中国经济特区研究中心/深圳/2011/第 43-52 页
35. 王永波/投资品市场的市场结构及其价格机制特殊性研究/2011 年中国经济特区论坛：“经济特区与中国道路”国际学术研讨会/中国经济特区研究中心/深圳/2011/第 53-63 页
36. 骆祚炎，肖祖星/货币政策逆周期调控资产价格有效性的 FCI 检验/2011 年中国经济特区论坛：“经济特区与中国道路”国际学术研讨会/中国经济特区研究中心/深圳/2011/第 64-77 页
37. 李幼林/国家级开发区转型发展道路的几点思考—以上海金桥开发区为例/2011 年中国经济特区论坛：“经济特区与中国道路”国际学术研讨会/中国经济特区研究中心/深圳/2011/第 78-84 页
38. 俞友康/经济特区与中国道路的新探索——以新一轮中国区域发展国家级规划热为例/2011 年中国经济特区论坛：“经济特区与中国道路”国际学术研讨会/中国经济特区研究中心/深圳/2011/第 85-97 页
39. 张克听/特区社区股份合作公司转型方向和路径探析/2011 年中国经济特区论坛：“经济特区与中国道路”国际学术研讨会/中国经济特区研究中心/深圳/2011/第 98-108 页
40. 陈家喜，黄卫平/深圳经济特区的政治改革：历史与逻辑/2011 年中国经济特区论坛：“经济特区与中国道路”国际学术研讨会/中国经济特区研究中心/深圳/2011/第 109-119 页

41. 王鹏，赵捷/知识溢出视角下的粤港科技合作研究/2011年中国经济特区论坛："经济特区与中国道路"国际学术研讨会/中国经济特区研究中心/深圳/2011/第120-132页
42. 周小云/经济特区与中国本土化的发展探究/2011年中国经济特区论坛："经济特区与中国道路"国际学术研讨会/中国经济特区研究中心/深圳/2011/第133-140页
43. 罗海平/特区模式下的改革家与改革家精神/2011年中国经济特区论坛："经济特区与中国道路"国际学术研讨会/中国经济特区研究中心/深圳/2011/第141-70页
44. 张志宏/走出"中国模式"的认识误区/2011年中国经济特区论坛："经济特区与中国道路"国际学术研讨会/中国经济特区研究中心/深圳/2011/第156-158页
45. 初大智，杨硕/基于经济学"收支平衡"视角下的区域竞争优势概念框架/2011年中国经济特区论坛："经济特区与中国道路"国际学术研讨会/中国经济特区研究中心/深圳/2011/第159-168页
46. 周铁昆/当前宏观经济形势与深圳发展策略/2011年中国经济特区论坛："经济特区与中国道路"国际学术研讨会/中国经济特区研究中心/深圳/2011/第169-174页
47. 孙宝强/走逆向物流、循环经济与静脉产业融合发展之路/2011年中国经济特区论坛："经济特区与中国道路"国际学术研讨会/中国经济特区研究中心/深圳/2011/第175-184页
48. /同安奇女子女中伟丈夫/厦门文史丛书《厦门跨海情缘》/彭一万著；洪卜仁主编；中国政治协商会议福建省厦门市委员会编/厦门：厦门大学出版社/2011/第1-7页
49. /踏寻孙中山与陈粹芬的遗迹/厦门文史丛书《厦门跨海情缘》/彭一万著；洪卜仁主编；中国政治协商会议福建省厦门市委员会编/厦门：厦门大学出版社/2011/第7-11页
50. /新加坡晚晴园与辛亥革命/厦门文史丛书《厦门跨海情缘》/彭一万著；洪卜仁主编；中国政治协商会议福建省厦门市委员会编/厦门：厦门大学出版社/2011/第12-16页
51. /孙中山与厦门的不解之缘/厦门文史丛书《厦门跨海情缘》/彭一万著；洪卜仁主编；中国政治协商会议福建省厦门市委员会编/厦门：厦门大学出版社/2011/第16-20页

52. /台湾首富林维源/厦门文史丛书《厦门跨海情缘》/彭一万著；洪卜仁主编；中国政治协商会议福建省厦门市委员会编/厦门：厦门大学出版社/2011/第 21-27 页

53. /菽庄园主林尔嘉/厦门文史丛书《厦门跨海情缘》/彭一万著；洪卜仁主编；中国政治协商会议福建省厦门市委员会编/厦门：厦门大学出版社/2011/第 27-44 页

54. /菽庄后裔林克恭/厦门文史丛书《厦门跨海情缘》/彭一万著；洪卜仁主编；中国政治协商会议福建省厦门市委员会编/厦门：厦门大学出版社/2011/第 45-52 页

55. /龙溪山色绕芳池——记台北板桥别墅/厦门文史丛书《厦门跨海情缘》/彭一万著；洪卜仁主编；中国政治协商会议福建省厦门市委员会编/厦门：厦门大学出版社/2011/第 53-61 页

56. /藏海园林寓台瀛——厦门菽庄花园探美/厦门文史丛书《厦门跨海情缘》/彭一万著；洪卜仁主编；中国政治协商会议福建省厦门市委员会编/厦门：厦门大学出版社/2011/第 61-70 页

57. /遥忆紫阳曾属望——朱熹与金门/厦门文史丛书《厦门跨海情缘》/彭一万著；洪卜仁主编；中国政治协商会议福建省厦门市委员会编/厦门：厦门大学出版社/2011/第 71-74 页

58. /手挽沧溟誓不归——福建水师提督杨岐珍/厦门文史丛书《厦门跨海情缘》/彭一万著；洪卜仁主编；中国政治协商会议福建省厦门市委员会编/厦门：厦门大学出版社/2011/第 75-79 页

59. /泪波直注海东头——陈宝琛的台湾情结/厦门文史丛书《厦门跨海情缘》/彭一万著；洪卜仁主编；中国政治协商会议福建省厦门市委员会编/厦门：厦门大学出版社/2011/第 79-81 页

60. /宦海沉浮六十年——许世英其人其事/厦门文史丛书《厦门跨海情缘》/彭一万著；洪卜仁主编；中国政治协商会议福建省厦门市委员会编/厦门：厦门大学出版社/2011/第 82-92 页

61. /抗日复台先锋翁俊明/厦门文史丛书《厦门跨海情缘》/彭一万著；洪卜仁主编；中国政治协商会议福建省厦门市委员会编/厦门：厦门大学出版社/2011/第 92-98 页

62. /首访厦门的台湾记者魏清德/厦门文史丛书《厦门跨海情缘》/彭一万著；洪卜仁主编；中国政治协商会议福建省厦门市委员会编/厦门：厦门大学出版社/2011/第 99-103 页

63. /首到厦门的台湾医生作家赖和/厦门文史丛书《厦门跨海情缘》/彭一万著；洪卜仁主编；中国政治协商会议福建省厦门市委员会编/厦门：厦门大学出版社/2011/第 103-110 页
64. /乘风驭气万里征——读陈桂琛的诗/厦门文史丛书《厦门跨海情缘》/彭一万著；洪卜仁主编；中国政治协商会议福建省厦门市委员会编/厦门：厦门大学出版社/2011/第 110-114 页
65. /遥望南天吊诗魂——怀念潘受先生/厦门文史丛书《厦门跨海情缘》/彭一万著；洪卜仁主编；中国政治协商会议福建省厦门市委员会编/厦门：厦门大学出版社/2011/第 114-117 页
66. /教育巨擘诗坛泰斗——梁披云的生平与诗作/厦门文史丛书《厦门跨海情缘》/彭一万著；洪卜仁主编；中国政治协商会议福建省厦门市委员会编/厦门：厦门大学出版社/2011/第 118-131 页
67. /吐纳珠玉卷舒风云——施学慨和他主编的《回归诗词百首》/厦门文史丛书《厦门跨海情缘》/彭一万著；洪卜仁主编；中国政治协商会议福建省厦门市委员会编/厦门：厦门大学出版社/2011/第 132-134 页
68. /厦门是台湾“文明戏”的摇篮/厦门文史丛书《厦门跨海情缘》/彭一万著；洪卜仁主编；中国政治协商会议福建省厦门市委员会编/厦门：厦门大学出版社/2011/第 135-141 页
69. /海峡两岸共同创办的美术学校——“厦门美专”回眸/厦门文史丛书《厦门跨海情缘》/彭一万著；洪卜仁主编；中国政治协商会议福建省厦门市委员会编/厦门：厦门大学出版社/2011/第 142-156 页
70. /林学大与南洋艺术学院/厦门文史丛书《厦门跨海情缘》/彭一万著；洪卜仁主编；中国政治协商会议福建省厦门市委员会编/厦门：厦门大学出版社/2011/第 157-161 页
71. /设计新四军臂章的台湾艺术家庄索/厦门文史丛书《厦门跨海情缘》/彭一万著；洪卜仁主编；中国政治协商会议福建省厦门市委员会编/厦门：厦门大学出版社/2011/第 162-168 页
72. /海峡艺坛奇才余承尧/厦门文史丛书《厦门跨海情缘》/彭一万著；洪卜仁主编；中国政治协商会议福建省厦门市委员会编/厦门：厦门大学出版社/2011/第 168-172 页
73. /江文也的厦台情缘——纪念江文也诞辰 100 周年/厦门文史丛书《厦门跨海情缘》/彭一万著；洪卜仁主编；中国政治协商会议福建省厦门市委员会编/厦门：厦门大学出版社/2011/第 172-179 页

74. /科学与艺术的结晶——电动感应雕塑艺术家蔡文颖及其作品/厦门文史丛书《厦门跨海情缘》/彭一万著；洪卜仁主编；中国政治协商会议福建省厦门市委员会编/厦门：厦门大学出版社/2011/第 179-186 页
75. /台湾电影开拓者白克/厦门文史丛书《厦门跨海情缘》/彭一万著；洪卜仁主编；中国政治协商会议福建省厦门市委员会编/厦门：厦门大学出版社/2011/第 186-193 页
76. /“艺术全才式”的台湾影视导演曾仲影/厦门文史丛书《厦门跨海情缘》/彭一万著；洪卜仁主编；中国政治协商会议福建省厦门市委员会编/厦门：厦门大学出版社/2011/第 194-201 页
77. /同安高僧定光古佛/厦门文史丛书《厦门跨海情缘》/彭一万著；洪卜仁主编；中国政治协商会议福建省厦门市委员会编/厦门：厦门大学出版社/2011/第 202-208 页
78. /反清志士落发为僧/厦门文史丛书《厦门跨海情缘》/彭一万著；洪卜仁主编；中国政治协商会议福建省厦门市委员会编/厦门：厦门大学出版社/2011/第 209-211 页
79. /会泉法师六赴台湾/厦门文史丛书《厦门跨海情缘》/彭一万著；洪卜仁主编；中国政治协商会议福建省厦门市委员会编/厦门：厦门大学出版社/2011/第 212-214 页
80. /台湾首尊肉身菩萨慈航法师/厦门文史丛书《厦门跨海情缘》/彭一万著；洪卜仁主编；中国政治协商会议福建省厦门市委员会编/厦门：厦门大学出版社/2011/第 214-217 页
81. /台湾首位博士高僧印顺导师/厦门文史丛书《厦门跨海情缘》/彭一万著；洪卜仁主编；中国政治协商会议福建省厦门市委员会编/厦门：厦门大学出版社/2011/第 218-225 页
82. /鼓浪屿僧人开创台湾佛教大法派——林觉力法师与苗栗大湖法云寺派/厦门文史丛书《厦门跨海情缘》/彭一万著；洪卜仁主编；中国政治协商会议福建省厦门市委员会编/厦门：厦门大学出版社/2011/第 226-231 页
83. /基督教从厦门东传台湾/厦门文史丛书《厦门跨海情缘》/彭一万著；洪卜仁主编；中国政治协商会议福建省厦门市委员会编/厦门：厦门大学出版社/2011/第 232-239 页
84. /南投龙德庙吴真人传说/厦门文史丛书《厦门跨海情缘》/彭一万著；洪卜仁主编；中国政治协商会议福建省厦门市委员会编/厦门：厦门大

学出版社/2011/第 240-244 页

85. /海沧保生大帝慈济文化节巡礼/厦门文史丛书《厦门跨海情缘》/彭一万著；洪卜仁主编；中国政治协商会议福建省厦门市委员会编/厦门：厦门大学出版社/2011/第 244-250 页

86. /闽台同俗过除夕/厦门文史丛书《厦门跨海情缘》/彭一万著；洪卜仁主编；中国政治协商会议福建省厦门市委员会编/厦门：厦门大学出版社/2011/第 251-253 页

87. /闽台同俗闹元宵/厦门文史丛书《厦门跨海情缘》/彭一万著；洪卜仁主编；中国政治协商会议福建省厦门市委员会编/厦门：厦门大学出版社/2011/第 253-255 页

88. /闽台同俗祭清明/厦门文史丛书《厦门跨海情缘》/彭一万著；洪卜仁主编；中国政治协商会议福建省厦门市委员会编/厦门：厦门大学出版社/2011/第 255-256 页

89. /闽台同俗端午节/厦门文史丛书《厦门跨海情缘》/彭一万著；洪卜仁主编；中国政治协商会议福建省厦门市委员会编/厦门：厦门大学出版社/2011/第 257-258 页

90. /闽台同俗话“七夕”/厦门文史丛书《厦门跨海情缘》/彭一万著；洪卜仁主编；中国政治协商会议福建省厦门市委员会编/厦门：厦门大学出版社/2011/第 259-260 页

91. /闽台同俗庆中秋/厦门文史丛书《厦门跨海情缘》/彭一万著；洪卜仁主编；中国政治协商会议福建省厦门市委员会编/厦门：厦门大学出版社/2011/第 260-263 页

92. /黄菊正开秋未老——闽台重阳节诗话/厦门文史丛书《厦门跨海情缘》/彭一万著；洪卜仁主编；中国政治协商会议福建省厦门市委员会编/厦门：厦门大学出版社/2011/第 264-266 页

93. /闽台同俗过冬至/厦门文史丛书《厦门跨海情缘》/彭一万著；洪卜仁主编；中国政治协商会议福建省厦门市委员会编/厦门：厦门大学出版社/2011/第 266-267 页

94. /绪论/厦门文史丛书《厦门石刻撷珍》/何丙仲著；洪卜仁主编；中国政治协商会议福建省厦门市委员会编/厦门：厦门大学出版社/2011/第 1-37 页

95. /登山越岭赏明诗/厦门文史丛书《厦门石刻撷珍》/何丙仲著；洪卜仁主编；中国政治协商会议福建省厦门市委员会编/厦门：厦门大学出版

社/2011/第 38-54 页

96. /征倭剿夷豪气在/厦门文史丛书《厦门石刻撷珍》/何丙仲著；洪卜仁主编；中国政治协商会议福建省厦门市委员会编/厦门：厦门大学出版社/2011/第 55-66 页

97. /风流千载忆延平/厦门文史丛书《厦门石刻撷珍》/何丙仲著；洪卜仁主编；中国政治协商会议福建省厦门市委员会编/厦门：厦门大学出版社/2011/第 67-81 页

98. /云洲诗味待重寻/厦门文史丛书《厦门石刻撷珍》/何丙仲著；洪卜仁主编；中国政治协商会议福建省厦门市委员会编/厦门：厦门大学出版社/2011/第 82-105 页

99. /石刻犹存台厦情/厦门文史丛书《厦门石刻撷珍》/何丙仲著；洪卜仁主编；中国政治协商会议福建省厦门市委员会编/厦门：厦门大学出版社/2011/第 106-120 页

100. /扫苔剔藓觅屐痕/厦门文史丛书《厦门石刻撷珍》/何丙仲著；洪卜仁主编；中国政治协商会议福建省厦门市委员会编/厦门：厦门大学出版社/2011/第 121-128 页

101. /美舰访厦续余篇/厦门文史丛书《厦门石刻撷珍》/何丙仲著；洪卜仁主编；中国政治协商会议福建省厦门市委员会编/厦门：厦门大学出版社/2011/第 129-139 页

102. /清代武将题刻多/厦门文史丛书《厦门石刻撷珍》/何丙仲著；洪卜仁主编；中国政治协商会议福建省厦门市委员会编/厦门：厦门大学出版社/2011/第 140-147 页

103. /名刹曾经作“客厅”/厦门文史丛书《厦门石刻撷珍》/何丙仲著；洪卜仁主编；中国政治协商会议福建省厦门市委员会编/厦门：厦门大学出版社/2011/第 148-158 页

104. /僧人中彩修寺庙/厦门文史丛书《厦门石刻撷珍》/何丙仲著；洪卜仁主编；中国政治协商会议福建省厦门市委员会编/厦门：厦门大学出版社/2011/第 159-163 页

105. /鹭门仙佛用“番银”/厦门文史丛书《厦门石刻撷珍》/何丙仲著；洪卜仁主编；中国政治协商会议福建省厦门市委员会编/厦门：厦门大学出版社/2011/第 164-172 页

106. /巍然片石阅沧桑/厦门文史丛书《厦门石刻撷珍》/何丙仲著；洪卜仁主编；中国政治协商会议福建省厦门市委员会编/厦门：厦门大学出版版

社/2011/第 173-178 页

107. /郑彩原是厦门人/厦门文史丛书《厦门石刻撷珍》/何丙仲著；洪卜仁主编；中国政治协商会议福建省厦门市委员会编/厦门：厦门大学出版社/2011/第 179-184 页

108. /且寄道心与明月/厦门文史丛书《厦门石刻撷珍》/何丙仲著；洪卜仁主编；中国政治协商会议福建省厦门市委员会编/厦门：厦门大学出版社/2011/第 185-189 页

109. /同安名宦有美文/厦门文史丛书《厦门石刻撷珍》/何丙仲著；洪卜仁主编；中国政治协商会议福建省厦门市委员会编/厦门：厦门大学出版社/2011/第 190-195 页

110. /雅称浑号识民风/厦门文史丛书《厦门石刻撷珍》/何丙仲著；洪卜仁主编；中国政治协商会议福建省厦门市委员会编/厦门：厦门大学出版社/2011/第 196-202 页

111. /踏遍浯洲寻石刻/厦门文史丛书《厦门石刻撷珍》/何丙仲著；洪卜仁主编；中国政治协商会议福建省厦门市委员会编/厦门：厦门大学出版社/2011/第 203-221 页

112. /后记/厦门文史丛书《厦门石刻撷珍》/何丙仲著；洪卜仁主编；中国政治协商会议福建省厦门市委员会编/厦门：厦门大学出版社/2011/第 222-223 页

113. /概述/厦门文史丛书《厦门妇运百年》/洪卜仁主编；中国政治协商会议福建省厦门市委员会编/厦门：厦门大学出版社/2011/第 1-4 页

114. /女学和幼儿教育的兴起/厦门文史丛书《厦门妇运百年》/洪卜仁主编；中国政治协商会议福建省厦门市委员会编/厦门：厦门大学出版社/2011/第 5-8 页

115. /戒缠足、倡天足运动/厦门文史丛书《厦门妇运百年》/洪卜仁主编；中国政治协商会议福建省厦门市委员会编/厦门：厦门大学出版社/2011/第 9-10 页

116. /辛亥革命的一位厦门妇女/厦门文史丛书《厦门妇运百年》/洪卜仁主编；中国政治协商会议福建省厦门市委员会编/厦门：厦门大学出版社/2011/第 11-12 页

117. /废婢运动/厦门文史丛书《厦门妇运百年》/洪卜仁主编；中国政治协商会议福建省厦门市委员会编/厦门：厦门大学出版社/2011/第 13-17 页

118. /学运、工运中的厦门妇女/厦门文史丛书《厦门妇运百年》/洪卜仁主编；中国政治协商会议福建省厦门市委员会编/厦门：厦门大学出版社/2011/第 18-23 页
119. /抗日救亡运动中的厦门妇女/厦门文史丛书《厦门妇运百年》/洪卜仁主编；中国政治协商会议福建省厦门市委员会编/厦门：厦门大学出版社/2011/第 24-27 页
120. /抗战烽火中的厦门妇女/厦门文史丛书《厦门妇运百年》/洪卜仁主编；中国政治协商会议福建省厦门市委员会编/厦门：厦门大学出版社/2011/第 27-31 页
121. /中共厦门地方组织的重建和发展/厦门文史丛书《厦门妇运百年》/洪卜仁主编；中国政治协商会议福建省厦门市委员会编/厦门：厦门大学出版社/2011/第 32-34 页
122. /投身民主爱国运动/厦门文史丛书《厦门妇运百年》/洪卜仁主编；中国政治协商会议福建省厦门市委员会编/厦门：厦门大学出版社/2011/第 35-38 页
123. /妇女当家做主/厦门文史丛书《厦门妇运百年》/洪卜仁主编；中国政治协商会议福建省厦门市委员会编/厦门：厦门大学出版社/2011/第 39-47 页
124. /海防前线的“娘子军”/厦门文史丛书《厦门妇运百年》/洪卜仁主编；中国政治协商会议福建省厦门市委员会编/厦门：厦门大学出版社/2011/第 47-60 页
125. /妇女就业与妇幼保健/厦门文史丛书《厦门妇运百年》/洪卜仁主编；中国政治协商会议福建省厦门市委员会编/厦门：厦门大学出版社/2011/第 61-67 页
126. /各条战线上的杰出女性/厦门文史丛书《厦门妇运百年》/洪卜仁主编；中国政治协商会议福建省厦门市委员会编/厦门：厦门大学出版社/2011/第 67-72 页
127. /维护妇女儿童的合法权益/厦门文史丛书《厦门妇运百年》/洪卜仁主编；中国政治协商会议福建省厦门市委员会编/厦门：厦门大学出版社/2011/第 73-88 页
128. /四大主体活动/厦门文史丛书《厦门妇运百年》/洪卜仁主编；中国政治协商会议福建省厦门市委员会编/厦门：厦门大学出版社/2011/第 89-96 页

129. /加强交流交往/厦门文史丛书《厦门妇运百年》/洪卜仁主编；中国政治协商会议福建省厦门市委员会编/厦门：厦门大学出版社/2011/第 96-104 页

130. /妇女儿童活动阵地的创建发展/厦门文史丛书《厦门妇运百年》/洪卜仁主编；中国政治协商会议福建省厦门市委员会编/厦门：厦门大学出版社/2011/第 104-106 页

131. /时代女性风采/厦门文史丛书《厦门妇运百年》/洪卜仁主编；中国政治协商会议福建省厦门市委员会编/厦门：厦门大学出版社/2011/第 107-118 页

132. /新中国成立前的妇运社团/厦门文史丛书《厦门妇运百年》/洪卜仁主编；中国政治协商会议福建省厦门市委员会编/厦门：厦门大学出版社/2011/第 119-121 页

133. /新中国成立后的历次妇女代表大会/厦门文史丛书《厦门妇运百年》/洪卜仁主编；中国政治协商会议福建省厦门市委员会编/厦门：厦门大学出版社/2011/第 121-132 页

134. /新中国成立后的妇女组织机构和自身建设/厦门文史丛书《厦门妇运百年》/洪卜仁主编；中国政治协商会议福建省厦门市委员会编/厦门：厦门大学出版社/2011/第 132-206 页

135. /1989 年以来厦门历届全国三八红旗手名单/厦门文史丛书《厦门妇运百年》/洪卜仁主编；中国政治协商会议福建省厦门市委员会编/厦门：厦门大学出版社/2011/第 207-208 页

136. /2004 年以来厦门历届全国三八红旗集体名单/厦门文史丛书《厦门妇运百年》/洪卜仁主编；中国政治协商会议福建省厦门市委员会编/厦门：厦门大学出版社/2011/第 208-209 页

137. /厦门历届女劳模名单/厦门文史丛书《厦门妇运百年》/洪卜仁主编；中国政治协商会议福建省厦门市委员会编/厦门：厦门大学出版社/2011/第 209-209 页

138. /厦门历届全国巾帼文明岗名单/厦门文史丛书《厦门妇运百年》/洪卜仁主编；中国政治协商会议福建省厦门市委员会编/厦门：厦门大学出版社/2011/第 209-211 页

139. /庆祝国际劳动妇女节 100 周年/厦门文史丛书《厦门妇运百年》/洪卜仁主编；中国政治协商会议福建省厦门市委员会编/厦门：厦门大学出版社/2011/第 212-213 页

140. /后记/厦门文史丛书《厦门妇运百年》/洪卜仁主编；中国政治协商会议福建省厦门市委员会编/厦门：厦门大学出版社/2011/第 214-214 页
141. /厦门行政区划的变迁/厦门文史丛书《厦门城寨沧桑》/洪卜仁主编；中国政治协商会议福建省厦门市委员会编/厦门：厦门大学出版社/2011/第 1-2 页
142. /筑城式防御体系——城寨/厦门文史丛书《厦门城寨沧桑》/洪卜仁主编；中国政治协商会议福建省厦门市委员会编/厦门：厦门大学出版社/2011/第 2-4 页
143. /厦门城寨的类型、年代及其特点/厦门文史丛书《厦门城寨沧桑》/洪卜仁主编；中国政治协商会议福建省厦门市委员会编/厦门：厦门大学出版社/2011/第 4-6 页
144. /寨仔山山寨遗址/厦门文史丛书《厦门城寨沧桑》/洪卜仁主编；中国政治协商会议福建省厦门市委员会编/厦门：厦门大学出版社/2011/第 7-8 页
145. /澳溪麒麟山山寨遗址/厦门文史丛书《厦门城寨沧桑》/洪卜仁主编；中国政治协商会议福建省厦门市委员会编/厦门：厦门大学出版社/2011/第 9-11 页
146. /苏垅山山寨遗址/厦门文史丛书《厦门城寨沧桑》/洪卜仁主编；中国政治协商会议福建省厦门市委员会编/厦门：厦门大学出版社/2011/第 11-12 页
147. /乌营寨遗址/厦门文史丛书《厦门城寨沧桑》/洪卜仁主编；中国政治协商会议福建省厦门市委员会编/厦门：厦门大学出版社/2011/第 13-13 页
148. /大枫山山寨遗址/厦门文史丛书《厦门城寨沧桑》/洪卜仁主编；中国政治协商会议福建省厦门市委员会编/厦门：厦门大学出版社/2011/第 14-15 页
149. /掉虎寨尖山山寨遗址/厦门文史丛书《厦门城寨沧桑》/洪卜仁主编；中国政治协商会议福建省厦门市委员会编/厦门：厦门大学出版社/2011/第 15-15 页
150. /南洋寨遗址/厦门文史丛书《厦门城寨沧桑》/洪卜仁主编；中国政治协商会议福建省厦门市委员会编/厦门：厦门大学出版社/2011/第 16-17 页
151. /卧牛岗寨遗址/厦门文史丛书《厦门城寨沧桑》/洪卜仁主编；中国政

治协商会议福建省厦门市委员会编/厦门：厦门大学出版社/2011/第17-17 页

152. /郑宅山山寨遗址/厦门文史丛书《厦门城寨沧桑》/洪卜仁主编；中国政治协商会议福建省厦门市委员会编/厦门：厦门大学出版社/2011/第18-18 页

153. /顶村门口寨遗址/厦门文史丛书《厦门城寨沧桑》/洪卜仁主编；中国政治协商会议福建省厦门市委员会编/厦门：厦门大学出版社/2011/第18-19 页

154. /顶村土寨窟山山寨遗址/厦门文史丛书《厦门城寨沧桑》/洪卜仁主编；中国政治协商会议福建省厦门市委员会编/厦门：厦门大学出版社/2011/第 19-20 页

155. /乌石岩山山寨遗址/厦门文史丛书《厦门城寨沧桑》/洪卜仁主编；中国政治协商会议福建省厦门市委员会编/厦门：厦门大学出版社/2011/第 20-21 页

156. /军营寨遗址/厦门文史丛书《厦门城寨沧桑》/洪卜仁主编；中国政治协商会议福建省厦门市委员会编/厦门：厦门大学出版社/2011/第 22-23 页

157. /笔架山山寨遗址/厦门文史丛书《厦门城寨沧桑》/洪卜仁主编；中国政治协商会议福建省厦门市委员会编/厦门：厦门大学出版社/2011/第23-25 页

158. /崎山山寨遗址/厦门文史丛书《厦门城寨沧桑》/洪卜仁主编；中国政治协商会议福建省厦门市委员会编/厦门：厦门大学出版社/2011/第25-26 页

159. /寨山山寨遗址/厦门文史丛书《厦门城寨沧桑》/洪卜仁主编；中国政治协商会议福建省厦门市委员会编/厦门：厦门大学出版社/2011/第27-28 页

160. /南薰隘/厦门文史丛书《厦门城寨沧桑》/洪卜仁主编；中国政治协商会议福建省厦门市委员会编/厦门：厦门大学出版社/2011/第 28-28 页

161. /水南楼关隘/厦门文史丛书《厦门城寨沧桑》/洪卜仁主编；中国政治协商会议福建省厦门市委员会编/厦门：厦门大学出版社/2011/第 29-29 页

162. /土寨山山寨遗址/厦门文史丛书《厦门城寨沧桑》/洪卜仁主编；中国政治协商会议福建省厦门市委员会编/厦门：厦门大学出版社/2011/第

29-29 页

163. /灯火寨遗址/厦门文史丛书《厦门城寨沧桑》/洪卜仁主编；中国政治协商会议福建省厦门市委员会编/厦门：厦门大学出版社/2011/第 30-31 页

164. /山顶洋寨遗址/厦门文史丛书《厦门城寨沧桑》/洪卜仁主编；中国政治协商会议福建省厦门市委员会编/厦门：厦门大学出版社/2011/第 31-32 页

165. /大份山山寨遗址/厦门文史丛书《厦门城寨沧桑》/洪卜仁主编；中国政治协商会议福建省厦门市委员会编/厦门：厦门大学出版社/2011/第 32-33 页

166. /虎丘寨山山寨遗址/厦门文史丛书《厦门城寨沧桑》/洪卜仁主编；中国政治协商会议福建省厦门市委员会编/厦门：厦门大学出版社/2011/第 31-34 页

167. /石狮寨山山寨遗址/厦门文史丛书《厦门城寨沧桑》/洪卜仁主编；中国政治协商会议福建省厦门市委员会编/厦门：厦门大学出版社/2011/第 34-34 页

168. /村尾山山寨遗址/厦门文史丛书《厦门城寨沧桑》/洪卜仁主编；中国政治协商会议福建省厦门市委员会编/厦门：厦门大学出版社/2011/第 35-35 页

169. /狮头寨山山寨遗址/厦门文史丛书《厦门城寨沧桑》/洪卜仁主编；中国政治协商会议福建省厦门市委员会编/厦门：厦门大学出版社/2011/第 35-37 页

170. /盖集美山山寨遗址/厦门文史丛书《厦门城寨沧桑》/洪卜仁主编；中国政治协商会议福建省厦门市委员会编/厦门：厦门大学出版社/2011/第 37-38 页

171. /白交祠山寨遗址/厦门文史丛书《厦门城寨沧桑》/洪卜仁主编；中国政治协商会议福建省厦门市委员会编/厦门：厦门大学出版社/2011/第 38-39 页

172. /风鼓格寨遗址/厦门文史丛书《厦门城寨沧桑》/洪卜仁主编；中国政治协商会议福建省厦门市委员会编/厦门：厦门大学出版社/2011/第 39-40 页

173. /朝天楼关隘/厦门文史丛书《厦门城寨沧桑》/洪卜仁主编；中国政治协商会议福建省厦门市委员会编/厦门：厦门大学出版社/2011/第 40-

41 页

174. /草灰寨山山寨遗址/厦门文史丛书《厦门城寨沧桑》/洪卜仁主编；中国政治协商会议福建省厦门市委员会编/厦门：厦门大学出版社/2011/第 41-42 页

175. /姑娘寨山山寨遗址/厦门文史丛书《厦门城寨沧桑》/洪卜仁主编；中国政治协商会议福建省厦门市委员会编/厦门：厦门大学出版社/2011/第 42-44 页

176. /鸡冠山山寨遗址/厦门文史丛书《厦门城寨沧桑》/洪卜仁主编；中国政治协商会议福建省厦门市委员会编/厦门：厦门大学出版社/2011/第 44-44 页

177. /披风寨遗址/厦门文史丛书《厦门城寨沧桑》/洪卜仁主编；中国政治协商会议福建省厦门市委员会编/厦门：厦门大学出版社/2011/第 45-45 页

178. /金瓜寨山山寨遗址/厦门文史丛书《厦门城寨沧桑》/洪卜仁主编；中国政治协商会议福建省厦门市委员会编/厦门：厦门大学出版社/2011/第 46-47 页

179. /大岭头山寨遗址/厦门文史丛书《厦门城寨沧桑》/洪卜仁主编；中国政治协商会议福建省厦门市委员会编/厦门：厦门大学出版社/2011/第 47-48 页

180. /内田寨遗址/厦门文史丛书《厦门城寨沧桑》/洪卜仁主编；中国政治协商会议福建省厦门市委员会编/厦门：厦门大学出版社/2011/第 49-50 页

181. /同安城遗址/厦门文史丛书《厦门城寨沧桑》/洪卜仁主编；中国政治协商会议福建省厦门市委员会编/厦门：厦门大学出版社/2011/第 50-52 页

182. /“同民安”关隘/厦门文史丛书《厦门城寨沧桑》/洪卜仁主编；中国政治协商会议福建省厦门市委员会编/厦门：厦门大学出版社/2011/第 53-55 页

183. /塔头巡检司城遗址/厦门文史丛书《厦门城寨沧桑》/洪卜仁主编；中国政治协商会议福建省厦门市委员会编/厦门：厦门大学出版社/2011/第 55-56 页

184. /高浦城遗址/厦门文史丛书《厦门城寨沧桑》/洪卜仁主编；中国政治协商会议福建省厦门市委员会编/厦门：厦门大学出版社/2011/第 56-

60 页

185. /厦门城遗址/厦门文史丛书《厦门城寨沧桑》/洪卜仁主编；中国政治协商会议福建省厦门市委员会编/厦门：厦门大学出版社/2011/第 60-66 页

186. /马銮城遗址/厦门文史丛书《厦门城寨沧桑》/洪卜仁主编；中国政治协商会议福建省厦门市委员会编/厦门：厦门大学出版社/2011/第 66-68 页

187. /镇北关遗址/厦门文史丛书《厦门城寨沧桑》/洪卜仁主编；中国政治协商会议福建省厦门市委员会编/厦门：厦门大学出版社/2011/第 68-70 页

188. /乌涂城仔内城遗址/厦门文史丛书《厦门城寨沧桑》/洪卜仁主编；中国政治协商会议福建省厦门市委员会编/厦门：厦门大学出版社/2011/第 70-72 页

189. /钱屿铳城遗址/厦门文史丛书《厦门城寨沧桑》/洪卜仁主编；中国政治协商会议福建省厦门市委员会编/厦门：厦门大学出版社/2011/第 72-73 页

190. /圭屿铳城/厦门文史丛书《厦门城寨沧桑》/洪卜仁主编；中国政治协商会议福建省厦门市委员会编/厦门：厦门大学出版社/2011/第 73-73 页

191. /嘉福寨遗址/厦门文史丛书《厦门城寨沧桑》/洪卜仁主编；中国政治协商会议福建省厦门市委员会编/厦门：厦门大学出版社/2011/第 74-76 页

192. /金牌寨山山寨遗址/厦门文史丛书《厦门城寨沧桑》/洪卜仁主编；中国政治协商会议福建省厦门市委员会编/厦门：厦门大学出版社/2011/第 76-76 页

193. /麒麟山山寨遗址/厦门文史丛书《厦门城寨沧桑》/洪卜仁主编；中国政治协商会议福建省厦门市委员会编/厦门：厦门大学出版社/2011/第 76-77 页

194. /红架寨山山寨遗址/厦门文史丛书《厦门城寨沧桑》/洪卜仁主编；中国政治协商会议福建省厦门市委员会编/厦门：厦门大学出版社/2011/第 77-78 页

195. /猪槽寨山山寨遗址/厦门文史丛书《厦门城寨沧桑》/洪卜仁主编；中国政治协商会议福建省厦门市委员会编/厦门：厦门大学出版社/2011/

第 78-78 页
196. /寨坪山山寨遗址/厦门文史丛书《厦门城寨沧桑》/洪卜仁主编；中国政治协商会议福建省厦门市委员会编/厦门：厦门大学出版社/2011/第 79-80 页
197. /蔡尖尾山山寨遗址/厦门文史丛书《厦门城寨沧桑》/洪卜仁主编；中国政治协商会议福建省厦门市委员会编/厦门：厦门大学出版社/2011/第 80-81 页
198. /陈皇寨山山寨遗址/厦门文史丛书《厦门城寨沧桑》/洪卜仁主编；中国政治协商会议福建省厦门市委员会编/厦门：厦门大学出版社/2011/第 81-82 页
199. /青龙寨山山寨遗址/厦门文史丛书《厦门城寨沧桑》/洪卜仁主编；中国政治协商会议福建省厦门市委员会编/厦门：厦门大学出版社/2011/第 82-83 页
200. /游寨城山寨遗址/厦门文史丛书《厦门城寨沧桑》/洪卜仁主编；中国政治协商会议福建省厦门市委员会编/厦门：厦门大学出版社/2011/第 83-84 页
201. /淡溪寨遗址/厦门文史丛书《厦门城寨沧桑》/洪卜仁主编；中国政治协商会议福建省厦门市委员会编/厦门：厦门大学出版社/2011/第 84-85 页
202. /石浔关隘/厦门文史丛书《厦门城寨沧桑》/洪卜仁主编；中国政治协商会议福建省厦门市委员会编/厦门：厦门大学出版社/2011/第 85-86 页
203. /东帽山山寨遗址/厦门文史丛书《厦门城寨沧桑》/洪卜仁主编；中国政治协商会议福建省厦门市委员会编/厦门：厦门大学出版社/2011/第 86-87 页
204. /嘉兴寨遗址/厦门文史丛书《厦门城寨沧桑》/洪卜仁主编；中国政治协商会议福建省厦门市委员会编/厦门：厦门大学出版社/2011/第 87-89 页
205. /大轮山“国姓寨”/厦门文史丛书《厦门城寨沧桑》/洪卜仁主编；中国政治协商会议福建省厦门市委员会编/厦门：厦门大学出版社/2011/第 89-90 页
206. /东屿寨遗址/厦门文史丛书《厦门城寨沧桑》/洪卜仁主编；中国政治协商会议福建省厦门市委员会编/厦门：厦门大学出版社/2011/第 90-

90 页

207. /高崎寨遗址/厦门文史丛书《厦门城寨沧桑》/洪卜仁主编；中国政治协商会议福建省厦门市委员会编/厦门：厦门大学出版社/2011/第 90-91 页

208. /丙洲城/厦门文史丛书《厦门城寨沧桑》/洪卜仁主编；中国政治协商会议福建省厦门市委员会编/厦门：厦门大学出版社/2011/第 91-92 页

209. /龙头山山寨遗址/厦门文史丛书《厦门城寨沧桑》/洪卜仁主编；中国政治协商会议福建省厦门市委员会编/厦门：厦门大学出版社/2011/第 92-93 页

210. /井城城遗址/厦门文史丛书《厦门城寨沧桑》/洪卜仁主编；中国政治协商会议福建省厦门市委员会编/厦门：厦门大学出版社/2011/第 94-95 页

211. /后溪城内城遗址/厦门文史丛书《厦门城寨沧桑》/洪卜仁主编；中国政治协商会议福建省厦门市委员会编/厦门：厦门大学出版社/2011/第 96-97 页

212. /庶安楼/厦门文史丛书《厦门城寨沧桑》/洪卜仁主编；中国政治协商会议福建省厦门市委员会编/厦门：厦门大学出版社/2011/第 98-99 页

213. /集美寨遗址/厦门文史丛书《厦门城寨沧桑》/洪卜仁主编；中国政治协商会议福建省厦门市委员会编/厦门：厦门大学出版社/2011/第 100-101 页

214. /胡山古堡/厦门文史丛书《厦门城寨沧桑》/洪卜仁主编；中国政治协商会议福建省厦门市委员会编/厦门：厦门大学出版社/2011/第 101-102 页

215. /尾林古堡/厦门文史丛书《厦门城寨沧桑》/洪卜仁主编；中国政治协商会议福建省厦门市委员会编/厦门：厦门大学出版社/2011/第 102-102 页

216. /五峰德安楼/厦门文史丛书《厦门城寨沧桑》/洪卜仁主编；中国政治协商会议福建省厦门市委员会编/厦门：厦门大学出版社/2011/第 103-104 页

217. /磐石炮台遗址/厦门文史丛书《厦门城寨沧桑》/洪卜仁主编；中国政治协商会议福建省厦门市委员会编/厦门：厦门大学出版社/2011/第 104-106 页

218. /胡里山炮台/厦门文史丛书《厦门城寨沧桑》/洪卜仁主编；中国政治

协商会议福建省厦门市委员会编/厦门：厦门大学出版社/2011/第106-109页

219. /大、小担山寨/厦门文史丛书《厦门城寨沧桑》/洪卜仁主编；中国政治协商会议福建省厦门市委员会编/厦门：厦门大学出版社/2011/第109-112页

220. /寨仔斗寨遗址/厦门文史丛书《厦门城寨沧桑》/洪卜仁主编；中国政治协商会议福建省厦门市委员会编/厦门：厦门大学出版社/2011/第112-113页

221. /田边古堡/厦门文史丛书《厦门城寨沧桑》/洪卜仁主编；中国政治协商会议福建省厦门市委员会编/厦门：厦门大学出版社/2011/第113-114页

222. /苻后古堡/厦门文史丛书《厦门城寨沧桑》/洪卜仁主编；中国政治协商会议福建省厦门市委员会编/厦门：厦门大学出版社/2011/第114-115页

223. /中庄古堡/厦门文史丛书《厦门城寨沧桑》/洪卜仁主编；中国政治协商会议福建省厦门市委员会编/厦门：厦门大学出版社/2011/第115-116页

224. /盖集美古堡/厦门文史丛书《厦门城寨沧桑》/洪卜仁主编；中国政治协商会议福建省厦门市委员会编/厦门：厦门大学出版社/2011/第116-117页

225. /内田中厝古堡/厦门文史丛书《厦门城寨沧桑》/洪卜仁主编；中国政治协商会议福建省厦门市委员会编/厦门：厦门大学出版社/2011/第117-118页

226. /内田寨内古堡/厦门文史丛书《厦门城寨沧桑》/洪卜仁主编；中国政治协商会议福建省厦门市委员会编/厦门：厦门大学出版社/2011/第118-119页

227. /井内古堡/厦门文史丛书《厦门城寨沧桑》/洪卜仁主编；中国政治协商会议福建省厦门市委员会编/厦门：厦门大学出版社/2011/第119-121页

228. /前山土楼/厦门文史丛书《厦门城寨沧桑》/洪卜仁主编；中国政治协商会议福建省厦门市委员会编/厦门：厦门大学出版社/2011/第121-122页

229. /进美山山寨遗址/厦门文史丛书《厦门城寨沧桑》/洪卜仁主编；中国

政治协商会议福建省厦门市委员会编/厦门：厦门大学出版社/2011/第123-124页

230./后坑寨遗址/厦门文史丛书《厦门城寨沧桑》/洪卜仁主编；中国政治协商会议福建省厦门市委员会编/厦门：厦门大学出版社/2011/第124-125页

231./顶许破寨仔古寨遗址/厦门文史丛书《厦门城寨沧桑》/洪卜仁主编；中国政治协商会议福建省厦门市委员会编/厦门：厦门大学出版社/2011/第125-126页

232./大垅尾山山寨遗址/厦门文史丛书《厦门城寨沧桑》/洪卜仁主编；中国政治协商会议福建省厦门市委员会编/厦门：厦门大学出版社/2011/第126-127页

233./寨内古寨遗址/厦门文史丛书《厦门城寨沧桑》/洪卜仁主编；中国政治协商会议福建省厦门市委员会编/厦门：厦门大学出版社/2011/第127-128页

234./寨仔垅山山寨遗址/厦门文史丛书《厦门城寨沧桑》/洪卜仁主编；中国政治协商会议福建省厦门市委员会编/厦门：厦门大学出版社/2011/第128-129页

235./河南山山寨遗址/厦门文史丛书《厦门城寨沧桑》/洪卜仁主编；中国政治协商会议福建省厦门市委员会编/厦门：厦门大学出版社/2011/第129-130页

236./石狮寨山铳楼/厦门文史丛书《厦门城寨沧桑》/洪卜仁主编；中国政治协商会议福建省厦门市委员会编/厦门：厦门大学出版社/2011/第130-131页

237./内山铳楼/厦门文史丛书《厦门城寨沧桑》/洪卜仁主编；中国政治协商会议福建省厦门市委员会编/厦门：厦门大学出版社/2011/第131-132页

238./前浯防御墙遗址/厦门文史丛书《厦门城寨沧桑》/洪卜仁主编；中国政治协商会议福建省厦门市委员会编/厦门：厦门大学出版社/2011/第132-133页

239./苏营古寨/厦门文史丛书《厦门城寨沧桑》/洪卜仁主编；中国政治协商会议福建省厦门市委员会编/厦门：厦门大学出版社/2011/第133-134页

240./下坂古堡/厦门文史丛书《厦门城寨沧桑》/洪卜仁主编；中国政治协

商会议福建省厦门市委员会编/厦门：厦门大学出版社/2011/第 134-135 页

241. /半岭古寨遗址/厦门文史丛书《厦门城寨沧桑》/洪卜仁主编；中国政治协商会议福建省厦门市委员会编/厦门：厦门大学出版社/2011/第 135-136 页

242. /新圩尾土楼/厦门文史丛书《厦门城寨沧桑》/洪卜仁主编；中国政治协商会议福建省厦门市委员会编/厦门：厦门大学出版社/2011/第 137-138 页

243. /新圩中土楼/厦门文史丛书《厦门城寨沧桑》/洪卜仁主编；中国政治协商会议福建省厦门市委员会编/厦门：厦门大学出版社/2011/第 138-139 页

244. /溪后古堡/厦门文史丛书《厦门城寨沧桑》/洪卜仁主编；中国政治协商会议福建省厦门市委员会编/厦门：厦门大学出版社/2011/第 139-140 页

245. /垅尾铳楼/厦门文史丛书《厦门城寨沧桑》/洪卜仁主编；中国政治协商会议福建省厦门市委员会编/厦门：厦门大学出版社/2011/第 140-141 页

246. /梧侣铳楼/厦门文史丛书《厦门城寨沧桑》/洪卜仁主编；中国政治协商会议福建省厦门市委员会编/厦门：厦门大学出版社/2011/第 141-142 页

247. /石浔铳楼/厦门文史丛书《厦门城寨沧桑》/洪卜仁主编；中国政治协商会议福建省厦门市委员会编/厦门：厦门大学出版社/2011/第 142-142 页

248. /下美铳楼/厦门文史丛书《厦门城寨沧桑》/洪卜仁主编；中国政治协商会议福建省厦门市委员会编/厦门：厦门大学出版社/2011/第 142-143 页

249. /洋尾铳楼/厦门文史丛书《厦门城寨沧桑》/洪卜仁主编；中国政治协商会议福建省厦门市委员会编/厦门：厦门大学出版社/2011/第 143-144 页

250. /刺林内铳楼/厦门文史丛书《厦门城寨沧桑》/洪卜仁主编；中国政治协商会议福建省厦门市委员会编/厦门：厦门大学出版社/2011/第 144-145 页

251. /下溪埔铳楼/厦门文史丛书《厦门城寨沧桑》/洪卜仁主编；中国政治

协商会议福建省厦门市委员会编/厦门：厦门大学出版社/2011/第 145-145 页

252. /文山铳楼/厦门文史丛书《厦门城寨沧桑》/洪卜仁主编；中国政治协商会议福建省厦门市委员会编/厦门：厦门大学出版社/2011/第 146-147 页

253. /后树村碉楼/厦门文史丛书《厦门城寨沧桑》/洪卜仁主编；中国政治协商会议福建省厦门市委员会编/厦门：厦门大学出版社/2011/第 147-149 页

254. /徐厝后铳楼/厦门文史丛书《厦门城寨沧桑》/洪卜仁主编；中国政治协商会议福建省厦门市委员会编/厦门：厦门大学出版社/2011/第 149-150 页

255. /厦门城寨分布表/厦门文史丛书《厦门城寨沧桑》/洪卜仁主编；中国政治协商会议福建省厦门市委员会编/厦门：厦门大学出版社/2011/第 151-158 页

256. 乐正，倪晓锋/从放权到赋能——盐田模式的第二次制度探索/开放社会的建设之路深圳市从社区建设到社会建设论文集/侯伊莎主编/北京：中国社会出版社/2011/第 3-10 页

257. 刘润华/基层民主与体制创新——从“太石村事件”看城乡基层民主发展路径/开放社会的建设之路深圳市从社区建设到社会建设论文集/侯伊莎主编/中国社会出版社/ 北京/2011/第 11-15 页

258. 邓小敏/深圳与新加坡社区治理机制的比较与研究/开放社会的建设之路深圳市从社区建设到社会建设论文集/侯伊莎主编/北京：中国社会出版社/2011/第 16-31 页

259. 贾少广，林铿/城市社区居委会利益表达机制分析——以中英街社区居委会实践为例/开放社会的建设之路深圳市从社区建设到社会建设论文集/侯伊莎主编/北京：中国社会出版社/2011/第 32-49 页

260. 黄月霞/让盐田模式运转起来——社会资本视角下的城市社区建设/开放社会的建设之路深圳市从社区建设到社会建设论文集/侯伊莎主编/北京：中国社会出版社/2011/第 50-62 页

261. 唐娟，王剑君/社区体制改革的突破口——以盐田社区工作站为例/开放社会的建设之路深圳市从社区建设到社会建设论文集/侯伊莎主编/北京：中国社会出版社/2011/第 63-85 页

262. 袁达毅/城市社区组织体制的改革和创新——北京与盐田的比较分析/

开放社会的建设之路深圳市从社区建设到社会建设论文集/侯伊莎主编/北京：中国社会出版社/2011/第 86-96 页

263. 刘仁吉/民意表达的现实困境与路径突破——以盐田区为例/开放社会的建设之路深圳市从社区建设到社会建设论文集/侯伊莎主编/北京：中国社会出版社/2011/第 97-103 页

264. 汪波/城市社区管理体制创新探索——行政、统筹、自治之三元复合体制/开放社会的建设之路深圳市从社区建设到社会建设论文集/侯伊莎主编/北京：中国社会出版社/2011/第 104-114 页

265. 曾萌明，倪天富/成绩卓著任重道远——关于盐田社区治理体制改革的思考/开放社会的建设之路深圳市从社区建设到社会建设论文集/侯伊莎主编/北京：中国社会出版社/2011/第 115-124 页

266. 李景鹏/关于社区的“归位”问题/开放社会的建设之路深圳市从社区建设到社会建设论文集/侯伊莎主编/北京：中国社会出版社/2011/第 125-129 页

267. 谢庆奎，李博，李洁/中国城市社区居民自治的发展/开放社会的建设之路深圳市从社区建设到社会建设论文集/侯伊莎主编/北京：中国社会出版社/2011/第 130-139 页

268. 祖玉琴/加强自身建设发挥自治功能——浅议新形势下如何加强居委会建设/开放社会的建设之路深圳市从社区建设到社会建设论文集/侯伊莎主编/北京：中国社会出版社/2011/第 140-146 页

269. 马卫红/直选后居委会的生存基点探索——对深圳市盐田区东和社区的调查/开放社会的建设之路深圳市从社区建设到社会建设论文集/侯伊莎主编/北京：中国社会出版社/2011/第 147-161 页

270. 顾丽梅/基于公共参与基础上的社区自治研究——以深圳盐田与浦东潍坊社区为例/开放社会的建设之路深圳市从社区建设到社会建设论文集/侯伊莎主编/北京：中国社会出版社/2011/第 162-175 页

271. 毕杰振/基层代议制的利益表达绩效研究——以盐田区人大代表社区联络站为例/开放社会的建设之路深圳市从社区建设到社会建设论文集/侯伊莎主编/北京：中国社会出版社/2011/第 176-184 页

272. 齐港，谢燕琼/居委会直选与社区治理的关系——以深圳市盐田区沿港社区居委会直选为例/开放社会的建设之路深圳市从社区建设到社会建设论文集/侯伊莎主编/北京：中国社会出版社/2011/第 186-195 页

273. 邹树彬/“回归自治”后的社区居委会：困境与出路/开放社会的建设

之路深圳市从社区建设到社会建设论文集/侯伊莎主编/北京：中国社会出版社/2011/第 196-204 页

274. 刘春荣/社区赋权与居民自治——基于上海经验的分析/开放社会的建设之路深圳市从社区建设到社会建设论文集/侯伊莎主编/北京：中国社会出版社/2011/第 205-218 页

275. 王建设/政府社区互动推进居民自治/开放社会的建设之路深圳市从社区建设到社会建设论文集/侯伊莎主编/北京：中国社会出版社/2011/第 219-224 页

276. 侯伊莎/从社区建设到社会建设——以社区自治为突破口/开放社会的建设之路深圳市从社区建设到社会建设论文集/侯伊莎主编/北京：中国社会出版社/2011/第 225-235 页

277. 杨雪冬/走向社会权力导向的社会管理体制/开放社会的建设之路深圳市从社区建设到社会建设论文集/侯伊莎主编/北京：中国社会出版社/2011/第 236-255 页

278. 徐家良/嵌入式公民社会构建：组织动员与个体自觉/开放社会的建设之路深圳市从社区建设到社会建设论文集/侯伊莎主编/北京：中国社会出版社/2011/第 256-260 页

279. 杨宏山，魏登宇/以社会工作精神重塑居委会组织/开放社会的建设之路深圳市从社区建设到社会建设论文集/侯伊莎主编/北京：中国社会出版社/2011/第 261-271 页

280. 唐娟，王剑君/城市基层改革的破冰之旅：“盐田模式”综述/开放社会的建设之路深圳市从社区建设到社会建设论文集/侯伊莎主编/北京：中国社会出版社/2011/第 272-295 页

281. 陈家喜/论我国城市社区管理的结构转型/开放社会的建设之路深圳市从社区建设到社会建设论文集/侯伊莎主编/北京：中国社会出版社/2011/第 296-302 页

282. 陈文，林铿/深圳社区治理体制的改革历程与嬗变特点简析/开放社会的建设之路深圳市从社区建设到社会建设论文集/侯伊莎主编/北京：中国社会出版社/2011/第 303-338 页

283. 周林刚/户籍性质、居住结构与社区流动人口管理服务指标的构建——基于深圳市宝安区 155 个社区工作站的摸底调查/开放社会的建设之路深圳市从社区建设到社会建设论文集/侯伊莎主编/北京：中国社会出版社/2011/第 339-351 页

284. 何燕玲/“权变合作主义”：中国城市社区中的国家与社会/开放社会的建设之路深圳市从社区建设到社会建设论文集/侯伊莎主编/北京：中国社会出版社/2011/第 352-359 页
285. 陈红太/盐田经验及其发展的思考/开放社会的建设之路深圳市从社区建设到社会建设论文集/侯伊莎主编/北京：中国社会出版社/2011/第 360-365 页
286. 侯伊莎/关于加强深圳市社会建设的思考/开放社会的建设之路深圳市从社区建设到社会建设论文集/侯伊莎主编/北京：中国社会出版社/2011/第 366-382 页
287. 盐田区民政局/盐田区贯彻落实“部市合作协议”初步思路/开放社会的建设之路深圳市从社区建设到社会建设论文集/侯伊莎主编/北京：中国社会出版社/2011/第 383-388 页
288. 盐田区民政局/盐田区社会工作发展端倪/开放社会的建设之路深圳市从社区建设到社会建设论文集/侯伊莎主编/北京：中国社会出版社/2011/第 389-394 页
289. 唐捷/认真借鉴上海等地经验全面提升盐田区社会组织建设的水平/开放社会的建设之路深圳市从社区建设到社会建设论文集/侯伊莎主编/北京：中国社会出版社/2011/第 395-405 页
290. 侯映瑜/开放社会建设的路径浅思/开放社会的建设之路深圳市从社区建设到社会建设论文集/侯伊莎主编/北京：中国社会出版社/2011/第 406-412 页
291. 黄玲/30 年代深圳经济特区改革开放历程与启示/《诠史述志》集/深圳市史志办公室编/深圳：海天出版社/2011 年/第 1-6 页
292. 李刚，李丹红/证券市场 20 年股票发行机制改革研究/《诠史述志》集/深圳市史志办公室编/深圳：海天出版社/2011 年/第 68-73 页
293. 张劲/深惠地区历史上行政区划关系探研/《诠史述志》集/深圳市史志办公室编/深圳：海天出版社/2011 年/第 163-168 页
294. 詹延钦/盐田区永安社区外来人口与本地居民和谐共处情况及改革建议/《诠史述志》集/深圳市史志办公室编/深圳：海天出版社/2011 年/第 192-196 页
295. 黄玲/借鉴美国经验，加强深圳市养老机构设置建设与管理/《诠史述志》集/深圳市史志办公室编/深圳：海天出版社/2011 年/第 235-238 页
296. Farole Thomas/Special Economic Zones：What Have We Learned？/

Economic Premise/International Trade Unit//2011/9/9/No. 64

297. Farole Thomas, Akinci Gokhan/Special Economic Zones: Progress, Emerging Challenges and Future Directions//International Trade Unit//2011/8/1/

298. Farole Tom, Kweka Josaphat/Institutional Best Practices for Special Economic Zones: An Application to Tanzania//AFT: PREM 2//2011/8/1/

299. Muchlinski Peter/SEZs: a Policy Tool in Search of an Agenda? //School of Oriental and African Studies, University of London/Routledge/1905/7/3/

300. Simavi Sevi/Fostering Women's Economic Empowerment Through Special Economic Zones: Comparative Analysis of Eight Countries and Implications for Governments, Zone Authorities and Businesses//Learning for Development/The World Region/2011/1/1/

301. Zeng Douglas Zhihua/How Do Special Economic Zones and Industrial Clusters Drive China's Rapid Development/Policy Research Working Paper/Development Research Group//2011/3/1/

2012 年

一、著作

1. ［美］潘维廉著/商业老厦门现代中国商业与工商管理教育的摇篮中英对照/厦门：厦门大学出版社/2012 年 6 月
2. 曹赛先主编，《教育综合改革实验丛书》编委会编/追求卓越对话世界深圳南山教育综合改革实验模式/北京：教育科学出版社/2012 年 12 月
3. 陈彪主编/科学发展与模式创新深圳加快经济发展方式转变的立法与实践/深圳：海天出版社/2012 年 11 月
4. 陈枝楠主编/技术性贸易措施对深圳产业影响研究/合肥：中国科学技术大学出版社/2012 年 11 月
5. 董治良主编/海南国际旅游岛建设的司法保障初探/北京：法律出版社/2012 年 11 月
6. 符国基，邹伟著/旅游规划环境影响评价以海南省南丽湖风景名胜区为例/北京：科学出版社/2012 年 6 月
7. 海南省文化广电出版体育厅，海南省国民体质监测中心编著/2010 海南省国民体质监测研究报告/北京：北京体育大学出版社/2012 年 6 月
8. 何昉主编/中国·深圳光明设计训练营/北京：中国建筑工业出版社/2012 年 10 月
9. 黄晓东主编/珠海政府治理创新研究/北京：社会科学文献出版社/2012 年 4 月
10. 黄永健主编/深圳文化产业行业报告/北京：北京大学出版社/2012 年 11 月
11. 江曼琦，等著/天津滨海新区成长的机理与发展策略选择/北京：经济科学出版社/2012 年 2 月
12. 焦勇勤主编/海南国际旅游岛文化产业发展研究报告 2011 年/海口：海南出版社/2012 年 1 月
13. 李辽宁主编/国际旅游岛建设与海南公民道德素质提升研究/北京：中国社会科学出版社/2012 年 10 月
14. 梁英平，等著/深圳十大观念解读历史背景文化内涵时代价值/广州：中

山大学出版社/2012年8月

15. 梁振球总纂/海南省志，第1卷总述·大事记/海口：海南出版社/2012年6月
16. 梁振球总纂；简纯林卷主编；海南省地方史志办公室编/海南省志，第九卷，城乡建设志/海口：南海出版公司/2012年
17. 梁振球总纂；简纯林主编；海南省地方史志办公室编/海南省志，第十卷，供销合作社志/海口：南方出版社/2012年
18. 林起编/2012年厦门文化改革发展蓝皮书/厦门：厦门大学出版社/2012年9月
19. 卢盛荣编/加快推进内外需齐拓展战略促进厦门经济发展方式转变/厦门：厦门大学出版社/2012年2月
20. 陆杰华，刘恩，苏杨主编/深圳人口与健康发展报告2012/北京：社会科学文献出版社/2012年12月
21. 陆志远主编/走向世界海南国际旅游岛建设之探索/南京：东南大学出版社/2012年6月
22. 罗杨总主编/中国名村，广东前美村/北京：知识产权出版社/2012年
23. 南开大学产业经济研究所著/天津滨海新区工业发展报告崛起中的现代制造业和研发转化基地/北京：经济管理出版社/2012年12月
24. 倪志荣，叶功富，洪志猛编著/生态文明在厦门新农村建设中的实践/厦门：厦门大学出版社/2012年12月
25. 欧阳军主编/幸福广东深圳民生与社会发展报告/北京：世界图书出版公司/2012年9月
26. 彭立勋主编/深圳文化蓝皮书2012城市文化自觉与文化深圳建设/北京：中国社会科学出版社/2012年4月
27. 彭森，杨雄，徐麟主编/中国改革试验上海浦东新区卷/北京：国家行政学院出版社/2012年4月
28. 任力著/低碳城市发展的理论与政策基于厦门的考察/厦门：厦门大学出版社/2012年8月
29. 汕头市澄海区科学技术局编/汕头市澄海区科技志/北京：线装书局/2012年6月
30. 深圳保监局组编/突破深圳保险创新发展试验区改革创新巡礼2006—2011/北京：中国金融出版社/2012年5月
31. 深圳海关编著/入世10年深圳对外贸易述评/北京：中国海关出版社/

2012 年 12 月
32. 深圳市宝安区统计局，宝安区第六次全国人口普查领导小组办公室编/深圳市宝安区人口普查资料 2010/北京：中国统计出版社/2012 年 11 月
33. 深圳市保健协会，深圳市健康产业发展促进会编/2011 深圳健康产业发展报告/北京：中国经济出版社/2012 年 5 月
34. 深圳市第六次全国人口普查领导小组办公室编/深圳市常住人口行业、职业分布/深圳：海天出版社/2012 年 8 月
35. 深圳市第六次全国人口普查领导小组办公室编/深圳市流动人口主要数据/深圳：海天出版社/2012 年 10 月
36. 深圳市第六次全国人口普查领导小组办公室编/深圳市常住人口家庭、婚姻、生育主要数据/深圳：海天出版社/2012 年 12 月
37. 深圳市福田区地方志编纂委员会编/深圳市福田区志 1979—2003（上）/北京：方志出版社/2012 年 11 月
38. 深圳市福田区地方志编纂委员会编/深圳市福田区志 1979—2003（下）/北京：方志出版社/2012 年 11 月
39. 深圳市龙岗区地方志编纂委员会编/深圳市龙岗区志 1993—2003（下）/北京：方志出版社/2012 年 12 月
40. 深圳市龙岗区地方志编纂委员会编/深圳市龙岗区志 1993—2003（上）/北京：方志出版社/2012 年 12 月
41. 深圳市南山区区志编纂委员会编/深圳市南山区志（下）/北京：方志出版社/2012 年 11 月
42. 深圳市南山区区志编纂委员会编/深圳市南山区志（上）/北京：方志出版社/2012 年 11 月
43. 深圳市住房和建设局，深圳市发展和改革委员会联合发布/深圳市保障性住房建设标准（试行）//2012 年
44. 汤庭芬编/深圳劳动关系发展报告 2012/北京：社会科学文献出版社/2012 年 5 月
45. 王凤奇主编；海南省地方史志办公室编/海南省志，第十卷，商业志/海口：南海出版公司/2012 年
46. 王会均著；王珮琪，王家昌编校/海南方志探究（下）/台北：文史哲出版社/2012 年 7 月
47. 王会均著；王珮琪，王家昌编校/海南方志探究（上）/台北：文史哲出版社/2012 年 7 月

48. 王子先主编/深圳市供应链管理行业发展报告 2012/北京：经济管理出版社/2012 年 10 月
49. 温国明著/海南高速公路建设与管养的思考/海口：海南出版社/2012 年
50. 温友平著/文化的力量深圳宝安文化纪事/深圳：海天出版社/2012 年 1 月
51. 吴俊忠著/深圳文化十论/北京：光明日报出版社/2012 年 12 月
52. 吴松谚著/深圳创业板市场运行与解读/北京：中国经济出版社/2012 年 7 月
53. 吴忠编/深圳经济发展报告 2012/北京：社会科学文献出版社/2012 年 5 月
54. 夏有亮主编/深圳市港澳台和外籍人员主要数据/深圳：海天出版社/2012 年 6 月
55. 肖桂凤主编；珠海市香洲区地方志编纂委员会编/珠海市香洲区志/北京：方志出版社/2012 年
56. 熊开发主编/海南历史文学文献学研究/北京：中国社会出版社/2012 年 5 月
57. 徐素倪著/深圳中心城区基础教育均衡发展的现状与对策研究/广州：广东教育出版社/2012 年 6 月
58. 闫广林主编/海南历史文化第 2 卷/北京：社会科学文献出版社/2012 年 4 月
59. 叶伟华编著/深圳城市设计运作机制研究/北京：中国建筑工业出版社/2012 年 5 月
60. 张剑主编/天津滨海新区创新型城区建设研究/北京：中共中央党校出版社/2012 年 12 月
61. 张金生主编/甘为入世孺子牛风云十载续新篇深圳市世贸组织事务中心成立十周年纪念专刊/深圳市世贸组织事务中心成立十周年纪念册编委会/2012 年
62. 张治库，李宜钊，王章佩著/海南特区服务型政府公共政策的创新体制与机制视角的探讨/北京：中国经济出版社/2012 年 3 月
63. 赵康太主编/社会主义文化体制改革与海南历史文化/海口：海南出版社/2012 年 12 月
64. 赵义，何丹著/改革方法论海南农垦改革风云录/北京：中信出版社/2012 年 12 月

65. 中共厦门市委党校，厦门市场行政学院，厦门社会主义学院编/厦门岛内外一体化研究/厦门：厦门大学出版社/2012 年 12 月
66. 中共中央文献研究室课题组编著/中国道路的创新实践：厦门经济特区建设 30 年/北京：中央文献出版社/2012 年
67. 中国人民银行深圳市中心支行金融稳定分析小组编/深圳市金融稳定报告 2012/北京：中国金融出版社/2012 年 1 月
68. 周志民主编/深圳文化产业品牌报告/北京：北京大学出版社/2012 年 11 月
69. 庄秋主编/特区不会忘记（二）深圳卷/北京：中国文史出版社/2012 年
70. Bryson Alex，Forth John，Zhou Minghai/CEO Incentive Contracts in China：Why Does City Location Matter/National Institute of Economic and Social Research/2012-11-23
71. Roshankumar M. Bhigania/Speclal Economic Zones（SEZs）/Review of Research/2012-06-01

二、期刊论文

1. 白雪/珠海市西部地区城市化进程中的主要问题浅析/价值工程/2012 年第 3 期/第 328-329 页
2. 白真维/推进珠海市西部地区城市化进程的思考/合作经济与科技/2012 年第 3 期/第 15-16 页
3. 薄文广，谭鑫/后危机时期我国产业发展的区域布局——浦东新区与滨海新区的对比及对鄱阳湖生态经济区的借鉴意义/江西社会科学/2012 年第 5 期/第 51-57 页
4. 毕剑/刀郎文化旅游区开发构想——以喀什经济特区为背景/地域研究与开发/2012 年第 4 期/第 110-112+117 页
5. 蔡茂水，张定坤，黄瑜/深圳个人信用征信建设的实践与发展/特区实践与理论/2012 年第 4 期/第 89-91+94 页
6. 曹红/珠海之美从何来？/环境经济/2012 年第 5 期/第 54-55 页
7. 曹绍甲，吴克宁，王力/喀什特区富民安居型土地综合整治探讨/特区经济/2012 年第 2 期/第 203-205 页
8. 曹永丽/提升自主创新能力的对策研究——以深圳宝安为例/商业文化（下半月）/2012 年第 4 期/第 363-364 页

9. 曾国屏，沙德春，王路昊，何继江/关于高新区管理体制的调研和思考——基于深圳高新区的调研考察/中国高新区/2012 年第 10 期/第 113-117 页
10. 曾鹏，蒋团标，廉超/新疆喀什经济特区跨跃式发展战略研究/经济地理/2012 年第 6 期/第 15-20 页
11. 陈保瑜，宋悦，昝启杰，谭凤仪，李喻春，岳钥，田莉，余世孝/深圳湾近 30 年主要景观类型之演变/中山大学学报（自然科学版）/2012 年第 5 期/第 86-92 页
12. 陈传发/厦门台商投资发展研究/厦门科技/2012 年第 2 期/第 11-12 页
13. 陈辉/深圳市中水回用的现状与思考/技术与市场/2012 年第 2 期/第 71-72+74 页
14. 陈良秋，杨伟波，李艳，王永，付登强，牛晓庆，王兴胜/海南岛油茶产业发展历程及展望/现代农业科技/2012 年第 1 期/第 374 页
15. 陈培，汪锐/海南国际旅游岛先行试验区发展思路探讨/商业文化（下半月）/2012 年第 6 期/第 365-367 页
16. 陈倩雯/厦门市有机食品市场分析及发展建议/经营管理者/2012 年第 12 期/第 19+18 页
17. 陈盛银/厦门市城市景观变化分析/地理空间信息/2012 年第 3 期/第 34-36+4 页
18. 陈松洲/汕头发展文化创意产业的路径选择/汕头大学学报（人文社会科学版）/2012 年第 2 期/第 71-76+95-96 页
19. 陈穗芳/潮汕中小企业“钱”题何解？解读民营中小企业“贷款难”/潮商/2012 年第 2 期/第 5-23 页
20. 陈为毅/创建海南通用航空产业园的思考/今日海南/2012 年第 3 期/第 35 页
21. 陈晓丹，车秀珍，李焕承，潘晓峰/深圳市环境信息公开和公众参与管理实践与对策/中国环境管理/2012 年第 3 期/第 31-35 页
22. 陈亚锋/关于天津滨海新区消防监督管理体系的思考/中国公共安全（学术版）/2012 年第 1 期/第 54-59 页
23. 陈彦君/深圳与喀什经济特区城市公共空间比较研究/山西建筑/2012 年第 14 期/第 8-9 页
24. 陈友义/潮汕传统文化扬弃刍论/南方职业教育学刊/2012 年第 5 期/第 54-61 页

25. 陈振明，耿旭/综合配套改革与深化两岸交流合作——关于厦门综合配套改革试验的总体战略、执行路径与策略的探讨/电子科技大学学报（社科版）/2012 年第 5 期/第 14-18 页
26. 陈振明，吕志奎/以行政体制改革为突破口，推进厦门综合配套改革试验区建设/电子科技大学学报（社科版）/2012 年第 5 期/第 10-13 页
27. 陈振明，吕志奎/厦门实施综合配套改革试验总体方案的战略分析/电子科技大学学报（社科版）/2012 年第 5 期/第 1-9 页
28. 陈志/海南热带观光农业的发展模式探讨/旅游纵览（行业版）/2012 年第 2 期/第 129 页
29. 程进，曾刚，方田红/新型城市化背景下我国新城区产业升级的困境与出路——以厦门市集美区为例/经济地理/2012 年第 1 期/第 46-50 页
30. 邓春，张先琪，刘玥/海南港口物流业的现状分析与发展策略/海南大学学报（人文社会科学版）/2012 年第 4 期/第 124-130 页
31. 邓剑伟/厦门市岛内外一体化进程中的公共服务标准化研究/中共福建省委党校学报/2012 年第 5 期/第 44-48 页
32. 邓兴才/厦门商品混凝土行业发展中出现的问题及对策/商品混凝土/2012 年第 3 期/第 18-20 页
33. 邓玉芳/基于 SWOT 分析的三亚滨海旅游发展战略选择/旅游纵览（行业版）/2012 年第 6 期/第 65-66 页
34. 邓佐明/珠海产业结构现状分析与思考/特区经济/2012 年第 7 期/第 50-52 页
35. 丁长发/厦门市"三农转型"的经验及启示/福建理论学习/2012 年第 7 期/第 20-23 页
36. 杜阿朋，张婧，谢耀坚/深圳市桉树人工林生态效益量化评估研究/桉树科技/2012 年第 1 期/第 13-17 页
37. 杜秀敏，刘诗苑/厦门经济发展与环境协调度分析/亚热带水土保持/2012 年第 2 期/第 14-19 页
38. 樊行/基于深圳推进公共服务均等化的几点规划思考/城市/2012 年第 6 期/第 25-29 页
39. 樊锐/深圳经济特区借鉴外来文明成果的特点/党史研究与教学/2012 年第 2 期/第 27-35 页
40. 范雅萍/关于深圳特区医疗卫生行业思想政治工作的思考/科教导刊（上旬刊）/2012 年第 10 期/第 57-58 页

41. 范雅萍/对深圳特区青年医务人员思想政治工作的几点思考/南方论刊/2012 年第 11 期/第 72-73 页
42. 方和荣/厦门转变经济发展方式实证分析/厦门特区党校学报/2012 年第 1 期/第 16-21 页
43. 方和荣/厦门经济特区发展转型的路径思考/厦门特区党校学报/2012 年第 4 期/第 8-12 页
44. 方立雄/关于保险业创新的策略研究——以深圳为例/开放导报/2012 年第 5 期/第 105-108 页
45. 方轻/论厦门发展现代培训业的优势条件与目标/厦门特区党校学报/2012 年第 1 期/第 58-62 页
46. 方晓冬/厦门市大学生创业教育的现状与分析/教育评论/2012 年第 4 期/第 99-101 页
47. 冯昱洁，钟喆，冯祥晨/深圳市山寨产业集聚发展模式研究/特区经济/2012 年第 8 期/第 47-49 页
48. 傅文君/厦门对台经济合作 SWOT 分析与对策/黑龙江生态工程职业学院学报/2012 年第 3 期/第 55-56 页
49. 傅勇涛/海南：农民可用土地经营权作价入股合作社/农村百事通/2012 年第 2 期/第 8 页
50. 高惠燕/厦门市岛内外一体化发展存在问题及原因分析、建议/时代金融/2012 年第 21 期/第 117-119 页
51. 高亮亮，张敏，王志杰/喀什地区乡镇政府职能转变路径选择探究/北方经济/2012 年第 4 期/第 65-67 页
52. 龚箭，李苗，胡静/海南国际旅游岛发展模式研究/中南财经政法大学学报/2012 年第 5 期/第 15-20 页
53. 古丽巴哈尔·托合提，古丽帛斯旦·买买提/浅谈建设“喀什特殊经济开发区”对南疆地区的战略意义/企业导报/2012 年第 16 期/第 141 页
54. 顾鹏，马晓明/流动人口环境满意度的调查分析——以深圳市沙湾河流域为例/特区经济/2012 年第 1 期/第 51-53 页
55. 郭方正/我国经济特区经济增长动力源泉探析/厦门科技/2012 年第 5 期/第 28-34 页
56. 郭肖华/借鉴美国文化产业经营管理经验提升厦门文化创意产业竞争力/长春理工大学学报（社科版）/2012 年第 11 期/第 117-120 页
57. 韩萍/我国经济特区发展的基本经验与启示——以厦门经济特区为例/特

区经济/2012 年第 5 期/第 16-18 页
58. 何爱/海南城市化与产业结构演变关系研究/黑龙江科技信息/2012 年第 18 期/第 145+177 页
59. 何晶娇，王海燕，吕艳丹/海南本土品牌定位中的问题与对策研究/特区经济/2012 年第 10 期/第 189-191 页
60. 何军/试论深圳创意设计的知识产权保护体系构建/特区经济/2012 年第 3 期/第 31-34 页
61. 何升华/海南国际旅游岛建设之公民素质建设/河北旅游职业学院学报/2012 年第 2 期/第 35-38 页
62. 胡彩娟，倪建伟/浅谈海南文明生态村建设的机制与动力/改革与开放/2012 年第 19 期/第 37+15 页
63. 胡建文/深圳绿色建筑发展：政策与措施/建设科技/2012 年第 8 期/第 27-29 页
64. 胡江，杜宾宾，白雪/珠海市西部地区土地集约利用评价与分析/城市发展研究/2012 年第 6 期/第 107-110 页
65. 胡景岩/横琴开发与澳门经济协调发展的思考/国际贸易/2012 年第 7 期/第 9-11 页
66. 胡学英/深圳开展知识产权质押融资的新思考/科技管理研究/2012 年第 7 期/第 152-154 页
67. 胡盈盈/城市功能新区的旅游发展策略研究——以深圳坪山新区为例/中国商贸/2012 年第 14 期/第 178-179 页
68. 黄东梅/深圳人口发展特征及与全国主要城市的比较研究/广东科技/2012 年第 9 期/第 206-207 页
69. 黄冬东/试论如何开展社会文化活动才能满足人民群众的需要——结合宝安区的外来务工的实际状态来分析探讨/群文天地/2012 年第 11 期/第 115-116 页
70. 黄积才/深圳教育领跑：使命、智慧及愿景创意/天津市教科院学报/2012 年第 2 期/第 21-23 页
71. 黄聚聪，赵小锋，唐立娜，邱全毅/城市化进程中城市热岛景观格局演变的时空特征——以厦门市为例/生态学报/2012 年第 2 期/第 622-631 页
72. 黄玲/邓小平南方谈话与深圳实践——深圳探索的回顾与启示/红广角/2012 年第 5 期/第 24-27+31 页

73. 黄树贤/积极推进廉洁城市建设——关于深圳市的调研报告/求是/2012年第2期/第33-35页
74. 黄水平，邱国玉/深圳发展低碳经济的碳金融创新/特区经济/2012年第9期/第24-29页
75. 黄云凤，崔胜辉，石龙宇/半城市化地区土地利用变化及驱动力分析——以厦门市集美区为例/环境科学与技术/2012年第6期/第199-205页
76. 黄喆/论深圳经济特区立法的成果、不足及完善/江汉大学学报（社科版）/2012年第5期/第99-102页
77. 黄忠伟，葛宁/海南旅游乱象该如何根治/上海企业/2012年第10期/第76-79页
78. 黄进/让深圳经济特区立法权发挥更大的作用——纪念深圳经济特区获授立法权20周年/中国法律/2012年第4期/第6-7+64-65页
79. 贾婀娜，袁小洪，俞凡/珠海国家高新区的发展现状与策略/特区经济/2012年第8期/第22-24页
80. 江汉城/论述深圳都市群众美术新格局的形成/神州民俗（学术版）/2012年第2期/第72-75页
81. 江珊/浅析深圳平面设计的发展/艺术科技/2012年第4期/第51+53页
82. 江曙曜，赵琳/厦门文化“软实力”演绎发展“源动力”/当代贵州/2012年第15期/第64-65页
83. 姜永铭，史闻东/关于横琴未来发展定位的战略性思考/特区经济/2012年第11期/第13-14页
84. 金珊，陈可石/深圳建设世界城市的战略思考/特区经济/2012年第8期/第19-21页
85. 康霖/海南在南海问题中的作用——兼谈区域竞争与发展/新东方/2012年第4期/第17-20页
86. 雷小秋/区域金融结构与经济增长联动关系研究——厦门市的实证分析/福建行政学院学报/2012年第1期/第89-93页
87. 雷昭新/加强行政监管；再创发展优势——深圳近年来物业管理行政监管工作的探索与实践/中国物业管理/2012年第8期/第17-19页
88. 黎江涛/深圳市土地管理法律制度初探/企业经济/2012年第7期/第189-192页
89. 黎锦胜/深圳市再生水利用项目市场化融资决策研究/给水排水/2012年

第 1 期/第 38-43 页
90. 李灿，张先琪，黄景贵，汪姣/海南国际旅游岛旅游产业创汇效应分析/时代金融/2012 年第 12 期/第 184-186+204 页
91. 李东泉，朱祁连/深圳特区制度的历史实证分析及未来展望/城市观察/2012 年第 1 期/第 97-108 页
92. 李辉，阚兴龙，于潇/珠海市社会经济发展与资源环境的协调度分析/资源开发与市场/2012 年第 6 期/第 495-497+507 页
93. 李慧坚，黄秀兰，姜澄/2004—2008 年深圳住宅用地土地利用变化及其空间形态特征/特区经济/2012 年第 9 期/第 42-44 页
94. 李建飞/国家战略下海南跨越式发展的图景与路径/城市规划/2012 年第 3 期/第 20-27 页
95. 李俊波/厦门市城市竞争力比较分析——基于 2011《中国城市竞争力报告》/厦门科技/2012 年第 3 期/第 1-6 页
96. 李克建，王伟/海南省体育赛事旅游发展的 SWOT 分析/当代体育科技/2012 年第 28 期/第 61+63 页
97. 李强/从“激进式发展”到“转型式发展”——转型期浦东新区总体规划修编理念探析及实践/上海城市规划/2012 年第 1 期/第 27-31 页
98. 李钦，许云霞/提升霍尔果斯口岸旅游业发展水平的策略研究/对外经贸/2012 年第 7 期/第 66-68+93 页
99. 李钦，许云霞/新疆霍尔果斯口岸旅游业发展现状、潜力与对策分析/新疆农垦经济/2012 年第 7 期/第 21-23+41 页
100. 李婷，董文艺，董紫君，张岍，林进南/龙岗河流域非传统水资源综合利用潜力分析/水利水电技术/2012 年第 8 期/第 78-81 页
101. 李伟铭，刘骋，黎春燕/海南高新技术产业发展的制约因素与对策建议/宏观经济管理/2012 年第 8 期/第 78-80 页
102. 李昕，张迪，马宝成，江志勇，谭韵，孙健/为深圳设计保障房？//住区/2012 年第 1 期/第 18-22 页
103. 李新添/深圳历史遗留违法建筑问题研究/特区实践与理论/2012 年第 6 期/第 36-40+1 页
104. 李永利/走在全国前列的海南旅游立法——建省办经济特区以来我省旅游立法综述/海南人大/2012 年第 11 期/第 31-33 页
105. 李咏涛/深圳特区版图之“圈”是怎么来的/党史纵览/2012 年第 1 期/第 54 页

106. 连希蕊/前海：掀开中国金融改革崭新的一页/财经界/2012 年第 8 期/第 78-80 页
107. 梁玉霞/横琴新区之刑事司法管辖与法律适用探索——以粤澳更紧密合作为基础/暨南学报（哲学社会科学版）/2012 年第 2 期/第 49-55 页
108. 廖继武，周永章/地理边缘区经济发展过程与机制分析——以海南西部为例/亚热带资源与环境学报/2012 年第 2 期/第 48-55 页
109. 林鲁生，陈秋茹，施文丽，丁正红，董文艺/龙岗河流域治理工程的社会和经济效益分析/水利水电技术/2012 年第 8 期/第 70-72+77 页
110. 林明华/30 年法制建设的回顾与前瞻——以厦门经济特区立法为基点/厦门特区党校学报/2012 年第 4 期/第 32-39 页
111. 林群，林涛，毛应萍/深圳市公交模式选择与快速公交网络构建/城市交通/2012 年第 1 期/第 19-25+18 页
112. 林文新/深圳经济特区高速公路交通特性分析/交通企业管理/2012 年第 10 期/第 1-3 页
113. 刘彬/中国区域贸易安排与经济特区外贸事业的发展/江苏商论/2012 年第 5 期/第 74-77 页
114. 刘芳，姜仁荣，刘峰/从产权实施能力看产权界定的重要性——深圳市历史遗留违法建筑确权政策解读/国土资源科技管理/2012 年第 3 期/第 37-42 页
115. 刘建明，雷庆祥，蔡伟生，罗步滔/珠海市城区集体林地管理与改革/林业建设/2012 年第 3 期/第 21-24 页
116. 刘经星/深圳市社区统建问题疏导思路的初步探索/特区经济/2012 年第 10 期/第 35-37 页
117. 刘娜/宽纳世界卅载辉煌——记深圳引进外资银行发展 30 年/金融博览/2012 年第 7 期/第 51-52 页
118. 刘善义/海南创新旅游价格调控监管机制的实践探索/价格理论与实践/2012 年第 8 期/第 21-22 页
119. 刘伟丽/深圳服务业发展和开展国家服务业综合改革试点展望/特区经济/2012 年第 4 期/第 12 页
120. 刘小芳/关于促进喀什特色旅游服务贸易发展的探讨/新疆农垦经济/2012 年第 5 期/第 50-54 页
121. 刘小湘/厦门市体育场地投融资现状研究/山东体育学院学报/2012 年第 1 期/第 33-37 页

122. 刘勇，赵瀚之/深圳：三十年发展，八次改革/大经贸/2012 年第 8 期/第 42-47 页
123. 刘育芳/厦门市地下交通系统的发展策略/福建建筑/2012 年第 6 期/第 65-69 页
124. 刘远志/厦门离岸金融市场研究/海峡法学/2012 年第 3 期/第 64-71 页
125. 刘长秀/厦门冷链物流需求分析/物流工程与管理/2012 年第 9 期/第 14-17 页
126. 刘政/深圳物业管理行业转型升级的战略构想/中国物业管理/2012 年第 5 期/第 10-12 页
127. 刘志丹，白鹏，宋彦，黄斌，赵凯茜/深圳保障性住房政策分析及美国经验借鉴/住区/2012 年第 1 期/第 88-93 页
128. 卢晓，张梅生/珠海市公共文化场馆旅游开发研究/特区经济/2012 年第 3 期/第 142-144 页
129. 罗亮/海南省海洋经济发展与近海生态环境问题研究/海洋开发与管理/2012 年第 7 期/第 116-119 页
130. 罗清和，尹华杰/经济特区与中国模式/深圳大学学报（人文社会科学版）/2012 年第 3 期/第 72-76+160 页
131. 满德如，汪文婷/城市中的流动——以深圳罗湖火车站为例/现代装饰（理论）/2012 年第 7 期/第 174-175 页
132. 毛军吉/构建有深圳特色的网络化社会管理体系/特区实践与理论/2012 年第 3 期/第 40-43 页
133. 梅伟，陈松林/厦门市土地利用效益的耦合关系分析/吉林师范大学学报（自然科学版）/2012 年第 4 期/第 87-90+94 页
134. 蒙敬杭/深圳建设国际一流城市绿化的缘由和路径/风景园林/2012 年第 3 期/第 172 页
135. 莫春燕/如何根据特区特点搞好外来务工人员的文化生活/群文天地/2012 年第 11 期/第 113-114 页
136. 莫大喜/深圳建设碳金融试验区初探/特区实践与理论/2012 年第 5 期/第 43-47+1 页
137. 穆拉提/新疆喀什“特区”招商重要性与“双引擎招商”/新疆大学学报（哲学·人文社会科学版）/2012 年第 2 期/第 23-27 页
138. 聂阳/喀什地区经济发展与民族关系和谐/民族论坛/2012 年第 16 期/第 28-29 页

139. 牛君/厦门在海峡西岸经济区发挥龙头作用的途径研究/厦门特区党校学报/2012 年第 3 期/第 1-6 页
140. 努尔比耶·麦海提，张滢/喀什旅游市场开发的环境分析/北方经济/2012 年第 8 期/第 66-67 页
141. 潘浩/深圳新能源公交车辆示范运行状况分析及未来发展建议/特区经济/2012 年第 4 期/第 52-54 页
142. 潘康宇，赵颖，李丽君/天津滨海新区人才聚集环境研究/特区经济/2012 年第 7 期/第 87-90 页
143. 庞伟/深圳国际安防之都的蝶变/中国公共安全（综合版）/2012 年第 5 期/第 50-60 页
144. 彭德辉，尹恒/包容性增长理论对深圳特区一体化的现实意义/特区实践与理论/2012 年第 2 期/第 67-69 页
145. 彭慧玲/海南国际旅游岛背景下社区矫正问题研究/法制与社会/2012 年第 28 期/第 211-212 页
146. 彭葵/从福田看服务经济发展指标体系的设置/中国统计/2012 年第 5 期/第 37-38 页
147. 彭勇，孙延风/厦门转变经济发展方式的思考与对策/厦门特区党校学报/2012 年第 4 期/第 13-17 页
148. 钱芳莉/珠海市构建人口均衡型社会的实证研究/暨南学报（哲学社会科学版）/2012 年第 6 期/第 104-112 页
149. 邱霁昀/“幸福厦门”评价指标体系构想/中国统计/2012 年第 3 期/第 18-19 页
150. 饶明辉/社会组织承接政府转移职能的法制思考——以深圳市的实践为例/行政与法/2012 年第 11 期/第 45-48 页
151. 任引，王大睿/厦门城市森林景观破碎化时空演变特征分析/福建林学院学报/2012 年第 3 期/第 213-219 页
152. 森刚/深圳前海开发开放新政策/港口经济/2012 年第 9 期/第 13 页
153. 邵向奎，江军/海南省生态旅游发展对策研究/热带农业工程/2012 年第 1 期/第 60-62 页
154. 邵长青/天津滨海新区牢牢把握发展实体经济的思路和路径/港口经济/2012 年第 5 期/第 5-7 页
155. 深圳市城管执法监察研究课题组，梁国锋，杨立勋/深圳市城管执法监察工作研究/特区经济/2012 年第 1 期/第 17-20 页

156. 沈承诚/经济特区治理困境的内生性：地方政府核心行动者的动力衰竭/社会科学/2012 年第 2 期/第 27-36 页
157. 沈建勇/海南国际旅游岛的经济前景、问题与对策/学习月刊/2012 年第 18 期/第 103-105 页
158. 沈陆澄/交通枢纽门户建设对区域和城市空间结构的影响——以汕头市为例/潮商/2012 年第 3 期/第 13-18 页
159. 沈峭/论深圳市加快经济转型升级的财政政策选择/国际商务财会/2012 年第 8 期/第 85-87 页
160. 施瑾/新疆喀什地区跨越式发展研究/河南广播电视大学学报/2012 年第 2 期/第 7-9 页
161. 石晨旭，祝帅，万顷/文化创意产业园区建设的“深圳经验”——以深圳华侨城 OCT-Loft、田面设计之都创意产业园为例/广告大观（理论版）/2012 年第 5 期/第 65-75 页
162. 石向荣，田斌/海南会展旅游发展的 SWOT 分析/企业导报/2012 年第 15 期/第 162-163 页
163. 石晓枫/厦门：调整城市总体规划加紧环境影响评价/环境保护/2012 年第 22 期/第 66-68 页
164. 舒舍玉，王润，孙艳伟，刘健，肖黎姗/城市餐饮业的空间格局及影响因素分析——以厦门市为例/热带地理/2012 年第 2 期/第 134-140 页
165. 宋伟建/加强机动车尾气污染控制营造厦门市良好人居环境/厦门科技/2012 年第 3 期/第 11-15 页
166. 宋晓东/深圳社区经济转型发展的模式探讨/特区实践与理论/2012 年第 3 期/第 26-29 页
167. 宋彦军/深圳服务业发展状况/深圳职业技术学院学报/2012 年第 4 期/第 9-17 页
168. 宋洋/经济特区扩大后珠海经济发展的 SWOT 分析/特区经济/2012 年第 3 期/第 25-27 页
169. 宋祎，查克/改革创新推动海南城乡经济社会发展一体化/城市规划/2012 年第 3 期/第 28-32 页
170. 苏成/把喀什、霍尔果斯经济开发区建设成为我国对外开放的新高地/新疆广播电视大学学报/2012 年第 4 期/第 45-48 页
171. 孙建宏/潮汕佛教信仰及佛教文化/潮商/2012 年第 1 期/第 90-93 页
172. 孙洋，李晅煜，杨钊/探索有中国特色的区域开发科学路径——天津滨

海新区的实践/环渤海经济瞭望/2012 年第 7 期/第 3-7 页
173. 谈琳/深圳经验：科技管理机构独立设置有利于科技创新/华东科技/2012 年第 1 期/第 58-59 页
174. 谭钧，陈利民/珠澳同城的双钻石模型分析/价值工程/2012 年第 34 期/第 18-20 页
175. 唐文/探析深圳新生代农民工市民化过程中的公民意识教育/中共桂林市委党校学报/2012 年第 1 期/第 69-72 页
176. 唐永红/改革、开放、对台先行先试的整合平台——新形势下厦门经济特区的角色与模式/统一论坛/2012 年第 2 期/第 28-30 页
177. 陶静娴，王仰麟，刘珍环/城市居住空间生态质量评价——以深圳市为例/北京大学学报（自然科学版）/2012 年第 2 期/第 280-284 页
178. 田婷，陈忠晓/深圳盐田自由贸易区建立的分析与思考/经济视角（中旬）/2012 年第 4 期/第 11-12+10 页
179. 田晓霞，罗芬，刘俊梅，李翠林/新疆喀什市旅游产业集群竞争力评价/特区经济/2012 年第 8 期/第 147-149 页
180. 田晓霞，张金凤，肖婷婷，刘俊梅，闫敏/喀什散客旅游客源市场分析/市场论坛/2012 年第 8 期/第 80-83 页
181. 汪爱平/中国入世后有关经济特区的几种论调综述/法制与经济（中旬）/2012 年第 1 期/第 174 页
182. 汪海/澳门和珠海共建国际经贸服务平台构想/广东经济/2012 年第 12 期/第 48-51 页
183. 汪鸿/深圳进一步发展循环经济的思路和对策/中国市场/2012 年第 19 期/第 90-91 页
184. 汪肇炜，李世荣，许丹青，黄培铭，黄锋明，丁洁，蓝昕，黄斯颖/厦门建设对台离岸金融市场之可行性及安排/福建金融/2012 年第 9 期/第 16-20 页
185. 王川/珠海市战略性新兴产业的发展与布局分析/特区经济/2012 年第 2 期/第 43-45 页
186. 王方宏/新形势下海南金融业发展的思考/海南金融/2012 年第 2 期/第 13-15 页
187. 王宏丽/喀什经济开发区：新疆开放型经济的新支点/开放导报/2012 年第 2 期/第 110-112 页
188. 王化波，董文静/珠海市老年人生活质量研究/人口学刊/2012 年第 4

期/第 60-65 页

189. 王婳，王泽坚，朱荣远，龚志渊/深圳市大剧院—蔡屋围中心区城市更新研究——探讨城市中心地区更新的价值/城市规划/2012 年第 1 期/第 39-45 页

190. 王见敏，潘晨光/深圳市人口发展问题研究/特区经济/2012 年第 4 期/第 20-22 页

191. 王建文/发展对台离岸金融，构建两岸区域性金融服务中心/金融经济/2012 年第 2 期/第 29-31 页

192. 王进业，周正平/海南：绿色的回归与超越/今日海南/2012 年第 10 期/第 13-15 页

193. 王京生/改革创新：深圳精神的根与魂/求是/2012 年第 1 期/第 54-55 页

194. 王静，曹世平/海南“信息智能岛”建设时不我待/中国信息界/2012 年第 4 期/第 21-23 页

195. 王珏，黄国杰/海南旅游低碳经济的实现途径——基于 SWOT 分析/宁波广播电视大学学报/2012 年第 1 期/第 43-46 页

196. 王丽，曾辉/深圳市道路网络结构特征的成因及其景观格局效应/地理研究/2012 年第 5 期/第 853-862 页

197. 王梦阳/关于珠海发展模式的后现代思考/中共珠海市委党校珠海市行政学院学报/2012 年第 5 期/第 42-45 页

198. 王木桃/海南博彩业发展的思考——基于与澳门博彩业对比的视角/中小企业管理与科技（上旬刊）/2012 年第 8 期/第 182-183 页

199. 王楠/前海深港现代服务业合作区港资银行准入法律问题探讨/特区经济/2012 年第 10 期/第 17-19 页

200. 王启珊，陈洪清，张君玉/海南学习型社会建设的实践与探索/新东方/2012 年第 3 期/第 32-35 页

201. 王汝志/非正规就业农民工的养老保险需求实证分析——基于深圳地区的调研数据/特区经济/2012 年第 1 期/第 46-48 页

202. 王硕/深圳经济特区与香港回归谈判/百年潮/2012 年第 10 期/第 36-41 页

203. 王卫国/中国经济特区立法的经验/中国法律/2012 年第 4 期/第 8-12 页

204. 王喜义/开阡陌拆篱笆——深圳经济特区人民币资金市场的培育/金融

济增长为例/当代财经/2012 年第 8 期/第 82-93 页

222. 肖科/深圳经济发展方式转变研究/中国商贸/2012 年第 20 期/第 216-217 页

223. 肖黎姗，李新虎，张国钦，王润/厦门常住人口社会分层实证分析与政策建议/地理科学进展/2012 年第 2 期/第 183-190 页

224. 肖琳，梁莉萍/深圳服交会秀出“新时尚”/中国纺织/2012 年第 8 期/第 164-166 页

225. 谢启标/厦门特区建设 30 年民营经济发展及其转型探析/厦门特区党校学报/2012 年第 2 期/第 32-37 页

226. 谢伊苹，陈勇，李敏，姚刚/霍尔果斯经济开发区兵团区域发展模式初探/中共伊犁州委党校学报/2012 年第 2 期/第 46-48 页

227. 辛诚，温雅丽/发展高技术产业构建珠海科学发展示范市/特区经济/2012 年第 1 期/第 49-50 页

228. 欣闻/喀什、霍尔果斯经济开发区建设全面提速/大陆桥视野/2012 年第 6 期/第 37-38 页

229. 徐建忠/厦门展览业产业集群形成机理研究/现代商贸工业/2012 年第 24 期/第 57-59 页

230. 徐健，王俊，尚庆刚，周继昌，黄彩，陈忠伟，王志军，卓志鹏，刘小立/深圳居民饮酒行为现况调查/中国公共卫生/2012 年第 6 期/第 749-750 页

231. 徐明星，王蒲生/深圳市各区居民生活质量评价——基于 topsis 法的测度/特区经济/2012 年第 1 期/第 44-45 页

232. 徐文苑/天津滨海旅游区发展现状与对策分析/特区经济/2012 年第 9 期/第 124-126 页

233. 许慧珍/汕头旅游电子商务发展研究——基于 SWOT 分析/当代经济/2012 年第 13 期/第 90-93 页

234. 许经勇/论厦门经济特区与综合配套改革试验区的互补性/厦门特区党校学报/2012 年第 2 期/第 1-5 页

235. 荀斌，于德永，杜士强/快速城市化地区生态承载力评价研究——以深圳市为例/北京师范大学学报（自然科学版）/2012 年第 1 期/第 74-80 页

236. 闫祯，崔胜辉，王慧娜，于洋，徐礼来/厦门快速城市化中居民食物 C、N、P 消费动态/环境科学与技术/2012 年第 1 期/第 479-486 页

237. 颜辉/深圳教育国际化与现代化国际化先进城市建设/深圳职业技术学院学报/2012 年第 2 期/第 75-80 页
238. 杨春红，张正栋，田楠楠，吴申凤，张五美/基于 P-S-R 模型的汕头市土地生态安全评价/水土保持研究/2012 年第 3 期/第 209-214 页
239. 杨洪涛，刘亮/浦东新区开发开放政策及竞争优势演变分析/华东经济管理/2012 年第 9 期/第 1-5 页
240. 杨均华/喀什经济特区建设对推动中国外经贸战略转型的积极效应思考/对外经贸/2012 年第 6 期/第 17-19 页
241. 杨琳/邓小平经济特区建设的理论与实践——以深圳经济特区为例/经济与社会发展/2012 年第 3 期/第 47-48 页
242. 杨娜/邓小平与海南大特区战略决策/海南广播电视大学学报/2012 年第 4 期/第 35-39 页
243. 杨娜/海南区域发展模式创新之动力机制研究/新东方/2012 年第 6 期/第 20-24 页
244. 杨佩群，邬苏梅/汕头市运动休闲旅游发展研究/中国商贸/2012 年第 2 期/第 176-177 页
245. 杨帅/珠海市加工贸易存在的问题及对策研究/中国外资/2012 年第 10 期/第 159-160 页
246. 杨晓洋/关于深圳都市水墨创作与建构城市文化软实力的思考/美术大观/2012 年第 8 期/第 36-37+32 页
247. 杨勇/汕头海洋经济迎来“第二春”/珠江水运/2012 年第 13 期/第 33-35 页
248. 杨玉民/把握特区扩围机遇；推进汕头发展上新台阶/长春理工大学学报（社会科学版）/2012 年第 3 期/第 68-70 页
249. 杨玉民/对汕头非公有制经济组织党建工作的研究与思考/山东省农业管理干部学院学报/2012 年第 2 期/第 121-127 页
250. 杨钊，孙洋，李晅煜/天津滨海新区“十大战役”与“十大改革”的实践与思考/环渤海经济瞭望/2012 年第 3 期/第 3-7 页
251. 尧传虹，李楠/深圳特区“90 后”大学生思想行为特点及对策/佳木斯教育学院学报/2012 年第 9 期/第 40-41 页
252. 叶丽敏/探讨深圳城市公园存在的不足与发展/广东园林/2012 年第 5 期/第 67-71 页
253. 易永胜/深圳自主创新领先成功的经验探索/特区经济/2012 年第 10

期/第 29-31 页
254. 易永胜/深圳社区矛盾调处机制研究/特区实践与理论/2012 年第 4 期/第 50-52+68 页
255. 阴天泉/厦门房地产市场目前存在的主要问题及对策/发展研究/2012 年第 9 期/第 22-24 页
256. 尹先明/罗湖：打造“深圳质量先行区”/特区实践与理论/2012 年第 2 期/第 55-57 页
257. 游春亮/深圳立法遏制性别歧视/浙江人大/2012 年第 9 期/第 42 页
258. 游朋/深圳第二轮土地改革的发展历程与总体框架/中国房地产/2012 年第 15 期/第 22-24 页
259. 于平/深圳观念：朝气蓬勃的文化记忆——现阶段文化建设需要传扬“深圳观念”/艺术百家/2012 年第 4 期/第 7-12 页
260. 于洋，崔胜辉，赵胜男，孟凡鑫，李飞/城市居民食物氮消费变化及其环境负荷——以厦门市为例/生态学报/2012 年第 19 期/第 5953-5961 页
261. 余丰慧/深圳负增长不可小视/商周刊/2012 年第 8 期/第 26 页
262. 余建平，孙冰锋，丁青/厦门汽车服务业的发展策略研究/特区经济/2012 年第 7 期/第 240-242 页
263. 禹国刚/深圳证交所幕后的跌宕起伏/中国报道/2012 年第 2 期/第 30-33 页
264. 袁易明，张广露/中国经济特区的减贫贡献：机制与效应/深圳大学学报（人文社会科学版）/2012 年第 2 期/第 64-67 页
265. 岳世平/厦门实施公共服务均等化取得的成就措施与经验总结/厦门特区党校学报/2012 年第 4 期/第 57-61 页
266. 再娜甫·依米提/建设喀什经济特区对新疆对外贸易带来挑战及应对措施/特区经济/2012 年第 1 期/第 197-198 页
267. 占云生/经济工作项目化的生动实践——“抓投资、上项目”对海南发展的作用分析/今日海南/2012 年第 10 期/第 18-20 页
268. 张飞/海南热带农业产业投资基金的设立与运作研究/海南金融/2012 年第 1 期/第 37-41 页
269. 张菲菲/试航前海——深圳金融改革打造“特区中的特区”/中国金融家/2012 年第 7 期/第 102-103 页
270. 张继海，李发毅/经济特区作为经济发展战略与模式研究/深圳大学学

报（人文社会科学版）/2012 年第 5 期/第 50-54 页

271. 张军/深圳文学多元共生的格局及其发展路向/武陵学刊/2012 年第 3 期/第 107-110 页

272. 张军军/海南城市化进程中“非遗”保护与发展策略/史学集刊/2012 年第 5 期/第 65-70 页

273. 张丽纯/汕头海湾新区正式列入省重大平台建设/潮商/2012 年第 6 期/第 5-8 页

274. 张宁/经济特区建设背景下喀什市旅游业综合改革研究/中国名城/2012 年第 7 期/第 37-41 页

275. 张庆源/喀什蓄势发展流动经济/大陆桥视野/2012 年第 5 期/第 42-44 页

276. 张曦/论海岛旅游发展的动力机制与模式/现代商贸工业/2012 年第 6 期/第 59-60 页

277. 张晓丽/论天津滨海新区产业升级与集聚扩散效应/环渤海经济瞭望/2012 年第 4 期/第 7-10 页

278. 张晓莉，吴家荣，郑阳/珠海市新生代农民工体育边缘化问题研究/哈尔滨体育学院学报/2012 年第 3 期/第 53-56 页

279. 张兴祥，郑巍巍/外来员工社会保障制度的先行先试——“厦门模式”/厦门特区党校学报/2012 年第 5 期/第 12-16 页

280. 张煦/浅析厦门岛城市空间发展/福建建设科技/2012 年第 3 期/第 53-57 页

281. 张艳彪，程锦泉，郝元涛，陈伟红，马智超，廖玉学，张然，朱琪莉/深圳市流动人口与户籍居民乙肝感染情况比较分析/中华疾病控制杂志/2012 年第 5 期/第 424-427 页

282. 张永起/海南省创建离岸金融市场的研究/现代经济信息/2012 年第 8 期/第 234-235 页

283. 张宇/高度城市化区域土地整备运作机制研究——以深圳市为例/特区经济/2012 年第 1 期/第 21-23 页

284. 张宇，蔡玉军/城市化区域违法建筑分步确权初探——以深圳市宝安区为例/国土资源情报/2012 年第 7 期/第 42-45+25 页

285. 张志/海南行政体制改革“深水”试航/小康/2012 年第 4 期/第 84-85 页

286. 赵冰/珠江流域：珠海城市空间营造/华中建筑/2012 年第 5 期/第 1-

4 页

287. 赵静，闫小培/深圳市“城中村”非正规住房的形成与演化机制研究/人文地理/2012 年第 1 期/第 60-65 页

288. 赵静，闫小培/城中村非正规住房的形成机理与管治——以深圳市为例/地域研究与开发/2012 年第 4 期/第 86-90 页

289. 赵雨寒/新养老保险关系转移续借办法下历史基础养老金追溯问题初探——以深圳特区为例/商品与质量/2012 年第 6 期/第 87 页

290. 郑芳，侯迎/海南省旅游业集聚的影响因素探讨/特区经济/2012 年第 7 期/第 162-164 页

291. 郑莉莉，周琳，蒋莉，连永娥，刘永奇/深圳市初治涂阳肺结核治愈影响因素分析/现代预防医学/2012 年第 9 期/第 2139-2141 页

292. 郑鸣，陈福生，段梅/厦门构建两岸金融服务中心的 SWOT 分析/福建金融/2012 年第 5 期/第 18-23 页

293. 郑平，王冬良，郑婷丹/核心城市定位下珠海港口发展战略选择/价值工程/2012 年第 4 期/第 328-329 页

294. 郑松辉/潮汕海洋文学初探/汕头大学学报（人文社会科学版）/2012 年第 2 期/第 22-29+94 页

295. 郑伟民，王丽蓉/厦门酒店式公寓发展的实证分析/湖南商学院学报/2012 年第 1 期/第 70-74 页

296. 郑蔚/厦门市金融产业的区位调整与空间集聚/区域金融研究/2012 年第 6 期/第 50-54 页

297. 中国人民银行喀什地区中心支行课题组，努尔麦麦提，张希平/喀什“金融贸易区”建设的路径选择/金融发展评论/2012 年第 12 期/第 143-150 页

298. 钟坚/深圳土改两问/决策/2012 年第 8 期/第 91 页

299. 钟若愚/以效率和质量看待经济特区的未来发展/特区经济/2012 年第 2 期/第 12 页

300. 钟无涯，颜玮/深圳特区产业结构变迁与经济增长/城市观察/2012 年第 3 期/第 94-102 页

301. 钟晓渝/立法与经济特区市场经济体制的形成/深圳职业技术学院学报/2012 年第 2 期/第 3-9 页

302. 钟晓渝/完善特区立法与经济特区的未来发展/深圳职业技术学院学报/2012 年第 6 期/第 3-8 页

303. 钟晓渝/立法与深圳产业结构调整和转变经济发展方式/深圳职业技术学院学报/2012 年第 4 期/第 3-8 页
304. 仲德涛/我国新型城市化的探索与实践——以“深圳模式”为例/对外经贸/2012 年第 9 期/第 84-86 页
305. 周爱军/渤海新区打造人才集聚优势的 SWOT 分析与对策选择/中国市场/2012 年第 45 期/第 85-86 页
306. 周邦华，刘刚/人才战略实施与本土文化传承——以海南国际旅游岛建设为例/人民论坛/2012 年第 8 期/第 150-151 页
307. 周健/经济全球化下经济特区发展问题研究/河南科学/2012 年第 8 期/第 1176-1178 页
308. 周金泉，何文晋/海南国际旅游岛可持续发展面临的五个重要问题/新东方/2012 年第 1 期/第 42-45 页
309. 周义龙/海南国际旅游岛建设与土地资源有效管理/农业现代化研究/2012 年第 1 期/第 27-31 页
310. 朱东海/产业十策——关于海南产业经济发展的几点思考/今日海南/2012 年第 10 期/第 21 页
311. 朱金鹤，崔登峰/西向开放视角下喀什经济特区发展战略研究/商业研究/2012 年第 5 期/第 58-63 页
312. 祝桂峰/深圳再次敲响土地制度改革大槌/中国地产市场/2012 年第 7 期/第 50-53 页
313. 庄马展/厦门市机动车限行道路空气污染特征分析/厦门科技/2012 年第 5 期/第 11-14 页
314. /深圳汕尾联手以特区精神建设深汕合作区/广东经济/2012 年第 5 期/第 39 页
315. /深圳市龙岗区——加快转型升级推动跨越争先努力建设现代化国际化先进城区/中国党政干部论坛/2012 年第 7 期/第 2+66 页
316. /深圳：占领低碳发展的制高点/低碳世界/2012 年第 5 期/第 48-49 页
317. /汕头总部经济发展战略局势初成/潮商/2012 年第 3 期/第 19-27 页
318. /深圳市物流发展现状与“十二五”发展趋势/物流技术与应用（货运车辆）/2012 年第 9 期/第 40-42 页
319. /Celebrating 30 Years of Accomplishments/Beijing Review/1/19/2012/Vol. 55 Issue 3，p26-27，2p. 1 Color Photograph，1 Map
320. /Chinese Benefits from Investing in Rason/Stratfor Analysis/February 2012/

p8-8, 1p
321. /Free Trade Zones/EED: Middle East Economic Digest/11/30/2012/p29-30, 2p
322. /Industrial Restructuring/Beijing Review/1/19/2012/Vol. 55 Issue 3, p32-34, 3p. 1 Color Photograph
323. /Ritchie Bros Closes in First Chinese Auction/International Rental News/November/December 2012/Vol. 12 Issue 6, p16-16, 1/4p
324. /SEZ-led Growth in Taiwan, Korea and India: Implementing a Successful Strategy//September/October 2012/Vol. 52, No. 5 , p872-899, 28p
325. /Shenzhen Special Economic Zone Real Estate&Prope Annual Report/Reportal Company Reports/2012/p1, 187p
326. /Shenzhen Special Economic Zone, Regulations for the Promotion of Sexual Equality/China Law&Practice/November/December 2012/Vol. 26 Issue 11/12, p17-17, 1p
327. /SKF Strengthens Its Position in Asia/Sealing Technology/December 2012/Vol. 2012 Issue 12, p5-5, 1p
328. /The More Special Economic Zone/Economist/7/7/2012/Vol. 404 Issue 8792, p66-66, 2/3p. 1 Color Photograph
329. Ebenstein Avraham/Winners and Losers of Multinational Firm Entry into Developing Countries: Evidence from the Special Economic Zones of the People's Republic of China/Asian Development Review/2012/
330. Sangaralingam Ramesh/Infrastructure, Knowledge and Economic Growth in China: 1953—2004/International Journal of Economic Sciences and Applied Research (IJESAR) /April 2012/p23-50, 28p
331. Aggarwal Aradhna/SEZ - led Growth in Taiwan, Korea and India. Implementing a Successful Strategy/Asian Survey/September/October 2012/Vol. 52 Issue 5, p872-899, 28p
332. Arnold Dennis/Spatial Practices and Bordersezs in Mekong Southeast Asia/Geography Compass/December 2012/Vol. 6 Issue 12, p740-751, 12p
333. Asques Sérgio/The Madeira Free Trade Zone: Compliance and Control Issues/European Taxation/April 2012/Vol. 52 Issue 4, p149-154, 6p
334. Deborah/Economic Statecraft in China's New Overseas Special Economic Zones: Soft Power, Business or Resource Security? /International Affairs/July 2012/Vol. 88 Issue 4, p799-816, 18p

335. Chan Che－Po/The Chinese Local Administrative Measures for Building Up the "Headquarter Economy"：a Comparison between Pudong and Shenzhen/Journal of Contemporary China/January 2012/Vol. 21 Issue 73，p149–167，19p. 3 Graphs

336. Chen Lein–lein/Rents，Party Cadres and the Proliferation of Special Economic Zones in China/Journal of Economic Policy Reform/September 2012/Vol. 15 Issue 3，p207–221，15p. 1 Diagram，2 Charts

337. Choi Myeong－Hae/China's Strategic Goals in the Kim Jong－Un Era/SERI Quarterly/October 2012/Vol. 5 Issue 4，p106 － 113，8p. 1 Color Photograph，3 Charts，1 Graph

338. Dr. Farouq A. Azzam/Extent of the Target Cost Application in Commercial Banks in Aqaba Special Economic Zone/Journal of Management Research/2012–12–01/Vol 5，Issue 1，p345–358，14p

339. Elimam Abdelghani A. /Optimization of Water Resources Planning for Jordan's Aqaba Special Economic Zone/Interfaces/November/December 2012/Vol. 42 Issue 6，p528–543，16p. 3 Diagrams，8 Charts，2 Graphs，2 Maps

340. Evenett Simon J. /Beyond Dollar Exchange－rate Targeting：China's Crisis－era Export Management Regime/Oxford Review of Economic Policy/June 2012/Vol. 28 Issue 2，p284–300，17p

341. Fairouz Mosleh Aldhmour，Malek Bakhit Eleyan/Factors Influencing the Successful Adoption of Decision Support Systems：The Context of Aqaba Special Economic Zone Authority/International Journal of Business and Management/2012–01–01/Vol 7，Issue 2

342. Feng Danshen/New Olefins Sources—the Blueprint of Downstream Industry/China Chemical Reporter/4/21/2012/Vol. 23 Issue 8，p10–13，4p. 4 Color Photographs

343. Ferguson Tim/Lost and Found/Forbes Asia/January 2012/Vol. 8 Issue 1，p6–6，1p. 1 Color Photograph

344. Fu Wenying/Regional Innovation Systems Within a Transitional Context：Evolutionary Comparison of the Electronics Industry in Shenzhen and Dongguan Since the Opening of China/Journal of Economic Surveys/July 2012/Vol. 26 Issue 3，p534–550，17p

345. Gibbs Philip/PMIZ–Promise and Plight/Contemporary PNG Studies/May 2012/Vol. 16，p37–51，15p. 1 Map

346. Hao P.，Geertman S. C. M.，Hooimeijer P.，Sliuzas R. /The Land Use Di-

versity of Urban Villages in Shenzhen/Environment&Planning/2012/volume 44, issue 11, p2742-2764, 23p

347. Huang Yasheng/How Did China Take Off? /Journal of Economic Perspectives/fall 2012/Vol. 26 Issue 4, p147-170, 24p. 4 Graphs

348. Hui Eddie Chi-Man/Real Estate Bubbles in China: A Tale of Two Cities/Construction Management&Economics/November 2012/Vol. 30 Issue 11, p951-961, 11p. 2 Charts, 7 Graphs

349. Kan Karita/Ambiguous Rights/China Perspectives/2012/Vol. 2012 Issue 3, p77-79, 3p

350. Kishimoto Riki/Nissan's Lessons from the Middle East/Managing Intellectual Property/June 2012/Issue 220, p35-35, 1p

351. Kong Qingjiang/China's Uncharted FTA Strategy/Journal of World Trade/October 2012/Vol. 46 Issue 5, p1191-1206, 16p

352. Kucer N. /Measurements of Environmental Pollution in Industrial Area Using Magnetic Susceptibility Method/Acta Physica Polonica/January 2012/Vol. 121 Issue 1, p20-22, 3p. 2 Charts, 3 Graphs

353. Kwon Jong-Wook/Does China Have More Than One Culture? /Asia Pacific Journal of Management/March 2012/Vol. 29 Issue 1, p79-102, 24p. 5 Charts

354. Luo Xiaolong/The Making of New Regionalism in the Cross-boundary Metropolis of HongKong - Shenzhen, China/Habitat International/January 2012/Vol. 36 Issue 1, p126-135, 10p

355. Malini L. Tantri/Special Economic Zones in India: Are These Enclaves Efficient? /Working Papers/2012/number 274

356. Malini L. Tantri/Did the Metamorphosis from Export Processing Zones to Special Economic Zones Improve the Efficiency of Trade Enclaves in India? /Journal of Economic Policy Reform/December 2012/p321-337, 17p

357. Manjunath S. Hosgur/New Industrial Policy and Special Economic Zones/Indian Streams Research Journal/2012-12-01

358. Mccue Dan/Operating in the Zone/World Trade: WT100/September 2012/Vol. 25 Issue 9, p24-32, 6p

359. Mcnulty Lucy/Exclusive: Myanmar to Redraft Special Economic Zone Law/International Financial Law Review/May 2012/Vol. 31 Issue 4, p4-4, 1p

360. Nilov Konstantin/The Problems of Improving the Special Legal Regime of Entrepre-

neurship in the Kaliningrad region/Vestnik IKBFU/2012/Issue 9, p62-68, 7p

361. Nilov Konstantin N. /The Special Legal Treatment of Investment Activity in the Kaliningrad Region/Estnik IKBFU/2012/Issue 3, p142-147, 6p

362. Nyíri Pál/Enclaves of Improvement: Sovereignty and Developmentalism in the Special Zones of the China - Lao Borderlands/Comparative Studies in Society&History/July 2012/Vol. 54 Issue 3, p533-562, 30p

363. Orlov Aleks, Buadze Elizaveta Revazovna/Institute of Speial Economic Zones: Basic Provisions and the World Practice/Vestnik MGSU/2012-10-01/Iss 7, p163-170, 8p

364. Peerally Jahan Ara/Changes in Trade Policies and the Heterogeneity of Domestic and Multinational Firms Strategic Response: The Effects on Firm-Level Capabilities/World Development/March 2012/Vol. 40 Issue 3, p469-485, 17p

365. Pu Hao/The Land-use Diversity in Urban Villages in Shenzhen/Environment and Planning /November 2012/p2742-2764, 23p

366. Ren Hongbo/Optimal Option of Distributed Energy Systems for Building Complexes in Different Climate Zones in China/Applied Energy/2012/p156-165, 10p

367. Sadrieh Farid/Managerial Insights on the Politics of Trade Policy and Economic Development: The Case of Madagascar/Journal of Comparative International Management/June 2012/Vol. 15 Issue 1, p68-85, 18p

368. Sadrieh Farid/Managerial Insights on the Politics of Trade Policy and Economic Development: The Case of Madagascar/Journal of Comparative International Management/2012-09-13/Vol. 15, Number 1

369. Salisbury Peter/Private Sector Drives Salalah/MEED: Middle East Economic Digest/10/5/2012/Vol. 56 Issue 40, p40-41, 2p. 1 Chart

370. Salvador Ana/The Ppening Process of China's Economy to Foreign Investment/Revista de Economía Mundial/2012/Issue 30, p209-231, 23p

371. Sánchez-Ancochea Diego/A Fast Herd and a Slow Tortoise? /Studies in Comparative International Development/June 2012/Vol. 47 Issue 2, p208-230. 23p

372. Scott R. Sanders, David L. Brown/The Migratory Response of Labor to Special Economic Zones in the Philippines, 1995 - 2005/Population Research and Policy Review/February 2012/Vol. 31, No. 1

373. Scott Sanders/The Migratory Response of Labor to Special Economic Zones in the Philippines, 1995—2005/Population Research and Policy Review/February

2012/p141-164, 24p
374. Seyoum Belay/Foreign Trade Zones in the United States: A Study with Special Emphasis on the Proposal for Trade Agreement Parity/Journal of Economic Studies/2012/Vol. 39 Issue 1, p13-30, 18p
375. Shaikh F. M. /Observing Impact of SAFTA on Pakistan's Economy by Using CGE Model/Pakistan Journal of Commerce&Social Sciences/January 2012/Vol. 6 Issue 1, p185-209, 25p. 10 Charts
376. Shchur O. O. /Factors and Terms Influencing Effective Functioning of Special Economic Zones: The Generalization of Theoretical and Methodological Experience/Bulletin of PNU/2012/Vol. 24 Issue 1, p197-206, 10p
377. Sooreea-Bheemul Brinda/Mauritius as a Success Story for Fdi: What Strategy and Policy Lessons Can Emerging Markets Learn? /Journal of International Business Research/June 2012/Vol. 11, p119 - 144, 26p. 1 Diagram, 4 Charts, 5 Graphs
378. Tantri Malini L. /China's Policy for Special Economic Zone: Some Critical Issues/India Quarterly/September 2012/Vol. 68 Issue 3, p231-250, 20p
379. Triyakshana Seshadri/An Analysis of the Feasibility of Private Land Assembly for Special Economic Zones in India/Urban Studies//
380. Tsze-wah Gabriel/Advanced Producer Services Industries in HongKong and Shenzhen: Struggles towards Integration/Asia Pacific Viewpoint/April 2012/Vol. 53 Issue 1, p70-85, 16p
381. White Rob/Aegean Free Trade Zone Expanding to Meet Demand/Automotive Industries/October 2012/Vol. 192 Issue 10, p1-2, 2p
382. Zhang Jun/From HongKong's Capitalist Fundamentals to Singapore's Authoritarian Governance: The Policy Mobility of Neo-liberalising Shenzhen, China/Urban Studies/November 2012/Vol. 49 Issue 13, p2853-2871, 19p

三、学位论文

1. 蔡丽莎/海南旅游移动电子商务发展研究/中国优秀硕士学位论文全文数据库/硕士论文/厦门大学/2012
2. 蔡小凤/新疆喀什经济开发区发展对策研究——以政策的视角/中国优秀硕士学位论文全文数据库/硕士论文/厦门大学/2012

3. 曾建平/珠三角一体化背景下的珠海市经济发展战略研究/中国优秀硕士学位论文全文数据库/硕士论文/天津大学/2012
4. 陈桂宝/新形势下厦门城市和谐文化建设研究/中国优秀硕士学位论文全文数据库/硕士论文/新疆大学/2012
5. 陈慕文/厦门市生产性服务业对城市经济发展的影响研究/中国优秀硕士学位论文全文数据库/硕士论文/吉林大学/2012
6. 陈通汕/创新型城市建设中的政府职能定位——以厦门市为例/万方数据/硕士论文/集美大学/2012
7. 范莹/珠海市金融业发展研究/中国优秀硕士学位论文全文数据库/硕士论文/华侨大学/2012
8. 冯合昌/深圳经济特区的公共危机管理政策刍议——以美国“9·11”事件和中国“7·23”动车事故的处置为鉴/中国优秀硕士学位论文全文数据库/硕士论文/吉林大学/2012
9. 高晓红/海南生态省建设的环境政策研究/中国优秀硕士学位论文全文数据库/硕士论文/南京大学/2012
10. 古再丽努尔·阿卜来提/跨越式发展背景下的喀什地区经济发展问题研究/中国优秀硕士学位论文全文数据库/硕士论文/中国海洋大学/2012
11. 何勇钦/中国经济特区的回顾与展望/中国优秀硕士学位论文全文数据库/硕士论文/新疆财经大学/2012
12. 黄宝/深圳行政管理体制改革研究/中国优秀硕士学位论文全文数据库/硕士论文/长江大学/2012
13. 黄诗炫/珠海港发展战略研究/万方数据/硕士论文/南京师范大学/2012
14. 黄毅华/和谐社会视野下生态文明建设的理论与实践研究——以深圳为例/中国优秀硕士学位论文全文数据库/硕士论文/桂林理工大学/2012
15. 金胜/略论推进厦门经济可持续领先发展/万方数据/硕士论文/复旦大学/2012
16. 李伯惟/邓小平经济特区思想研究/中国优秀硕士学位论文全文数据库/硕士论文/吉林大学/2012
17. 李建伟/珠海市国有企业监管模式研究/中国优秀硕士学位论文全文数据库/硕士论文/吉林大学/2012
18. 李荣杰/比较特区政府在两次金融危机中的应对政策/万方数据/硕士论文/国际政治经济学/2012
19. 李晓涵/国家级开发开放新区与经济特区法律地位比较研究/中国优秀硕

士学位论文全文数据库/硕士论文/西南政法大学/2012
20. 刘冯涛/中国特色的发展模式——特区与新区的理论与实践研究/中国优秀硕士学位论文全文数据库/硕士论文/重庆理工大学/2012
21. 刘佳/香港、深圳社会养老服务比较研究/中国优秀硕士学位论文全文数据库/硕士论文/长春工业大学/2012
22. 刘俊杰/集约型城市经济增长潜力研究——以深圳为例/中国优秀硕士学位论文全文数据库/硕士论文/暨南大学/2012
23. 刘晓江/深圳多样性的社区治理模式研究/中国优秀硕士学位论文全文数据库/硕士论文/华东政法大学/2012
24. 刘晔/新疆喀什国家级特殊经济开发区发展战略研究/中国优秀硕士学位论文全文数据库/硕士论文/兰州大学/2012
25. 罗郁/深圳特区基层计生宣教模式创新研究/中国优秀硕士学位论文全文数据库/硕士论文/兰州大学/2012
26. 马文博/海南国际旅游岛建设开发与国际贸易战略关系研究/中国优秀硕士学位论文全文数据库/硕士论文/吉林大学/2012
27. 孟俊成/特区示范型制度变迁——以深圳特区为例/中国优秀硕士学位论文全文数据库/硕士论文/山东大学/2012
28. 潘淑惠/国际旅游岛背景下完善海南地方人大对行政权监督机制研究/中国优秀硕士学位论文全文数据库/硕士论文/海南大学/2012
29. 彭国爱/海南国际旅游岛综合评估研究/万方数据/硕士论文/天津大学/2012
30. 钱新梅/海南国际旅游岛离岛免税购物法律制度研究/中国优秀硕士学位论文全文数据库/硕士论文/海南大学/2012
31. 帅先富/要素和市场约束下海南产业结构优化模式与路径选择/中国博士学位论文全文数据库/博士论文/湖南大学/2012
32. 王东/珠海市政府主导旅游产业发展战略研究/中国博士学位论文全文数据库/博士论文/吉林大学/2012
33. 王丽珍/生态文明视角下的海南循环经济发展研究/中国优秀硕士学位论文全文数据库/硕士论文/海南师范大学/2012
34. 王锐/新疆喀什经济特区产业结构调整的研究/中国优秀硕士学位论文全文数据库/硕士论文/新疆大学/2012
35. 王志军/厦门市实施标准化战略研究/万方数据/硕士论文/厦门大学/2012
36. 吴康模/珠海房地产业与经济发展研究/中国博士学位论文全文数据库/

博士论文/吉林大学/2012

37. 吴天佑/珠海港现代物流业发展战略研究/中国优秀硕士学位论文全文数据库/硕士论文/吉林大学/2012
38. 徐文彬/海南农村城市化进程中农民财产性收入增长问题研究/中国优秀硕士学位论文全文数据库/硕士论文/湖南农业大学/2012
39. 徐钰婷/海南国际旅游岛融资模式研究/中国优秀硕士学位论文全文数据库/硕士论文/中南林业科技大学/2012
40. 许佩华/经济特区立法研究/中国博士学位论文全文数据库/博士论文/吉林大学/2012
41. 杨颂/深圳特区扩大背景下的地方政府职能转变研究/中国优秀硕士学位论文全文数据库/硕士论文/南京理工大学/2012
42. 杨天英/海南国际旅游岛休闲农业发展对策研究——基于琼台比较/中国优秀硕士学位论文全文数据库/硕士论文/海南大学/2012
43. 张红霞/海南国际化文明乡村旅游建设研究/中国优秀硕士学位论文全文数据库/硕士论文/海南师范大学/2012
44. 张曦/海南海岛旅游开发模式研究——基于利益相关者理论/中国优秀硕士学位论文全文数据库/硕士论文/安徽大学/2012
45. 赵沁/深圳金融产业集聚研究/中国优秀硕士学位论文全文数据库/硕士论文/暨南大学/2012
46. 郑荣荣/浅析经济特区授权立法/中国优秀硕士学位论文全文数据库/硕士论文/复旦大学/2012
47. Tang Yi/World Factory in Crisis：Global Economy Downturn as a Speedbump on the Path of Development in China's Pearl River Delta，and the Twisty Road for Recovery/Metropolia Ammattikorkeakoulu/2012
48. 石克伦；Clarence Warner Sills/The Importance of Xinjiang and Central Asia in China/国立政治大学/2012

四、报刊文章

1. 巴曙松/深圳金融中心建设促进人民币国际化/中国经济时报/2012/1/17/003 版
2. 邓颖颖/海南休闲旅游文化初探/海南日报/2012/4/24/A06 版
3. 黄大兴/积极投身特区改革开放新征程/厦门日报/2012/12/7/021 版

4. 黄洪波/生态文明是珠海发展的理性选择/珠海特区报/2012/2/20/006版
5. 黄琼雄/让文明生态村建设助力海南科学发展/海南日报/2012/8/7/A06版
6. 黄仁扬/建设文化强市打造幸福汕头/汕头日报/2012/3/19/008版
7. 黄莹/建构与大特区要求相适应的法制环境/汕头日报/2012/5/14/009版
8. 蒋应雄/立足比较优势发展海南会展经济/海南日报/2012/4/17/A06版
9. 蒯辙元/关于珠海横琴新区发展的思考与建议/中华工商时报/2012/5/16/007版
10. 李东峰/海南发展离岸金融的思考与建议/海南日报/2012/12/18/A06版
11. 李凤亮/弘扬深圳特色的"观念文化"/中国文化报/2012/3/27/011版
12. 李凤亮/独具特色的深圳模式/经济日报/2012/7/26/014版
13. 李均立/海南发展热带观赏鱼产业刍议/海南日报/2012/11/7/B06版
14. 李敏/以思想解放和改革创新推动海南绿色崛起/海南日报/2012/11/20/A05版
15. 李世杰，胡国柳/海南发展总部经济的战略选择/海南日报/2012/3/27/A06版
16. 李向民，谭围/推动海南现代渔业科学发展的思考/海南日报/2012/6/5/A06版
17. 麦正华/构建绿色税收体系助力海南绿色崛起/海南日报/2012/9/25/A06版
18. 彭京宜/循环经济在海南/光明日报/2012/11/2/009版
19. 丘海/深圳建设廉洁城市的实践与思考/中国纪检监察报/2012/11/30/004版
20. 邱宏宁/海南橡胶发展中风险防范的思考/海南农垦报/2012/11/7/002版
21. 王冀/为海南绿色崛起发挥税务职能作用/海南日报/2012/10/9/A06版
22. 王建国/"绿色崛起"是海南发展的新模式/海南日报/2012/6/26/A06版
23. 王锦/发达国家环境保护经验对珠海的启示/珠海特区报/2012/8/6/006版
24. 王凯宏/珠海经济发展的挑战与对策/珠海特区报/2012/5/21/006版
25. 许云/坚持统筹城乡发展实现海南绿色崛起/海南日报/2012/6/5/A06版
26. 严励/以创新工商监管机制服务海南国际旅游岛建设/海南日报/2012/9/

18/A06 版

27. 叶振兴/实施创新驱动战略支撑海南绿色崛起/海南日报/2012/8/28/A06 版
28. 余学旺/特区立法要有精品意识/珠海特区报/2012/9/10/006 版
29. 占云生/投资对促进海南经济发展的实证分析/海南日报/2012/8/28/A06 版
30. 张尔升/海南海洋渔业发展模式初探/海南日报/2012/4/17/A06 版
31. 张绍君/海南建立农业应急储备制度的思考/海南日报/2012/10/23/A06 版
32. 周朝霞/海南建立统一监管场外交易市场的思考/海南日报/2012/9/4/A06 版
33. /建设法治城市深圳如何率先探索/深圳特区报/2012/2/28/B12 版
34. /New Rules for Plastic Recycling SEZ Units to Be Finalised Soon/Popular Plastics&Packaging/September 2012/Vol. 57 Issue 9，p69-70，2p
35. /Basf Picks India for Specialties Plant/Chemical&Engineering News/4/16/2012/Vol. 90 Issue 16，p22-22，1/4p. 1 Color Photograph
36. Wong Edward/China：Leader Offers Policy Hints/New York Times/12/11/2012/Vol. 162 Issue 55，982，p13，1p

五、析出文献

1. /“货币金融圆桌会议·海南峰会”隆重举行/《国际货币评论》2012 年合辑//2012/12/1/
2. 袁易明，何蕾，Wei Huixian/经济特区外资引进、产业转型与贫困劳动力就业——以深圳为例/中国经济特区研究（2012 年第 1 期）//2012/
3. 海拉米斯克·塔菲拉/中国经济特区建设对非洲具有重要借鉴意义/中国经济特区研究（2012 年第 1 期）//2012/
4. 章平/中国经济特区发展与减贫——“中非减贫与发展”国际研讨会综述/中国经济特区研究（2012 年第 1 期）//2012/
5. 郭茂佳，龙凯，Chen Qiaoqiao/关于深圳金融创新问题的思考/中国经济特区研究（2012 年第 1 期）//2012/
6. 宋明，陈佳林/特区立法评估回应机制研究/中国经济特区研究（2012 年第 1 期）//2012/12/1/

7. 王硕/深圳对外开放缘起/深圳文史（第十三辑）/深圳市政协文化文史和学习委员会编/深圳：海天出版社/2012/第 2-13 页
8. 潘鹤口述王丽郦整理/我和深圳“开荒牛”的故事/深圳文史（第十三辑）/深圳市政协文化文史和学习委员会编/深圳：海天出版社/2012/第 14-18 页
9. 孙绍先/回忆蛇口港区的开发建设/深圳文史（第十三辑）/深圳市政协文化文史和学习委员会编/深圳：海天出版社/2012/第 19-60 页
10. 薛建龙/20 载辉煌成就 20 个民航第一/深圳文史（第十三辑）/深圳市政协文化文史和学习委员会编/深圳：海天出版社/2012/第 61-70 页
11. 何广/诗文中的改革开放一页/深圳文史（第十三辑）/深圳市政协文化文史和学习委员会编/深圳：海天出版社/2012/第 71-83 页
12. 高扬/历史丰碑/深圳文史（第十三辑）/深圳市政协文化文史和学习委员会编/深圳：海天出版社/2012/第 84-91 页
13. 黄建堂/蒋开儒：心底迸发出春天的故事/深圳文史（第十三辑）/深圳市政协文化文史和学习委员会编/深圳：海天出版社/2012/第 92-97 页
14. 孙霄/凝聚“中英街”的博物馆情结/深圳文史（第十三辑）/深圳市政协文化文史和学习委员会编/深圳：海天出版社/2012/第 98-117 页
15. 韦燕，郭伟雄/与特区发展激荡同行/深圳文史（第十三辑）/深圳市政协文化文史和学习委员会编/深圳：海天出版社/2012/第 118-124 页
16. 钟晓渝/生于忧患，死于安乐/深圳文史（第十三辑）/深圳市政协文化文史和学习委员会编/深圳：海天出版社/2012/第 125-130 页
17. 刘亚秀/深圳民革初期组织与机关建设概况/深圳文史（第十三辑）/深圳市政协文化文史和学习委员会编/深圳：海天出版社/2012/第 131-132 页
18. 华国雄/回眸深圳民革成立初期历程/深圳文史（第十三辑）/深圳市政协文化文史和学习委员会编/深圳：海天出版社/2012/第 133-134 页
19. 陈卫国/聆听历史的脚步声/深圳文史（第十三辑）/深圳市政协文化文史和学习委员会编/深圳：海天出版社/2012/第 135-139 页
20. 徐铁实/回忆当年民革支部生活/深圳文史（第十三辑）/深圳市政协文化文史和学习委员会编/深圳：海天出版社/2012/第 140-141 页
21. 侯歌/心中有条“小平大道”/深圳文史（第十三辑）/深圳市政协文化文史和学习委员会编/深圳：海天出版社/2012/第 142-143 页
22. /中国民主同盟深圳市委员会简介/深圳文史（第十三辑）/深圳市政协

文化文史和学习委员会编/深圳：海天出版社/2012/第 144-168 页
23. 民建深圳市委员会/风雨同舟谋发展改革开放创辉煌/深圳文史（第十三辑）/深圳市政协文化文史和学习委员会编/深圳：海天出版社/2012/第 169-186 页
24. /民进深圳市委员会简介/深圳文史（第十三辑）/深圳市政协文化文史和学习委员会编/深圳：海天出版社/2012/第 182-195 页
25. 施卫航/情系民进/深圳文史（第十三辑）/深圳市政协文化文史和学习委员会编/深圳：海天出版社/2012/第 196-199 页
26. 萧桂林/怀念和霍老在一起的日子/深圳文史（第十三辑）/深圳市政协文化文史和学习委员会编/深圳：海天出版社/2012/第 200-201 页
27. 阚道洪/民进我温暖的家/深圳文史（第十三辑）/深圳市政协文化文史和学习委员会编/深圳：海天出版社/2012/第 202-207 页
28. 谭嗣英/新移民老会员立足本职奉献特区建设/深圳文史（第十三辑）/深圳市政协文化文史和学习委员会编/深圳：海天出版社/2012/第 208-222 页
29. 杨申云/民进给了我参政议政的机会/深圳文史（第十三辑）/深圳市政协文化文史和学习委员会编/深圳：海天出版社/2012/第 223-224 页
30. 伍姗姗/一片冰心在玉壶/深圳文史（第十三辑）/深圳市政协文化文史和学习委员会编/深圳：海天出版社/2012/第 225-228 页
31. /莘莘学子情殷殷教育人/深圳文史（第十三辑）/深圳市政协文化文史和学习委员会编/深圳：海天出版社/2012/第 229-234 页
32. /同舟共济二十载荣辱与共写春秋/深圳文史（第十三辑）/深圳市政协文化文史和学习委员会编/深圳：海天出版社/2012/第 235-245 页
33. 陈思平/在深圳企业、高校和党派的工作经历/深圳文史（第十三辑）/深圳市政协文化文史和学习委员会编/深圳：海天出版社/2012/第 246-252 页
34. /致公党深圳市委员会基本情况/深圳文史（第十三辑）/深圳市政协文化文史和学习委员会编/深圳：海天出版社/2012/第 253-255 页
35. 谢频/出京城入鹏城/深圳文史（第十三辑）/深圳市政协文化文史和学习委员会编/深圳：海天出版社/2012/第 256-271 页
36. /深圳九三学社地方组织发展历程/深圳文史（第十三辑）/深圳市政协文化文史和学习委员会编/深圳：海天出版社/2012/第 272-284 页
37. /特区在发展我们在进步/深圳文史（第十三辑）/深圳市政协文化文史和学习委员会编

和学习委员会编/深圳：海天出版社/2012/第 285-303 页
38. 箫文/孙中山与三洲田庚子首义/深圳文史（第十三辑）/深圳市政协文化文史和学习委员会编/深圳：海天出版社/2012/第 304-315 页
39. 周镇平提供/深圳辛亥革命纪念场所一览表/深圳文史（第十三辑）/深圳市政协文化文史和学习委员会编/深圳：海天出版社/2012/第 316-318 页
40. 彭全民整理/深圳籍庚子首义及辛亥革命人物/深圳文史（第十三辑）/深圳市政协文化文史和学习委员会编/深圳：海天出版社/2012/第 319-326 页
41. 李娜提供/深圳民革党员中辛亥革命志士后裔情况/深圳文史（第十三辑）/深圳市政协文化文史和学习委员会编/深圳：海天出版社/2012/第 327-327 页
42. 张谷乡/我的曾祖父——辛亥革命志士张家瑞/深圳文史（第十三辑）/深圳市政协文化文史和学习委员会编/深圳：海天出版社/2012/第 328-330 页
43. 乔茵/“师事孙黄早棣同盟”/深圳文史（第十三辑）/深圳市政协文化文史和学习委员会编/深圳：海天出版社/2012/第 331-334 页
44. 张锡康/雁影鸿踪——张公引士往事录/深圳文史（第十三辑）/深圳市政协文化文史和学习委员会编/深圳：海天出版社/2012/第 335-340 页
45. 李华超/胡耀邦为其题写墓碑的何羽道烈士/深圳文史（第十三辑）/深圳市政协文化文史和学习委员会编/深圳：海天出版社/2012/第 341-344 页
46. 孙霄/一条小街的百年沧桑史/深圳文史（第十三辑）/深圳市政协文化文史和学习委员会编/深圳：海天出版社/2012/第 345-370 页
47. 唐龙彬/峥嵘岁月忆往事/珠海文史（第二十一辑）/张磊主编；政协珠海市委员会文史资料委员会编//2012/第 1-15 页
48. 唐文一/回忆与巴老交往的二三事/珠海文史（第二十一辑）/张磊主编；政协珠海市委员会文史资料委员会编//2012/第 16-24 页
49. 唐景雄/忆抗日战争隐蔽战线的工作/珠海文史（第二十一辑）/张磊主编；政协珠海市委员会文史资料委员会编//2012/第 1-17 页
50. 何志毅/鲍君甫的传奇人生/珠海文史（第二十一辑）/张磊主编；政协珠海市委员会文史资料委员会编//2012/第 32-56 页
51. 赵艳珍/相映成辉十姐妹/珠海文史（第二十一辑）/张磊主编；政协珠

海市委员会文史资料委员会编//2012/第 57-63 页

52. 钟锦泉/记爱国民主人士卓仁机将军/珠海文史（第二十一辑）/张磊主编；政协珠海市委员会文史资料委员会编//2012/第 64-68 页
53. 黄鸿钊/香洲商埠的创建过程/珠海文史（第二十一辑）/张磊主编；政协珠海市委员会文史资料委员会编//2012/第 69-114 页
54. 李世源/珠海宝镜湾藏宝洞东壁岩画破译/珠海文史（第二十一辑）/张磊主编；政协珠海市委员会文史资料委员会编//2012/第 115-162 页
55. 曾棠/我所知道抗战时的三灶岛上表村及日军慰安所/珠海文史（第二十一辑）/张磊主编；政协珠海市委员会文史资料委员会编//2012/第 163-168 页
56. 梁振兴/对三灶镇上表村侵华日军慰安所调查的补充说明/珠海文史（第二十一辑）/张磊主编；政协珠海市委员会文史资料委员会编//2012/第 169-172 页
57. 黄伟立/珠海人黄咏襄为香港兴中会总会首任会长考证/珠海文史（第二十一辑）/张磊主编；政协珠海市委员会文史资料委员会编//2012/第 173-181 页
58. 唐榕达/对珠海早期情况一些失实表述的校正/珠海文史（第二十一辑）/张磊主编；政协珠海市委员会文史资料委员会编//2012/第 182-196 页
59. 区达权/孙中山为斗门人改名与题词/珠海文史（第二十一辑）/张磊主编；政协珠海市委员会文史资料委员会编//2012/第 197-202 页
60. 唐榕达/珠海地名趣对/珠海文史（第二十一辑）/张磊主编；政协珠海市委员会文史资料委员会编//2012/第 203-213 页
61. 梁少华/“斗门”地名考察记/珠海文史（第二十一辑）/张磊主编；政协珠海市委员会文史资料委员会编//2012/第 214-220 页
62. 赵承华/珠江门户第一峰——黄杨山/珠海文史（第二十一辑）/张磊主编；政协珠海市委员会文史资料委员会编//2012/
63. /厦门抗英保卫战的历史背景/厦门文史丛书《厦门海防百年》/韩栽茂著；洪卜仁主编；中国政治协商会议福建省厦门市委员会编/厦门：厦门大学出版社/2012/第 6-7 页
64. /第一次鸦片战争正式爆发/厦门文史丛书《厦门海防百年》/韩栽茂著；洪卜仁主编；中国政治协商会议福建省厦门市委员会编/厦门：厦门大学出版社/2012/第 8-9 页

65. /中英双方力量对比/厦门文史丛书《厦门海防百年》/韩栽茂著；洪卜仁主编；中国政治协商会议福建省厦门市委员会编/厦门：厦门大学出版社/2012/第 9-13 页
66. /首战挫英夷/厦门文史丛书《厦门海防百年》/韩栽茂著；洪卜仁主编；中国政治协商会议福建省厦门市委员会编/厦门：厦门大学出版社/2012/第 13-21 页
67. /再战逐悍寇/厦门文史丛书《厦门海防百年》/韩栽茂著；洪卜仁主编；中国政治协商会议福建省厦门市委员会编/厦门：厦门大学出版社/2012/第 21-36 页
68. /第三次抗英保卫战与石壁炮台/厦门文史丛书《厦门海防百年》/韩栽茂著；洪卜仁主编；中国政治协商会议福建省厦门市委员会编/厦门：厦门大学出版社/2012/第 36-76 页
69. /厦门保卫战失败的原因/厦门文史丛书《厦门海防百年》/韩栽茂著；洪卜仁主编；中国政治协商会议福建省厦门市委员会编/厦门：厦门大学出版社/2012/第 76-88 页
70. /重筑厦门海防要塞各炮台构建概要和战略位置/厦门文史丛书《厦门海防百年》/韩栽茂著；洪卜仁主编；中国政治协商会议福建省厦门市委员会编/厦门：厦门大学出版社/2012/第 89-94 页
71. /重筑厦门海防的历史背景/厦门文史丛书《厦门海防百年》/韩栽茂著；洪卜仁主编；中国政治协商会议福建省厦门市委员会编/厦门：厦门大学出版社/2012/第 94-94 页
72. /重筑厦门海防要塞各炮台/厦门文史丛书《厦门海防百年》/韩栽茂著；洪卜仁主编；中国政治协商会议福建省厦门市委员会编/厦门：厦门大学出版社/2012/第 95-139 页
73. /“厦门事件”发生的历史背景/厦门文史丛书《厦门海防百年》/韩栽茂著；洪卜仁主编；中国政治协商会议福建省厦门市委员会编/厦门：厦门大学出版社/2012/第 139-141 页
74. /“厦门事件”之前奏/厦门文史丛书《厦门海防百年》/韩栽茂著；洪卜仁主编；中国政治协商会议福建省厦门市委员会编/厦门：厦门大学出版社/2012/第 141-142 页
75. /“厦门事件”的策划/厦门文史丛书《厦门海防百年》/韩栽茂著；洪卜仁主编；中国政治协商会议福建省厦门市委员会编/厦门：厦门大学出版社/2012/第 142-154 页

76. /“厦门事件”的爆发/厦门文史丛书《厦门海防百年》/韩栽茂著；洪卜仁主编；中国政治协商会议福建省厦门市委员会编/厦门：厦门大学出版社/2012/第 154-159 页

77. /“厦门事件”的升级/厦门文史丛书《厦门海防百年》/韩栽茂著；洪卜仁主编；中国政治协商会议福建省厦门市委员会编/厦门：厦门大学出版社/2012/第 159-166 页

78. /东本愿寺起火的真相/厦门文史丛书《厦门海防百年》/韩栽茂著；洪卜仁主编；中国政治协商会议福建省厦门市委员会编/厦门：厦门大学出版社/2012/第 166-168 页

79. /“厦门事件”的影响/厦门文史丛书《厦门海防百年》/韩栽茂著；洪卜仁主编；中国政治协商会议福建省厦门市委员会编/厦门：厦门大学出版社/2012/第 169-169 页

80. /厦门港要塞司令部的建立/厦门文史丛书《厦门海防百年》/韩栽茂著；洪卜仁主编；中国政治协商会议福建省厦门市委员会编/厦门：厦门大学出版社/2012/第 170-174 页

81. /首战伤日舰，力挫敌寇焰/厦门文史丛书《厦门海防百年》/韩栽茂著；洪卜仁主编；中国政治协商会议福建省厦门市委员会编/厦门：厦门大学出版社/2012/第 175-200 页

82. /攻厦受阻，海空骚扰/厦门文史丛书《厦门海防百年》/韩栽茂著；洪卜仁主编；中国政治协商会议福建省厦门市委员会编/厦门：厦门大学出版社/2012/第 200-201 页

83. /第二次厦门抗日保卫战及沦陷/厦门文史丛书《厦门海防百年》/韩栽茂著；洪卜仁主编；中国政治协商会议福建省厦门市委员会编/厦门：厦门大学出版社/2012/第 201-221 页

84. /抗战胜利，接收海防/厦门文史丛书《厦门海防百年》/韩栽茂著；洪卜仁主编；中国政治协商会议福建省厦门市委员会编/厦门：厦门大学出版社/2012/第 222-223 页

85. /结束语/厦门文史丛书《厦门海防百年》/韩栽茂著；洪卜仁主编；中国政治协商会议福建省厦门市委员会编/厦门：厦门大学出版社/2012/第 223-224 页

86. /附录：厦门海防要塞大事记/厦门文史丛书《厦门海防百年》/韩栽茂著；洪卜仁主编；中国政治协商会议福建省厦门市委员会编/厦门：厦门大学出版社/2012/第 224-231 页

87. /参考文献/厦门文史丛书《厦门海防百年》/韩栽茂著；洪卜仁主编；中国政治协商会议福建省厦门市委员会编/厦门：厦门大学出版社/2012/第 232-234 页

88. /硬币/厦门文史丛书《厦门货币图录》/陈亚元，陈国林著；洪卜仁主编；中国政治协商会议福建省厦门市委员会编/厦门：厦门大学出版社/2012/第 1-3 页

89. /纸币/厦门文史丛书《厦门货币图录》/陈亚元，陈国林著；洪卜仁主编；中国政治协商会议福建省厦门市委员会编/厦门：厦门大学出版社/2012/第 3-8 页

90. /大清宝钞/厦门文史丛书《厦门货币图录》/陈亚元，陈国林著；洪卜仁主编；中国政治协商会议福建省厦门市委员会编/厦门：厦门大学出版社/2012/第 8-9 页

91. /清咸丰永丰官局票/厦门文史丛书《厦门货币图录》/陈亚元，陈国林著；洪卜仁主编；中国政治协商会议福建省厦门市委员会编/厦门：厦门大学出版社/2012/第 9 页

92. /华商厦门中华汇理银行银元票/厦门文史丛书《厦门货币图录》/陈亚元，陈国林著；洪卜仁主编；中国政治协商会议福建省厦门市委员会编/厦门：厦门大学出版社/2012/第 10 页

93. /中国通商银行厦门地名纸币/厦门文史丛书《厦门货币图录》/陈亚元，陈国林著；洪卜仁主编；中国政治协商会议福建省厦门市委员会编/厦门：厦门大学出版社/2012/第 11-14 页

94. /福建官银票/厦门文史丛书《厦门货币图录》/陈亚元，陈国林著；洪卜仁主编；中国政治协商会议福建省厦门市委员会编/厦门：厦门大学出版社/2012/第 15 页

95. /大清户部银行钞票/厦门文史丛书《厦门货币图录》/陈亚元，陈国林著；洪卜仁主编；中国政治协商会议福建省厦门市委员会编/厦门：厦门大学出版社/2012/第 16-17 页

96. /交通银行厦门地名纸币/厦门文史丛书《厦门货币图录》/陈亚元，陈国林著；洪卜仁主编；中国政治协商会议福建省厦门市委员会编/厦门：厦门大学出版社/2012/第 18-23 页

97. /福建银行福建及厦门地名纸币/厦门文史丛书《厦门货币图录》/陈亚元，陈国林著；洪卜仁主编；中国政治协商会议福建省厦门市委员会编/厦门：厦门大学出版社/2012/第 24-32 页

98. /福建银行福州台伏票/厦门文史丛书《厦门货币图录》/陈亚元，陈国林著；洪卜仁主编；中国政治协商会议福建省厦门市委员会编/厦门：厦门大学出版社/2012/第33页
99. /中国银行厦门地名纸币/厦门文史丛书《厦门货币图录》/陈亚元，陈国林著；洪卜仁主编；中国政治协商会议福建省厦门市委员会编/厦门：厦门大学出版社/2012/第34-43页
100. /新华信托储蓄银行厦门分行/厦门文史丛书《厦门货币图录》/陈亚元，陈国林著；洪卜仁主编；中国政治协商会议福建省厦门市委员会编/厦门：厦门大学出版社/2012/第44-45页
101. /中国实业银行福建及厦门地名纸币/厦门文史丛书《厦门货币图录》/陈亚元，陈国林著；洪卜仁主编；中国政治协商会议福建省厦门市委员会编/厦门：厦门大学出版社/2012/第46-50页
102. /中南银行厦门地名纸币/厦门文史丛书《厦门货币图录》/陈亚元，陈国林著；洪卜仁主编；中国政治协商会议福建省厦门市委员会编/厦门：厦门大学出版社/2012/第51-58页
103. /美丰银行厦门分行/厦门文史丛书《厦门货币图录》/陈亚元，陈国林著；洪卜仁主编；中国政治协商会议福建省厦门市委员会编/厦门：厦门大学出版社/2012/第59-61页
104. /中央银行厦门分行/厦门文史丛书《厦门货币图录》/陈亚元，陈国林著；洪卜仁主编；中国政治协商会议福建省厦门市委员会编/厦门：厦门大学出版社/2012/第62-65页
105. /中国农民银行支行/厦门文史丛书《厦门货币图录》/陈亚元，陈国林著；洪卜仁主编；中国政治协商会议福建省厦门市委员会编/厦门：厦门大学出版社/2012/第66-67页
106. /福建省银行福建、厦门地名纸币/厦门文史丛书《厦门货币图录》/陈亚元，陈国林著；洪卜仁主编；中国政治协商会议福建省厦门市委员会编/厦门：厦门大学出版社/2012/第68-69页
107. /钱庄发行的钞票代用券/厦门文史丛书《厦门货币图录》/陈亚元，陈国林著；洪卜仁主编；中国政治协商会议福建省厦门市委员会编/厦门：厦门大学出版社/2012/第70-72页
108. /厦门永瑞信局票/厦门文史丛书《厦门货币图录》/陈亚元，陈国林著；洪卜仁主编；中国政治协商会议福建省厦门市委员会编/厦门：厦门大学出版社/2012/第73页

109. /厦门同人发洋行代用券/厦门文史丛书《厦门货币图录》/陈亚元，陈国林著；洪卜仁主编；中国政治协商会议福建省厦门市委员会编/厦门：厦门大学出版社/2012/第74页
110. /日伪时期的厦门劝业银行辅币券/厦门文史丛书《厦门货币图录》/陈亚元，陈国林著；洪卜仁主编；中国政治协商会议福建省厦门市委员会编/厦门：厦门大学出版社/2012/第75-82页
111. /葡萄牙钱币/厦门文史丛书《厦门货币图录》/陈亚元，陈国林著；洪卜仁主编；中国政治协商会议福建省厦门市委员会编/厦门：厦门大学出版社/2012/第84-85页
112. /葡萄牙于巴西制造的银币/厦门文史丛书《厦门货币图录》/陈亚元，陈国林著；洪卜仁主编；中国政治协商会议福建省厦门市委员会编/厦门：厦门大学出版社/2012/第85-86页
113. /西班牙本洋银币/厦门文史丛书《厦门货币图录》/陈亚元，陈国林著；洪卜仁主编；中国政治协商会议福建省厦门市委员会编/厦门：厦门大学出版社/2012/第87-96页
114. /西属墨西哥本洋银币/厦门文史丛书《厦门货币图录》/陈亚元，陈国林著；洪卜仁主编；中国政治协商会议福建省厦门市委员会编/厦门：厦门大学出版社/2012/第97-105页
115. /西属秘鲁本洋银币/厦门文史丛书《厦门货币图录》/陈亚元，陈国林著；洪卜仁主编；中国政治协商会议福建省厦门市委员会编/厦门：厦门大学出版社/2012/第105-108页
116. /西属玻利维亚本洋银币/厦门文史丛书《厦门货币图录》/陈亚元，陈国林著；洪卜仁主编；中国政治协商会议福建省厦门市委员会编/厦门：厦门大学出版社/2012/第108-110页
117. /西属哥伦比亚本洋银币/厦门文史丛书《厦门货币图录》/陈亚元，陈国林著；洪卜仁主编；中国政治协商会议福建省厦门市委员会编/厦门：厦门大学出版社/2012/第110-111页
118. /西属危地马拉本洋银币/厦门文史丛书《厦门货币图录》/陈亚元，陈国林著；洪卜仁主编；中国政治协商会议福建省厦门市委员会编/厦门：厦门大学出版社/2012/第111-113页
119. /西属智利本洋银币/厦门文史丛书《厦门货币图录》/陈亚元，陈国林著；洪卜仁主编；中国政治协商会议福建省厦门市委员会编/厦门：厦门大学出版社/2012/第113-114页

120. /古巴加盖戳印的本洋银币/厦门文史丛书《厦门货币图录》/陈亚元，陈国林著；洪卜仁主编；中国政治协商会议福建省厦门市委员会编/厦门：厦门大学出版社/2012/第 114-115 页
121. /特异版别的本洋银币/厦门文史丛书《厦门货币图录》/陈亚元，陈国林著；洪卜仁主编；中国政治协商会议福建省厦门市委员会编/厦门：厦门大学出版社/2012/第 115-115 页
122. /荷兰钱币/厦门文史丛书《厦门货币图录》/陈亚元，陈国林著；洪卜仁主编；中国政治协商会议福建省厦门市委员会编/厦门：厦门大学出版社/2012/第 115-123 页
123. /尼德兰王国时期的钱币/厦门文史丛书《厦门货币图录》/陈亚元，陈国林著；洪卜仁主编；中国政治协商会议福建省厦门市委员会编/厦门：厦门大学出版社/2012/第 123-124 页
124. /荷兰王国时期的钱币/厦门文史丛书《厦门货币图录》/陈亚元，陈国林著；洪卜仁主编；中国政治协商会议福建省厦门市委员会编/厦门：厦门大学出版社/2012/第 124-128 页
125. /法国钱币/厦门文史丛书《厦门货币图录》/陈亚元，陈国林著；洪卜仁主编；中国政治协商会议福建省厦门市委员会编/厦门：厦门大学出版社/2012/第 128-135 页
126. /德国钱币/厦门文史丛书《厦门货币图录》/陈亚元，陈国林著；洪卜仁主编；中国政治协商会议福建省厦门市委员会编/厦门：厦门大学出版社/2012/第 135-141 页
127. /英国钱币/厦门文史丛书《厦门货币图录》/陈亚元，陈国林著；洪卜仁主编；中国政治协商会议福建省厦门市委员会编/厦门：厦门大学出版社/2012/第 141-151 页
128. /美国钱币/厦门文史丛书《厦门货币图录》/陈亚元，陈国林著；洪卜仁主编；中国政治协商会议福建省厦门市委员会编/厦门：厦门大学出版社/2012/第 151-159 页
129. /奥地利钱币/厦门文史丛书《厦门货币图录》/陈亚元，陈国林著；洪卜仁主编；中国政治协商会议福建省厦门市委员会编/厦门：厦门大学出版社/2012/第 159-161 页
130. /意大利钱币/厦门文史丛书《厦门货币图录》/陈亚元，陈国林著；洪卜仁主编；中国政治协商会议福建省厦门市委员会编/厦门：厦门大学出版社/2012/第 161-163 页

131. /比利时钱币/厦门文史丛书《厦门货币图录》/陈亚元，陈国林著；洪卜仁主编；中国政治协商会议福建省厦门市委员会编/厦门：厦门大学出版社/2012/第 163-165 页
132. /日本银币/厦门文史丛书《厦门货币图录》/陈亚元，陈国林著；洪卜仁主编；中国政治协商会议福建省厦门市委员会编/厦门：厦门大学出版社/2012/第 166-170 页
133. /柬埔寨钱币/厦门文史丛书《厦门货币图录》/陈亚元，陈国林著；洪卜仁主编；中国政治协商会议福建省厦门市委员会编/厦门：厦门大学出版社/2012/第 170-171 页
134. /缅甸银币/厦门文史丛书《厦门货币图录》/陈亚元，陈国林著；洪卜仁主编；中国政治协商会议福建省厦门市委员会编/厦门：厦门大学出版社/2012/第 172 页
135. /泰国钱币/厦门文史丛书《厦门货币图录》/陈亚元，陈国林著；洪卜仁主编；中国政治协商会议福建省厦门市委员会编/厦门：厦门大学出版社/2012/第 172-174 页
136. /菲律宾钱币/厦门文史丛书《厦门货币图录》/陈亚元，陈国林著；洪卜仁主编；中国政治协商会议福建省厦门市委员会编/厦门：厦门大学出版社/2012/第 174-177 页
137. /后记/厦门文史丛书《厦门货币图录》/陈亚元，陈国林著；洪卜仁主编；中国政治协商会议福建省厦门市委员会编/厦门：厦门大学出版社/2012/第 178 页
138. //南开大学 EMBA 海南农垦集团班学位论文集/南开大学 EMBA 中心编/太原：山西经济出版社/2012/
139. /鸦片战争后深圳地区军民的抗英斗争/《中国共产党深圳历史》第一卷修订本/深圳市史志办公室/北京：中共党史出版社/2012/第 2-7 页
140. /三洲田起义和清朝在深圳地区统治的覆灭/《中国共产党深圳历史》第一卷修订本/深圳市史志办公室/北京：中共党史出版社/2012/第 8-12 页
141. /五四运动前后深圳地区的社会状况/《中国共产党深圳历史》第一卷修订本/深圳市史志办公室/北京：中共党史出版社/2012/第 13-17 页
142. /深圳地区党组织的建立和支援东征军/《中国共产党深圳历史》第一卷修订本/深圳市史志办公室/北京：中共党史出版社/2012/第 18-23 页

143. /中共宝安县支部的成立和农民运动的开展/《中国共产党深圳历史》第一卷修订本/深圳市史志办公室/北京：中共党史出版社/2012/第 24-30 页
144. /支援省港大罢工与深圳地区国民革命联合战线的形成/《中国共产党深圳历史》第一卷修订本/深圳市史志办公室/北京：中共党史出版社/2012/第 31-38 页
145. /大革命的失败和中共保安县委的成立/《中国共产党深圳历史》第一卷修订本/深圳市史志办公室/北京：中共党史出版社/2012/第 39-41 页
146. /配合广州起义的宝安武装暴动/《中国共产党深圳历史》第一卷修订本/深圳市史志办公室/北京：中共党史出版社/2012/第 42-44 页
147. /中共宝安县代表大会的召开/《中国共产党深圳历史》第一卷修订本/深圳市史志办公室/北京：中共党史出版社/2012/第 45-47 页
148. /"宝安暴动计划"的制订与实施/《中国共产党深圳历史》第一卷修订本/深圳市史志办公室/北京：中共党史出版社/2012/第 48-53 页
149. /红色交通线的活动/《中国共产党深圳历史》第一卷修订本/深圳市史志办公室/北京：中共党史出版社/2012/第 54-57 页
150. /抗日救亡运动的兴起/《中国共产党深圳历史》第一卷修订本/深圳市史志办公室/北京：中共党史出版社/2012/第 58-63 页
151. /党组织的恢复和抗日救亡运动的高涨/《中国共产党深圳历史》第一卷修订本/深圳市史志办公室/北京：中共党史出版社/2012/第 64-70 页
152. /日军对深圳地区的侵略和暴行/《中国共产党深圳历史》第一卷修订本/深圳市史志办公室/北京：中共党史出版社/2012/第 71-81 页
153. /叶挺东路总指挥部的抗日活动/《中国共产党深圳历史》第一卷修订本/深圳市史志办公室/北京：中共党史出版社/2012/第 82-85 页
154. /党领导的抗日武装的建立和坪山抗日根据地的初创/《中国共产党深圳历史》第一卷修订本/深圳市史志办公室/北京：中共党史出版社/2012/第 86-97 页
155. /华侨港澳同胞对深圳地区抗战的支援/《中国共产党深圳历史》第一卷修订本/深圳市史志办公室/北京：中共党史出版社/2012/第 98-103 页
156. /坪山事变和人民武装东移/《中国共产党深圳历史》第一卷修订本/深

圳市史志办公室/北京：中共党史出版社/2012/第 104-108 页
157. /上下坪会议和广东人民抗日游击队的成立/《中国共产党深圳历史》第一卷修订本/深圳市史志办公室/北京：中共党史出版社/2012/第 109-110 页
158. /阳台山抗日根据地的建立/《中国共产党深圳历史》第一卷修订本/深圳市史志办公室/北京：中共党史出版社/2012/第 111-113 页
159. /敌后抗战军民的艰苦抗战/《中国共产党深圳历史》第一卷修订本/深圳市史志办公室/北京：中共党史出版社/2012/第 114-117 页
160. /白石龙会议和广东人民抗战游击总队的成立/《中国共产党深圳历史》第一卷修订本/深圳市史志办公室/北京：中共党史出版社/2012/第 118-120 页
161. /香港沦陷和游击队挺进港九敌后/《中国共产党深圳历史》第一卷修订本/深圳市史志办公室/北京：中共党史出版社/2012/第 121-125 页
162. /秘密营救滞港文化名人/《中国共产党深圳历史》第一卷修订本/深圳市史志办公室/北京：中共党史出版社/2012/第 126-131 页
163. /惠宝抗日根据地的开辟/《中国共产党深圳历史》第一卷修订本/深圳市史志办公室/北京：中共党史出版社/2012/第 132-135 页
164. /粉碎国民党顽军对抗日根据地的围剿/《中国共产党深圳历史》第一卷修订本/深圳市史志办公室/北京：中共党史出版社/2012/第 136-142 页
165. /乌蛟腾会议和抗日反顽斗争方针的确定/《中国共产党深圳历史》第一卷修订本/深圳市史志办公室/北京：中共党史出版社/2012/第 143-145 页
166. /反顽自卫斗争的开展和党组织的进一步巩固/《中国共产党深圳历史》第一卷修订本/深圳市史志办公室/北京：中共党史出版社/2012/第 146-148 页
167. /反“扫荡”的胜利和抗日根据地的扩大/《中国共产党深圳历史》第一卷修订本/深圳市史志办公室/北京：中共党史出版社/2012/第 149-153 页
168. /东江纵队的成立/《中国共产党深圳历史》第一卷修订本/深圳市史志办公室/北京：中共党史出版社/2012/第 154-158 页
169. /东江纵队的部队建设和军事斗争/《中国共产党深圳历史》第一卷修订本/深圳市史志办公室/北京：中共党史出版社/2012/第 159-167 页

170. /东宝行政督导处和路东行政委员会的成立/《中国共产党深圳历史》第一卷修订本/深圳市史志办公室/北京：中共党史出版社/2012/第168-173页
171. /抗日根据地的群众工作与统战工作/《中国共产党深圳历史》第一卷修订本/深圳市史志办公室/北京：中共党史出版社/2012/第174-177页
172. /经济建设与减租减息运动的开展/《中国共产党深圳历史》第一卷修订本/深圳市史志办公室/北京：中共党史出版社/2012/第178-184页
173. /文化建设与东宝中学的创办/《中国共产党深圳历史》第一卷修订本/深圳市史志办公室/北京：中共党史出版社/2012/第185-190页
174. /土洋会议和抗日武装斗争的转变/《中国共产党深圳历史》第一卷修订本/深圳市史志办公室/北京：中共党史出版社/2012/第191-193页
175. /惠东宝抗日根据地的巩固和发展/《中国共产党深圳历史》第一卷修订本/深圳市史志办公室/北京：中共党史出版社/2012/第194-198页
176. /交通情报网的活动和盟军的情报合作/《中国共产党深圳历史》第一卷修订本/深圳市史志办公室/北京：中共党史出版社/2012/第199-206页
177. /东江纵队在深圳地区的反攻/《中国共产党深圳历史》第一卷修订本/深圳市史志办公室/北京：中共党史出版社/2012/第207-209页
178. /抗日军民收复深圳地区/《中国共产党深圳历史》第一卷修订本/深圳市史志办公室/北京：中共党史出版社/2012/第210-219页
179. /抗战胜利后深圳地区的局势和党的工作/《中国共产党深圳历史》第一卷修订本/深圳市史志办公室/北京：中共党史出版社/2012/第220-224页
180. /东江纵队北撤/《中国共产党深圳历史》第一卷修订本/深圳市史志办公室/北京：中共党史出版社/2012/第225-231页
181. /国民党军队的“清乡”和惠东宝人民护乡团的建立/《中国共产党深圳历史》第一卷修订本/深圳市史志办公室/北京：中共党史出版社/2012/第232-238页
182. /人民武装的自卫斗争/《中国共产党深圳历史》第一卷修订本/深圳市史志办公室/北京：中共党史出版社/2012/第239-243页
183. /江南支队的成立与壮大/《中国共产党深圳历史》第一卷修订本/深圳市史志办公室/北京：中共党史出版社/2012/第244-247页

184. /深圳地区军民粉碎国民党军队的“清剿”/《中国共产党深圳历史》第一卷修订本/深圳市史志办公室/北京：中共党史出版社/2012/第248-258 页
185. /党组织的整顿与发展/《中国共产党深圳历史》第一卷修订本/深圳市史志办公室/北京：中共党史出版社/2012/第 259-261 页
186. /深圳地区解放区的建设/《中国共产党深圳历史》第一卷修订本/深圳市史志办公室/北京：中共党史出版社/2012/第 262-267 页
187. /国统区学生运动的开展/《中国共产党深圳历史》第一卷修订本/深圳市史志办公室/北京：中共党史出版社/2012/第 268-272 页
188. /粤赣湘边纵队的成立和战略反攻/《中国共产党深圳历史》第一卷修订本/深圳市史志办公室/北京：中共党史出版社/2012/第 273-276 页
189. /宝安县委县政府的成立和迎军支前工作的开展/《中国共产党深圳历史》第一卷修订本/深圳市史志办公室/北京：中共党史出版社/2012/第 277-284 页
190. /宝安县城的解放与九龙关起义/《中国共产党深圳历史》第一卷修订本/深圳市史志办公室/北京：中共党史出版社/2012/第 285-291 页
191. /沿海岛屿战斗与深圳地区全境解放/《中国共产党深圳历史》第一卷修订本/深圳市史志办公室/北京：中共党史出版社/2012/第 292-295 页
192. /宝安解放/《中国共产党深圳历史》第二卷修订本/深圳市史志办公室/北京：中共党史出版社/2012/第 2-7 页
193. /各级人民政权的建立/《中国共产党深圳历史》第二卷修订本/深圳市史志办公室/北京：中共党史出版社/2012/第 8-13 页
194. /剿匪工作的开展/《中国共产党深圳历史》第二卷修订本/深圳市史志办公室/北京：中共党史出版社/2012/第 14-18 页
195. /农村土地制度的变革/《中国共产党深圳历史》第二卷修订本/深圳市史志办公室/北京：中共党史出版社/2012/第 19-28 页
196. /农业经济的恢复/《中国共产党深圳历史》第二卷修订本/深圳市史志办公室/北京：中共党史出版社/2012/第 29-30 页
197. /工商业的恢复/《中国共产党深圳历史》第二卷修订本/深圳市史志办公室/北京：中共党史出版社/2012/第 31-33 页
198. /深港边境管理/《中国共产党深圳历史》第二卷修订本/深圳市史志办公室/北京：中共党史出版社/2012/第 34-39 页

199. /抗美援朝爱国运动/《中国共产党深圳历史》第二卷修订本/深圳市史志办公室/北京：中共党史出版社/2012/第 40-42 页
200. /镇压反革命与取缔反动会道门组织/《中国共产党深圳历史》第二卷修订本/深圳市史志办公室/北京：中共党史出版社/2012/第 43-45 页
201. /深圳镇“三反、五反”运动/《中国共产党深圳历史》第二卷修订本/深圳市史志办公室/北京：中共党史出版社/2012/第 46-53 页
202. /贯彻过渡时期总路线与实行粮食统购统销/《中国共产党深圳历史》第二卷修订本/深圳市史志办公室/北京：中共党史出版社/2012/第 54-56 页
203. /农业的社会主义改造/《中国共产党深圳历史》第二卷修订本/深圳市史志办公室/北京：中共党史出版社/2012/第 57-61 页
204. /手工业的社会主义改造/《中国共产党深圳历史》第二卷修订本/深圳市史志办公室/北京：中共党史出版社/2012/第 62-64 页
205. /渔、蚝业的社会主义改造/《中国共产党深圳历史》第二卷修订本/深圳市史志办公室/北京：中共党史出版社/2012/第 65-66 页
206. /私营工商业的社会主义改造/《中国共产党深圳历史》第二卷修订本/深圳市史志办公室/北京：中共党史出版社/2012/第 67-71 页
207. /中共宝安县第一次代表大会的召开/《中国共产党深圳历史》第二卷修订本/深圳市史志办公室/北京：中共党史出版社/2012/第 72-75 页
208. /边防管理区的建立与出入境管理/《中国共产党深圳历史》第二卷修订本/深圳市史志办公室/北京：中共党史出版社/2012/第 76-79 页
209. /文化教育与卫生事业的初步发展/《中国共产党深圳历史》第二卷修订本/深圳市史志办公室/北京：中共党史出版社/2012/第 80-83 页
210. /中共宝安县一届两次会议与十年国民经济发展战略的部署/《中国共产党深圳历史》第二卷修订本/深圳市史志办公室/北京：中共党史出版社/2012/第 84-88 页
211. /《关于正确处理人民内部矛盾的问题》的学习贯彻/《中国共产党深圳历史》第二卷修订本/深圳市史志办公室/北京：中共党史出版社/2012/第 89-94 页
212. /社会主义建设总路线的宣传贯彻/《中国共产党深圳历史》第二卷修订本/深圳市史志办公室/北京：中共党史出版社/2012/第 95-98 页
213. /农村整风、整社运动的开展/《中国共产党深圳历史》第二卷修订本/深圳市史志办公室/北京：中共党史出版社/2012/第 99-104 页

214. /从整风到反右倾斗争的转变/《中国共产党深圳历史》第二卷修订本/深圳市史志办公室/北京：中共党史出版社/2012/第 105-109 页
215. /“大跃进”运动/《中国共产党深圳历史》第二卷修订本/深圳市史志办公室/北京：中共党史出版社/2012/第 110-114 页
216. /人民公社的建立/《中国共产党深圳历史》第二卷修订本/深圳市史志办公室/北京：中共党史出版社/2012/第 115-119 页
217. /大练钢铁运动/《中国共产党深圳历史》第二卷修订本/深圳市史志办公室/北京：中共党史出版社/2012/第 120-123 页
218. /“左”倾错误的严重危害及其初步纠正/《中国共产党深圳历史》第二卷修订本/深圳市史志办公室/北京：中共党史出版社/2012/第 124-126 页
219. /中共宝安县第二次代表大会的召开/《中国共产党深圳历史》第二卷修订本/深圳市史志办公室/北京：中共党史出版社/2012/第 127-133 页
220. /深圳水库等十大水利工程的建设/《中国共产党深圳历史》第二卷修订本/深圳市史志办公室/北京：中共党史出版社/2012/第 134-139 页
221. /抗击特大自然灾害的斗争/《中国共产党深圳历史》第二卷修订本/深圳市史志办公室/北京：中共党史出版社/2012/第 140-143 页
222. /东深供水工程的开建/《中国共产党深圳历史》第二卷修订本/深圳市史志办公室/北京：中共党史出版社/2012/第 144-150 页
223. /边防管理政策的调整/《中国共产党深圳历史》第二卷修订本/深圳市史志办公室/北京：中共党史出版社/2012/第 151-155 页
224. /反外逃斗争/《中国共产党深圳历史》第二卷修订本/深圳市史志办公室/北京：中共党史出版社/2012/第 156-161 页
225. /“三个五”与小额贸易政策的实施/《中国共产党深圳历史》第二卷修订本/深圳市史志办公室/北京：中共党史出版社/2012/第 162-166 页
226. /深圳游览区的建设/《中国共产党深圳历史》第二卷修订本/深圳市史志办公室/北京：中共党史出版社/2012/第 167-169 页
227. /对外文化窗口的形成/《中国共产党深圳历史》第二卷修订本/深圳市史志办公室/北京：中共党史出版社/2012/第 170-174 页
228. /农业方面的调整/《中国共产党深圳历史》第二卷修订本/深圳市史志办公室/北京：中共党史出版社/2012/第 175-177 页

229. /工商文教卫等的调整/《中国共产党深圳历史》第二卷修订本/深圳市史志办公室/北京：中共党史出版社/2012/第 178-181 页
230. /宝安小“四清”运动/《中国共产党深圳历史》第二卷修订本/深圳市史志办公室/北京：中共党史出版社/2012/第 182-186 页
231. /宝安大“四清”运动/《中国共产党深圳历史》第二卷修订本/深圳市史志办公室/北京：中共党史出版社/2012/第 187-191 页
232. /以港澳侨胞为主的统一战线工作/《中国共产党深圳历史》第二卷修订本/深圳市史志办公室/北京：中共党史出版社/2012/第 192-193 页
233. /工商业联合会和人民政协的建立/《中国共产党深圳历史》第二卷修订本/深圳市史志办公室/北京：中共党史出版社/2012/第 194-197 页
234. /“文化大革命”的发动/《中国共产党深圳历史》第二卷修订本/深圳市史志办公室/北京：中共党史出版社/2012/第 198-200 页
235. /造反夺权/《中国共产党深圳历史》第二卷修订本/深圳市史志办公室/北京：中共党史出版社/2012/第 201-203 页
236. /“反英抗暴”斗争/《中国共产党深圳历史》第二卷修订本/深圳市史志办公室/北京：中共党史出版社/2012/第 204-206 页
237. /清理阶级队伍/《中国共产党深圳历史》第二卷修订本/深圳市史志办公室/北京：中共党史出版社/2012/第 207-213 页
238. /整党建党/《中国共产党深圳历史》第二卷修订本/深圳市史志办公室/北京：中共党史出版社/2012/第 214-219 页
239. /知识青年上山下乡/《中国共产党深圳历史》第二卷修订本/深圳市史志办公室/北京：中共党史出版社/2012/第 220-222 页
240. /“两退一插”/《中国共产党深圳历史》第二卷修订本/深圳市史志办公室/北京：中共党史出版社/2012/第 223 页
241. /“一打三反”/《中国共产党深圳历史》第二卷修订本/深圳市史志办公室/北京：中共党史出版社/2012/第 224-225 页
242. /“政治边防”/《中国共产党深圳历史》第二卷修订本/深圳市史志办公室/北京：中共党史出版社/2012/第 226-229 页
243. /“教育革命”/《中国共产党深圳历史》第二卷修订本/深圳市史志办公室/北京：中共党史出版社/2012/第 230-233 页
244. /深圳口岸和边防建设/《中国共产党深圳历史》第二卷修订本/深圳市史志办公室/北京：中共党史出版社/2012/第 234-241 页
245. /反偷渡外逃的新政策/《中国共产党深圳历史》第二卷修订本/深圳市

史志办公室/北京：中共党史出版社/2012/第 242-244 页

246. /从“批陈整风”、“批林整风”到“批林批孔”/《中国共产党深圳历史》第二卷修订本/深圳市史志办公室/北京：中共党史出版社/2012/第 245-249 页

247. /农业学大寨、工业学大庆/《中国共产党深圳历史》第二卷修订本/深圳市史志办公室/北京：中共党史出版社/2012/第 250-259 页

248. /“批邓、反右倾翻案风”/《中国共产党深圳历史》第二卷修订本/深圳市史志办公室/北京：中共党史出版社/2012/第 260-265 页

249. /揭批“四人帮”/《中国共产党深圳历史》第二卷修订本/深圳市史志办公室/北京：中共党史出版社/2012/第 266-267 页

250. /工业学大庆、农业学大寨的继续开展/《中国共产党深圳历史》第二卷修订本/深圳市史志办公室/北京：中共党史出版社/2012/第 268-272 页

251. /拨乱反正/《中国共产党深圳历史》第二卷修订本/深圳市史志办公室/北京：中共党史出版社/2012/第 273-276 页

252. /反偷渡外逃难题的解决/《中国共产党深圳历史》第二卷修订本/深圳市史志办公室/北京：中共党史出版社/2012/第 277-280 页

253. /“三个建成”的提出/《中国共产党深圳历史》第二卷修订本/深圳市史志办公室/北京：中共党史出版社/2012/第 281-284 页

254. /宝安撤县建市/《中国共产党深圳历史》第二卷修订本/深圳市史志办公室/北京：中共党史出版社/2012/第 285-286 页

255. /蛇口工业区的筹建/《中国共产党深圳历史》第二卷修订本/深圳市史志办公室/北京：中共党史出版社/2012/第 287-289 页

2013年

一、著作

1. 《中国铁路地理》编辑部著/喀什/北京：中国铁道出版社/2013年7月
2. 报告课题组编深圳市财税经济十年发展报告2001—2010/北京：中国财政经济出版社/2013年8月
3. 边经卫著/城市形态演变与发展厦门城市空间规划研究/北京：中国建筑工业出版社/2013年2月
4. 蔡立主编/性别平等立法的深圳实践《深圳经济特区性别平等促进条例》百家谈/北京：社会科学文献出版社/2013年3月
5. 陈海鹰，曾小红，黄崇利著/海南生态旅游可持续发展路径研究/北京：新华出版社/2013年8月
6. 陈维烟，吴小坚，彭建伟主编/汕头市志/广州：广东人民出版社/2013年
7. 陈文著/海南经济发展问题新探/海口：南海出版公司/2013年12月
8. 陈湘波主编/视觉证明深圳三十年/南宁：广西美术出版社/2013年12月
9. 陈扬乐，陈曼真编著/海南省潜在滨海旅游区研究/北京：海洋出版社/2013年9月
10. 陈寅主编/创意影响力中国深圳设计之都报告2013/深圳：深圳报业集团出版社/2013年12月
11. 单辉，吴丽琼主编；中共厦门市委党史研究室编/厦门经济特区建设1980—1991/北京：中共党史出版社/2013年
12. 单辉，吴丽琼主编；中共厦门市委党史研究室编/厦门经济特区建设1992—2001/北京：中共党史出版社/2013年
13. 董宪曾，刘保锋主编/海南国际旅游岛旅游公路建设研究/北京：人民交通出版社/2013年2月
14. 段亚兵主编/转战南北扎根深圳/海口：海南出版社/2013年
15. 符桂花主编/海南黎族传统工艺/海口：海南出版社/2013年3月
16. 龚后雨，卜凡中主编/住房保障模本海南省儋州市保障性住房建设启示录/北京：新华出版社/2013年7月

17. 龚箭主编/海南国际旅游岛刍论/武汉：湖北人民出版社/2013 年 4 月
18. 郭小东著/失落的文明史图博《海南岛民族志》研究/武汉：武汉大学出版社/2013 年 4 月
19. 海南省地方志办公室编/海南省志农垦志 1991—2010/北京：方志出版社/2013 年 11 月
20. 海南省地方志办公室著/海南省志/海口：南海出版公司/2013 年 12 月
21. 海南省非物质文化遗产保护中心编/海南省非物质文化遗产概览/海口：南方出版社/2013 年 6 月
22. 何以端著/海南老街/北京：求真出版社/2013 年 4 月
23. 黄立敏著/社会资本视阈下的“村改居”社区治理研究以深圳市宝安区为例/武汉：武汉大学出版社/2013 年 3 月
24. 黄日照（文史），陈洪辉，龙广艳主编；珠海市地方志编委会编/珠海市志/广州：广东人民出版社/2013 年
25. 纪俊超，李秀英编著/海南/北京：中国旅游出版社/2013 年 1 月
26. 蒋晓惠，等著/加快转变经济发展方式促进厦门现代服务业发展/厦门：厦门大学出版社/2013 年 4 月
27. 李启宇，詹朝霞著/鼓浪屿史话/厦门：厦门大学出版社/2013 年
28. 李启宇著/厦门史考据/厦门：厦门大学出版社/2013 年 6 月
29. 李群，闫飞主编/新疆喀什噶尔古城历史文化研究风貌篇/北京：中国建筑工业出版社/2013 年 1 月
30. 李群，闫飞主编/新疆喀什噶尔古城历史文化研究资料篇/北京：中国建筑工业出版社/2013 年 9 月
31. 李文欢编/海南省风暴潮灾害预报及防范系统研究/北京：海洋出版社/2013 年 7 月
32. 李向群编著/厦门教育史话/厦门：厦门大学出版社/2013 年 10 月
33. 林起主编/2013 年厦门文化改革发展蓝皮书/厦门：厦门大学出版社/2013 年 11 月
34. 刘福祥，杨穆主编/珠海经济社会发展研究报告 2012—2013/北京：社会科学文献出版社/2013 年 4 月
35. 罗海平著/我国市场经济形成与演进中的特区模式研究/上海：上海三联书店/2013 年
36. 罗彦著/深圳市城市化特征与动力机制研究/北京：中国建筑工业出版社/2013 年 4 月

37. 马树华著/深圳辉煌历程/深圳：深圳报业集团出版社/2013 年
38. 苗树彬，夏锋主编/走向国际化建言海南国际旅游岛/北京：中国经济出版社/2013 年 4 月
39. 欧阳欢，邬华松著/海南低碳农业旅游示范园建设与实践/北京：中国农业科学技术出版社/2013 年 10 月
40. 彭立勋主编/文化创造活力与城市文化实力深圳文化蓝皮书 2013/北京：中国社会科学出版社/2013 年 4 月
41. 秦洪军著/金融综合经营研究基于天津滨海新区的实证分析/北京：中国财富出版社/2013 年 2 月
42. 厦门市发展研究中心/2012—2013 年厦门发展报告/厦门：厦门大学出版社/2013 年 5 月
43. 厦门市集美区志地方志编纂委员会编/中华人民共和国地方志福建志厦门市集美区志/北京：中华书局/2013 年 8 月
44. 汕头市地方志编纂委员会编/汕头市志 1979—2000 下/广州：广东人民出版社/2013 年 12 月
45. 深圳市保健协会，深圳市健康产业发展促进会编/深圳健康产业发展报告 2012（健康、休闲需求带来的健康产业新商机）/北京：中国经济出版社/2013 年 8 月
46. 深圳市规划和国土资源委员会（市海洋局）主编/深圳市城市规划标准与准则//2013 年
47. 深圳市规划和国土资源委员会编/深圳房地产发展报告 2012—2013/北京：中国大地出版社/2013 年 8 月
48. 深圳市罗湖区地方志编委会编/深圳市罗湖区志/北京：方志出版社/2013 年
49. 深圳市文化创意产业协会编/创意深圳深圳文化创意产业典范企业案例/深圳：深圳报业集团出版社/2013 年 9 月
50. 孙加庆主编/厦门市集美区志/北京：中华书局/2013 年
51. 谭键编著/辉煌五年海南科学发展面面观/海口：海南出版社/2013 年 3 月
52. 汤庭芬主编/深圳劳动关系发展报告 2013/北京：社会科学文献出版社/2013 年 6 月
53. 王道儒，等著/海南省热带典型海洋生态系统研究/北京：海洋出版社/2013 年 8 月
54. 王会均著/海南建置沿革史/台北：文史哲出版社/2013 年 7 月

55. 王禄贵总编；深圳市大鹏新区葵涌办事处，侨港葵涌同乡会编/葵涌掌故/深圳：海天出版社/2013 年
56. 王同信，翟玉娟/深圳新生代农民工调查报告/北京：中国法制出版社/2013 年 8 月
57. 乌兰察夫主编/深圳低碳发展报告 2013/深圳：海天出版社/2013 年 6 月
58. 吴吉堂，许金顶主编/浔江史话/厦门：鹭江出版社/2013 年
59. 鄢维民，冯玉主编/深圳资本圈企业社会责任报告 2011—2012/北京：社会科学文献出版社/2013 年 12 月
60. 闫广林主编/海南历史文化第 3 卷/北京：社会科学文献出版社/2013 年 5 月
61. 杨素稳，李德芳主编/海南基层社会治理研究/北京：中国社会科学出版社/2013 年 8 月
62. 袁行霈，陈进玉主编/中国地域文化通览海南卷/北京：中华书局/2013 年 10 月
63. 袁易明主编/中国经济特区研究/北京：社会科学文献出版社/2013 年
64. 师武军、翟坤等著/天津滨海新区保障性住房规划建设实践探索/北京：中国建筑工业出版社/2013 年 1 月
65. 张珞平著/厦门湾海域环境质量评价和环境容量研究/北京：海洋出版社/2013 年 2 月
66. 张骁儒主编/深圳经济发展报告 2013/北京：社会科学文献出版社/2013 年 6 月
67. 张骁儒主编/深圳社会发展报告 2012—2013（2013 版）/北京：社会科学文献出版社/2013 年 7 月
68. 张晓儒主编/深圳蓝皮书深圳社会发展报告 2012—2013/北京：社会科学文献出版社/2013 年 7 月
69. 钟澄，黄建新编/深圳市农村城市化历史遗留违法建筑沿革、现状与对策研究/北京：中国政法大学出版社/2013 年 7 月
70. 周永灿，等编著/海南省潜在海水增养殖区研究/北京：海洋出版社/2013 年 11 月
71. 庄维明 编著/大厦之门/福州：海峡文艺出版社/2013 年
72. Bryson Alex，Forth John，Zhou Minghai/CEO Incentive Contracts in China：Why Does City Location Matter？/London School of Economics and Political Science/2013-02

73. Mezzadra Sandro/Seizing Europe ： Crisis Management, Constitutional Transformations, Constituent Movements/Germany, Peter Lang/2013

二、期刊论文

1. 安栒青/浅析深圳市会计电算化现状及发展方向/时代金融/2013 年第 26 期/第 95+98 页
2. 巴乌龙，周华荣，梁雪琼，李玉霞/喀什地区生态足迹分析及其在生态规划中的应用/干旱区研究/2013 年第 5 期/第 905-912 页
3. 白云峰/海南省外商投资环境对策建议/商场现代化/2013 年第 21 期/第 179 页
4. 本刊记者/“深圳模式”引领中国住宅产业化变革/住宅产业/2013 年第 10 期/第 17-20 页
5. 本刊记者/深圳引智踏上“世界节奏”/国际人才交流/2013 年第 11 期/第 34-35 页
6. 本刊评论员/在新起点上谋划未来——写于海南建省办经济特区 25 周年/今日海南/2013 年第 5 期/第 1 页
7. 蔡玉军，张宇/深圳市地下空间规划的若干思考/当代经济/2013 年第 9 期/第 25-27 页
8. 岑岩/深圳及香港住宅产业化的实践与思考/住宅产业/2013 年第 4 期/第 38-43 页
9. 曾国屏，林菲/走向创业型科研机构——深圳新型科研机构初探/中国软科学/2013 年第 11 期/第 49-57 页
10. 曾国屏，王路昊，杨君游，马辉/深圳的产学研合作：历史经验与现状思考/科学与管理/2013 年第 6 期/第 42442 页
11. 曾令俊/海南省贫困人口脱贫问题及对策/商业经济/2013 年第 20 期/第 94-95 页
12. 曾令俊，沈万根/海南省贫困人口反贫困现状及治理对策/生产力研究/2013 年第 11 期/第 114-116 页
13. 曾少坚/珠海城镇居民家庭平均每人年消费性支出分析/经济研究导刊/2013 年第 22 期/第 216-219 页
14. 曾宇健/谈深圳市河道管理工作存在的问题及对策/水利建设与管理/2013 年第 6 期/第 39-41 页

15. 常雅慧/从碎片化到网络化：社会管理创新范式片论——以深圳特区为例/郑州航空工业管理学院学报/2013 年第 2 期/第 109-112 页
16. 车洁/创造“深圳质量”视角下服务引领型高等职业教育体系的构建/教育与职业/2013 年第 33 期/第 26-27 页
17. 陈承洲，林云/无居民海岛旅游开发的立法保护——以海南无居民海岛旅游开发管理立法为视角/法学杂志/2013 年第 3 期/第 134-140 页
18. 陈慧莹/深圳自由贸易试验区之设想/特区经济/2013 年第 10 期/第 10 页
19. 陈家喜，刘王裔/综合配套改革试验区的大部制改革：模式与趋势——深圳、浦东、滨海的比较研究/深圳大学学报（人文社会科学版）/2013 年第 3 期/第 63-67 页
20. 陈洁，谢国平/“特区中的特区”：深圳前海的五个看点/浦东开发/2013 年第 8 期/第 52-55 页
21. 陈俊钊/珠海东西部地区产业结构调整与收入分配改善的关系分析/特区经济/2013 年第 9 期/第 22-25 页
22. 陈可石，杨瑞，刘冰冰/深圳组团式空间结构演变与发展研究/城市发展研究/2013 年第 11 期/第 22-26 页
23. 陈可石，杨天翼/绿道景观研究现状及设计问题探析——以深圳绿道网建设为例/特区经济/2013 年第 5 期/第 47-49 页
24. 陈礼，孟颖/发挥极核作用构建省会经济圈——以海口省会经济圈为例/海南广播电视大学学报/2013 年第 2 期/第 88-92 页
25. 陈丽娜/深圳文化产业集群发展的现状、形成动因与模式研究/特区经济/2013 年第 8 期/第 30-33 页
26. 陈敏娜，谢华清/政府、市场与社会关系视角下的深圳改革/深圳信息职业技术学院学报/2013 年第 2 期/第 13-15 页
27. 陈牧/深港电价经营机制比较研究/中国总会计师/2013 年第 11 期/第 95-97 页
28. 陈如波/城市通信工程专项规划编制内容探讨——以深圳为例/信息通信/2013 年第 4 期/第 192-193 页
29. 陈婉，李林军，李宏永，邱国玉/深圳市蛇口半岛人工填海及其城市热岛效应分析/生态环境学报/2013 年第 1 期/第 157-163 页
30. 陈宪宇，谢涛，吴均南/深圳经济特区改革开放的“主心骨”——原深圳市委书记厉有为谈晚年习仲勋在深圳/红广角/2013 年第 7 期/第 29-32 页

31. 陈筱云/试论深圳城市水安全问题及其对策/水利发展研究/2013 年第 7 期/第 28-32 页
32. 陈运奎/日本旅游产业构建对三亚旅游发展的启示//2013 年第 5 期/第 220-221 页
33. 成纯发/向海洋进军是海南发展的必由之路/今日海南/2013 年第 6 期/第 28-29 页
34. 成建国/在探索中前行的动态样本——深圳市不动产登记的实践与探索/中国土地/2013 年第 6 期/第 19-20 页
35. 程浩/深圳小产权房有限合法化的政策选择/学术研究/2013 年第 6 期/第 48-53+68 页
36. 迟福林/海南有条件成为消费主导经济转型的先行区/新东方/2013 年第 2 期/第 5-9 页
37. 储德平，郑耀星，董厚保/海南国际旅游岛发展房车旅游的对策探析/资源开发与市场/2013 年第 8 期/第 870-873 页
38. 丛义/城市土地管理制度研究——以深圳经济特区土地监察制度为例/法制与社会/2013 年第 25 期/第 195-196 页
39. 戴琳琳/深圳市植被生态保护关键问题辨识与策略分析/安徽农业科学/2013 年第 31 期/第 12373-12377 页
40. 邓洁华/中小企业战略性人力资源管理探讨——以深圳为例/特区经济/2013 年第 10 期/第 137-140 页
41. 董琳/厦门海洋保护区与渔业生产空间冲突及其对策/渔业信息与战略/2013 年第 1 期/第 6-13 页
42. 董晓远，廖明中/深圳经济发展质量的测度/特区实践与理论/2013 年第 4 期/第 50-53 页
43. 杜静/深圳卫视国际频道“走出去”策略分析/新闻爱好者/2013 年第 8 期/第 90-93 页
44. 杜静，李丽君/国际人才差异化保留策略探析——以滨海新区为例/科技管理研究/2013 年第 9 期/第 144-147+152 页
45. 杜鹏/深圳：种好“试验田”勇作“排头兵”/社会福利/2013 年第 10 期/第 12+11 页
46. 杜婷，胡李翔/深圳人才的经济结构与产业结构调整的关系研究/特区经济/2013 年第 9 期/第 19-21 页
47. 杜长淳/国际旅游岛背景下的海南导游薪酬制度研究/特区经济/2013 年

第 7 期/第 112-113 页
48. 杜长淳/海南儋州旅游发展现状及对策研究/特区经济/2013 年第 9 期/第 110-112 页
49. 段科锋/深化珠港澳合作加快发展珠海高端服务业/中共珠海市委党校珠海市行政学院学报/2013 年第 6 期/第 74-76+73 页
50. 范经云/浅议我国经济特区立法的基本原则/法制与社会/2013 年第 6 期/第 27-29 页
51. 冯德崇/深圳中小企业的困境与出路/特区实践与理论/2013 年第 4 期/第 54-56+60 页
52. 符文颖，Javier Revilla Diez，Daniel Schiller/区域创新系统的管治框架演化——来自深圳和东莞的对比实证/人文地理/2013 年第 4 期/第 83-88 页
53. 甘卫斌/深圳事业单位分类改革成效及问题初探/特区经济/2013 年第 8 期/第 85-86 页
54. 高燕，李江风，周学武，汪珉/海南国际旅游岛视野下的滨海地质旅游发展思路/地球学报/2013 年第 4 期/第 491-499 页
55. 顾华详/论喀什、霍尔果斯开发区建设的路径选择/喀什师范学院学报/2013 年第 2 期/第 26-32 页
56. 顾小燕/城市名片英译有效性的实证研究——以海南省为例/湖北科技学院学报/2013 年第 8 期/第 60-61+73 页
57. 郭丽萍/深圳：商事登记改革为企业“松绑”/浙江人大/2013 年第 6 期/第 23-25 页
58. 郭琦，许海平/基于灰色系统理论的海南省旅游客源市场规模预测研究/特区经济/2013 年第 6 期/第 83-85 页
59. 韩晓莉/国际旅游岛建设背景下海南生态政策评价与建议/人民论坛/2013 年第 11 期/第 234-235 页
60. 郝鹭捷，吕庆华/基于 SWOT 分析的厦门海洋文化产业发展研究/广东海洋大学学报/2013 年第 5 期/第 22-26 页
61. 何冻民，李平/深圳前海土地管理制度的创新及评析/法制与社会/2013 年第 28 期/第 219-220 页
62. 何玉良/创办深圳有色金属交易所/中国有色金属/2013 年第 21 期/第 38-40 页
63. 何忠谱/海南产业发展中环境成本问题简析/特区经济/2013 年第 8 期/

第 198-200 页

64. 何忠谱/海南国际旅游岛环境成本及环境规制问题的国内外比较研究/湖北社会科学/2013 年第 6 期/第 94-97 页
65. 何忠谱，黄景贵/海南特区产业发展的环境困境与激励性环境规制设计/企业经济/2013 年第 8 期/第 22-25 页
66. 侯冠平，金海龙，张侨/海南旅游规模经济初探/中国经贸导刊/2013 年第 20 期/第 47-48 页
67. 侯静/前海的创新——驱动深圳未来的发展和繁荣/南方论刊/2013 年第 6 期/第 20-21 页
68. 胡慧，胡武贤/珠海市土地利用协调度评价/安徽农业科学/2013 年第 32 期/第 12750-12753 页
69. 胡长青，史界/四大格局突破与特区深化改革：海南样本/经济体制改革/2013 年第 5 期/第 44-47 页
70. 黄爱学/我国商事登记制度的改革、创新与发展——评深圳和珠海商事登记立法/法治研究/2013 年第 11 期/第 79-87 页
71. 黄玖立，吴敏，包群/经济特区、契约制度与比较优势/管理世界/2013 年第 11 期/第 28-38 页
72. 黄敏/深圳新能源公交推广的实践与探索/特区经济/2013 年第 12 期/第 24-26 页
73. 黄卫东，李连财，窦飞宇/城市转型视角下的产业基地规划设计——以深圳市留仙洞产业基地为例/规划师/2013 年第 9 期/第 129-133 页
74. 黄志斌/深圳市建筑垃圾循环利用现状、问题和对策/资源节约与环保/2013 年第 9 期/第 130-131 页
75. 黄志勇/科学技术与深圳经济发展的思考/特区经济/2013 年第 7 期/第 31-32 页
76. 黄志勇，孔梓娜/横琴模式对“一国两制”的新发展/特区经济/2013 年第 10 期/第 25-27 页
77. 姬超，袁易明/中国经济特区差距的变动趋势及其影响机制/亚太经济/2013 年第 5 期/第 119-126 页
78. 吉馨蕾/论政府宏观调控下海南省经济腾飞/现代商贸工业/2013 年第 18 期/第 10-11 页
79. 贾兴东/从深圳速度到深圳质量/中国经济和信息化/2013 年第 17 期/第 82-83 页

80. 姜霞，姜平/深圳市战略性新兴产业发展条件及路径研究/商业时代/2013年第1期/第126-128页
81. 蒋同明/特大城市人口规模调控的对策与思考——以深圳市为例/中国经贸导刊/2013年第34期/第54-56页
82. 金志洋/深港打造前海现代服务业合作区/宁波经济（财经视点）/2013年第5期/第24-25页
83. 居来提·色依提，苏来曼·斯拉木/构造新疆新经济增长极的思考——基于喀什特殊经济开发区成为增长极的构想/开发研究/2013年第2期/第23-25页
84. 黎友焕，齐晓龙/粤琼战略合作背景下海南城镇化建设初探/新东方/2013年第5期/第8-12页
85. 李聪/前海风云录/中国企业家/2013年第8期/第96-100+13页
86. 李华伟/厦门会展业的发展对策研究/中国商贸/2013年第5期/第159-161+164页
87. 李家祥，董智勇/滨海新区综合配套改革的实践特点与思路深化/天津师范大学学报（社会科学版）/2013年第5期/第22-27页
88. 李洁宇/海南海洋经济发展的困境及破解之路/海南师范大学学报（社会科学版）/2013年第12期/第112-116页
89. 李俊秀/喀什霍尔果斯经济开发区发展财税体系研究/知识经济/2013年第14期/第93-94页
90. 李蕾蕾，苏玉石，刘晶/社会网络的空间化：以深圳传媒产业为例的社会地理网络研究/人文地理/2013年第4期/第34-40页
91. 李奇，孔金玲/喀什经济开发区土地利用动态变化分析/安徽农业科学/2013年第26期/第10853-10855页
92. 李如跃，赵娜娜/海南省旅游业法规体系的构建与研究/旅游纵览（下半月）/2013年第3期/第99-100+103页
93. 李胜兰，冯锐，申晨/沿海开放与沿边开放：喀什经济特区的发展定位与战略/深圳大学学报（人文社会科学版）/2013年第2期/第54-57页
94. 李世闻/珠海产业发展的战略、绩效及其影响因素/特区经济/2013年第12期/第154-157页
95. 李璇/深圳、珠海、汕头经济特区发展比较研究/创新/2013年第3期/第60-63+127页
96. 李亦/横琴岛：香港下一个发展福地/沪港经济/2013年第9期/第36-

37 页
97. 梁家惠，罗葭/海南省养老保险制度实现全覆盖/海南人大/2013 年第 7 期/第 18-20 页
98. 廖艳/珠海市经济可持续发展的评价与建议——基于熵权法的分析/财经界（学术版）/2013 年第 20 期/第 19+30 页
99. 林福顺/厦门市第三产业用水汇总平衡有关问题解决方案研究/水利科技/2013 年第 2 期/第 26-29 页
100. 林华文，冼晖翔/海口市林地资源综合开发利用和保护的探讨/热带林业/2013 年第 2 期/第 36-40 页
101. 林树枝，廖河山/滨海城市建筑工程台风灾害的新特点及抗风防灾对策/厦门科技/2013 年第 5 期/第 33-37 页
102. 林文生，彭涛/汕头发展现商机/潮商/2013 年第 1 期/第 5-9 页
103. 林镇凯/厦门海洋产业及海洋相关产业间的相关性研究/山东农业科学/2013 年第 6 期/第 138-141 页
104. 刘红/供需不平衡背景下酒店入住率的预测模型——以海南为例/旅游研究/2013 年第 3 期/第 85-87+94 页
105. 刘红军，王西星/2012 年深圳与国内 10 个主要城市经济运行横向比较研究/特区经济/2013 年第 10 期/第 28-29 页
106. 刘剑，汪文来，梁宏/深圳市南山区构建和谐劳动关系策略研究/重庆行政（公共论坛）/2013 年第 5 期/第 40-43 页
107. 刘莉娜，陈里娥，韦萍萍，李喻春，廖文波，昝启杰/深圳福田红树林自然保护区的生态问题及修复对策研究/海洋技术/2013 年第 2 期/第 125-132 页
108. 刘佩/《纽约时报》涉及深圳报道中的意识形态与“深圳形象”的建构——以《纽约时报》30 年涉深报道（1980—2010 年）为例/中国出版/2013 年第 1 期/第 62-65 页
109. 刘素芳，唐俐/海南无居民海岛的利用与保护——从完善立法的视角/法制与社会/2013 年第 31 期/第 165-166 页
110. 刘学民，葛姣菊，戴智忠/深圳实施面向消费者退税政策的可行性探索/全国商情（理论研究）/2013 年第 15 期/第 52-55 页
111. 刘芸/为千家万户创造良好的居住环境——浅析《汕头经济特区物业管理条例》/人民之声/2013 年第 4 期/第 36-37 页
112. 刘志山，刘晗/深圳农民工的发展与走向/深圳信息职业技术学院学报/

2013 年第 4 期/第 14-17 页

113. 龙叶先，栾春娟/温特制与深圳电子信息产业兴起研究/贵阳学院学报（社会科学版）/2013 年第 4 期/第 99-102 页

114. 罗钢，陈寅雅/喀什经济特区法治软环境建设研究/中国商贸/2013 年第 29 期/第 4-6 页

115. 罗罡辉，游朋，李贵才，罗平/深圳市“合法外”土地管理政策变迁研究/城市发展研究/2013 年第 11 期/第 55-61 页

116. 罗后清/论海南发展模式选择/当代经济/2013 年第 19 期/第 88-89 页

117. 罗后清，何国平/海南经济发展新模式构造中的政府职能转型探讨/特区经济/2013 年第 10 期/第 21-24 页

118. 罗堃/汕头启动建设华侨经济文化合作试验区/潮商/2013 年第 3 期/第 26-30 页

119. 罗希明/珠海吸引海外留学人员的政策分析/广东广播电视大学学报/2013 年第 3 期/第 13-17 页

120. 罗晓宁/深圳服务业与经济增长的动态研究——基于 VAR 和 VEC 模型的分析/特区经济/2013 年第 5 期/第 37-39 页

121. 马敬仁/以深圳经验建言全国改革/中国报道/2013 年第 4 期/第 40-41 页

122. 马敬仁/还企业以自由——《深圳经济特区商事登记若干规定》的启示/中国经济报告/2013 年第 6 期/第 95-98 页

123. 马丽/前海法治创新破题/法人/2013 年第 11 期/第 28-30 页

124. 马丽，李辉，康珊珊/建设以喀什市为中心的城镇群的思考/实事求是/2013 年第 6 期/第 43-46 页

125. 毛盛勇/霍尔果斯的战略地位新疆霍尔果斯挂职锻炼体会之六/中国统计/2013 年第 6 期/第 31 页

126. 梅旭成/浅谈我国经济特区立法权存在的问题与改革思路/法制与经济（下旬）/2013 年第 10 期/第 63-64 页

127. 孟军齐/深圳“冷链物流”行业发展策略研究/物流技术/2013 年第 23 期/第 17-19+29 页

128. 孟祥宇，李响/关于珠海横琴新区金融服务创新的思考/特区经济/2013 年第 7 期/第 15-16 页

129. 莫艳萍/来自深圳与香港的一场“头脑风暴”/法制与经济（上旬刊）/2013 年第 9 期/第 26-30 页

130. 沐潮/前海发展现代物流业立法必要性研究/经济师/2013 年第 8 期/第 63-64 页
131. 沐潮/促进前海现代物流业发展政策若干思考/特区经济/2013 年第 9 期/第 16-18 页
132. 聂志刚/深圳龙岗：科学发展的点与面/人民论坛/2013 年第 4 期/第 74-76 页
133. 努尔麦麦提，张希平，牛政，杨登举，毛向东，何子敬/喀什与周边国家区域性经济合作发展探析/西部金融/2013 年第 7 期/第 69-72 页
134. 欧国良/深圳市小产权房市场供需实证分析/中国房地产/2013 年第 12 期/第 11-19 页
135. 欧阳元生/刍议厦深高铁开通对厦门经济社会的影响/厦门科技/2013 年第 5 期/第 6-9 页
136. 潘晓峰，李焕承，许化，汪斌/深圳市排污权交易政府储备指标管理机制研究/特区经济/2013 年第 4 期/第 31-33 页
137. 彭京宜/“四观”：海南绿色崛起的指南——学习习近平总书记视察海南重要讲话精神/今日海南/2013 年第 5 期/第 20-22 页
138. 彭梅芳，陈菲妮/厦门各区竞争力研究/发展研究/2013 年第 7 期/第 33-38 页
139. 彭心安/建设“厦门——金门旅游协作示范区”的对策研究/厦门特区党校学报/2013 年第 5 期/第 14-19 页
140. 祁志伟，雷霆/关于建设喀什、霍尔果斯经济开发区的公共政策分析/特区经济/2013 年第 3 期/第 122-123 页
141. 秦汾，王迟/对厦门加快发展邮轮旅游业的若干思考和建议/中国港口/2013 年第 5 期/第 25-27+11 页
142. 秦瑞英，闫小培/城市化进程中城市社区变迁探究——以深圳为例/现代城市研究/2013 年第 7 期/第 72-75+93 页
143. 秦诗立/横琴新区改革新意及对群岛新区启示/浙江经济/2013 年第 19 期/第 20-22 页
144. 丘建栋，赵再先/深圳市交通规划决策支持体系研究/交通与运输（学术版）/2013 年第 2 期/第 11-14 页
145. 丘书俊，黄吉乔/深圳居民消费结构特点及影响因素分析/现代城市/2013 年第 3 期/第 29-32 页
146. 邱凯付，蒋丕彦，吕晓蓓，邹鹏/资源紧约束条件下城市再生途径的探

索——以深圳市福田区为例/城市发展研究/2013 年第 8 期/第 108-112 页
147. 曲小锋，刘嘉琦，李盛芝/滨海体育休闲产业开发可行性研究——以汕头为例/辽宁体育科技/2013 年第 3 期/第 5-8 页
148. 冉文革/深圳行政区划的变迁与公共图书馆发展启示/公共图书馆/2013 年第 4 期/第 30-37 页
149. 邵立，姚敏峰，谢少明/厦门火车站站前广场发展历程及其改造分析/中外建筑/2013 年第 12 期/第 140-143 页
150. 佘书生，田莉/城市土地利用政策——以香港、深圳为例/战略决策研究/2013 年第 3 期/第 82-89 页
151. 申琳琳/海南发展博彩业的利与弊/改革与开放/2013 年第 6 期/第 86 页
152. 沈利强，罗婷文，沈栋源/建设项目用地预申报制度的优化与改进——以深圳市近期建设与土地利用规划年度实施计划为例/特区经济/2013 年第 5 期/第 40-42 页
153. 师伟超/海南国际旅游岛开展拓展旅游项目优势分析/琼州学院学报/2013 年第 2 期/第 107-109 页
154. 石强/采取切实措施促进深圳旅游业又好又快发展/特区经济/2013 年第 5 期/第 10 页
155. 史志法/厦门市停车换乘系统功能与布局探析/城市建筑/2013 年第 4 期/第 266-267 页
156. 宋建华/新疆跨境经济合作区——中哈霍尔果斯国际边境合作中心发展态势与政策创新/东南亚纵横/2013 年第 10 期/第 42-45 页
157. 宋宗合/中国慈展会的“深圳成长”/社会福利/2013 年第 10 期/第 43-44 页
158. 苏国辉，黄向阳/厦门区域中心城市发展的策略探讨/亚太经济/2013 年第 3 期/第 123-125 页
159. 苏明锻，朱念婷/我国营业税改征增值税的跟踪研究——基于厦门市试点考察/企业研究/2013 年第 22 期/第 155 页
160. 孙春广/改革开放以来深圳市经济发展阶段性特征的计量检验——基于 Markov 转移方法的分析/金融经济/2013 年第 22 期/第 113-115 页
161. 孙洁，周训芳/海南省国际旅游岛建设与森林资源管理/中南林业科技大学学报（社会科学版）/2013 年第 2 期/第 22-25 页
162. 孙来福，黄业峰/厦门市岛内外一体化建设进程中湖里区物流产业的对

策/物流工程与管理/2013 年第 4 期/第 22-23+3 页
163. 孙炜/珠海市海岛经济再度开发分析/中国经贸导刊/2013 年第 20 期/第 13-15 页
164. 孙晓岭，汪治/深圳印刷产业“十一五”与“十五”产业结构对比分析/广东印刷/2013 年第 5 期/第 7-11 页
165. 汤金伟，高阳，赖静，卢进波/以深圳为例浅析城市水土保持管理/风景园林/2013 年第 5 期/第 39-42 页
166. 唐靖廷，张淑艳/喀什综合保税区营运模式研究/产业与科技论坛/2013 年第 23 期/第 30-33 页
167. 唐俊/深圳低碳转型若干思路/开放导报/2013 年第 4 期/第 55-58 页
168. 唐永红，林子荣，沈蕊/厦门经济特区建设自由经贸区问题研究/台湾研究集刊/2013 年第 1 期/第 38-46 页
169. 陶一桃/从沿海开放到沿边开放——开放拓展战略的意义及喀什经济特区发展应该注意的几个问题/深圳大学学报（人文社会科学版）/2013 年第 1 期/第 88-93 页
170. 田广，汪一帆，戴琴琴/大潮汕计划单列与经济发展战略新构想/经济研究参考/2013 年第 59 期/第 69-71+79 页
171. 田敏/泉州和厦门房价相关性的计量模型/牡丹江师范学院学报（自然科学版）/2013 年第 3 期/第 5-8 页
172. 田小彪/旅游房地产业发展的制度分析——以海南为例/中国集体经济/2013 年第 6 期/第 26-29 页
173. 童年生，苏中文/珠海商事登记制度立法与国际化营商环境实证分析/中共珠海市委党校珠海市行政学院学报/2013 年第 6 期/第 77-80 页
174. 涂金叶/厦门企业走出去的问题与对策/市场论坛/2013 年第 7 期/第 53-54+56 页
175. 汪海/深圳前海向自贸区转型的政策建议/开放导报/2013 年第 6 期/第 56-60 页
176. 汪洁，陈小燕/国际旅游岛战略下的海南高等教育发展对策/重庆与世界（学术版）/2013 年第 9 期/第 56-58+78 页
177. 王东，黄恒，张金帆，郭键锋，时劲松，冯江平，黄仲明/深圳市夜间光污染状况调查及对策研究/中国环境管理/2013 年第 2 期/第 36-40 页
178. 王二威，廖爱红/珠海市专利申请态势分析及对策研究/现代情报/2013

年第 6 期/第 117－122 页

179. 王家忠/论海南国际旅游岛文化共同发展战略/海南师范大学学报（社会科学版）/2013 年第 10 期/第 116－121 页

180. 王丽丽/霍尔果斯构建向西开放新格局/大陆桥视野/2013 年第 3 期/第 84－87 页

181. 王靓靓，杨卫君，吴程远/厦门会展业发展现状浅析/现代营销（学苑版）/2013 年第 4 期/第 198－199 页

182. 王湃，栾乔林，谷秀兰，韦仕川，黄朝明/海南省土地资源可持续利用的生态安全评价/广东农业科学/2013 年第 16 期/第 197－200 页

183. 王启珊，黎治潭/海南旅游立法的 SWOT 分析及对策研究/海南广播电视大学学报/2013 年第 4 期/第 69－75 页

184. 王启珊，黎治潭/海南中部地区旅游业发展的 SWOT 分析及路径选择/海南广播电视大学学报/2013 年第 2 期/第 79－83 页

185. 王群/海南旅游业市场竞争力与可持续发展的分析/中国市场/2013 年第 13 期/第 47－49 页

186. 王汝志/深圳人口结构与养老保险制度改革/特区经济/2013 年第 8 期/第 19－21 页

187. 王胜男，马昭/海南省新世纪城镇化进程的阶段性及其影响因素/地域研究与开发/2013 年第 4 期/第 59－63 页

188. 王世巍/深圳市人口变迁对扩大需求的积极意义/特区经济/2013 年第 7 期/第 11－14 页

189. 王世巍/深圳人口变迁与文化制度建设/特区实践与理论/2013 年第 4 期/第 66－69 页

190. 王诵诗，胡小军/厦门市高端制造业发展研究报告/厦门特区党校学报/2013 年第 1 期/第 29－33 页

191. 王素芬/中国入世后经济特区立法的尴尬与突破——WTO 基本法律原则与特区现有立法冲突探微/法制博览（中旬刊）/2013 年第 7 期/第 103－104 页

192. 王鑫/海南省博物馆在海南国际旅游岛建设中的作用及发展机遇/旅游纵览（下半月）/2013 年第 7 期/第 115－116 页

193. 王雪，张兆民/对深圳发展高端航运服务业的思考/水运管理/2013 年第 11 期/第 9－13 页

194. 王艳兵，刘晏伶/深圳市原关外地区居民住房选择及其影响因素分

析——以石岩街道为例的实证分析/特区经济/2013 年第 6 期/第 206-208 页

195. 王叶玲/深圳工业经济增长动力研究/市场经济与价格/2013 年第 11 期/第 45-48 页
196. 王永喜/深圳城市水土保持的探索与思考/风景园林/2013 年第 5 期/第 43-48 页
197. 王永妍/天津滨海新区社会体育指导员发展定位研究/当代体育科技/2013 年第 1 期/第 79-80 页
198. 王勇/创新厦门与台湾交流合作体制机制研究/发展研究/2013 年第 5 期/第 61-67 页
199. 王毓南/厦门经济特区立法的哲学思考/厦门科技/2013 年第 2 期/第 26-28 页
200. 王志章，张洁，蔡龙年/基于深圳视角的知识城市与城市经济增长方式转变研究/中国名城/2013 年第 6 期/第 15-20 页
201. 温军伟，孙翌/深圳境外项目人民币贷款业务发展现状、存在问题及建议/时代金融/2013 年第 17 期/第 270+274 页
202. 温兆琦/探讨开发构建服务外包示范区——以海南省为例/中国集体经济/2013 年第 21 期/第 50-51 页
203. 翁启伟/构建海南航运枢纽物流中心研究/现代经济信息/2013 年第 12 期/第 398-399 页
204. 邬彬，车秀珍/深圳市推进绿色发展的必要性及路径选择/特区经济/2013 年第 9 期/第 26-28 页
205. 吴大放，刘艳艳/基于 RS/GIS 的珠海市城市空间扩展/热带地理/2013 年第 4 期/第 473-479+495 页
206. 吴润玉/关于如何防范和规避高校财务风险的思考——以深圳信息职业技术学院为例/经济师/2013 年第 9 期/第 98-99+101 页
207. 吴少燕/海南国际旅游岛供电职工队伍建设的基本思路/电子世界/2013 年第 18 期/第 181-182 页
208. 吴淑梅/国有划拨土地管理存在的问题及对策——以海南省为例/农村经济与科技/2013 年第 9 期/第 64-66 页
209. 吴文学/国际旅游岛建设需要新突破/今日海南/2013 年第 6 期/第 24-25 页
210. 伍湘陵/厦门“蓝色经济”的绿色发展路径选择/台湾农业探索/2013

年第 1 期/第 39-42 页

211. 武亚楠/海南发展生态旅游的 SWOT 分析/商/2013 年第 23 期/第 36-37 页
212. 夏晖/海南新型城镇化发展探索/现代经济信息/2013 年第 17 期/第 456-457 页
213. 向丽/经济特区背景下海南黎族与苗族的互动/广东技术师范学院学报/2013 年第 4 期/第 42-46 页
214. 项园/深港区域合作“共生”发展模式探讨/特区经济/2013 年第 9 期/第 14-15 页
215. 肖海东/我国城市化对经济增长影响机理的实证分析——基于厦门市 1998—2011 年的数据/石家庄经济学院学报/2013 年第 4 期/第 42-46 页
216. 肖可意/试论喀什特区条件下培养和提高预科学生跨文化交际的能力/吉林省教育学院学报（上旬刊）/2013 年第 11 期/第 58-59 页
217. 肖黎姗，郭青海，李新虎/厦门城市居民住房资源分层及其形成机制/地理科学进展/2013 年第 12 期/第 1804-1813 页
218. 肖小平/“大前海”搅动深圳租赁市场/中国地产市场/2013 年第 9 期/第 35 页
219. 晓东，卫静春/体制机制创新与海南经济特区改革发展/四川行政学院学报/2013 年第 3 期/第 82-85 页
220. 谢继立/汕头建设东南沿海航运中心的探讨/中国港口/2013 年第 2 期/第 26-27+32 页
221. 谢作正，钟根柔/农民工如何市民化——深圳对农民工转型的探索/人民论坛/2013 年第 27 期/第 67 页
222. 辛俊卿/荣享副省级城市级格誉享在国家计划中单列模式高享省一级经济管理权限深圳迈向国际大都市的现代化城市/中国地名/2013 年第 3 期/第 60-61 页
223. 熊永柱，陈燕珊/深圳市海岸带经济与环境协调发展分析/海洋经济/2013 年第 5 期/第 42-49 页
224. 徐建/1988 年深圳特区的政改方案/炎黄春秋/2013 年第 6 期/第 32-33 页
225. 徐溯，郁俊莉/经济社会发展中的区域增长极效应研究——以深圳特区为例/中国地质大学学报（社会科学版）/2013 年第 3 期/第 109-

大学学报（社会科学版）/2013 年第 4 期/第 67-76+160 页

243. 袁晓江/大开放格局下喀什的经济制度安排/深圳大学学报（人文社会科学版）/2013 年第 1 期/第 94-97 页

244. 岳世平/厦门经济特区生态文明建设的成就与经验总结/厦门特区党校学报/2013 年第 6 期/第 22-26 页

245. 张博文，李秀梅，刘宪斌，李月洋/遥感技术在滨海新区土地利用研究中的应用/海洋信息/2013 年第 4 期/第 5-9 页

246. 张稷锋/国家级新区配套法律规范体系建构的进路梳理及启示——以"浦东新区"为例/行政与法/2013 年第 7 期/第 97-103 页

247. 张建琛/科技创新支撑厦门经济特区跨越发展的探索/厦门科技/2013 年第 5 期/第 13-18 页

248. 张建锋，胡春光/厦门市汽车维修企业品牌创建的几点思考/汽车维护与修理/2013 年第 8 期/第 17-18 页

249. 张建强/发挥优势　科学发展——滨海新区与浦东新区、深圳特区发展的对比分析/求知/2013 年第 11 期/第 46-49 页

250. 张磊，覃裔/深圳市现代有轨电车发展策略研究/山西建筑/2013 年第 25 期/第 1-3 页

251. 张妙玲/海口市发展城市旅游服务业的存在问题及对策/旅游纵览（下半月）/2013 年第 11 期/第 141 页

252. 张荣刚，罗忠政/信息传播全球化背景下新兴城市营销体系的构建——深圳构建大外宣格局的创新实践与战略思考/对外传播/2013 年第 9 期/第 23-25 页

253. 张完连/《深圳经济特区商事条例》中营业转让制评议/山西高等学校社会科学学报/2013 年第 10 期/第 75-79 页

254. 张文婷/深圳与顺德的监察体制改革异同比较分析/重庆三峡学院学报/2013 年第 5 期/第 33-35 页

255. 张扬，任怀锋/海南特色离岛游 SWOT 分析与对策/新东方/2013 年第 6 期/第 47-50 页

256. 张雨忻/深圳有线数字电视广告发展研究/广东广播电视大学学报/2013 年第 4 期/第 21-25 页

257. 张智勇，王燕红，石永强，石园/深圳港与珠三角经济联动发展研究/物流技术/2013 年第 21 期/第 94-97 页

258. 赵爱玲/珠海横琴：创新粤港澳合作示范区/中国对外贸易/2013 年第

10 期/第 86-87 页
259. 赵波，纪淑娴/深圳市现代服务业集聚动力机制研究/经济体制改革/2013 年第 6 期/第 170-173 页
260. 赵登峰，牛芳/依托前海合作区建设深圳综合保税区的思考/特区实践与理论/2013 年第 4 期/第 57-60 页
261. 赵建吉，曾刚/上海浦东新区区域发展轨迹与内涵探析/地理与地理信息科学/2013 年第 4 期/第 117-121+126 页
262. 赵敏，李佳芹/建省以来海南社会发展道路问题研究综述/太原城市职业技术学院学报/2013 年第 9 期/第 16-17 页
263. 赵若焱/对深圳城市更新“协商机制”的思考/城市发展研究/2013 年第 8 期/第 118-121 页
264. 赵晓芹，谭泽泓/关于我国商事登记制度改革的若干思考——以深圳经济特区商事登记制度改革为视角/长白学刊/2013 年第 5 期/第 84-87 页
265. 赵影/海南国际旅游岛高尔夫产业发展研究/当代经济/2013 年第 8 期/第 33-35 页
266. 赵影/海南钛矿企业发展对策研究/特区经济/2013 年第 6 期/第 112-115 页
267. 郑克俊，迟青梅，朱海鹏/珠海市发展生态物流对策研究/物流科技/2013 年第 4 期/第 20-23 页
268. 中共厦门市委统战部课题组，黄菱，欧长胜，关琰珠/推进厦门两岸新兴产业和现代服务业合作示范区建设的建议/厦门特区党校学报/2013 年第 2 期/第 52-57 页
269. 中共珠海市委党校城市品牌与产业选择课题组，李英/珠海城市品牌与产业发展分析/中共珠海市委党校珠海市行政学院学报/2013 年第 1 期/第 38-40+64 页
270. 钟坚/深圳迈向全国经济中心城市的战略思考/深圳信息职业技术学院学报/2013 年第 4 期/第 1-13 页
271. 钟敏荣/浅析深圳小产权房问题/法制与社会/2013 年第 26 期/第 190-191 页
272. 钟卫平/厦门市固定资产投资与产业结构灰色关联分析/中国市场/2013 年第 36 期/第 24-26 页
273. 周成新，Li Yan/深圳前海合作区商事合同选择适用香港法律立法建

议/中国法律/2013 年第 6 期/第 19-22+82-85 页

274. 周春花/区域经济发展战略与喀什经济特区的思考/实事求是/2013 年第 2 期/第 101-103 页

275. 周耕，苗苗/横琴新区新型户籍制度创新的路径与瓶颈/现代经济信息/2013 年第 11 期/第 333-334 页

276. 周光伟，陈宏国/GDP 之“金”与深圳经济特区之“特”刍议/对外经贸/2013 年第 10 期/第 78-80 页

277. 周加胜/博物馆与城市文化认同的构建——以深圳博物馆为例/中国博物馆/2013 年第 3 期/第 37-40 页

278. 周莹/对循环经济立法的思考——以天津市滨海新区为例/山东社会科学/2013 年第 S1 期/第 139-140 页

279. 朱德玲，周晓菊/香港法查明问题研究——以深圳前海合作区为视角/法制博览（中旬刊）/2013 年第 11 期/第 7-8 页

280. 朱惠斌，李贵才/深港联合跨界合作与同城化协作研究/经济地理/2013 年第 7 期/第 9-14 页

281. 朱廷峰/关于喀什经济特区发展的几点思考/深圳大学学报（人文社会科学版）/2013 年第 1 期/第 97-99 页

282. 朱文蔚/外资对产业结构演变的影响——基于深圳市面板数据的实证分析/技术经济/2013 年第 6 期/第 72-78 页

283. 朱昭丹/增值税转型对厦门市经济的影响及对策初探/现代经济信息/2013 年第 7 期/第 272-273 页

284. 庄学斌，徐波，许毅哲/促进典当业转型升级助推汕头金融创新关于汕头市典当业的专题调研报告/潮商/2013 年第 1 期/第 70-75 页

285. 邹毅/欧债危机对深圳创业板市场 IPO 发行抑价影响的研究/特区经济/2013 年第 5 期/第 55-57 页

286. 邹玉娟/深圳特区、浦东新区与天津滨海新区经济发展模式比较/未来与发展/2013 年第 9 期/第 94-99 页

287. 冀小瑞，樊则森，尹伯悦/建立深圳住宅产业化标准体系目录研究/住宅产业/2013 年第 9 期/第 12 页

288. /深圳：开创商事登记制度改革“特区模式”/工商行政管理/2013 年第 24 期/第 32-34 页

289. /先行先试务求实效开创霍尔果斯经济发展新局面/大陆桥视野/2013 年第 2 期/第 42-44 页

290. /凝聚深化改革的共识——深圳新时期改革开放大家谈/中国监察/2013年第19期/第19页
291. /深圳市土地管理制度改革试点工作情况/中国经贸导刊/2013年第19期/第12-13页
292. /推动深圳市政府采购科学发展/中国政府采购/2013年第7期/第40-42页
293. /深圳市绿色建筑发展：成效与展望/建设科技/2013年第6期/第46-49页
294. /霍尔果斯特区启动跨境人民币融资业务/大陆桥视野/2013年第10期/第88页
295. /提速增效永葆政府采购事业生机——深圳市政府采购中心不断推进政府采购事业开拓创新/中国政府采购/2013年第9期/第42-44页
296. /珠海市：人才政策立法打造特区发展新优势/广东科技/2013年第19期/第36页
297. /海南立法保障林业发展/热带林业/2013年第3期/第1页
298. /深圳市市场监督管理局：特区立法保障改革锐意领航/工商行政管理/2013年第14期/第32-33页
299. /Outbound Investment Explodes and HongKong Firms to Advice on PRC Law/China Law&Practice/September/October 2013/Vol. 27 Issue 5, p2-2, 1p
300. /A Different Kind of Shanghai Trade/Bloomberg Businessweek/9/30/2013/Issue 4348, p58-59, 2p. 1 Graph
301. /A New Chapter/Beijing Review/10/10/2013/Vol. 56 Issue 41, p4-4, 1/3p. 1 Color Photograph
302. /Analysis of Results of 2006 CEFTA Free Trade Zone//2013/Issue 7, p169-178, 10p. 1 Chart, 7 Graphs
303. /Bahrain/MEED: Middle East Economic Digest/7/26/2013/Economic Zones, p10-11, 2p
304. /BASF Builds Vehicle Catalysts Production Plant in Poland/Membrane Technology/Feburary 2013/Vol. 2013 Issue 2, p7-7, 1p
305. /BBC Chinese: Shanghai Free Trade Zone Launched with No Major Surprises/Chinascope/September/October 2013, /Issue 65, p38-38, 1/3p
306. /Bosnia and Herzegovina: Free Trade Agreement Signed between Bosnia and Herzegovina and the European Free Trade Association/International Tax Re-

view/October 2013/Vol. 24 Issue 8, p28-28, 1p

307. /China Banking Regulatory Commission, Circular on Issues Relevant to the Banking Regulation in China (Shanghai) Pilot Free Trade Zone/China Law&Practice/November/December 2013/Vol. 27 Issue 6, p39-39, 1p

308. /China Hopes Shanghai FTZ Enlivens Economy/Air Cargo World/December2013/January 2014/Vol. 103 Issue 11, p12-14, 3p

309. /China Opens Pilot Free Trade Zone/Trade Finance/September 2013/Vol. 16 Issue 8, p137-137, 1p

310. /China: Selling the Dream/Lawyer (Online Edition) /10/21/2013/p31-31, 1p

311. /Consultants Invited for Duqm Bulk Liquid Berths/MEED: Middle East Economic Digest/4/26/2013/Vol. 57 Issue 17, p15-15, 1/4p

312. /DBS Receives Operational Approval for Shanghai FTZ/Trade Finance/December 2013/Vol. 16 Issue 11, p158-158, 1p

313. /Destination Duqm/Foreign Affairs/September/October 2013/Vol. 92 Issue 5, Special section p4-4, 1p

314. /Economic Zones/MEED: Middle East Economic Digest/10/18/2013/Supplementa Guide to Doing Business in Oman/p43-50, 7p

315. /Enhancing Singapore's Regional Identity/Chemical Week/8/19/2013/Vol. 175 Issue 20, p56-63, 7p. 7 Color Photographs

316. /Experimenting in Free Trade Zones/Trade Finance/October 2013/Vol. 16 Issue 9, p70-70, 1p

317. /Free Trade Zone/Beijing Review/2/7/2013/Vol. 56 Issue 6, p6-7, 2p

318. /Free Trade Zone Would Benefit HongKong/Future&Options Intelligence/10/7/2013/Issue 1841, p21-21, 1p

319. /Free Trade Rumors Spark Shanghai Stock Fever/Businessweek/9/30/2013/p58-58, 1p

320. /Fujairah Free Zone Expects Boost in Petroleum Activity/MEED: Middle East Economic Digest/11/22/2013/Vol. 57 Issue 47, p19-19, 1/4p

321. /Gabriel-Chemie Invests in New Russian Plant and Expanded Polish Lab/Additives for Polymers/May 2013/Vol. 2013 Issue 5, p8-8, 1p

322. /General Plan for China (Shanghai) Pilot Free Trade Zone/China Law&Practice/November/December 2013/Vol. 27 Issue 6, p35-35, 1p

323. Hitachi/Hyflux Consortium Seals Indian Water Purchase Agreement/Pump In-

dustry Analyst/January 2013/Vol. 2013 Issue 1, p3-3, 1p

324. /HongKong Invites Fraudto Solve Nonexistent Problem/Forbes/3/27/2013/p17-17, 1p

325. /Instant City/Harper's Magazine/June 2013/p39-47, 9p. 7 Color Photographs, 1 Map

326. /Iraq/MEED: Middle East Economic Digest/7/26/2013/Economic Zones, p12-13, 2p

327. /Jordan/MEED: Middle East Economic Digest/7/26/2013/Economic Zones, p14-21, 8p

328. /Kuwait/MEED: Middle East Economic Digest/7/26/2013/p22-23, 2p

329. /Lebanon/MEED: Middle East Economic Digest/7/26/2013/p24-25, 2p

330. /Legislation Roundup: State Council and Several Agencies Issue Plans for Shanghai Free Trade Zone/China Law&Practice/November/December 2013/Issue 6, p20-20, 1p

331. /Link Completed/Railway Gazette International/November 2013/Vol. 169 Issue 11, p8-8, 1/9p

332. /Market Wrap/Asia Money/October 2013/Vol. 24 Issue 9, p4-5, 2p

333. /Oman/MEED: Middle East Economic Digest/7/26/2013/p26-31, 6p

334. /Opinion: Shanghai Chooses Free Trade/China Law&Practice/September/October 2013/Vol. 27 Issue 5, p41-41, 1p

335. /Preparing Shanghai, Preparing China/Beijing Review/9/5/2013/Vol. 56 Issue 36, p2-2, 2/3p

336. /Qatar/MEED: Middle East Economic Digest/7/26/2013/p32-35, 4p

337. /Regulatory Roundup: China-Shanghai Free Trade Zone Launched/Asian Investor/November 2013/p1-1, 1p

338. /Saudi Arabia/MEED: Middle East Economic Digest/7/26/2013/Economic Zones, p36-43, 8p. 1 Chart

339. /Shanghai Free Trade Zone/Beijing Review/5/23/2013/Vol. 56 Issue 21, p6-6, 1/6p

340. /Shanghai Free Trade Zone to Form/China Chemical Reporter/9/6/2013/Vol. 24 Issue 17, p3-3, 1/2p

341. /Shanghai Free Trade Zone to Pave Way for Foreign Companies in Commodities Futures Trading/Metal Bulletin Daily/9/27/2013/Issue 384, p42-42, 1p

342. /Shanghai's Free Trade Zone/China Economic Review/August 2013/Vol. 24 Issue 8, p36-37, 2p. 1 Color Photograph

343. /Standing Committee of the National People's Congress, Decision on Authorising the State Council to Provisionally Adjust the Administrative Examination and Approval Specified in Relevant Laws in China (Shanghai) Free Trade Zone/ China Law&Practice/September/October 2013/Vol. 27 Issue 5, p50-50, 1p

344. /State Administration for Industry and Commerce, Several Opinions on Supporting the Establishment of China (Shanghai) Pilot Free Trade Zone/China Law&Practice/November/December 2013/Vol. 27 Issue 6, p40-40, 1p

345. /Tanzania: New Cities and Infrastructure/Africa Research Bulletin: Economic, Financial&Technical Series/11/16/2013/Vol. 50 Issue 11, p20202-20203, 2p

346. /The Role of Free Zones/MEED: Middle East Economic Digest/7/26/2013/ p6-9, 4p. 2 Charts

347. /UAE/MEED: Middle East Economic Digest/7/26/2013/Economic Zones, p44-58, 15p. 1 Chart

348. Malhotra Sarika/Lucrative Landscape/Business Today/11/10/2013/Vol. 22 Issue 23, p24, 1p

349. Sangaralingam Ramesh/China's Transition to a Knowledge Economy/Journal of the Knowledge Economy/December 2013/p473-491, 19p

350. Agnieszka Konopelko/Suwalki Special Economic Zone as an Example of Co-operation of Local Government and Business for Regional Development/Economics and Law/March 2013/p139-150, 12p

351. Bean Darren/China - Japan - Korea Free Trade Agreement/Journal of East Asia&International Law/2013/Vol. 6 Issue 2, p597, 1p

352. Bedi Heather P./Special Economic Zones: National Land Challenges, Localized Protest/Contemporary South Asia/March 2013/Vol. 21 Issue 1, p38-51, 14p

353. Behrouz Behrouzi-Rad/Waterbirds Population, Species Diversity and Similarity Fluctuation in Relation to Water Pollution in Zangi and Ahmadi Coastal Wetlands in Khore Mosa, Iran/Sophia Publishing Group/2013-08-01

354. Cheng Allen T./Can China's Market Reforms Match Investors' Expectations/ Institutional Investor-International Edition/December 2013/p27, 1p

355. Cheong Kee - Cheok/HongKong as Charter City Prototype: When Concept Meets Reality/Cities/December 2013/Vol. 35, p100-103, 4p

356. Clouse Thomas/Economic Zones Defy Isolation of Sanctions/Global Finance/December 2013/Vol. 27 Issue 12， p14， 1/2p

357. Deborah L. Swenson/Trade Environment Changes and the Expansion of Private Chinese Exports/Asian Economic Papers/March 2013/p108-134， 27p

358. Dilip Khanderao Patil/Special Economic Zones In India/Golden Research Thoughts/2013-07-01

359. Dong Huijuan/Carbon Footprint Evaluation at Industrial Park Level： A Hybrid Life Cycle Assessment Approach/Energy Policy/2013/p298-307， 10p

360. Dr. Yerramsetty Abbulu/A Study on Physico - Chemical Characteristics of Groundwater in the Industrial Zone of Visakhapatnam， Andhra Pradesh/American Journal of Engineering Research/2013-10-01

361. Dreger Christian， Zhang Yanqun/Is There a Bubble in the Chinese Housing Market? /Urban Policy&Research/March 2013/Vol. 31 Issue 1， p27-39， 13p

362. Driscoll Ian/Underneath Shanghai's FTZ Unveiling： A Dearth of Details/Asia Money/November 2013/Vol. 24 Issue 10， p16-19， 4p

363. Ellis Shannon/Shanghai Free Trade Zone Opens Doors to International Investment/Medical Device Daily/10/16/2013/Vol. 17 Issue 200， p1-8， 8p

364. Ford Neil/Putting the Trade in Free Trade Zones/Middle East/May 2013/Issue 443， p33-37， 5p

365. García Rivera， Blanca Rosa/Turnover and Job Embeddedness in Tijuana Mexico/Global Journal of Business Research/2013/Vol. 7 Issue 2， p113-122， 10p. 4 Charts

366. Gareev Timur/The Special Economic Zone in the Kaliningrad Region： Development Tool or Institutional Trap? /Baltic Journal of Economics/autumn 2013/Vol. 13 Issue 2， p113-129， 17p

367. Guha Abhijit/The Macro-Costs of Forced Displacement of the Farmers in India： A Micro-Level Study/European Journal of Development Research/December 2013/Vol. 25 Issue 5， p797-814， 18p

368. Haggard Stephanzheng Yu/Institutional Innovation and Investment in Taiwan： The Micro-foundations of the Developmental State/Business&Politics/December 2013/Vol. 15 Issue 4， p435-466， 32p. 2 Diagrams， 3 Charts， 1 Graph

369. Hao Pu/Spatial Analyses of the Urban Village Development Process in Shenzhen， China/International Journal of Urban&Regional Research/November 2013/Vol. 37 Issue 6， p2177-2197， 21p

370. Heinrich Erik/Japan Joins World's Biggest Free-Trade Zone/Global Finance/June 2013/Vol. 27 Issue 6, p10, 1/2p

371. Heng Shao/People's Streets: What Will Walkable Urbanism Look Like in China/Forbes/12/4/2013/p22, 1p

372. Hisham Al-Mobaideen, Sattam Allahawiah, Eman Basioni/Factors Influencing the Successful Adoption of Human Resource Information System: The Content of Aqaba Special Economic Zone Authority/Directory of Open Access Journals: DOAJ Articles/2013-01-01

373. Ho Reggie/Power Port/Business Traveller (UK/Europe Edition) /June 2013/p68-70, 3p. 5 Color Photographs

374. Hompson Richard/Investment Zones Provide Boost to Region's Economies/MEED: Middle East Economic Digest/7/26/2013/Economic Zones, p5, 1p

375. Hsu Maw-Shin, Lai Yung-Lung, Lin Feng-Jyh/Effects of Industry Clusters on Company Competitiveness: Special Economic Zones in Taiwan/Review of Pacific Basin Financial Markets&Policies/September 2013/Vol. 16 Issue 3/

376. Jamal Bagus/Location Slection by AHP For Special Economic Zone/Review of General Management/2013/p119-127, 9p

377. Jaroslaw Michal Nazarczuk/Perception of State Aid as an Instrument to Attract Foreign Direct Investment//2013/p7-16, 10p

378. Jiang Lingling/A Testing Ground for Reform/China Business Review/December 2013/p1, 1p. 1 Color Photograph

379. Wang Jieyong/Tourism-led Land-use Changes and Their Environmental Effects in the Southern Coastal Region of Hainan Island, China/Journal of Coastal Research/September 2013/Vol. 29 Issue 5, p1118-1125, 8p. 2 Black and White Photographs, 1 Diagram, 1 Chart, 1 Graph, 5 Maps

380. Khoonming/China: Shanghai Pilot Free Trade Zone Is Officially Launched/International Tax Review/November 2013/Vol. 24 Issue 9, p30, 1p

381. Krisovatyy Ihor A. /Application of the Positive International Experience of Tax Regulation of Investment and Innovation Activity in Ukraine/Business Inform/October 2013/p347-350, 4p

382. Leong Chee Kian/Special Economic Zones and Growth in China and India: An Empirical Investigation/International Economics&Economic Policy/December 2013/Vol. 10 Issue 4, p549-567, 19p

383. Lewis Scott/Russian Rail Link to North Korea Rebuilt/ENR：Engineering News Record/9/2/2013/Vol. 271 Issue 9，p1-1，1p
384. Li Ling/The Path to Made-in-China：How This Was Done and Future Prospects/International Journal of Production Economics/2013/p4-13，10p
385. Li Zhiyuan/Task Offshoring and Organizational Form：Theory and Evidence from China/Journal of Economic Behavior&Organization/October 2013/Vol. 94，p358-380，23p
386. Liu Qiao，Ren Xiang，Zhang Zhenxing/Legislating General Principles of Commercial Law in China/The University of Queensland：UQespace/2013-01-01
387. M. Nagarajan，M. Sureshkumar/Identification and Management of Special Economic Zones Using Spatial and Non-spatial Techniques/Egg Journals Publications/2013-06-01
388. Metal/Shanghai's Free Trade Zone to'Sit and Watch' LME and SHFE Compete/Metal Bulletin/3/25/2013/Issue 9295，p111-111，1p
389. Mikhailushkin P. V.，Barannikov A. A. /Creation of Special Economic Zones the Perspective Direction of the State Stimulation of Economy in Russia/Directory of Open Access Journals：DOAJ Articles/2013-06-01/Issue 90，p93-114，22p
390. Mozfi Al-Amyan/Tourism Marketing Strategy Case Study：Aqaba Special Economic Zone/Directory of Open Access Journals：DOAJ Articles/2013-02-01
391. Nel Etienne Nelet/Special Economic Zones in South Africa：Reflections from International Debates/Urban Forum/June 2013/Vol. 24 Issue 2，p205-217，13p
392. Norman Martin/Have Special Economic Zones Entered the 21st Century/Site Selection/November 2013/Vol. 58 Issue 6，p92-111，9p
393. Page/China's Steps Toward Reform Influenced by Local Politics/China Business Review/September 2013/p7-7，1p. 1 Color Photograph
394. Pei Miao，Masahisa Koyama，Jinkai Li/Policy Implications of China Regional Inequality/Journal of Applied Sciences/2013-01-01/Vol. 13Issue 22，p 5473-5477，5p
395. Polat Ínci/Strategic Orientation and Firm Performance：An Empirical Study on Free Zone Companies/The Journal of Economics，Sociology&Politics/Janury 2013/Vol. 9 Issue 1，p5-26，22p

396. Roscoe Andrew/Muscat Pushes Ahead with Utilities Projects/MEED: Middle East Economic Digest/5/24/2013/Vol. 57 Issue 21, p13-13, 1/3p
397. Saigal Kanika/China: Has FTA Snub Driven Shanghai's FTZ/Euromoney/December 2013/Vol. 43 Issue 536, p1-1, 1p
398. Saigal Kanika/China's Crucial Shanghai Trade/Euromoney/December 2013/Vol. 43 Issue 536, p1-1, 1p
399. Sanzhina O. P. /Cloud Technology for Regional Management of Special Economic Zones for Tourism and Recreation/Bulletin of the East Siberian State University of Technology/Vestnik/November/December 2013/Vol. 45 Issue 6, p162-166, 5p
400. Sebastian P. T. /Distant Drums/Business Today/2/17/2013/Vol. 22 Issue 4, p78-82, 4p. 2 Color Photographs, 1 Chart
401. Shen Jianfa/From Fortress HongKong to HongKong-Shenzhen Metropolis: the Emergence of Government-led Strategy for Regional Integration in HongKong/Journal of Contemporary China/November 2013/Vol. 22 Issue 84, p944-965, 22p. 1 Diagram, 1 Chart, 1 Graph
402. Sheng N. /Zhuhai/Cities/June 2013/Vol. 32, p70-79, 10p
403. Sigler Thomas J. /Panama's Special Economic Zones: Balancing Growth and Development/The University of Queensland: UQespace/2013-01-01
404. Singh/Interview: All Eyes Are on the Shanghai Free Trade Zone's Plan: Newedge's Pang/Metal Bulletin Daily/9/27/2013/Issue 384, p21-21, 1p
405. Spong Rebecca/Diversification Drives Spending/MEED: Middle East Economic Digest/2013/p20-21, 2p
406. Stewart Michael/Tatarstan Investment Conference: Machinery&Automotive Parts Production/Automotive Industries/June 2013/Vol. 193 Issue 3, p1-2, 2p
407. Topic Dajana/Bosnia and Herzegovina: Free Trade Zones in Bosnia and Herzegovina/International Tax Review/February 2013/Vol. 24 Issue 1, p31-31, 1p
408. Trappey Charles V. /SEZs Logistics Models and System Framework for Manufacturing and Exporting Large engineering Assets/Journal of Systems&Software/July 2013/Vol. 86 Issue 7, p1797-1805, 9p
409. Tring David/The Shanghai Free Trade Zone: What Did You Expect/China Law&Practice/November/December 2013/Vol. 27 Issue 6, p19-19, 1p
410. Walsh John/Social Policy and Special Economic Zones in the Greater Mekong

Subregion/International Journal of Social Quality/2013/Vol. 3 Issue 1，p44-56，13p

411. Wang Jin/The Economic Impact of Special Economic Zones：Evidence from Chinese Municipalities/Journal of Development Economics/March 2013/Vol. 101，p133-147，15p

412. Wanjiru Roseline/Free Trade Zones and the Attraction of FDI to New Locations in Peripheral Regions：Perspectives from Sub-saharan Africa/Regions：The Newsletter of the Regional Studies Association/autumn 2013/Vol. 291 Issue 3，p13-15，3p

413. Waters James/Achieving World Trade Organization Compliance for Export Processing Zones While Maintaining Economic Competitiveness for Developing Countries/Duke Law Journal/November 2013/Vol. 63 Issue 2，p481-524，44p

414. Wendy Wolford，Saturnino M. Borras Jr./Regimes of Dispossession：From Steel Towns to Special Economic Zones/Development and Change/March 2013/p381-407，27p

415. Yang Willow/What the Shanghai FTZ Tax System Might Look Like/China Law&Practice/November/December 2013/Vol. 27 Issue 6，p6-6，1p

416. Yongmin Qiao/Distribution and Accumulation of Heavy Metals in Surface Sediments from a Subtropical Bay Affected by the Special Economic Zone，China/Water Science&Technology/2013/Vol. 67 Issue 9，p2009-2016，8p

417. Zhang Hong-yuan，Lin Ya-ling/The Political and Economic Implications of the Changing Incentive Mechanisms in the Chinese Special Economic Zones：A Case Study of the Tianjin Binhai New Area//54（2），p35-62，28p

418. Zhou Xiaoyan/A New Growth Engine/Beijing Review/9/5/2013/Vol. 56 Issue 36，p14-17，4p. 2 Color Photographs

三、学位论文

1. 曹平强/新疆喀什地区经济发展方式转型的金融支持研究/硕士论文/石河子大学/2013
2. 陈石/社会转型背景下的组织制度变迁过程与机制——深圳某民营企业的人类学研究/博士论文/南开大学/2013
3. 陈祥瑞/福建省办特区以来海南岛旅游目的地空间结构演变研究/硕士论

文/海南大学/2013
4. 陈绪海/海南国际旅游岛开发规划研究/硕士论文/天津大学/2013
5. 程瑶/海南旅游产业集群化研究/硕士论文/中南民族大学/2013
6. 褚倩倩/喀什经济特区空间经济发展研究/硕士论文/青岛大学/2013
7. 范经云/喀什经济特区经济立法研究——以区域规划立法的视角/硕士论文/武汉理工大学/2013
8. 傅晓珊/城市土地利用与产业结构均衡性研究——以深圳市为例/博士论文/中国地质大学（北京）/2013
9. 姑丽尼格尔·艾斯卡尔/经济特区的设立对喀什经济的影响/硕士论文/中央民族大学/2013
10. 黄田斌/深圳区域创新系统建设及创新绩效评价研究/硕士论文/广东工业大学/2013
11. 马勇智/深圳港港口供应链的协同管理研究/博士论文/大连海事大学/2013
12. 米丽古力·阿不都茹素力/在对口援疆背景下的政府形象建设——以喀什经济特区为例/硕士论文/新疆大学/2013
13. 阙文武/深圳海关特殊监管区的第三方物流运作研究/硕士论文/上海交通大学/2013
14. 任湘娟/关于建立中俄珲春哈桑跨境经济特区的可行性及法律基础的研究/硕士论文/吉林大学/2013
15. 孙超超/新疆沿边经济特区建设及极化效应分析/硕士论文/中央民族大学/2013
16. 杨朝晖/深圳市散居少数民族管理方式研究/博士论文/兰州大学/2013
17. 姚虎/经济性特区治理中的核心行动者：生长、异化与规引/硕士论文/苏州大学/2013
18. 张海越/深圳大运会志愿者管理初步研究/硕士论文/武汉体育学院/2013
19. 张良凤/珠海横琴人才管理改革试验区建设研究/硕士论文/吉林大学/2013
20. 张义/新疆霍尔果斯口岸经济研究/硕士论文/中央民族大学/2013
21. 张泽娟/珠海港口发展战略研究/硕士论文/广东工业大学/2013
22. 赵国静/海南国际旅游岛先行试验区法律问题研究/硕士论文/海南大学/2013
23. 钟世坚/区域资源环境与经济协调发展研究——以珠海市为例/博士论

文/吉林大学/2013

24. Kong Xiangtong/Chinese Aided Special Economic Zones as a Means for North Korean Reform/Ohio State Univ. : Knowledge Bank at OSU/2013-05
25. Levien Michael James/Regimes of Dispossession: Special Economic Zones and the Political Economy of Land in India/Scholarship, University of California/2013-01-01
26. Ma Xin/The Second Line/School of Architecture/2013-09-04
27. Nita C. E./Next Batam: Fostering a Resilient Growth Strategy. A Combined Transit Oriented Development and Industrial Clustering Strategy, in Order to Create New Investment Opportunities and Competitive Advantages for the City of Batam, a Special Economic Zone Affected by the Global Crisis/Delft University of Technology: Institutional Repository/2013-10-31
28. Shujuan Lin/Application of Cost-benefit Analysis in China : A Case Study of the Xiamen Special Economic Zone/Australian National University: ANU Digital Collections/2013-12-09
29. Zwart A. M./Slowing Down'Shenzhen Speed/Delft University of Technology: Institutional Repository/2013-11-01

四、报刊文章

1. 毕研韬/抓住海南发展的历史机遇/海南日报/2013/11/26/A06 版
2. 陈健春/推进生态文明建设美丽海南/海南日报/2013/2/19/A06 版
3. 戴恩桦/推进海南标准化工作的思考和建议/海南日报/2013/7/23/A06 版
4. 杜成忠/海南州新农村新牧区示范村建设的思考/青海日报/2013/12/2/007 版
5. 李海平/深圳供应链管理的模式/现代物流报/2013/11/5/A07 版
6. 刘让群/对喀什特区文化旅游产业发展与招商的思考/喀什日报（汉）/2013/2/20/W02 版
7. 刘卓，隋昕融/加快建设海南海洋强省/海南日报/2013/2/26/A06 版
8. 卢赣平/深圳前海发展离岸期货的模式探讨/期货日报/2013/4/8/004 版
9. 陆志远/加快发展海洋旅游全面建设幸福海南/海南日报/2013/1/15/B06 版
10. 孙锐/深圳前海人才试验区创建有国际竞争力的人才制度/光明日报/

2013/11/27/015 版
11. 谭炳才，敖雨明/以创新提升珠海的城市竞争力/珠海特区报/2013/12/15/008 版
12. 陶一桃/深圳经验印证中国道路历史必然性/中国社会科学报/2013/11/8/A06 版
13. 王荣/把经济特区“金字招牌”擦得更亮/人民日报/2013/11/7/007 版
14. 王胜，张东东，黄丹英/实现海南邮轮梦的思考与建议/海南日报/2013/4/2/A06 版
15. 王肃强/关于建立海南低碳经济示范省的思考/海南日报/2013/10/8/A06 版
16. 姚庆辉/汕头发展养老产业可行性思考/汕头日报/2013/11/11/009 版
17. 张一平/特色小城镇群：海南城镇化建设的优选模式/中国社会科学报/2013/11/25/A08 版
18. /Case NO. 2745：Report in Which the Committee Requests to Be Kept Informed of Developments：Complaint Against the Government of the Philippines resented by the Kilusang Mayo Uno Labor Center/Official Bulletin：Series B/2013/Vol. 96 Issue 3，p177-185，9p
19. /China：Selling the Dream/Lawyer（Online Edition）/10/21/2013/p31 31，1p
20. /Shanghai Free Trade Zone to Form/China Chemical Reporter/9/6/2013/Vol. 24 Issue 17，p3-3，1/2p
21. Areddy James T. /Name Game in Shanghai Trade Zone/Wall Street Journal（Eastern Edition）/11/12/2013/Vol. 262 Issue 115，p11-11，2/5p
22. Back Aaron/Interrupting Shanghai's Trade Dream/Wall Street Journal（Eastern Edition）/9/14/2013/Vol. 262 Issue 64，p14-14. 1/7p
23. Barboza David/China to Test Free Trade Zone in Shanghai as Part of Economic Overhaul/New York Times/7/5/2013/Vol. 162 Issue 56188，p3-3，2/5p
24. Davis Bob/China Aims to Ease Trade - Zone Rules/Wall Street Journal（Eastern Edition）/12/3/2013/Vol. 262 Issue 131，p12-12，2/5p
25. Gale Alastair/North Korea Signals New Economic Push/Wall Street Journal（Eastern Edition）/12/28/2013/Vol. 262 Issue 152，p8-8. 1/4p. 1 Color Photograph，1 Map
26. Moody Andrew/Reform Test Case/Wall Street Journal（Eastern Edition）/11/18/2013/Vol. 262 Issue 119，p12-12，1p

27. Narin Sun/Cambodia Strikers Injured In Clash/Wall Street Journal（Eastern Edition）/12/28/2013/Vol. 262 Issue 152，p8-8，1/9p
28. Shen Hong/Free Trade Fever Hits Stocks in Shanghai. /Wall Street Journal（Eastern Edition）/9/16/2013/Vol. 262 Issue 65，p3-3，1/3p
29. Silk Richard/China Limits New Free Trade Zone/Wall Street Journal（Eastern Edition）/10/1/2013/Vol. 262 Issue 78，p16-16，2/5p
30. Takashi Mochizuki/Japan Avoids Drastic Moves on Labor Rules in New Zones/Wall Street Journal（Eastern Edition）/10/19/2013/Vol. 262 Issue 94，p8-8，1/6p
31. Takashi Mochizuki/Japan's Reform Drive Loses Steam/Wall Street Journal（Eastern Edition）/12/7/2013/Vol. 262 Issue 135，p8-8，1/6p

五、析出文献

1. 赵志凌/海南争创特色城镇化实践范例的研究/海南新使命：争创中国特色社会主义实践范例——海南省首届社会科学学术年会//2013/
2. 傅治平/铸造海南旅游的“三魂六魄”——兼论文化与旅游的融合之道/海南新使命：争创中国特色社会主义实践范例——海南省首届社会科学学术年会//2013/
3. 郭福敏/海南美丽乡村建设模式探讨/海南新使命：争创中国特色社会主义实践范例——海南省首届社会科学学术年会//2013/
4. 李昭/基于生态补偿理论的海南生态旅游发展研究/海南新使命：争创中国特色社会主义实践范例——海南省首届社会科学学术年会//2013/
5. 霍沛军/海南推进基本公共服务均等化的思考/海南新使命：争创中国特色社会主义实践范例——海南省首届社会科学学术年会//2013/
6. 毕普云/海南特色城镇化进程中的城乡差距研究/海南新使命：争创中国特色社会主义实践范例——海南省首届社会科学学术年会//2013/
7. 刘杰武，李贵才/“特区中的特区”——珠海横琴新区与深圳前海合作区比较研究/第十五届中国科协年会第 25 分会场：产城互动与规划统筹研讨会//2013/
8. 丁华，李文江，左新兵/深圳创新型城市建设经验及启示/第九届中国科技政策与管理学术年会//2013/
9. 李昊/从对外开放到粤港澳合作——珠海特区与横琴新区比较/城市时代，

协同规划——2013 中国城市规划年会//2013/
10. 罗颖/浅谈海洋经济与海南的发展/创新装备技术给力地方经济——第三届全国地方机械工程学会学术年会暨海峡两岸机械科技论坛//2013/
11. 袁易明，姬超/资源约束条件下的经济增长方式转型路径——以深圳经济特区为例/市场经济与增长质量——2013 年岭南经济论坛暨广东经济学会年会//2013/
12. 陶一桃/从沿海开放到沿边开放——开放拓展战略的意义及喀什经济特区发展应该注意的几个问题/市场经济与增长质量——2013 年岭南经济论坛暨广东经济学会年会//2013/
13. 王松林，莫正群，练炳维，余文刚/海南城乡统筹发展的现状及其发展策略初探/2013 年中国农业资源与区划学会学术年会//2013/
14. 陶一桃/从沿海开放到沿边开放——开放拓展战略的意义及喀什经济特区发展的几个问题/中国经济特区研究（2013 年第 1 期）/袁易明主编；中国经济特区研究/社会科学文献出版社/北京/2013/第 1-10 页
15. 袁易明/论经济特区的自主性体制创新/中国经济特区研究（2013 年第 1 期）/袁易明主编，中国经济特区研究/社会科学文献出版社/北京/2013/第 54-57 页
16. 袁晓江/论中国喀什特殊经济区的地位与作用/中国经济特区研究（2013 年第 1 期）/袁易明主编；中国经济特区研究/社会科学文献出版社/北京/2013/第 58-68 页
17. 温小平，赵康太/邓小平南方谈话与海南经济特区的创建及发展/中国经济特区研究（2013 年第 1 期）/袁易明主编；中国经济特区研究/社会科学文献出版社/北京/2013/第 69-80 页
18. 张凯，樊琨/中国经济特区创新力研究/中国经济特区研究（2013 年第 1 期）/袁易明主编；中国经济特区研究/社会科学文献出版社/北京/2013/第 81-95 页
19. 张克听/经济特区社区股份经济转型路径研究/中国经济特区研究（2013 年第 1 期）/袁易明主编；中国经济特区研究/社会科学文献出版社/北京/2013/第 96-107 页
20. 刘伟丽，曾冬林/经济特区在城镇化战略中的作用研究/中国经济特区研究（2013 年第 1 期）/袁易明主编；中国经济特区研究/社会科学文献出版社/北京/2013/第 108-119 页
21. 姬超，袁易明/深圳经济特区奇迹解释及理论启示/中国经济特区研究

（2013 年第 1 期）/袁易明主编；中国经济特区研究/社会科学文献出版社/北京/2013/第 120-132 页
22. 李南华口述，陈素壁整理/率先实行土地“五统一”“珠海模式”在全国推广/珠海文史（第二十二辑）/郑小跃主编；政协珠海市委员会文史资料委员会编//2013/第 1-7 页
23. 柯桂香口述 梁振兴整理/上世纪 60 年代我在南水税所工作的回忆/珠海文史（第二十二辑）/郑小跃主编；政协珠海市委员会文史资料委员会编//2013/第 8-14 页
24. 唐景雄/抗大熔炉育新人/珠海文史（第二十二辑）/郑小跃主编；政协珠海市委员会文史资料委员会编//2013/第 15-24 页
25. 唐龙彬/难以预料的事件/珠海文史（第二十二辑）/郑小跃主编；政协珠海市委员会文史资料委员会编//2013/第 25-29 页
26. 唐榕达/具有民族气节的珠海人/珠海文史（第二十二辑）/郑小跃主编；政协珠海市委员会文史资料委员会编//2013/第 30-39 页
27. 梁振兴/杨门允，珠海籍的英国侨领/珠海文史（第二十二辑）/郑小跃主编；政协珠海市委员会文史资料委员会编//2013/第 40-48 页
28. 唐文一/中国第一个翻译雨果《悲惨世界》的人/珠海文史（第二十二辑）/郑小跃主编；政协珠海市委员会文史资料委员会编//2013/第 49-51 页
29. 赵艳珍/国民党人眼中的杨匏安/珠海文史（第二十二辑）/郑小跃主编；政协珠海市委员会文史资料委员会编//2013/第 52-60 页
30. 唐绍明/悼念穗如/珠海文史（第二十二辑）/郑小跃主编；政协珠海市委员会文史资料委员会编//2013/第 61-62 页
31. 唐榕达/唐文一年表/珠海文史（第二十二辑）/郑小跃主编；政协珠海市委员会文史资料委员会编//2013/第 63-66 页
32. /珠海的全国第一（系列一）/珠海文史（第二十二辑）/郑小跃主编；政协珠海市委员会文史资料委员会编//2013/第 67-70 页
33. /珠海赛车史略/珠海文史（第二十二辑）/郑小跃主编；政协珠海市委员会文史资料委员会编//2013/第 71-74 页
34. 柯志毅/珠海县治及县名的由来/珠海文史（第二十二辑）/郑小跃主编；政协珠海市委员会文史资料委员会编//2013/第 75-77 页
35. 门晓琴/清代香山书院和学堂/珠海文史（第二十二辑）/郑小跃主编；政协珠海市委员会文史资料委员会编//2013/第 78-88 页

36. 赵承华/斗门镇已湮没的村庄/珠海文史（第二十二辑）/郑小跃主编；政协珠海市委员会文史资料委员会编//2013/第 89-92 页
37. 赵承华/斗门镇各自然村史略/珠海文史（第二十二辑）/郑小跃主编；政协珠海市委员会文史资料委员会编//2013/第 93-112 页
38. 钱肇忠/南屏甄贤学校简史/珠海文史（第二十二辑）/郑小跃主编；政协珠海市委员会文史资料委员会编//2013/第 113-120 页
39. 肖一亭/珠海澳门早期历史文化的特点/珠海文史（第二十二辑）/郑小跃主编；政协珠海市委员会文史资料委员会编//2013/第 121-144 页
40. 唐观挺/唐家湾唐族资料点滴/珠海文史（第二十二辑）/郑小跃主编；政协珠海市委员会文史资料委员会编//2013/第 145-148 页
41. 杨长征/《三灶八景诗》初步整理记/珠海文史（第二十二辑）/郑小跃主编；政协珠海市委员会文史资料委员会编//2013/第 149-154 页
42. 彭俊美/三灶“诗经”发掘整理记/珠海文史（第二十二辑）/郑小跃主编；政协珠海市委员会文史资料委员会编//2013/第 155-157 页
43. 唐地/清明归乡情满怀/珠海文史（第二十二辑）/郑小跃主编；政协珠海市委员会文史资料委员会编//2013/第 158-162 页
44. 唐景雄/热爱家乡也有遗传基因/珠海文史（第二十二辑）/郑小跃主编；政协珠海市委员会文史资料委员会编//2013/第 163 页
45. 洪卜仁，曹立新/鹭岛悲歌：厦门沦陷始末/厦门文史丛书《厦门抗战纪事》/洪卜仁主编；中国政治协商会议福建省厦门市委员会编/厦门：厦门大学出版社/2013/第 1-5 页
46. 徐雁宁，陈嘏/黑色七年：日寇铁蹄下的厦门/厦门文史丛书《厦门抗战纪事》/洪卜仁主编；中国政治协商会议福建省厦门市委员会编/厦门：厦门大学出版社/2013/第 5-9 页
47. 李闻郅/海峡烽火：厦门民众抗日纪实/厦门文史丛书《厦门抗战纪事》/洪卜仁主编；中国政治协商会议福建省厦门市委员会编/厦门：厦门大学出版社/2013/第 10-14 页
48. 洪卜仁/血肉长城：厦门华侨与抗日战争/厦门文史丛书《厦门抗战纪事》/洪卜仁主编；中国政治协商会议福建省厦门市委员会编/厦门：厦门大学出版社/2013/第 14-18 页
49. 郑道传/艰难岁月：厦门大学师生长汀抗日纪事/厦门文史丛书《厦门抗战纪事》/洪卜仁主编；中国政治协商会议福建省厦门市委员会编/厦门：厦门大学出版社/2013/第 19-23 页

50. 洪卜仁/永保家园：厦门台胞的抗日复土运动/厦门文史丛书《厦门抗战纪事》/洪卜仁主编；中国政治协商会议福建省厦门市委员会编/厦门：厦门大学出版社/2013/第23-26页
51. 洪卜仁/末日哀歌：厦门遣返“日俘”和日侨纪事/厦门文史丛书《厦门抗战纪事》/洪卜仁主编；中国政治协商会议福建省厦门市委员会编/厦门：厦门大学出版社/2013/第26-29页
52. 钟峪石/重光之日：李度青老人讲述厦门受降经过/厦门文史丛书《厦门抗战纪事》/洪卜仁主编；中国政治协商会议福建省厦门市委员会编/厦门：厦门大学出版社/2013/第29-32页
53. 林伟志/直捣敌巢：弹炸兴亚院/厦门文史丛书《厦门抗战纪事》/洪卜仁主编；中国政治协商会议福建省厦门市委员会编/厦门：厦门大学出版社/2013/第32-33页
54. 林灵安口述/日本侵略军在五通的罪行/厦门文史丛书《厦门抗战纪事》/洪卜仁主编；中国政治协商会议福建省厦门市委员会编/厦门：厦门大学出版社/2013/第34-35页
55. 吴明泉口述/菲律宾侨眷控诉日寇罪行/厦门文史丛书《厦门抗战纪事》/洪卜仁主编；中国政治协商会议福建省厦门市委员会编/厦门：厦门大学出版社/2013/第36-36页
56. 谢国伟/我祖父被日寇打死在大学路/厦门文史丛书《厦门抗战纪事》/洪卜仁主编；中国政治协商会议福建省厦门市委员会编/厦门：厦门大学出版社/2013/第36-37页
57. 叶莉华口述；张华，高金环整理/父亲被日本鬼子扫射在“万人坑”/厦门文史丛书《厦门抗战纪事》/洪卜仁主编；中国政治协商会议福建省厦门市委员会编/厦门：厦门大学出版社/2013/第37-38页
58. 林允口述；查本恩，陈若希记录/幸存者回忆哥哥蔡德发被残杀惨况/厦门文史丛书《厦门抗战纪事》/洪卜仁主编；中国政治协商会议福建省厦门市委员会编/厦门：厦门大学出版社/2013/第39-40页
59. 王尚宝三姐妹口述；张华，高金环记录/姐夫不肯当汉奸，在囚禁地跳楼自杀/厦门文史丛书《厦门抗战纪事》/洪卜仁主编；中国政治协商会议福建省厦门市委员会编/厦门：厦门大学出版社/2013/第40-42页
60. 王宝珠口述；彭建文整理/哥哥与43名年轻人同遭活埋/厦门文史丛书《厦门抗战纪事》/洪卜仁主编；中国政治协商会议福建省厦门市委员会编/厦门：厦门大学出版社/2013/第42-43页

61. 钟明秀，钟明贤口述；高金环，张华整理/乐善好施的父亲被日寇诱捕杀害/厦门文史丛书《厦门抗战纪事》/洪卜仁主编；中国政治协商会议福建省厦门市委员会编/厦门：厦门大学出版社/2013/第 43–44 页
62. 张草藤口述；陈进容，占昭昭记录/父兄被日军的机关枪射杀/厦门文史丛书《厦门抗战纪事》/洪卜仁主编；中国政治协商会议福建省厦门市委员会编/厦门：厦门大学出版社/2013/第 44–45 页
63. 记者查本恩，实习生陈若希/日军屡被暗杀疯狂报复，春节掳走渔民/厦门文史丛书《厦门抗战纪事》/洪卜仁主编；中国政治协商会议福建省厦门市委员会编/厦门：厦门大学出版社/2013/第 46–47 页
64. /71 个东山人被日军拷打致死/厦门文史丛书《厦门抗战纪事》/洪卜仁主编；中国政治协商会议福建省厦门市委员会编/厦门：厦门大学出版社/2013/第 48–49 页
65. 记者林小红/终于有人记起叔叔英勇抗日/厦门文史丛书《厦门抗战纪事》/洪卜仁主编；中国政治协商会议福建省厦门市委员会编/厦门：厦门大学出版社/2013/第 49–49 页
66. 黄亚礼口述；张华，高金环整理/6 岁的我目睹日军刺刀捅进大哥胸膛/厦门文史丛书《厦门抗战纪事》/洪卜仁主编；中国政治协商会议福建省厦门市委员会编/厦门：厦门大学出版社/2013/第 50–51 页
67. 傅奇英口述；彭建文整理/日本特务头子遇刺，26 名青年无辜被杀/厦门文史丛书《厦门抗战纪事》/洪卜仁主编；中国政治协商会议福建省厦门市委员会编/厦门：厦门大学出版社/2013/第 52–52 页
68. 黄春木口述/7 个鲜活的面孔刹那间成为冤魂/厦门文史丛书《厦门抗战纪事》/洪卜仁主编；中国政治协商会议福建省厦门市委员会编/厦门：厦门大学出版社/2013/第 53–54 页
69. 黄建明口述；张华，高金环整理/65 年后才知父亲早被日寇枪杀/厦门文史丛书《厦门抗战纪事》/洪卜仁主编；中国政治协商会议福建省厦门市委员会编/厦门：厦门大学出版社/2013/第 54–55 页
70. 林小红/中山公园爆炸是何厝英雄所为/厦门文史丛书《厦门抗战纪事》/洪卜仁主编；中国政治协商会议福建省厦门市委员会编/厦门：厦门大学出版社/2013/第 56–57 页
71. 查本恩/拿着照片认不出自己的爷爷/厦门文史丛书《厦门抗战纪事》/洪卜仁主编；中国政治协商会议福建省厦门市委员会编/厦门：厦门大学出版社/2013/第 57–58 页

72. 庄南燕，蒋彩伟，蔡丽英，洪维乐，陈宝英，吴丽珍/死在“日本仔”手里的亲友太惨了/厦门文史丛书《厦门抗战纪事》/洪卜仁主编；中国政治协商会议福建省厦门市委员会编/厦门：厦门大学出版社/2013/第58-62页
73. 柯赏赐口述；高金环，张华整理/26岁的父亲死于“兆和惨案”/厦门文史丛书《厦门抗战纪事》/洪卜仁主编；中国政治协商会议福建省厦门市委员会编/厦门：厦门大学出版社/2013/第63页
74. 陈叶口述；汪权整理/他中弹后还刺死一名日寇/厦门文史丛书《厦门抗战纪事》/洪卜仁主编；中国政治协商会议福建省厦门市委员会编/厦门：厦门大学出版社/2013/第64-65页
75. 吴淑意口述；张华整理/为保护儿女，他被日本鬼子枪杀/厦门文史丛书《厦门抗战纪事》/洪卜仁主编；中国政治协商会议福建省厦门市委员会编/厦门：厦门大学出版社/2013/第65页
76. 凌有谷口述；张华，陈鹏整理/日寇一支毒针，二哥不到两小时就死了/厦门文史丛书《厦门抗战纪事》/洪卜仁主编；中国政治协商会议福建省厦门市委员会编/厦门：厦门大学出版社/2013/第66-67页
77. 郑赐福口述；张华，陈鹏整理/捡芒果充饥，父亲遭日寇杀害/厦门文史丛书《厦门抗战纪事》/洪卜仁主编；中国政治协商会议福建省厦门市委员会编/厦门：厦门大学出版社/2013/第67-68页
78. 黄伯忠三兄妹口述；张华，陈鹏整理/为了保全儿子，她被鬼子吊死/厦门文史丛书《厦门抗战纪事》/洪卜仁主编；中国政治协商会议福建省厦门市委员会编/厦门：厦门大学出版社/2013/第69页
79. 付素华口述；张华，陈鹏整理/遭小偷陷害，父亲被鬼子活活打死/厦门文史丛书《厦门抗战纪事》/洪卜仁主编；中国政治协商会议福建省厦门市委员会编/厦门：厦门大学出版社/2013/第69-70页
80. 李金寿口述；张华，陈鹏整理/躲藏山中，被日本鬼子刺死/厦门文史丛书《厦门抗战纪事》/洪卜仁主编；中国政治协商会议福建省厦门市委员会编/厦门：厦门大学出版社/2013/第70-71页
81. 洪国强口述；张华，陈鹏整理/鬼子侵厦第一天，爷爷采药再没回家/厦门文史丛书《厦门抗战纪事》/洪卜仁主编；中国政治协商会议福建省厦门市委员会编/厦门：厦门大学出版社/2013/第71页
82. /珍藏58年的起诉书原件见证血魂团成员/厦门文史丛书《厦门抗战纪事》/洪卜仁主编；中国政治协商会议福建省厦门市委员会编/厦门：厦

门大学出版社/2013/第 72-73 页

83. /67 年前老地图暴露日寇侵厦野心/厦门文史丛书《厦门抗战纪事》/洪卜仁主编；中国政治协商会议福建省厦门市委员会编/厦门：厦门大学出版社/2013/第 74-75 页

84. /保甲制户口牌见证日寇暴行/厦门文史丛书《厦门抗战纪事》/洪卜仁主编；中国政治协商会议福建省厦门市委员会编/厦门：厦门大学出版社/2013/第 75-77 页

85. /老战士重唱闽南抗日童谣/厦门文史丛书《厦门抗战纪事》/洪卜仁主编；中国政治协商会议福建省厦门市委员会编/厦门：厦门大学出版社/2013/第 77-78 页

86. /美丽女战士用诗篇向日寇宣战/厦门文史丛书《厦门抗战纪事》/洪卜仁主编；中国政治协商会议福建省厦门市委员会编/厦门：厦门大学出版社/2013/第 78-79 页

87. /侵华日军总司令佩刀现身厦门/厦门文史丛书《厦门抗战纪事》/洪卜仁主编；中国政治协商会议福建省厦门市委员会编/厦门：厦门大学出版社/2013/第 79-81 页

88. /捐献银圆，买飞机打日寇/厦门文史丛书《厦门抗战纪事》/洪卜仁主编；中国政治协商会议福建省厦门市委员会编/厦门：厦门大学出版社/2013/第 81-82 页

89. /抗日女英雄诗作“原件”找到了/厦门文史丛书《厦门抗战纪事》/洪卜仁主编；中国政治协商会议福建省厦门市委员会编/厦门：厦门大学出版社/2013/第 83-83 页

90. /厦门的记忆/厦门文史丛书《厦门抗战纪事》/洪卜仁主编；中国政治协商会议福建省厦门市委员会编/厦门：厦门大学出版社/2013/第 84-98 页

91. /厦门台湾住民会成立以来发生的主要事件/厦门文史丛书《厦门抗战纪事》/洪卜仁主编；中国政治协商会议福建省厦门市委员会编/厦门：厦门大学出版社/2013/第 99-107 页

92. 徐国祥，黄亚慈，陈清波编/日伪时期厦门的粮食与民生/厦门文史丛书《厦门抗战纪事》/洪卜仁主编；中国政治协商会议福建省厦门市委员会编/厦门：厦门大学出版社/2013/第 108-118 页

93. 黄德昌口述；张镇世，曾世钦整理/鼓浪屿兆和惨案/厦门文史丛书《厦门抗战纪事》/洪卜仁主编；中国政治协商会议福建省厦门市委员会编/

厦门：厦门大学出版社/2013/第 119-132 页

94. /单枪匹马制裁敌酋泽重信/厦门文史丛书《厦门抗战纪事》/洪卜仁主编；中国政治协商会议福建省厦门市委员会编/厦门：厦门大学出版社/2013/第 132-139 页

95. 潘嗣岳/侵厦日军的慰安所/厦门文史丛书《厦门抗战纪事》/洪卜仁主编；中国政治协商会议福建省厦门市委员会编/厦门：厦门大学出版社/2013/第 139-142 页

96. 芝园/日本图占鼓浪屿经过/厦门文史丛书《厦门抗战纪事》/洪卜仁主编；中国政治协商会议福建省厦门市委员会编/厦门：厦门大学出版社/2013/第 142-147 页

97. 陈红秋/鼓浪屿事件始末/厦门文史丛书《厦门抗战纪事》/洪卜仁主编；中国政治协商会议福建省厦门市委员会编/厦门：厦门大学出版社/2013/第 147-151 页

98. /《厦门晚报》展开抗战期间厦门死难者调查/厦门文史丛书《厦门抗战纪事》/洪卜仁主编；中国政治协商会议福建省厦门市委员会编/厦门：厦门大学出版社/2013/第 152-174 页

99. /筹建抗战死难者纪念碑/厦门文史丛书《厦门抗战纪事》/洪卜仁主编；中国政治协商会议福建省厦门市委员会编/厦门：厦门大学出版社/2013/第 175-177 页

100. /永铭在心：厦门抗战死难者纪念雕塑/厦门文史丛书《厦门抗战纪事》/洪卜仁主编；中国政治协商会议福建省厦门市委员会编/厦门：厦门大学出版社/2013/第 178 页

101. /新调查抗战时期厦门死难者名单/厦门文史丛书《厦门抗战纪事》/洪卜仁主编；中国政治协商会议福建省厦门市委员会编/厦门：厦门大学出版社/2013/第 179-202 页

102. 黄碧云，陈美珠，方贻岩，黄守忠/死难者亲属来信选录/厦门文史丛书《厦门抗战纪事》/洪卜仁主编；中国政治协商会议福建省厦门市委员会编/厦门：厦门大学出版社/2013/第 203-204 页

103. /战时日机空袭伤亡报告/厦门文史丛书《厦门抗战纪事》/洪卜仁主编；中国政治协商会议福建省厦门市委员会编/厦门：厦门大学出版社/2013/第 205-212 页

104. 林璟晫译/报载日军在厦门岛登陆/厦门文史丛书《厦门抗战纪事》/洪卜仁主编；中国政治协商会议福建省厦门市委员会编/厦门：厦门大

学出版社/2013/第 213-214 页
105.《读卖新闻从军记者》田中重雄；张联辉译/从军记：扫荡厦门残兵/厦门文史丛书《厦门抗战纪事》/洪卜仁主编；中国政治协商会议福建省厦门市委员会编/厦门：厦门大学出版社/2013/第 215-217 页
106./战时报纸对厦门沦陷的报道/厦门文史丛书《厦门抗战纪事》/洪卜仁主编；中国政治协商会议福建省厦门市委员会编/厦门：厦门大学出版社/2013/第 218-243 页
107. 李向群辑录/日寇侵占厦门前后报刊资料目录/厦门文史丛书《厦门抗战纪事》/洪卜仁主编；中国政治协商会议福建省厦门市委员会编/厦门：厦门大学出版社/2013/第 244-249 页
108. 陈碧笙/树人早作百年计——陈嘉庚创办厦门大学/厦门文史丛书《厦老校名校》/洪卜仁主编；中国政治协商会议福建省厦门市委员会编/厦门：厦门大学出版社/2013/第 1-7 页
109. 洪永宏/演武场上的高等学府：厦门大学/厦门文史丛书《厦老校名校》/洪卜仁主编；中国政治协商会议福建省厦门市委员会编/厦门：厦门大学出版社/2013/第 8-20 页
110. 余少文/清末民初厦门的书院/厦门文史丛书《厦老校名校》/洪卜仁主编；中国政治协商会议福建省厦门市委员会编/厦门：厦门大学出版社/2013/第 21-23 页
111. 陈方，刘扬，陈阔生，孙秋霞/厦门第一所公办中学：省立十三中/厦门文史丛书《厦老校名校》/洪卜仁主编；中国政治协商会议福建省厦门市委员会编/厦门：厦门大学出版社/2013/第 24-33 页
112. 洪卜仁/早期中美合办的同文书院/厦门文史丛书《厦老校名校》/洪卜仁主编；中国政治协商会议福建省厦门市委员会编/厦门：厦门大学出版社/2013/第 34-47 页
113. 许十方，陈峰/私立集美学校/厦门文史丛书《厦老校名校》/洪卜仁主编；中国政治协商会议福建省厦门市委员会编/厦门：厦门大学出版社/2013/第 48-63 页
114. 许十方，陈峰/毓德女子中学/厦门文史丛书《厦老校名校》/洪卜仁主编；中国政治协商会议福建省厦门市委员会编/厦门：厦门大学出版社/2013/第 64-73 页
115. 许十方，陈峰/英华书院和英华中学/厦门文史丛书《厦老校名校》/洪卜仁主编；中国政治协商会议福建省厦门市委员会编/厦门：厦门大

学出版社/2013/第 74-89 页
116. 许十方，陈峰/怀仁女子学校/厦门文史丛书《厦老校名校》/洪卜仁主编；中国政治协商会议福建省厦门市委员会编/厦门：厦门大学出版社/2013/第 90-100 页
117. 李向群/私立厦门双十中学办学实录/厦门文史丛书《厦老校名校》/洪卜仁主编；中国政治协商会议福建省厦门市委员会编/厦门：厦门大学出版社/2013/第 101-117 页
118. 李向群/厦门大同中学/厦门文史丛书《厦老校名校》/洪卜仁主编；中国政治协商会议福建省厦门市委员会编/厦门：厦门大学出版社/2013/第 118-128 页
119. 许十方，陈峰/闽南职业学校/厦门文史丛书《厦老校名校》/洪卜仁主编；中国政治协商会议福建省厦门市委员会编/厦门：厦门大学出版社/2013/第 129-136 页
120. 洪卜仁/厦门美术专科学校/厦门文史丛书《厦老校名校》/洪卜仁主编；中国政治协商会议福建省厦门市委员会编/厦门：厦门大学出版社/2013/第 137-141 页
121. 洪卜仁/厦门民用航空学校/厦门文史丛书《厦老校名校》/洪卜仁主编；中国政治协商会议福建省厦门市委员会编/厦门：厦门大学出版社/2013/第 142-149 页
122. 李向群/厦门大同小学办学历程/厦门文史丛书《厦老校名校》/洪卜仁主编；中国政治协商会议福建省厦门市委员会编/厦门：厦门大学出版社/2013/第 150-161 页
123. 李向群/百年阳翟小学办学回顾/厦门文史丛书《厦老校名校》/洪卜仁主编；中国政治协商会议福建省厦门市委员会编/厦门：厦门大学出版社/2013/第 162-174 页
124. 陈峰/鼓浪屿普育小学/厦门文史丛书《厦老校名校》/洪卜仁主编；中国政治协商会议福建省厦门市委员会编/厦门：厦门大学出版社/2013/第 175-183 页
125. 洪卜仁/厦港渔民小学/厦门文史丛书《厦老校名校》/洪卜仁主编；中国政治协商会议福建省厦门市委员会编/厦门：厦门大学出版社/2013/第 184-186 页
126. 许十方，陈峰/鼓浪屿福民小学/厦门文史丛书《厦老校名校》/洪卜仁主编；中国政治协商会议福建省厦门市委员会编/厦门：厦门大学出

版社/2013/第 187-195 页

127. 许十方，陈峰/鼓浪屿养元小学/厦门文史丛书《厦老校名校》/洪卜仁主编；中国政治协商会议福建省厦门市委员会编/厦门：厦门大学出版社/2013/第 196-204 页

128. 洪卜仁/厦门市侨办小学概况/厦门文史丛书《厦老校名校》/洪卜仁主编；中国政治协商会议福建省厦门市委员会编/厦门：厦门大学出版社/2013/第 205-208 页

129. 许十方，陈峰/怀德幼稚园/厦门文史丛书《厦老校名校》/洪卜仁主编；中国政治协商会议福建省厦门市委员会编/厦门：厦门大学出版社/2013/第 209-216 页

130. 李向群/备受青睐的鹭江幼稚园/厦门文史丛书《厦老校名校》/洪卜仁主编；中国政治协商会议福建省厦门市委员会编/厦门：厦门大学出版社/2013/第 217-223 页

131. /附录一：厦门市公私立中等学校一览表（1935 年度）/厦门文史丛书《厦老校名校》/洪卜仁主编；中国政治协商会议福建省厦门市委员会编/厦门：厦门大学出版社/2013/第 224 页

132. /附录二：厦门市市立小学一览表（1935 年度）/厦门文史丛书《厦老校名校》/洪卜仁主编；中国政治协商会议福建省厦门市委员会编/厦门：厦门大学出版社/2013/第 225 页

133. /附录三：厦门市私立小学一览表（1935 年度）/厦门文史丛书《厦老校名校》/洪卜仁主编；中国政治协商会议福建省厦门市委员会编/厦门：厦门大学出版社/2013/第 225-227 页

134. /附录四：厦门市私立初级小学一览表（1935 年度）/厦门文史丛书《厦老校名校》/洪卜仁主编；中国政治协商会议福建省厦门市委员会编/厦门：厦门大学出版社/2013/第 227 页

135. /附录五：厦门市私立幼稚园概况一览表（1935 年度）/厦门文史丛书《厦老校名校》/洪卜仁主编；中国政治协商会议福建省厦门市委员会编/厦门：厦门大学出版社/2013/第 228 页

136. /附录六：厦门市公私立各级学校一览表（1947 年度）/厦门文史丛书《厦老校名校》/洪卜仁主编；中国政治协商会议福建省厦门市委员会编/厦门：厦门大学出版社/2013/第 228-231 页

137. /后记/厦门文史丛书《厦老校名校》/洪卜仁主编；中国政治协商会议福建省厦门市委员会编/厦门：厦门大学出版社/2013/第 232-233 页

2014 年

一、著作

1. 《迈向国际化的深圳》编委会编/迈向国际化的深圳/广州：广东经济出版社/2014 年 7 月
2. 《深圳新一轮金融改革方略》课题组著/深圳新一轮金融改革方略前海跨境交易产品与服务框架研究/北京：中国财政经济出版社/2014 年 11 月
3. 陈汉初著；汕头市社会科学联合会，广东省民俗文化研究会编/字纸斋品潮集/北京：中央文献出版社/2014 年
4. 陈�著/深圳蛇口工业区城市住宅发展 1980—2000/西安：西安交通大学出版社/2014 年 12 月
5. 陈水雄，王常华，肖军著/海南国际旅游岛旅游安全保障体系研究/海口：南海出版公司/2014 年 12 月
6. 杜朝运，马彧菲著/微型金融与小微企业基于厦门的考察/厦门：厦门大学出版社/2014 年 4 月
7. 段亚兵著/深圳拓荒人基建工程兵创业纪实/北京：人民出版社/2014 年 1 月
8. 傅小随著/深圳基本公共服务均等化研究/深圳：海天出版社/2014 年 2 月
9. 国务院发展研究中心课题组著/深化改革开放与加快海南国际旅游岛建设/北京：中国发展出版社/2014 年 4 月
10. 海南国际旅游岛发展研究院，李辽宁主编/海南国际旅游岛建设发展报告 2010—2013/北京：中国社会科学出版社/2014 年 8 月
11. 海南省地方志办公室编/海南省志财政志 1991—2010/北京：方志出版社/2014 年 4 月
12. 郝寿义，王家庭，倪方树著/工业驱动新型城镇化天津滨海新区发展模式研究/北京：中国工人出版社/2014 年 12 月
13. 黄鹤麟主编/2014 年厦门文化改革发展蓝皮书/厦门：厦门大学出版社/2014 年 10 月
14. 黄青山著/总部经济进行曲来自深圳 CBD 的活力样本/北京：人民日报

出版社/2014 年 9 月
15. 贾绍华，汤贡亮，谷志杰主编/创新税收体制实现历史使命促进深圳前海深港现代服务业合作区发展的税收研究/北京：中国财政经济出版社/2014 年 3 月
16. 赖俊宇，彭海城，叶先权著/购置型保障性住房定价研究以深圳市安居型商品房定价为例/北京：人民出版社/2014 年 8 月
17. 李华楠（法律）总纂；深圳市地方志编委会编/深圳市志改革开放卷/北京：方志出版社/2014 年
18. 李洁琼，温强，叶波主编/海南省海洋经济可持续发展战略与海洋管理研究/北京：海洋出版社/2014 年 4 月
19. 李立国总主编/中华人民共和国政区大典海南省卷/北京：中国社会出版社/2014 年 8 月
20. 李天军著/深圳十二年轮/广州：羊城晚报出版社/2014 年
21. 李耀峰编著/旅游地文化生产的社会结构困境研究，以海南三亚红山景区为个案/南昌：江西人民出版社/2014 年 5 月
22. 刘荆洪著/海南乡村旅游文化与审美/海口：南海出版公司/2014 年 12 月
23. 刘增利主编/生态立省绿色崛起海南科学发展之路/北京：开明出版社/2014 年 8 月
24. 陆杰华，罗乐宣，苏杨主编/深圳人口与健康发展报告 2014 版/北京：社会科学文献出版社/2014 年 11 月
25. 罗罡辉主编/深圳市合法外土地的管理政策变迁研究/深圳：海天出版社/2014 年 2 月
26. 骆伟娟主编；珠海市档案馆编/走进珠海/海口：南方出版社/2014 年
27. 毛军吉，李志德著/科技金融的深圳探索基于科技小额贷款的视角/北京：国家行政学院出版社/2014 年 8 月
28. 孟建民，龙玉峰著/深圳市保障性住房政策标准、配套建设与居住空间高效利用研究/北京：中国建筑工业出版社/2014 年 5 月
29. 厦门市发展研究中心编著/2013—2014 年厦门发展报告/厦门：厦门大学出版社/2014 年 5 月
30. 厦门市发展研究中心编著/推动转型发展建设美丽厦门厦门市“十三五”经济社会发展战略思考/厦门：厦门大学出版社/2014 年 12 月
31. 深圳国际低碳城规划建设领导小组主编/深圳国际低碳城发展年度报告/

深圳：海天出版社/2014 年 6 月

32. 深圳市地方志编纂委员会编/深圳市志基础建设卷/北京：方志出版社/2014 年 9 月

33. 深圳市地方志编纂委员会编/深圳市志社会风俗卷/北京：方志出版社/2014 年 12 月

34. 深圳市地方志编纂委员会编/深圳市志改革开放卷/北京：方志出版社/2014 年 5 月

35. 深圳市福田区委区政府编/解码深圳·华强北/广州：广东科技出版社/2014 年 11 月

36. 深圳市规划和国土资源委员会（市海洋局）编/深圳房地产发展报告/深圳：深圳报业集团出版社/2014 年 9 月

37. 深圳市龙岗区文体旅游局，深圳市龙岗区文物管理办公室编著/深圳东北地区围屋建筑研究/北京：文物出版社/2014 年 6 月

38. 宋红娟编著/生态旅游理论与海南实践/北京：北京理工大学出版社/2014 年 4 月

39. 宋雅杰著/城市环境危机管理以深圳大鹏半岛为例/北京：科学出版社/2014 年 1 月

40. 汤丽霞，海闻主编/深圳国际化城市建设比较研究报告/北京：中国发展出版社/2014 年 8 月

41. 汤庭芬主编/深圳劳动关系发展报告 2014/北京：社会科学文献出版社/2014 年 6 月

42. 唐伟志著/构建深圳终身教育体系研究/北京：北京联合出版公司/2014 年 6 月

43. 王登峰，吕烈武，吴曼峰编著/海南省儋州市耕地资源评价与利用/北京：科学出版社/2014 年 11 月

44. 王锋，李宇嘉著/深圳住房政策实践与住房制度创新/北京：中国建筑工业出版社/2014 年 12 月

45. 王敏主编/深圳公职人员人事制度改革三十年/深圳：海天出版社/2014 年 2 月

46. 王世巍著/深圳市人口变迁研究/深圳：海天出版社/2014 年 2 月

47. 王小东著/喀什高台民居/南京：东南大学出版社/2014 年 1 月

48. 王喆著/创新驱动创意引领制度先行海南国际旅游岛先行试验区发展思路及配套政策研究/北京：中国言实出版社/2014 年 9 月

49. 吴伟平，李伟华主编；厦门市海沧区地方志编纂委员会编/厦门市海沧区志/北京：中华书局/2014 年
50. 肖磊著/深圳市现代服务业统计方法制度研究兼论前海统计相关问题及对策/北京：中国统计出版社/2014 年 1 月
51. 谢海生主编/生态文明的探索与厦门生态建设的实践/北京：人民出版社/2014 年 9 月
52. 徐景明著；张恒瑞译/中国创造系列海底的较量厦门海底/北京：五洲传播出版社/2014 年 4 月
53. 许佩华著/经济特区立法研究/北京：法律出版社/2014 年
54. 许瑛（公务员）主编/我们濠江/汕头：汕头大学出版社/2014 年
55. 闫广林主编/海南历史文化第 4 卷/北京：社会科学文献出版社/2014 年 6 月
56. 杨洪，冯现学编著/低碳发展，有质量的城镇化发展之路深圳国际低碳城的实践与探索/北京：新华出版社/2014 年 9 月
57. 杨江峰著/特区义务教育均衡发展改革研究基于深圳市六个区的实证分析/武汉：华中师范大学出版社/2014 年 12 月
58. 姚文开著/喀什特区深圳缘/北京：人民日报出版社/2014 年 6 月
59. 叶民辉，张骁儒主编/深圳社会建设与发展报告 2014/北京：社会科学文献出版社/2014 年 7 月
60. 叶杨（博物馆工作）主编，莫小培主编；深圳博物馆编著/宝安三十年史/北京：文物出版社/2014 年
61. 张航，周利群，江敬艳编著/创意产业发展与创新创业团队培育以深圳地区为例/武汉：武汉大学出版社/2014 年 7 月
62. 张妙弟主编/美丽海南/北京：蓝天出版社/2014 年 10 月
63. 张骁儒，黄发玉主编/国际化城市与深圳方略/深圳：海天出版社/2014 年 2 月
64. 张骁儒，王世巍，黄发玉著/深圳蓝皮书深圳经济发展报告 2014/北京：社会科学文献出版社/2014 年 7 月
65. 张毅恭主编/厦门市湖里区志/北京：方志出版社/2014 年
66. 赵康太，曹锡仁主编/海南国际旅游岛建设报告 2014/北京：社会科学文献出版社/2014 年 4 月
67. 郑炳忠编著/回顾与思考厦门教育改革与发展的足迹/厦门：厦门大学出版社/2014 年 2 月

68. 郑远强编著/海南旅游产业建设项目研究/北京：经济科学出版社/2014年8月
69. 钟启权，张锡洪，李春洪卷主编；广东省志编委会编/广东省志：1979—2000.06经济体制改革卷经济特区与开发区卷/北京：方志出版社/2014年
70. 钟若愚主编/资源生产率与可持续发展问题研究以深圳经济特区为例/北京：中国经济出版社/2014年10月
71. 周金泉著/企业失败理论与实践：海南经济特区的经验/北京：中国商业出版社/2014年
72. 周清云，周群林，王海燕著/海南省农村公共文化服务体系建设调查研究/长春：东北师范大学出版社/2014年9月
73. 珠海市社会科学界联合会编/珠海经济社会发展研究报告2014/北京：社会科学文献出版社/2014年1月
74. 倪泽望著/中国特色社区建设深圳市罗湖区经验/北京：中国社会出版社/2014年11月
75. Brian Muller, Peijun Shi/A Comparative Geography of China and the U. S//July 2014
76. Camilla Jensen/Special Economic Zones: 20 years later/Case - Center for Social and Economic Research/February 2014
77. Erik Baark/HongKong Special Administrative Region/Springer Berlin Heidelberg/September 2013
78. Farole Thomas/It Worked in China, so Why not in Africa? The Political Economy Challenge of Special Economic Zones/World Institute/2014
79. Giovanni Palmioli/Structural Economic Reform in China: The Role of the Shanghai Free Trade Zone/United Nations Economic and Social Commission/November 2014
80. Jean - Marc Siroën/Trade Performance of Free Trade Zones/Développement, Institutions and Mondialisation/2014
81. Jenkins Rob/Power, Policy and Protest: The Politics of India's Special Economic Zones/OUP Catalogue/2014
82. Parwez Sazzad/Modified Labor Welfare Measures for Special Economic Zone&Implications/University Library of Munich/October 2014
83. Paul Saumik/Are Special Economic Zones a Curse on Those "Chosen" to Be Evicted: Evidence form West Bengal, India/Institute of Developing Economies/2014

二、期刊论文

1. 白雪洁，李栋，闫文凯/深圳高新区的发展经验与启示/现代管理科学/2014 年第 7 期/第 22-24 页
2. 白义霞/创新型城市比较研究——以天津滨海新区和深圳特区为例/财经问题研究/2014 年第 S2 期/第 155-159 页
3. 鲍富元/海洋旅游融合发展的理论体系构建与应用——基于海南的发展实践/海洋经济/2014 年第 1 期/第 36-43 页
4. 鲍富元，刘毅/游艇俱乐部运营机制与管理模式的优化研究——以三亚为例/广东海洋大学学报/2014 年第 2 期/第 33-37 页
5. 北京大学国家发展研究院综合课题组/更新城市的市场之门——深圳市化解土地房屋历史遗留问题的经验研究/国际经济评论/2014 年第 3 期/第 56-71+5 页
6. 毕剑，李悦铮，江海旭，周成/喀什经济特区背景下喀阿组合城市研究/世界地理研究/2014 年第 1 期/第 122-129 页
7. 蔡金花/特区教育立法的挑战与机遇——以深圳经济特区为例/教育导刊/2014 年第 7 期/第 21-23 页
8. 蔡清辉/厦门文艺精品创作生产存在的问题与对策——深圳文艺精品“井喷”的借鉴与启示/厦门特区党校学报/2014 年第 4 期/第 21-27 页
9. 蔡自力/法律视角下厦门市社区戒毒康复工作探讨/厦门科技/2014 年第 1 期/第 21-25 页
10. 曹勤/福建厦门服务业“成本病”分析/中国市场/2014 年第 27 期/第 26-27+48 页
11. 曾玉荣，翁伯琦，许标文，刘宇峰，刘波/加快都市型现代农业发展的产业选择与策略思考——以厦门市为例/发展研究/2014 年第 4 期/第 88-91 页
12. 车秀珍，王越，袁博/深圳建立环境污染损害鉴定评估管理制度研究及建议/特区经济/2014 年第 7 期/第 11-13 页
13. 陈端海/珠海港集装箱甩挂运输研究与应用/特区经济/2014 年第 6 期/第 75-77 页
14. 陈海，罗思颖/积极促进社会组织发展有效推进政府职能转移——深圳市社会组织体制改革探索/中国机构改革与管理/2014 年第 11 期/第 28-

30 页
15. 陈海疆/厦门商事登记制度改革的实践与思考/中国行政管理/2014 年第 9 期/第 31-33+92 页
16. 陈建兴/厦门新型城镇化道路浅析/福建农业/2014 年第 8 期/第 191-192 页
17. 陈金林，申红光/海南农村小额贷款实践与创新/银行家/2014 年第 2 期/第 106-109 页
18. 陈静莹/规划先行合理布局建设试验区汕头市召开华侨试验区规划编制工作座谈会/潮商/2014 年第 6 期/第 8 页
19. 陈军苗/深圳市近年来酸性降水特征及其成因分析研究/环境科学与管理/2014 年第 8 期/第 53-56 页
20. 陈鹏，傅世锋，文超祥，吴海燕，宋志晓/1989—2010 年间厦门湾滨海湿地人为干扰影响评价及景观响应/应用海洋学学报/2014 年第 2 期/第 167-174 页
21. 陈清艺/关于建立厦门市政策性融资平台的若干思考/福建金融/2014 年第 5 期/第 43-45 页
22. 陈松河，黄全能，包宇航，张洪英/园博园在城市区域旅游经济中的地位和作用——以厦门园博苑为例/四川林业科技/2014 年第 1 期/第 99-101 页
23. 陈穗芳，张丽纯/汕头：正在形成的粤东商业中心/潮商/2014 年第 4 期/第 21-30 页
24. 陈图深/路线图与排头兵——深圳经济特区改革开放的个性品格/特区实践与理论/2014 年第 1 期/第 14-15 页
25. 陈维新/图们江区域发展研究的回顾与思考/东北亚论坛/2014 年第 4 期/第 48-53+126 页
26. 陈祥敏，宗和静/海南城镇化推进模式及其选择/特区经济/2014 年第 4 期/第 22-24 页
27. 陈晓丹，唐天均，车秀珍，孙芳芳/湾区经济视角下的深圳湾区环境提升策略研究/特区经济/2014 年第 12 期/第 64-66 页
28. 陈筱云/城市供水水库管理战略的制定与实施——以深圳市西丽水库管理为例/水利发展研究/2014 年第 6 期/第 40-43+48 页
29. 陈新华/深圳发展学术文化的思路及对策——以“深圳学派”为中心/特区实践与理论/2014 年第 6 期/第 67-71 页

30. 陈正顺/深圳市宝安区街道办事处管理体制改革的现状及问题研究/价值工程/2014 年第 7 期/第 169-170 页
31. 代明，张杭，饶小琦/从单中心到多中心：后工业时代城市内部空间结构的发展演变/经济地理/2014 年第 6 期/第 80-86 页
32. 戴美玲/文化建园：城市变迁与城市文化新建的一种模式——以厦门筼筜湖、白鹭洲为例/湖南城市学院学报/2014 年第 1 期/第 58-61 页
33. 邓琼飞/海南民俗影视发展历史述略/韶关学院学报/2014 年第 9 期/第 107-111 页
34. 邓云秀，李超/立法；为海南增绿护蓝/海南人大/2014 年第 12 期/第 23-26 页
35. 邓云秀，孙丽娜/以立法引领和推动海南旅游业改革发展/海南人大/2014 年第 10 期/第 11-13 页
36. 邓志新/湾区经济发展战略下深圳自贸区的构建/特区经济/2014 年第 12 期/第 15-17 页
37. 丁伯东/加大治标力度形成威慑——海南推进惩防体系建设难点问题研究/今日海南/2014 年第 2 期/第 28-30 页
38. 董紫君，杜红，宋洪星，段洪雷，董文艺/深圳市建筑节水器具推广措施与应用示范/建筑经济/2014 年第 2 期/第 81-83 页
39. 杜发春/论基础设施骨架与城市化建设——基于新疆喀什市的调查/云南农业大学学报（社会科学版）/2014 年第 5 期/第 14-20 页
40. 杜鹃，陈恒/深圳：中国新城的都市神话/时代建筑/2014 年第 4 期/第 62 页
41. 杜婷，胡李翔，徐丽/深圳行业结构与人才关系研究/特区经济/2014 年第 1 期/第 18-20 页
42. 范苏云，石向辉，牛姬飞，林志萍，李丽廉/深圳市福田区人群华支睾吸虫感染调查及危险因素分析/中国血吸虫病防治杂志/2014 年第 6 期/第 699-700 页
43. 范永茂，葛洪/构建现代城市一元公共财政体制——对深圳特区一体化进程的思考/经济体制改革/2014 年第 3 期/第 137-141 页
44. 方和荣/厦门城镇化质量问题思考/中共福建省委党校学报/2014 年第 2 期/第 64-69 页
45. 丰素娟/对《深圳经济特区控烟条例》修订的思考/中国卫生监督杂志/2014 年第 4 期/第 378-381 页

46. 冯琼，肖思智，刘家诚，黄景贵/三亚国家服务业综合改革试点政策优化系列研究——三亚邮轮产业调研报告/特区经济/2014 年第 1 期/第 21-23 页
47. 付敏，刘晓，梁希，辛子艺，刘婷，陈少贤/深圳市龙岗区社区卫生服务发展分析/中国初级卫生保健/2014 年第 11 期/第 23-25 页
48. 付莹/论深圳土地租赁制度的突破性贡献和土地资源短缺时期的创新实践/特区经济/2014 年第 4 期/第 86-88 页
49. 付莹/深圳商事登记制度改革的功能、困境与对策/特区实践与理论/2014 年第 1 期/第 53-56 页
50. 高明，余正/海南税收制度改革框架构建分析——以海南国际旅游岛建设为背景/法制与社会/2014 年第 7 期/第 108-109 页
51. 高莎莎，沈琳/海南省地方政府性债务的相关研究/时代金融/2014 年第 5 期/第 79-81 页
52. 龚新蜀，程伟/基于 SWOT 法和层次分析法的西北边境地区经济特区发展战略选择——以新疆霍尔果斯为例/科技管理研究/2014 年第 7 期/第 31-35 页
53. 郭文帅，王杨堃/深圳市综合交通管理体制改革的经验与启示/综合运输/2014 年第 8 期/第 20-24 页
54. 郭向阳，郭志仪/新时期传统经济特区生产服务业协调发展与产业升级研究——基于深圳市产业—就业结构的实证/西北人口/2014 年第 5 期/第 40-44 页
55. 韩汉君/上海自贸区与滨海、前海的金融创新比较/浦东开发/2014 年第 8 期/第 38-41 页
56. 韩宁/推进海南省低碳经济发展的机制体系探讨/经济研究导刊/2014 年第 2 期/第 199-200+214 页
57. 何春雨/全媒体时代重大时政新闻报道分析——以深圳报业集团“湾区经济”报道为例/青年记者/2014 年第 27 期/第 47-48 页
58. 何东霞，易顺，李彬联，郭维/宗族制度、关系网络与经济发展——潮汕地区经济落后的文化原因研究/华南师范大学学报（社会科学版）/2014 年第 2 期/第 64-72+160 页
59. 何继江，刘宁/蛇口模式：一种社会技术创新/特区经济/2014 年第 12 期/第 53-57 页
60. 何逸英/厦门打造海峡西岸消费中心城市的思考/厦门特区党校学报/

2014 年第 2 期/第 27-32 页

61. 何泽宁/关于海南特色库的调查浅显报告/科技创新导报/2014 年第 14 期/第 233 页
62. 洪碧玲/先行先试推进美丽厦门建设/中国监察/2014 年第 1 期/第 53 页
63. 侯冠平，张侨，金海龙/海南省旅游业规模经济及其制约因素分析/地域研究与开发/2014 年第 2 期/第 106-111 页
64. 侯迎，郑芳/海南省旅游业空间集聚研究/信阳师范学院学报（自然科学版）/2014 年第 4 期/第 505-509 页
65. 胡弘弘，王秀才/国家改革试验区与经济特区的比较及启示/中共青岛市委党校青岛行政学院学报/2014 年第 2 期/第 90-96 页
66. 胡杰成/海南借国家战略推进新型城镇化/中国投资/2014 年第 7 期/第 80-83+9 页
67. 胡洁，王红扬，钱慧/“弱政府”背景下的公共服务设施发展困境——以汕头市潮南区为例/现代城市研究/2014 年第 4 期/第 87-92 页
68. 胡品平/深圳国家自主创新示范区：广东创新驱动发展先锋队/广东科技/2014 年第 17 期/第 64-67 页
69. 胡炜，贾明超，魏广玉，姜仁荣/深圳市高度城市化阶段违法用地影响因素分析与风险评估/中国土地科学/2014 年第 8 期/第 10-16+2 页
70. 胡晓婉，余瑾/以深圳市盐田区为例浅谈宜居城市规划建设/特区经济/2014 年第 2 期/第 93-95 页
71. 胡延华/深圳轿车滚装运输发展的现状、问题和对策/物流技术/2014 年第 23 期/第 149-151 页
72. 黄爱东/新型城镇化的突破：小城镇建设与厦门岛内外一体化的契合/东南学术/2014 年第 3 期/第 101-107 页
73. 黄国彪/私募股权基金支持横琴新区金融创新发展研究/中小企业管理与科技（下旬刊）/2014 年第 10 期/第 83-87 页
74. 黄恒，张金帆，王东，郭键锋，时劲松/深圳市光环境功能区监管模式研究/环境科学与管理/2014 年第 5 期/第 55-57+76 页
75. 黄娟，许媛媛，詹必万/深圳市生态文明建设道路探析/当代经济/2014 年第 15 期/第 11-15 页
76. 黄绍娜/基于偏离份额法的深圳市产业结构分析/顺德职业技术学院学报/2014 年第 4 期/第 73-77 页
77. 黄数敏，戴春/深圳当代建筑图录（1979—2014 年）/时代建筑/2014

年第 4 期/第 74-81 页
78. 黄亚英/建设法治示范区是深圳特区新的历史使命/特区实践与理论/2014 年第 6 期/第 7-8 页
79. 黄雁章/深圳行业协会建设发展的思考/特区实践与理论/2014 年第 3 期/第 47-49 页
80. 姬超/投资效率与全要素生产率的变化趋势考察——基于中国经济特区的差异比较分析/财贸经济/2014 年第 3 期/第 91-99 页
81. 加那提古丽·卡德尔，王星，孟晓晨/北京市与深圳市就业—居住空间结构对比研究/城市发展研究/2014 年第 3 期/第 35-44 页
82. 贾宜正，任寿根/创建前海新型金融业发展的税收政策探讨/税收经济研究/2014 年第 1 期/第 46-52 页
83. 江航，孔佩伊/基于 SWOT 分析的厦门自由贸易区发展策略研究/中国商贸/2014 年第 2 期/第 12-15 页
84. 兰轶伦，李桂娟，黄慧玲，李波/提高厦门科技成果转化率的研究/厦门科技/2014 年第 1 期/第 5-10 页
85. 李锋/加强三沙立法对实现依法维权、有效管控至关重要/海南人大/2014 年第 7 期/第 35-36 页
86. 李贵春，才华，周涛/天津滨海新区生产性服务业发展现状及对策研究/开发研究/2014 年第 6 期/第 42-45 页
87. 李含实/深圳企业标准化发展研究/特区经济/2014 年第 12 期/第 67-68 页
88. 李灏/创办经济特区小平同志起到了极为关键的作用/红广角/2014 年第 8 期/第 10-11 页
89. 李恒/海南建设自由贸易试验区的构想/对外经贸/2014 年第 7 期/第 62-64 页
90. 李焕承，车秀珍，颜敏/政府规制下深圳市企业参与排污权交易意愿的调查/特区经济/2014 年第 10 期/第 93-95 页
91. 李景峰/中国喀什对巴基斯坦开放研究/战略决策研究/2014 年第 3 期/第 37-52 页
92. 李俊毅/鼓浪屿景区标识系统标准化建设/厦门科技/2014 年第 3 期/第 20-23 页
93. 李淼焱/深圳市龙岗区房地产业环境分析/产业与科技论坛/2014 年第 2 期/第 120-121 页

94. 李敏，王元林，罗润华，郑兴武，刘志科/深圳村镇经济发展及金融服务研究/南方论刊/2014 年第 6 期/第 16-19 页
95. 李平，刘晓敏，张少波，沈琳煜/厦深铁路通车全媒体直播技术方案与特色/电视工程/2014 年第 1 期/第 50-53 页
96. 李奇，孔金玲/基于 GIS 喀什经济开发区土地利用空间变化分析/陕西社会主义学院学报/2014 年第 1 期/第 53-56+64 页
97. 李茜，董馨，高红宦/珠海道德城市中的归属感建设探讨/南方论刊/2014 年第 7 期/第 66-68 页
98. 李斑，符文颖/珠江三角洲城市空间形态及其演化机制对比/地理科学进展/2014 年第 5 期/第 678-688 页
99. 李文江，李林军，黄水平，邱国玉/深圳市支持节能减排企业的融资政策研究/生态经济/2014 年第 4 期/第 119-122+126 页
100. 李文军/厦门财政支出结构演进研究：1992—2011/河北科技大学学报（社会科学版）/2014 年第 1 期/第 15-20 页
101. 李晓霞/《深圳经济特区商事登记若干规定》实现改革新突破/法制博览（中旬刊）/2014 年第 2 期/第 151+148 页
102. 李晓艳，王金芬/喀什特区效应下房地产市场健康发展的思考/经营管理者/2014 年第 29 期/第 145 页
103. 李艳，李柱/深圳市排水防涝系统的问题与探索/中国农村水利水电/2014 年第 7 期/第 107-109 页
104. 李英/珠港澳优质生活圈视角下横琴宜居示范区建设路径的探索/中共珠海市委党校珠海市行政学院学报/2014 年第 3 期/第 76-80 页
105. 李永利，李超/日趋完备的海南国际旅游岛立法/海南人大/2014 年第 12 期/第 16-18 页
106. 李勇/喀什特区：三点聚力推动产权市场建设助力特区经济发展/产权导刊/2014 年第 1 期/第 52-53 页
107. 李媛/深圳市高层次人才公共服务问题研究/特区经济/2014 年第 11 期/第 93-95 页
108. 李仲超，杨柳青，郭金阔/厦门糕点企业发展状况及特色解析/厦门科技/2014 年第 2 期/第 15-18 页
109. 李醉，胡永和，曾婷/海南产业结构合理化研究/商/2014 年第 2 期/第 92 页
110. 梁臣丰/信息消费市场成为经济增长的新引擎——从最互联网城市深圳

电商群体崛起看电商产业的发展新趋势/现代营销（下旬刊）/2014 年第 7 期/第 10-11 页

111. 梁满和/以珠海为例浅谈新型城镇化背景下的村居规划编制/中华民居（下旬刊）/2014 年第 4 期/第 40 页
112. 廖明中/完善深圳科技型中小企业融资服务体系/特区实践与理论/2014 年第 3 期/第 39-42 页
113. 林芳兰/发展海南县域经济的思考/世界热带农业信息/2014 年第 2 期/第 11-12 页
114. 林鸿民/海南城镇化发展及其休闲农业为主的产业支撑调研/中国发展/2014 年第 4 期/第 53-56 页
115. 林鲁生/深圳国际低碳城建设的探索与思考/建筑经济/2014 年第 2 期/第 26-29 页
116. 林鲁生/深圳国际低碳城实践与展望/建筑经济/2014 年第 2 期/第 117-120 页
117. 林树枝/全国住宅产业现代化工作现场交流会省市经验（之六）厦门市推进住宅产业现代化工作成效/建设科技/2014 年第 11 期/第 31-32+34 页
118. 林志涵/汕头旅游经济发展存在的问题与思考/韩山师范学院学报/2014 年第 1 期/第 30-38 页
119. 刘芳，邹霞，姜仁荣/深圳市城市化统征（转）地制度演变历程和解析/国土资源导刊/2014 年第 5 期/第 17-20 页
120. 刘刚/海南省人大常委会农工委建议加快完善农药质量安全可追溯体系/农药市场信息/2014 年第 10 期/第 12 页
121. 刘光琦/走近深圳前海/中国储运/2014 年第 7 期/第 68-71 页
122. 刘国斌，杜云昊/论东北亚丝绸之路之纽带——图们江区域（珲春）国际合作示范区建设的战略思考/东北亚论坛/2014 年第 3 期/第 84-92+128 页
123. 刘国宏/基于产业视角的深圳城市空间发展/开放导报/2014 年第 3 期/第 65-68 页
124. 刘国宏/深圳大空港地区开发策略/开放导报/2014 年第 5 期/第 86-88 页
125. 刘国强/深圳建设国际旅游目的地策略/开放导报/2014 年第 2 期/第 85-87 页

126. 刘辉群/滨海新区建立投资与服务贸易便利化综合改革和创新区的研究/天津经济/2014 年第 8 期/第 8-11 页
127. 刘建华/深圳农地入市改革困难重重/小康/2014 年第 12 期/第 72-74 页
128. 刘剑，林新典，汪文来/社会管理视域中的和谐劳动关系构建——以深圳市南山区为例/特区实践与理论/2014 年第 2 期/第 41-45 页
129. 刘静，曾渝，李果果，钟丽/海南省健康产业发展的可行性分析及发展策略探讨/中国卫生产业/2014 年第 4 期/第 195-196 页
130. 刘堃/社会主义市场经济背景下韧性规划思想的显现与理论建构——基于深圳市城市规划实践（1979—2011）/城市规划/2014 年第 11 期/第 59-64 页
131. 刘利/深圳市土地房屋征收补偿制度缺陷与失地原村民后续发展初探/特区经济/2014 年第 10 期/第 31-32 页
132. 刘敏，李勇/深圳经济特区发展实践的思考——基于辩证法视角/特区实践与理论/2014 年第 2 期/第 90-92 页
133. 刘如仕/融入丝绸之路经济带发展喀什特区经济/现代商业/2014 年第 30 期/第 79-80 页
134. 刘书明，张文亮，崔晓健，王园君，马志华/关于推进天津滨海新区海洋生态文明建设的思考/海洋开发与管理/2014 年第 2 期/第 73-77 页
135. 刘晓玲/深圳社会保障制度的现状分析/特区实践与理论/2014 年第 5 期/第 92-96 页
136. 刘阳乾/浅析电子垃圾拆解行业发展的原因、存在问题及政策建议——以汕头贵屿为例/特区经济/2014 年第 10 期/第 96-98 页
137. 刘毅，韩雪娇/珠海：科技引领发展创新驱动转型/广东科技/2014 年第 7 期/第 55-57 页
138. 刘源，李向阳，林剑艺，崔胜辉，赵胜男/基于 LMDI 分解的厦门市碳排放强度影响因素分析/生态学报/2014 年第 9 期/第 2378-2387 页
139. 龙广艳/珠海城市化人口增长与产业结构变化研究/天津城建大学学报/2014 年第 3 期/第 210-214 页
140. 卢仁翠/论公共图书馆在城市发展中的作用——以珠海市图书馆为例/内蒙古科技与经济/2014 年第 11 期/第 104-105+108 页
141. 陆荣杰，田锋，吕国林/新城绿色交通系统规划初探——以深圳光明新区为例/黑龙江交通科技/2014 年第 1 期/第 135-137 页

142. 陆佑海，范士陈/海南新型城镇化的图景解构与路径探析/经济师/2014年第8期/第182-184页
143. 罗春芳，金业阳/年轻高校文库资源建设的探索与实践——以深圳大学文库建设为例/中国报业/2014年第2期/第19-20页
144. 罗俊/适应于低密度开发区域的公交运营模式探索与研究——以深圳市小型公交支线为例/交通标准化/2014年第1期/第1-3页
145. 罗堃/“海上丝绸之路”——汕头迎来发展新机遇/潮商/2014年第2期/第5-21页
146. 罗堃/加强汕台经贸合作实现特区经济再腾飞/潮商/2014年第4期/第36-40页
147. 罗堃/汕头华侨经济文化合作试验区将带动经济再腾飞/潮商/2014年第1期/第5-9页
148. 罗堃/央企落户潮汕大地助推粤东经济发展/潮商/2014年第5期/第46-49页
149. 罗堃，李俊伟/大战略大发展汕头设立华侨经济文化合作试验区将带来发展新机遇/潮商/2014年第5期/第5-9页
150. 罗清和，何洁琼/深圳与喀什合作路径探索/特区实践与理论/2014年第4期/第80-84页
151. 罗清和，许新华/经济特区与非特区协调发展的理论基础与政策思考/深圳大学学报（人文社会科学版）/2014年第1期/第77-83页
152. 罗清和，许新华/转型时期经济特区与非特区如何协调发展的思考/广东社会科学/2014年第3期/第30-35页
153. 罗思颖/深圳市探索构建“四位一体”综合监管体制/中国社会组织/2014年第21期/第14-15页
154. 吕国林，孙正安/深圳市停车收费调整探索/城市交通/2014年第1期/第12-17页
155. 吕轶/适应于特区经济发展的高职俄语教学改革方向初探——以海南省为例/牡丹江教育学院学报/2014年第9期/第102-103页
156. 马航，何宁宁/边缘效应下的深圳市城市边缘村更新改造研究——以龙岗区年丰社区为例/华中建筑/2014年第3期/第122-127页
157. 玛依努尔·阿不力米提/新疆霍尔果斯经济开发区外向型经济发展研究/现代商业/2014年第30期/第85-86页
158. 麦敏华/公共图书馆外来劳务工群体服务保障研究——以深圳地区为

例/图书馆工作与研究/2014 年第 2 期/第 77-80 页

159. 毛军吉/网络化治理视野下的深圳社会管理创新/岭南学刊/2014 年第 4 期/第 61-64 页

160. 毛志华/解放思想开拓奋进共谱海南时代新篇章——纪念邓小平同志诞辰 110 周年/今日海南/2014 年第 9 期/第 24-26 页

161. 苗月霞/栽下梧桐树　引得凤凰来——厦门市引进留学人员工作纪实/国际人才交流/2014 年第 1 期/第 43-45 页

162. 莫筱筱，刘青/职业型乡群聚居区的形成基础及机制——以深圳大望“攸县司机村”为例/城市问题/2014 年第 9 期/第 94-99 页

163. 倪巍/厦门中小企业公共信息服务平台建设研究/中国经贸导刊/2014 年第 3 期/第 71-73+78 页

164. 倪晓锋/社区自治：从放权到增能——基于深圳市的制度实践研究/科学发展/2014 年第 9 期/第 81-86 页

165. 牛君/厦门岛内外一体化发展理念及其政策体制探究/厦门理工学院学报/2014 年第 6 期/第 86-90 页

166. 牛君/厦门市文化产业发展态势及其对策探究/厦门特区党校学报/2014 年第 1 期/第 58-63 页

167. 牛征，杨剑波/滨海新区经济社会发展与劳动力增长预测研究/职教论坛/2014 年第 4 期/第 72-76 页

168. 欧阳璟，李牧南/区域文化对集群创新演化的影响研究——以汕头澄海玩具集群为例/科技管理研究/2014 年第 9 期/第 244-250 页

169. 潘玲阳，吝涛，肖黎姗，杨德伟，叶志隆/不同城市化阶段生活垃圾处理技术选择研究：以厦门市为例/环境科学与技术/2014 年第 S1 期/第 290-299 页

170. 彭连敏/深圳市社区股份合作公司的新制度分析/特区经济/2014 年第 6 期/第 73-74 页

171. 彭青林/近年来我省加强依法行政不断推进法治型服务型政府建设——履特区使命促人和政通/海南人大/2014 年第 11 期/第 27-29 页

172. 彭云飞，赖权有，钱竞，于洋洋/基于 Logistic 回归模型的城市建设用地扩张影响因素分析——以深圳市为例/国土与自然资源研究/2014 年第 2 期/第 17-20 页

173. 饶伟云/深圳市推进生态文明建设的路径选择/现代经济信息/2014 年第 7 期/第 420 页

174. 沙吾提·帕万/喀什维吾尔族传统饮食文化及当今发展趋势/特区经济/2014 年第 3 期/第 163-165 页
175. 邵海燕，吴坤锦/市场准入“零门槛”市场监管“零容忍”——《海南经济特区企业法人登记管理条例》解读/海南人大/2014 年第 10 期/第 14-16 页
176. 史波涛/深圳探索城市发展新路径——专访深圳市国际低碳发展研究院院长王东/中国投资/2014 年第 2 期/第 94-96 页
177. 宋红娟/海南旅游扶贫区家庭关系变迁研究/特区经济/2014 年第 10 期/第 209-211 页
178. 宋慧，何晋勇/生态现代化与环境科技创新——以深圳为例/环境/2014 年第 S1 期/第 38-39+41 页
179. 宋晓东/深圳社区集体经济存在的问题及改革/特区实践与理论/2014 年第 3 期/第 70-74 页
180. 苏慧芳/回族拉面经营群体的子女教育问题及其对策——以深圳市为例/宁夏社会科学/2014 年第 1 期/第 84-88 页
181. 苏力/从中国最宜居迈向国际宜居解码宜居珠海的城市梦想/公关世界/2014 年第 6 期/第 56-57 页
182. 孙玮/数说深圳城市管理十年巨变——基于 Holt-Winters 模型预测分析/特区经济/2014 年第 7 期/第 22-24 页
183. 孙妍/刍议海南开放型服务业发展之路/经济研究导刊/2014 年第 22 期/第 43 页
184. 唐河山/厦门以科技创新为支撑发展精品农业/中国农村科技/2014 年第 2 期/第 54-57 页
185. 唐杰/“新常态”增长的路径和支撑——深圳转型升级的经验/开放导报/2014 年第 6 期/第 11-18 页
186. 唐伟志/深圳学习型城市建设现状及推进策略/特区实践与理论/2014 年第 1 期/第 94-96 页
187. 陶一桃/建设前海就是“再造香港”/法人/2014 年第 5 期/第 33-35 页
188. 陶一桃/深圳印证中国道路/南方论刊/2014 年第 6 期/第 13-15 页
189. 田德毅/海南宝岛：海上丝绸之路的重要中转地——海南三亚、陵水、万宁等地穆斯林文化田野报告/世界宗教研究/2014 年第 2 期/第 185-191 页
190. 田广，邵欢/汕头经济社会发展与人口战略新思路/中国市场/2014 年第 20 期/第 8-13 页

191. 田欢/城中村文化的结构与变迁——以深圳为例/深圳信息职业技术学院学报/2014 年第 2 期/第 7-14 页
192. 田蕾/深圳坪盐快速路线位规划设计/城市道桥与防洪/2014 年第 7 期/第 43-46+8 页
193. 童远忠/广深社会工作模式及其优化路径探讨/社会工作与管理/2014 年第 5 期/第 25-30+91 页
194. 吐尔地·卡尤木/喀什市富余劳动力职业培训与转移调查/特区经济/2014 年第 12 期/第 137-138 页
195. 汪劲柏/浦东新区的政策驱动开发及其解释——关于"政策区"发展模式的研究/上海城市规划/2014 年第 5 期/第 84-91 页
196. 王达阳/邓小平倡导创办经济特区/湘潮（上半月）/2014 年第 4 期/第 7-11 页
197. 王多栋，高金晖/城区改造道路水土流失特点及防治措施探讨——以深圳市为例/中国农村水利水电/2014 年第 1 期/第 103-104 页
198. 王富海/深圳城市规划设计与建设实践的价值与意义/时代建筑/2014 年第 4 期/第 30-33 页
199. 王弘钰，孙研，王世强/大图们江区域合作中的农民工问题分析/企业研究/2014 年第 15 期/第 43-49 页
200. 王鸿飞/刍议珠海特区中小学图书馆与其他类型图书馆之合作/公共图书馆/2014 年第 2 期/第 37-40 页
201. 王华/厦门对台旅游面临的挑战及对策分析/福建省社会主义学院学报/2014 年第 1 期/第 104-108 页
202. 王欢/深圳市医责险改革述评/湖北警官学院学报/2014 年第 4 期/第 102-106 页
203. 王江，李莎莎/深圳发展临空经济的 SWOT 分析/现代商贸工业/2014 年第 6 期/第 11-13 页
204. 王凯民，檀榕基/开发区的转型发展评价研究——以上海浦东张江开发区为例/中国外资/2014 年第 4 期/第 222-223 页
205. 王兰/"十一五"以来滨海新区固定资产投资简析——与深圳特区、浦东新区优势潜力对比/天津经济/2014 年第 2 期/第 5-9 页
206. 王立，张睿/国际旅游岛背景下海南高校服装表演专业发展探析/艺术教育/2014 年第 8 期/第 177-178 页
207. 王立雷，郭伟，王晓莉/废置厂房再生利用初探——以厦门市厦门锻压

机床总厂第一联合厂房改造为例/建筑节能/2014 年第 3 期/第 92-96 页

208. 王陵，宋书仪，周小平，林志红，雷玉莲/特区家庭医生服务可持续发展实践研究/基层医学论坛/2014 年第 10 期/第 1241-1243 页
209. 王梅燕/工业街区的特点及在城市更新中的优势——以深圳市早期工业区为例/中国市场/2014 年第 20 期/第 60-62 页
210. 王平，杜娜，曾永明，宋洁华/海口市城乡一体化发展的动力机制研究/商业时代/2014 年第 13 期/第 143-145 页
211. 王平聚，曾国屏/深圳创新文化系统初探——从历史性形成角度的一个考察/特区经济/2014 年第 11 期/第 11-16 页
212. 王荣/深圳人民永远怀念小平同志/红广角/2014 年第 8 期/第 15-16 页
213. 王胜伟，吕冲冲，刘家诚/海口市新生代农民工就业现状调查/特区经济/2014 年第 1 期/第 15-17 页
214. 王帅，任颋/深圳经济可持续发展的动力分析/经济体制改革/2014 年第 2 期/第 54-58 页
215. 王肃强/海南创建国际教育岛的思考/当代经济/2014 年第 5 期/第 55-56 页
216. 王婉钰/海南省热带农业与旅游业联动发展研究/特区经济/2014 年第 2 期/第 18-20 页
217. 王文璞/论经济特区立法——以珠海“禁微”为例/法制与社会/2014 年第 15 期/第 156-157 页
218. 王霞，原帼力/丝绸之路经济带背景下喀什特区外向型经济发展的思考/新疆大学学报（哲学·人文社会科学版）/2014 年第 2 期/第 13-18 页
219. 王夏娜/激发行业内生动力防控药品生产风险——药品生产监管社会共治的深圳实践/中国食品药品监管/2014 年第 8 期/第 40-42 页
220. 王勇，杨红波/海南建设岛屿型离岸金融中心的可行性分析/中国商贸/2014 年第 26 期/第 150-151 页
221. 王远回，宗传苓，刘永平/深圳市现代有轨电车发展策略/城市轨道交通研究/2014 年第 6 期/第 11-16+22 页
222. 韦仕川，杨杨，林肇宏，张德生/国际旅游岛建设背景下海南省新型城镇化模式研究/上海国土资源/2014 年第 1 期/第 14-18+26 页
223. 魏清磊/厦门市湖里区：强化监管和服务优化市场环境/建筑/2014 年

第8期/第23-24页

224. 文倩，王金叶/深圳市中央商务区绿地景观设计初探/山西建筑/2014年第30期/第215-217页

225. 吴福龙，林国建/厦门市促进科技创新税收优惠政策分析/莆田学院学报/2014年第4期/第42-46页

226. 吴海燕，陈天祥/掌舵与划桨分开？——基于深圳市大部制改革的分析/党政研究/2014年第4期/第76-83页

227. 吴惠芬，高红卫，许晓虹/依托特区立法开展先行先试实践后续监管——厦门年报公示工作的实践和思考/工商行政管理/2014年第19期/第20-22页

228. 吴小林/海南文明生态村建设存在的问题与对策/海南师范大学学报（社会科学版）/2014年第2期/第76-80页

229. 吴志准/三亚市旅游景区小商品市场现状及对策研究/经济研究导刊/2014年第28期/第248-249页

230. 肖容梅/深圳图书馆法人治理结构试点探索及思考/中国图书馆学报/2014年第3期/第13-19页

231. 谢启标/厦门推进跨岛发展中的生态文明建设思考/厦门特区党校学报/2014年第1期/第40-45页

232. 谢英挺/从理想蓝图到动态规划——厦门市30年城市规划实践评析/城市规划学刊/2014年第2期/第67-72页

233. 谢作正，钟根柔/深圳农民工市民化的样本意义/领导科学论坛/2014年第8期/第44页

234. 辛石/胡耀邦与我国改革开放后的第一支股票/兰台内外/2014年第6期/第13页

235. 邢剑锋/浅谈海南洋浦港石油储备项目银团贷款营销/中国农业银行武汉培训学院学报/2014年第4期/第53-57页

236. 熊凯，林茂，薛文珑，金志扬，李诚诚/海南省天然橡胶初加工设备的低碳改造/特区经济/2014年第9期/第223-225页

237. 熊雪如，王泽填/深圳港台资中小企业发展模式转型研究/经济体制改革/2014年第3期/第110-114页

238. 徐期瑚，罗勇，薛春泉，冯汉华，余伟权/森林珠海发展的理论与路径探讨/林业调查规划/2014年第3期/第124-127页

239. 徐文海，邓颖颖，皮君/基于竞争力评价的旅游目的地形象提升研

究——以海南国际旅游岛为例/中南财经政法大学学报/2014年第3期/第59-65页
240. 许慧楠/以深圳市龙岗区为例浅析外来建设者融入城市的现实路径/吉林省教育学院学报（下旬刊）/2014年第4期/第149-150页
241. 许金红，高兴民/深圳产学研技术创新联盟发展现状与对策研究/西安石油大学学报（社会科学版）/2014年第6期/第33-38页
242. 薛文珑，金志扬/海南省低碳经济综合评价方法研究/特区经济/2014年第5期/第15-18页
243. 荀斌，于德永，王雪，刘宇鹏，郝蕊芳，孙云/深圳城市扩展模式的时空演变格局及驱动力分析/生态科学/2014年第3期/第545-552页
244. 闫妍/天津滨海新区近年产业结构特征分析/天津职业技术师范大学学报/2014年第3期/第39-42页
245. 闫振坤，潘凤/中国经济特区产业转型能力评价研究/石家庄经济学院学报/2014年第6期/第30-36页
246. 颜书明，黄群/海南改革开放探索实践及意义/传承/2014年第12期/第20-23页
247. 杨成/任仲夷开启广东思想解放的闸门/决策与信息/2014年第Z2期/第45-46页
248. 杨洪/锐意进取改革创新——深圳市龙岗区探索“五化”改革路径/广东经济/2014年第10期/第78-81页
249. 杨军，黄爱兵/深圳市基本生态控制线管理实践/环境影响评价/2014年第4期/第22-24页
250. 杨立青/深圳非政府文化资源参与公共文化服务探析/上海文化/2014年第10期/第26-35页
251. 杨林/居民收入与GDP相关协同增长特质分析——以深圳市为例/调研世界/2014年第5期/第18-22页
252. 杨瑞铭，王克全，林春煌，刘锦章，许清云，蔡绍鑫/厦门市耕地动态变化与蔬菜生产研究/福建农业科技/2014年第5期/第62-65页
253. 杨益，王林，嵇汉伟/如何加强深圳旅游资源吸引力——从旅游体验分类角度看/特区经济/2014年第5期/第192-193页
254. 杨玉民，庄少忠/改革和创新农村宅基地管理机制——以广东省汕头市为例/南方职业教育学刊/2014年第3期/第69-73页
255. 叶清/厦门地理环境的变迁——从地图看厦门岛的沧桑巨变/厦门科技/

2014 年第 4 期/第 34-40 页

256. 叶文香/浅谈深圳集体经济组织的发展与改革/当代经济/2014 年第 20 期/第 86-88 页

257. 易化，陈斌圳/厦门市继续教育发展战略研究/厦门广播电视大学学报/2014 年第 1 期/第 1-8+48 页

258. 易永胜，林祥/深圳科技政策的基本理论框架与对策建议/特区实践与理论/2014 年第 6 期/第 31-35 页

259. 尹先明/罗湖打造“深圳质量先行区”的理论与实践/特区实践与理论/2014 年第 1 期/第 40-42 页

260. 尤涛，崔玲/以当代遗产的视角看深圳改革开放初期的建筑实践/时代建筑/2014 年第 4 期/第 45-47 页

261. 俞小明/对深圳市逐步取消强制监理制度的思索/建设监理/2014 年第 5 期/第 5-6+16 页

262. 袁雯，陈易，崔垚南京大学城市规划设计研究院/情境规划：市场化背景下的城市规划方法创新——以《汕头市澄海区发展战略规划》为例/江苏城市规划/2014 年第 5 期/第 27-32 页

263. 袁易明，姬超/资源约束下的经济增长转型路径——以深圳经济特区为例/经济学动态/2014 年第 10 期/第 75-86 页

264. 岳向东/坚持改革创新不断提速增效——深圳市龙岗区政府采购中心深化采购机制改革综述/中国政府采购/2014 年第 10 期/第 61-62 页

265. 岳向东/深圳市龙岗区政府诚信体系建设的问题及建议/招标与投标/2014 年第 2 期/第 56-59 页

266. 张保全/横琴·粤港澳文化创意产业示范园区优势分析/中国市场/2014 年第 21 期/第 92-94 页

267. 张本/加快发展现代海洋产业推进海南海洋强省建设/新东方/2014 年第 1 期/第 25-29 页

268. 张常委/深圳地铁 3 号线地下车站防水设计及施工质量分析/中国建筑防水/2014 年第 6 期/第 33-36 页

269. 张春朗，安治民/深圳国际化城市文化建设路径及策略研究——兼议大众传媒在深圳国际化城市文化建设中的作用/视听/2014 年第 8 期/第 120-122 页

270. 张华伟/港珠澳大桥建设对珠海房地产业的影响研究/南方经济/2014 年第 7 期/第 120-124 页

271. 张晖，许能锐/从制度软化到制度均衡：论海南经济发展战略的制度变迁/经济研究参考/2014 年第 47 期/第 42-46 页
272. 张辉，温惠英/浅析深圳机场物流产业的发展/企业导报/2014 年第 4 期/第 100-101 页
273. 张健/提升城市创新能力的战略研究——基于天津滨海新区引擎效应的路径分析/经济研究导刊/2014 年第 27 期/第 151-153 页
274. 张津，李双成，王阳/深圳市城市扩展预测与分区评价/北京大学学报（自然科学版）/2014 年第 2 期/第 379-387 页
275. 张军/深圳：邓小平理论的实践样本/深圳信息职业技术学院学报/2014 年第 4 期/第 1-7 页
276. 张凯，冯艺如/深圳建立期货交易所的可行性——基于前海深港合作区的优势分析/商/2014 年第 3 期/第 121+70 页
277. 张莉，廖艳/珠海市公共项目投资现状分析及对策/现代商业/2014 年第 27 期/第 83-84 页
278. 张玲/浅析注册资本认缴制与公司的未来治理——以厦门商事登记改革为例/现代经济信息/2014 年第 7 期/第 253-254 页
279. 张硕果/海南省电影发行放映体制改革初探（1988—2001）/枣庄学院学报/2014 年第 4 期/第 14-19 页
280. 张素蓉/特区一体化下基础教育规模布局调整的经济学分析——以深圳特区为例/集美大学学报（教育科学版）/2014 年第 4 期/第 90-95 页
281. 张伟，肖作鹏/深圳市物流货运空间的主要问题与成因分析/特区经济/2014 年第 10 期/第 11-14 页
282. 张心语/海口、三亚城市间合作双赢初探/时代金融/2014 年第 15 期/第 54+56 页
283. 张岩鸿/深圳原住民城市化的政策演进/特区实践与理论/2014 年第 3 期/第 58-63 页
284. 张燕飞/厦门市城市商业空间发展演化及原因分析/知识经济/2014 年第 6 期/第 132-133 页
285. 张宇慧，王婉钰/海南省水产品贸易调研分析/特区经济/2014 年第 10 期/第 22-26 页
286. 张宇星/从设计控制到设计行动深圳城市设计运作的价值思考/时代建筑/2014 年第 4 期/第 34-38 页
287. 张兆民，王雪/深圳发展高端航运服务业的 SWOT 分析/中国港口/2014

年第 2 期/第 48-50 页

288. 张智/“十二五”深圳市宏观发展指标模型预测分析/城市/2014 年第 8 期/第 27-30 页

289. 赵凤琴，蒋欣阳，邢巧，吴晓晨，王晨野/生态文明建设的环境保护机制创新研究——以海南省为例/生态经济（学术版）/2014 年第 1 期/第 383-386 页

290. 赵诗源/海南省旅游产业转型升级的方式研究/特区经济/2014 年第 10 期/第 207-208 页

291. 赵苏喆，余卫平，曾永忠/深圳市民族传统体育保护与传承研究/广州体育学院学报/2014 年第 1 期/第 43-46+50 页

292. 赵影/构建海南养老休闲旅游服务体系研究/特区经济/2014 年第 9 期/第 202-204 页

293. 赵泽旭，鲁晓丽，白杨/海南国际旅游岛与东盟的物流合作研究/物流科技/2014 年第 5 期/第 82-84 页

294. 郑方/“六个更加”推动珠海工商新一轮发展/中国工商管理研究/2014 年第 9 期/第 75-77 页

295. 郑良泽/对深入推进汕潮揭同城化发展的思考/广东省社会主义学院学报/2014 年第 1 期/第 108-112+99 页

296. 郑伶俐/以深圳为例的电动自行车调查分析及对策/综合运输/2014 年第 7 期/第 71-75 页

297. 郑梦婕，杨可，孙欣欣，陈洪镔/倒逼特区体制机制再造实现转型发展新型增长专家学者建言华侨经济文化合作试验区规划建设/潮商/2014 年第 4 期/第 12-13 页

298. 郑荣荣/四年一法平衡权力与权利——《汕头经济特区道路交通安全条例》出台/人民之声/2014 年第 9 期/第 22-23 页

299. 郑彦/对厦门市轨道交通商业配套规划的思考/厦门科技/2014 年第 4 期/第 19-21 页

300. 郑仲/我国改革开放之初为何创办经济特区？/农家之友/2014 年第 1 期/第 36 页

301. 智慧/汕头打造优秀公交/运输经理世界/2014 年第 1 期/第 99-100 页

302. 中共惠州市委党史研究室课题组，张海燕，郑杜贤，胡嘉峰/惠阳地区在深圳特区建立过程中的历史贡献/红广角/2014 年第 12 期/第 40-44 页

303. 中共天津市委党校课题组，李燕，于明言，邹玉娟，刘波/天津滨海新区经济发展研究报告（2014）/求知/2014 年第 2 期/第 52-55 页
304. 中共珠海市委党校课题组/“蓝色珠海，科学崛起”发展战略研究/中共珠海市委党校珠海市行政学院学报/2014 年第 1 期/第 74-80 页
305. 中共珠海市委党校课题组，李文辉/珠海红色文化资源的保护与利用初探/中共珠海市委党校珠海市行政学院学报/2014 年第 5 期/第 77-80 页
306. 钟健英/论邓小平经济特区思想与“一国两制”构想的内在关系/福建党史月刊/2014 年第 22 期/第 16-20 页
307. 钟荣凤，张海峰，陈敏/厦门市土地利用演变动态及灰色预测/国土与自然资源研究/2014 年第 2 期/第 1-3 页
308. 钟向阳/坚持民生至上 打造品质厦门——厦门市获批成为“全国质量强市示范城市”/福建质量技术监督/2014 年第 2 期/第 10-12 页
309. 钟杏云，邵中慧/深圳创业环境评估与优化/特区经济/2014 年第 9 期/第 16-18 页
310. 周春山，李福映，张国俊/基于全球价值链视角的传统制造业升级研究——以汕头为例/地域研究与开发/2014 年第 1 期/第 28-33 页
311. 周健/海南省生态旅游发展研究/渭南师范学院学报/2014 年第 3 期/第 37-42 页
312. 周兰愉，胡景卫/海南省高校师资队伍建设问题及建议/教育教学论坛/2014 年第 37 期/第 29-30 页
313. 周林，丁改改，周文锦/深圳梅观高速公路改扩建交通分流研究/公路交通科技（应用技术版）/2014 年第 6 期/第 131-134+163 页
314. 周盛盈/农业转移人口市民化权益保障研究——以珠海市农业转移人口为例/湖北警官学院学报/2014 年第 8 期/第 74-76 页
315. 周盛盈，陆茜/珠海法治环境和营商环境的调查与思考/中共珠海市委党校珠海市行政学院学报/2014 年第 2 期/第 78-80+72 页
316. 周旭斌，孟蕾/地理国情监测在城市化发展中的应用研究——以汕头市为例/测绘与空间地理信息/2014 年第 6 期/第 78-80+83 页
317. 周沂，贺灿飞，王锐，王洁玉/环境外部性与污染企业城市内空间分布特征——基于深圳污染企业的实证分析/地理研究/2014 年第 5 期/第 817-830 页
318. 周艺，薛文珑，金志扬，李劲松/海南省农产品电子商务及其物流配送

体系研究/特区经济/2014年第11期/第81-83页
319. 周莹，洪世键/厦门火炬高新区转型发展的路径探讨/福建建筑/2014年第12期/第12-15页
320. 朱建平/新形势下的深圳城市发展策略/特区实践与理论/2014年第3期/第50-52页
321. 朱玲，夏少敏/评深圳市碳排放权交易相关规定之进步与不足/吉林金融研究/2014年第4期/第14-17页
322. 朱淑琴/为海南国际旅游岛建设创造和谐的人文环境/海南广播电视大学学报/2014年第3期/第70-73页
323. 朱衍强/中国地方政府绩效管理探索——以深圳市为例/中国市场/2014年第15期/第22-27页
324. 邹兵/深圳城市规划实践的价值和意义/时代建筑/2014年第4期/第57-59页
325. 左真真/邓小平理论指导下的厦门经济特区建设探析/福建省社会主义学院学报/2014年第5期/第87-91页
326. /厦门与深圳推动企业技术进步政策比较研究/厦门特区党校学报/2014年第2期/第33-37页
327. /深圳5年3500亿元推动城市更新/领导决策信息/2014年第25期/第18-19页
328. /深圳：以市场化为导向深化招标投标改革/建筑/2014年第14期/第25-26页
329. /A Zone, Alone/China Economic Review/October 2014/Vol. 25 Issue 10, p4-4, 1p
330. /Adani Ports' Profit Jumps/JOC Online/1/28/2014/p1-1, 1p
331. /Adani Said to Be Top Bidder for New Ennore Terminal/JOC Online/2/12/2014/p1-1, 1p
332. /China: New Foreign Exchange Policies on Supporting the Development of China (Shanghai) Pilot Free Trade Zone/International Tax Review/June 2014/Vol. 25 Issue 4, p1-1, 1p
333. /Companies Improve Bottom Line at Foreign Trade Zone NO. 5/JOC Online/9/1/2014/Vol. 15 Issue 18, p61-61, 1p
334. /DBS Concludes Inaugural TF Deal in Shanghai FTZ/Trade Finance/January 2014/Vol. 17 Issue 1, p96-96, 1p

335. /Exporters, Retailers Help Lift Us FTZ Trade to Record/Journal of Commerce/9/15/2014/Vol. 15 Issue 19, p8-8, 1/4p
336. /Free Trade Zones/Beijing Review/6/19/2014/Vol. 57 Issue 25, p10-11, 2p
337. /Free Zones/MEED: Middle East Economic Digest/12/5/2014/Vol. 58, p21-23, 2p
338. /General Office of the China Insurance Regulatory Commission, Circular on Further Streamlining Administrative Examination and Approval to Support the Development of China (Shanghai) Pilot Free Trade Zone/China Law&Practice/July/August 2014/Vol. 28 Issue 4, p1-1, 1p
339. /Tencent Buy Plots in Qianhai Land Auction/Asian Venture Capital Journal/5/27/2014/Vol. 27 Issue 19, p4-4, 1/8p
340. /HSBC Opens Shanghai FTZ Branch/Trade Finance/January 2014/Vol. 17 Issue 1, p103-103, 1p
341. /Indian Government Plans for First Reverse SEZ in Iran/Chemical Business/October 2014/Vol. 28 Issue 10, p60-61, 2p
342. /India's Largest Port Developer Boosts Profit on Higher Cargo Volumes, Lower Costs/JOC Online/8/7/2014/p1-1, 1p
343. /Integrating Zones with Global Trade Compliance Operations/JOC Online/9/1/2014/Vol. 15 Issue 18, p64-64, 1p
344. /Land Grabs and Progress in India/Forbes Asia//
345. /Larsen&Toubro Bids Low for Duqm Airport/MEED: Middle East Economic Digest/6/6/2014/Vol. 58 Issue 23, p13-13, 1/4p
346. /Let a Million Factories Rise/Economist/10/18/2014/Vol. 413 Issue 8909, p70-70, 1p. 1 Color Photograph, 1 Map
347. /Who Will not Be Obeyed/Economist/10/11/2014/Vol. 413 Issue 8908, p49-49, 2/3p. 1 Color
348. /Local Company Front Runner for Duqm Headquarters Building/MEED: Middle East Economic Digest/6/27/2014/Vol. 58 Issue 26, p14-14, 1/4p
349. /Mauritania: World Bank Review/Africa Research Bulletin: Economic, Financial &Technical Series/September 2014/Vol. 51 Issue 7, p20484-20484, 1p
350. /Milking It/Economist/10/25/2014/Vol. 413 Issue 8910, p45-45, 2/5p
351. /Ministers Commission Two Major Investor Projects at Coega//October 2014/

Vol. 28 Issue 10, p60-61, 2p

352. /MRPL's PP Unit Misses Commencement Deadline/Popular Plastics&Packaging/September 2014/Vol. 59 Issue 9, p63-63, 1/6p

353. /Nehru Port Breaks Ground on Trade Zone, Road Connector Projects/JOC Online/8/18/2014/p1-1, 1p. 1 Color Photograph

354. /ONGC's Petrochemical Complex to Be Ready in Q1 2015: CEO/Chemical Business/July 2014/Vol. 28 Issue 7, p56-57, 2p

355. /Overseas Plant/Beijing Review/12/4/2014/Vol. 57 Issue 49, p7-7, 1/8p

356. /Port Everylades' FTZ NO. 25 Is a Catalyst for International Trade/JOC Online/9/1/2014/Vol. 15 Issue 18, p62-62, 1p

357. /Reflections on the Free Trade Zone/Beijing Review/10/16/2014/Vol. 57 Issue 42, p2-2, 2/3p

358. /Riding to the Rescue/Economist/11/8/2014/Vol. 413 Issue 8912, p41-42, 2p. 1 Color Photograph

359. /Shanghai Municipality, Special Administrative Measures for Foreign Investment Access in China (Shanghai) Pilot Free Trade Zone/China Law&Practice/January/February 2014/Vol. 28 Issue 1, p37-37, 1p

360. /Shenzhen Volunteer Team Kicks Off Year's Activities/PM Network/April 2014/p19-19, 2/3p

361. /South Korea: Supreme Court of Korea Rules on Country-of-origin Determination Issue under Domestic Law/International Tax Review/June 2014/Vol. 25 Issue 4, p1-1, 1p

362. /The Oyo-Ollombo Special Economic Zone, Republic of Congo/African Business/September 2014/p20-21, 2p

363. /Wanhua to Set up New Sales Company/Urethanes Technology International/March 2014/Vol. 31 Issue 1, p20-20, 1/6p

364. /West Expands Its Packaging Activities in Chennai/Manufacturing Chemist/September 2014/Vol. 85 Issue 9, p24-24, 1/6p

365. Adhikari Anand/Power Point/Business Today/11/9/2014/Vol. 23 Issue 22, p88-94, 6p

366. Alam Md. Mahmudul/Malaysia's Proactive Economic Zone Regime as a Model to Emulate for Success of Bangladesh Economic Zone Scheme/Journal of Developing Areas/Spring 2014/Vol. 48 Issue 2, p399-407, 9p

367. Alexandre Lavissière/A Modern Concept of Free Ports in the 21st Century: A Definition towards a Supply Chain Added Value/Supply Chain Forum: An International Journal/2014/Vol. 15 Issue 3

368. Amin Devendra/Adani Group Responds/Forbes Asia/May 2014/Vol. 10 Issue 6, p10-10, 1p. 1 Color Photograph

369. Anwar Mohammad Amir/New Modes of Industrial Manufacturing: India's Experience with Special Economic Zones/Bulletin of Geography. Socio - economic Series/June 2014/

370. Appelbe Malcolm/High-tech Companies Gain a Competitive Edge Through US FTZ Program/JOC Online/9/1/2014/Vol. 15 Issue 18, p64-66, 3p. 1 Color Photograph

371. Asiamoney/Free Trade Accounts a Big Step for Shanghai FTZ/Asiamoney/June 2014/Vol. 25 Issue 4, p13-13, 2/3p

372. Bahree Megha/Doing Big Business in Modi's Gujarat/Forbes Asia/March 2014/Vol. 10 Issue 4, p16-20, 5p

373. Bakan Sumru/The Relationship between Free Zones and Foreign Trade: Case of GazÍantep Free Zone/Electronic Journal of Social Sciences/Autumn 2014/Vol. 13 Issue 51, p34-51, 18p

374. Bräutigam Deborah/ 'Going Global in Groups': Structural Transformation and China's Special Economic Zones Overseas/World Development/November 2014/Vol. 63, p78-91, 14p

375. Bräutigam Deborah/ 'Going Global in Groups': Structural Transformation and China's Special Economic Zones Overseas/World Development/2014/p78-91, 14p

376. Bruns Adam/So Special/Site Selection/November 2014/Vol. 59 Issue 6, p144-158, 3p

377. China Law&Practice/Shanghai Branch of the State Administration of Foreign Exchange, Implementing Rules for Foreign Exchange Control to Support the Establishment of China (Shanghai) Pilot Free Trade Zone/China Law&Practice/May/June 2014/Vol. 28 Issue 3, p1-1, 1p

378. Danese Paolo/Shanghai Free Trade Zone Culls Negative List/Asiamoney/July 2014/Vol. 25 Issue 5, p4-4, 1p

379. DÁvalos leÓn Lourdes/The Legal Regime of the Special Economic Development

Zone of Mariel in Cuba/Actualidad Juridica/2014/Issue 37, p167-175, 9p

380. DePorras Gisela A. /Panama Logistics Platform/Journal of Transportation Law, Logistics&Policy/1st Quarter 2014/Vol. 81 Issue 1, p67-71, 5p

381. Demortier Sylvain/China's Ace in the Hole/Site Selection/July 2014/Vol. 59 Issue 4, p37-38, 2p

382. Etienne L. Nel, Christian M. Rogerson/Re-Spatializing Development: Reflections from South Africa's Recent Re-engagement with Planning for Special Economic Zones/Urbani Izziv/2014/

383. Ewa Mazanowska/Warmia-Mazury Special Economic Zone and Its Proper Perspective Development/Contemporary Economy/2014/5 (3), p71-82, 12p

384. Ferguson Tim/Abenomics Arrow Gets an A-Grade From the Inside/Forbes/4/30/2014/p2-2, 1p

385. Gao Yuan/City's Second Free Trade Zone a Breakthrough/Wall Street Journal (Eastern Edition) /6/25/2014/Vol. 263 Issue 147, p10-10, 1/2p. 2 Color Photographs

386. Gareev T. R., Yeliseeva N. A. /Commodity Flow Model for an Exclave Region: Rent-Seeking in the 'Transitional Period' of the Special Economic Zone/Baltic Region/2014/

387. Gladie Lui/Shanghai Pilot Free Trade Zone: Shaping of China's Future Foreign Investment Environment/International Tax Journal/July/August 2014/Vol. 40 Issue 4, p31-43, 13p. 2 Charts

388. Griswold Daniel/FTZs Enhance Competitiveness and Speed Supply Chains/JOC Online/9/1/2014/Vol. 15 Issue 18, p60-62, 3p. 1 Color Photograph, 1 Chart

389. Hashemi Roya/The Relation of Inter-Organizational Trust and Human Capital to Entrepreneurship (Special Economic Zone, Port of Imam Khomeini 'gbuh') / Asian Journal of Research in Business Economics and Management/2014/Vol. 4 Issue 6

390. Honita Cowaloosur/Land Grab in New Garb: Chinese Special Economic Zones in Africa//April 2014/p94-109, 16p

391. Eddie Chi Man/Housing Preferences of Temporary Migrants in Urban China in the Wake of Gradual Hukou Reform: A Case Study of Shenzhen/ International Journal of Urban&Regional Research/July 2014/Vol. 38 Issue 4, p1384-1398, 15p

392. Jammulamadaka Nimruji/Round Table on Business, Governance and Society/Decision/June 2014/Vol. 41 Issue 2, p143-155, 13p

393. Camilla Jensen, Marcin Winiarczyk/Case Network Studies&Analyses/2014/Issue 467, preceding p1-33, 35p

394. Jonathan/Women's Economic Empowerment and Formal Income: Sri Lankan Export Processing Zones and Their Impact on Gender Perceptions of Empowerment/Norsk Geografisk Tidsskrift-Norwegian Journal of Geography/2014/Vol. 23 Issue 4

395. Jordal Malin/Negotiating Respectability: Migrant Women Workers' Perceptions of Relationships and Sexuality in Free Trade Zones in Sri Lanka/Health Care for Women International/June 2014/Vol. 35 Issue 6, p658-676, 19p

396. Konstantinos J. Hazakis/The Rationale of Special Economic Zones: An Institutional Approach/Regional Science Policy&Practice/2014/p85-101, 17p

397. Kriegler Yun/Shanghai to Pilot China's Legal Market Liberalisation Measures/Lawyer (Online Edition) /3/14/2014/p16-16, 1p

398. Kriegler Yun/Will Shanghai Lead the Way in Liberalising the Chinese Market? /Lawyer (Online Edition) /3/18/2014/p11-11, 1p

399. Kroth Maya/Under New Management/Foreign Policy/October 2014/Issue 208, p60-65, 6p

400. Lai Lawrence W. C. /A Catallactic Framework of Government Land Reclamation: The Case of HongKong and Shenzhen/Habitat International/October 2014/Vol. 44, p62-71, 10p

401. Lee Seung-Ook/The Production of Territory in North Korea: Security First, Economy Next/Geopolitics/January-March 2014/Vol. 19 Issue 1, p206-226, 21p. 1 Map

402. Liao Jian/Shanghai FTZ Supports Reform and Development of China's Petrochemical Industry/China Chemical Reporter/10/21/2014/Vol. 25 Issue 19/20, p11-12, 2p

403. Liu Xiaohong, Yang Ling/Redemption of Chinese Arbitration? Comments on the Civil Procedure Law (2012) and Free Trade Zone Arbitration Rules (2014) /Chinese Journal of International Law/December 2014/Vol. 13 Issue 4, p653-662, 10p

404. Lonarkar Pramod Pandurangrao/Export Performance Analysis of India's SEZ/

Journal of International Economics/January - June 2014/Vol. 5 Issue 1, p18 - 30, 13p

405. Lotta Moberg/The Political Economy of Special Economic Zones/Journal of Institutional Economics/2014/p167-190, 23p

406. Makrevska Disoska Elena/Regional Potential of CEFTA-2006 and Its Future Challenges/Journal of Sustainable Development/December 2014/Vol. 5 Issue 11, p5-24, 20p

407. Marphatia Ravi/Adani Ports Handles Record 100 - mt Cargo at Mundra in 2013/Paint India/June 2014/Vol. 64 Issue 6, p72-72, 1/3p

408. Mei Ciqi/Experiment-Based Policy Making or Conscious Policy Design? The Case of Urban Housing Reform in China/Policy Sciences/September 2014/Vol. 47 Issue 3, p321-337, 17p. 3 Charts

409. Meyerowitz Steven A. /Community Banks Capital Requirements/Banking Law Journal/May 2014/Vol. 131 Issue 5, p385-387, 2p

410. Muhammad Mohiuddin, Marie Helene Regniere, Albert Su, Zhan Su/The Special Economic Zone as a Locomotive for Green Development in China/Asian Social Science/2014/Vol 10, No 18

411. Nilov K/Problems of Increasing the Efficiency of the Special Economic Zone Legal Regime in the Kaliningrad region/Vestnik IKBFU/2014/Issue 9, p44-48, 5p

412. Noland Marcus/Comment on Changing China, Changing Africa: Future Contours of an Emerging Relationship/Asian Economic Policy Review/July 2014/Vol. 9 Issue 2, p198-199, 2p

413. Pan Chengrong/Achievements and Problems of Reform of Investment Management System for Shanghai Pilot Free Trade Zone/Asian Agricultural Research/2014/

414. Paul Kossof/China's Pilot Free Trade Zone: Shanghai Free Trade Zone and the Potential Future of Free Trade Zones in Mainland China/International Journal of Law and Legal Jurisprudence/November 22, 2014/

415. Picone Brian/Foreign-Trade Zones/Journal of Commerce/9/1/2014/Vol. 15 Issue 18, p56-58, 3p

416. Picone Brian/U. S. Foreign - Trade Zones Experience Record Growth/JOC Online/9/1/2014/Vol. 15 Issue 18, p56-58, 3p. 1 Color Photograph, 1 Chart

417. Piotr Hajduga/Special Economic Zones in the Lower Silesia Region as a Regional

Development Stimulator during the Crisis/Wrocław University of Economics/2014/

418. Powers John/The Metrics of Port Performance/JOC Online/12/8/2014/Vol. 15 Issue 25, p58-62, 4p. 1 Color Photograph

419. Psychogiopoulou Evangelia/The External Dimension of EU Cultural Action and Free Trade: Exploring an Interface/Legal Issues of Economic Integration/February 2013/Vol. 41 Issue 1, p66-86, 21p

420. Qureshi Asif H. /The FTA Paradigm for the Configuration of World Trade and Foreign Investment: The Case of Outward Processing Zones/Journal of World Trade/2014/Vol. 48 Issue 1, p111-133, 23p

421. Runlan Xu/Shanghai Pilot Free Trade Zone and Trade of Steel Products: Influences and Countermeasures/Journal of Asian Business Strategy/2014/p175-193, 18p

422. Shen Wei/ "A Tale of Three Zones": Promises and Pitfalls of Three Financial Experimental Zones in China/Banking Law Journal/May 2014/Vol. 131 Issue 5, p396-423, 28p

423. Sigler Thomas J. /Panama's Special Economic Zones: Balancing Growth and Development/Bulletin of Latin American Research/January2014/Vol. 33 Issue 1, p1-15, 15p

424. Spencer Curtis/Why FTZs Are Mission-Critical in Texas/JOC Online/9/1/2014/Vol. 15 Issue 18, p67-70, 3p. 2 Color Photographs, 1 Graph

425. Spong Rebecca/Shanghai FTZ Supports Reform and Development of China's Petrochemical Industry/MEED: Middle East Economic Digest/7/11/2014/Vol. 58 Issue 28, p15-15, 1/2p

426. Szakonyi Mark/U. S. FTZ Trade Hits New Highs as Exporters, Retailers Increasingly Tap Zones/JOC Online/8/28/2014/p1-1, 1p

427. Szymańska Katarzyna/Factors Shaping Competitiveness of the Region/Megatrend Review/2014/Vol. 11 Issue 3, p239-248, 10p

428. Tazzara Corey/Managing Free Trade in Early Modern Europe: Institutions, Information and the Free Port of Livorno/Journal of Modern History/September 2014/Vol. 86 Issue 3, p493-529, 37p. 5 Charts

429. Timur Gareev/The Special Economic Zone in the Kaliningrad Region: Development Tool or Institutional Trap? /Baltic Journal of Economics/June 2014/p113-129, 17p

430. Trunick Perry A. /Taking Advantage of FTZs/World Trade：WT100/April 2014/Vol. 27 Issue 4，p22-24，3p
431. Unevant Dede/Myanmar's Displaced People/Economist/11/8/2014/Vol. 413 Issue 8912，p20-20，1/5p
432. Valerio Mendoza，Octasiano M. /Income Inequality in China's Economic and Technological Development Zones and High - Tech Industrial Development Zones，1995—2002/China Economic Policy Review/December 2014/Vol. 3 Issue 2
433. Vani Hattarki/SEZ（Special Economic Zone）：an Overview，Challenges and Future in India/Indian Streams Research Journal/2014/4（3），p1-6，6p
434. Vilakazi Ayanda/Ministers Commission Two Major Investor Projects at Coega/Civil Engineering/April 2014/Vol. 22 Issue 3，p66-68，3p
435. Wan Zheng，Zhang Yang/Policy and Politics behind Shanghai's Free Trade Zone Program/Journal of Transport Geography/January 2014/Vol. 34，p1-6，6p
436. Yildiz Halis Murat/Hub and Spoke Trade Agreements under Oligopoly with Asymmetric Costs/Journal of International Trade&Economic Development/Feburary 2014/Vol. 23 Issue 1，p97-110，14p
437. Zhou Xiaoyan/The Frontline of Reform/Beijing Review/10/16/2014/Vol. 57 Issue 42，p14-17，4p. 2 Color Photographs
438. Zubarev A. E. /Assessment of Efficiency of Special Economic Zones in Russia/Bulletin of PNU/2014/Vol. 35 Issue 4，p153-160，8p

三、学位论文

1. 安超颖/流动人口社会保险参保率与社会质量相关性研究——以杭州、厦门、深圳三地为例/中国优秀硕士学位论文全文数据库/硕士论文/浙江大学/2014
2. 包康平/珠海建设智慧城市的对策研究/中国优秀硕士学位论文全文数据库/硕士论文/吉林大学/2014
3. 曾繁荣/深圳公共部门人力资源外包问题研究——以深圳市场管理监督局为例/中国优秀硕士学位论文全文数据库/硕士论文/福建农林大学/2014

4. 柴晓晓/厦门以房养老问题研究/中国优秀硕士学位论文全文数据库/硕士论文/集美大学/2014
5. 陈命阵/厦门港口发展的战略规划研究/中国优秀硕士学位论文全文数据库/硕士论文/厦门大学/2014
6. 陈日光/厦门市保障性住房建设可持续发展的管理与技术策略/中国优秀硕士学位论文全文数据库/硕士论文/华侨大学/2014
7. 陈绪海/海南国际旅游岛开发规划研究/中国优秀硕士学位论文全文数据库/硕士论文/天津大学/2014
8. 陈壮龙/深圳农村商业银行市场开发战略研究/中国优秀硕士学位论文全文数据库/硕士论文/西安科技大学/2014
9. 程伟/新疆霍尔果斯经济特区发展战略研究/中国优秀硕士学位论文全文数据库/硕士论文/石河子大学/2014
10. 代敏/海南海岸带开发利用的法律问题研究/中国优秀硕士学位论文全文数据库/硕士论文/海南大学/2014
11. 杜函函/海南森林旅游开发模式比较研究/中国优秀硕士学位论文全文数据库/硕士论文/海南师范大学/2014
12. 符英诗/海南岛屿经济发展战略研究/中国优秀硕士学位论文全文数据库/硕士论文/海南大学/2014
13. 符英诗/海南岛屿经济发展战略研究/中国优秀硕士学位论文全文数据库/硕士论文/海南大学/2014
14. 关永玲/交通发展背景下厦门旅游客源市场空间结构演变研究/中国优秀硕士学位论文全文数据库/硕士论文/华侨大学/2014
15. 韩良元/海南邮轮产业发展战略研究/中国优秀硕士学位论文全文数据库/硕士论文/海南大学/2014
16. 黄一添/珠海港口物流竞争优势研究/中国优秀硕士学位论文全文数据库/硕士论文/大连海事大学/2014
17. 黄志乐/深圳特区一体化背景下的政府职能转变研究/中国优秀硕士学位论文全文数据库/硕士论文/湘潭大学/2014
18. 蒋婧文/厦门市星级酒店空间分布特征研究/中国优秀硕士学位论文全文数据库/硕士论文/华侨大学/2014
19. 金鑫/现代企业服务外包决策研究——基于厦门区域优势的分析/中国优秀硕士学位论文全文数据库/硕士论文/华侨大学/2014
20. 来晓刚/我国大型综合性运动会竞赛组织探微——对深圳第 26 届世界大

学生运动会的个案分析/中国优秀硕士学位论文全文数据库/硕士论文/河南师范大学/2014

21. 李彬彬/厦门岛内居民休闲动机与休闲满意度及其相关性研究/中国优秀硕士学位论文全文数据库/硕士论文/福建师范大学/2014
22. 李浩/新公共管理理论视角下海南海事局服务型海事建设探析/中国优秀硕士学位论文全文数据库/硕士论文/大连海事大学/2014
23. 李倩/海南文化产业发展的现状与出路/中国优秀硕士学位论文全文数据库/硕士论文/海南大学/2014
24. 李沁霖/海南新农村建设中的思想政治教育载体研究/中国优秀硕士学位论文全文数据库/硕士论文/海南大学/2014
25. 林劲松/深圳经济特区社区经济发展研究/中国优秀硕士学位论文全文数据库/硕士论文/华中师范大学/2014
26. 林亮/厦门技术经纪人的现状及发展对策研究/中国优秀硕士学位论文全文数据库/硕士论文/华侨大学/2014
27. 林银城/厦门市 IT 外包行业发展策略研究/中国优秀硕士学位论文全文数据库/硕士论文/华侨大学/2014
28. 刘炳秋/深圳探索社区治理新机制的理论和实践研究/中国优秀硕士学位论文全文数据库/硕士论文/陕西师范大学/2014
29. 罗宥余/厦门市社区社会工作发展现状及其影响因素分析/中国优秀硕士学位论文全文数据库/硕士论文/福建师范大学/2014
30. 潘焯能/珠海市斗门区执行农业标准化政策问题研究/中国优秀硕士学位论文全文数据库/硕士论文/华南理工大学/2014
31. 皮靖雅/厦门市商品房价格风险分析/中国优秀硕士学位论文全文数据库/硕士论文/华侨大学/2014
32. 阙文武/深圳海关特殊监管区的第三方物流运作研究/中国优秀硕士学位论文全文数据库/硕士论文/上海交通大学/2014
33. 石文旺/珠海市政府投资项目工程变更治理机制研究/中国优秀硕士学位论文全文数据库/硕士论文/吉林大学/2014
34. 苏剑波/深圳集成电路产业发展战略研究/中国优秀硕士学位论文全文数据库/硕士论文/昆明理工大学/2014
35. 孙宇/基于 EMH 的商品住宅价格预警与空间演变研究——以厦门为例/中国优秀硕士学位论文全文数据库/硕士论文/华侨大学/2014
36. 王海龙/社区能力视角下的城市居民主观生活质量研究——基于深圳市

和厦门市的调查/中国优秀硕士学位论文全文数据库/硕士论文/厦门大学/2014
37. 王磊/包容性发展视角下海南城镇化发展路径探究/中国优秀硕士学位论文全文数据库/硕士论文/海南大学/2014
38. 王艳波/经济特区立法对法律的变通/中国优秀硕士学位论文全文数据库/硕士论文/厦门大学/2014
39. 王莹/厦门市社区养老服务研究/中国优秀硕士学位论文全文数据库/硕士论文/厦门大学/2014
40. 肖一亮/中外离岛免税购物政策比较研究——以海南与日韩两国为例/中国优秀硕士学位论文全文数据库/硕士论文/海南大学/2014
41. 谢文燕/推动厦门市文化事业全面繁荣研究/中国优秀硕士学位论文全文数据库/硕士论文/集美大学/2014
42. 邢树君/图们江区域开发战略中的国际合作问题研究/中国博士学位论文全文数据库/博士论文/吉林大学/2014
43. 徐斌/图们江区域开发开放中非传统安全研究/中国优秀硕士学位论文全文数据库/硕士论文/延边大学/2014
44. 许丽莹/厦门市社会保障性住房政策评价/中国优秀硕士学位论文全文数据库/硕士论文/厦门大学/2014
45. 闫明新/厦门城市文化建设对策研究/中国优秀硕士学位论文全文数据库/硕士论文/集美大学/2014
46. 杨江峰/特区义务教育均衡发展改革研究——以深圳市盐田区为例/中国博士学位论文全文数据库/博士论文/华中师范大学/2014
47. 杨天英/海南国际旅游岛休闲农业发展对策研究——基于琼台比较/中国优秀硕士学位论文全文数据库/硕士论文/海南大学/2014
48. 于梦颖/低碳视角下海南旅游消费与旅游经济转型研究/中国优秀硕士学位论文全文数据库/硕士论文/天津大学/2014
49. 袁瑰闳/保障性住房可持续发展的资源利用与融资策略——以厦门市为例/中国优秀硕士学位论文全文数据库/硕士论文/华侨大学/2014
50. 袁亚伟/深圳与我国几大消费中心城市旅游消费的差异性研究/中国优秀硕士学位论文全文数据库/硕士论文/哈尔滨工业大学/2014
51. 张磊/“海南三亚宰客”事件网络舆情危机的应对之研究/中国优秀硕士学位论文全文数据库/硕士论文/郑州大学/2014
52. 张丽/风险集聚类“邻避型”群体性事件风险治理研究——以“厦门

PX事件”和“宁波PX事件”为例/中国优秀硕士学位论文全文数据库/硕士论文/南京大学/2014
53. 郑芬/城市文化建设中的问题与对策——以汕头经济特区为例/中国优秀硕士学位论文全文数据库/硕士论文/厦门大学/2014
54. 郑云华/当代马克思主义文化理论指导下厦门市公共文化服务建设研究/中国优秀硕士学位论文全文数据库/硕士论文/集美大学/2014
55. 周舟/深圳城市可持续发展研究/中国优秀硕士学位论文全文数据库/硕士论文/华中师范大学/2014
56. 朱益民/基于第三方公正的珠海理货服务创新研究/中国优秀硕士学位论文全文数据库/硕士论文/大连海事大学/2014
57. 朱志远/厦门市翔安区新店镇城市化进程中的政府职能转变研究/中国优秀硕士学位论文全文数据库/硕士论文/福建农林大学/2014
58. Al Sakka/Human Capital Development in Special Economic Zones Is the Case of Dubai/University of Salford/2014-6
59. Hummelink Merel/The Function of Special Economic Zones in the Modernization Process of China//2014-10-31

四、报刊文章

1. 陈茂辉/激发改革动力建设创新特区/南方日报/2014/10/18/F02版
2. 陈祎波/海南旅游信息化发展刍议/海南日报/2014/3/4/B07版
3. 戴金益/锤炼党性为海南发展提供安全支撑/海南日报/2014/3/18/A06版
4. 多米尼克·迪兰/关于海南国际旅游岛建设的建议/海南日报/2014/12/30/A09版
5. 樊东光/学习弘扬雷锋精神加强厦门道德建设/厦门日报/2014/3/5/C06版
6. 甘宇诠/关于加快海南海洋科技产业发展的思考/海南日报/2014/8/26/B07版
7. 贾志鸿/充分发挥法律监督职能努力促进法治海南建设/海南日报/2014/12/2/A06版
8. 李凤亮/以创新思维推进“深圳学派”建设/深圳特区报/2014/3/25/B10版
9. 李怀马/借鉴深圳经验加快我区转型发展/宁夏日报/2014/5/21/014版

10. 李曼/对珠海公共文化建设的思考/珠海特区报/2014/3/16/008 版
11. 李维明/加快南海资源开发提升海南发展能力/中国经济时报/2014/9/26/005 版
12. 林肇宏/海南新型城镇化建设的战略重点/海南日报/2014/1/21/B06 版
13. 陆志远/加快发展海南乡村旅游的几点思考/海南日报/2014/6/24/A06 版
14. 饶思锐/发挥海南优势共建海上丝路/海南日报/2014/6/3/B04 版
15. 任剑涛/深圳学派建设与城市文化自觉/深圳特区报/2014/11/4/B12 版
16. 汤丽霞/学习借鉴新加坡经验提升深圳国际竞争力/深圳特区报/2014/3/11/B10 版
17. 王增智/经济发展新常态海南发展新机遇/海南日报/2014/11/4/A06 版
18. 吴仕章/海南农垦发展医疗养生产业的机遇与挑战/海南农垦报/2014/6/6/002 版
19. 武思文/发挥海南特色优势促进医疗旅游发展/海南日报/2014/3/25/B05 版
20. 务乙沣/坚持陆海统筹发展海南海洋经济/海南日报/2014/5/8/A06 版
21. 许世立，涂正/珠海城市国际化路径与对策/珠海特区报/2014/5/11/008 版
22. 杨黎光/对城市文化发声 为深圳文化立论/深圳特区报/2014/8/12/B10 版
23. 中共珠海市委党校课题组/“蓝色珠海”咏叹调“科学崛起”谱新篇/珠海特区报/2014/3/9/008 版
24. /Citi Unveils RMB Cross - Border Solution/Trade Finance/January 2014/Vol. 17 Issue 1, p56-56, 1p
25. /Study to Begin On Trade Zone/Wall Street Journal - Eastern Edition/11/7/2014/Vol. 264 Issue 110, p14-14, 1/8p
26. Back Aaron/Drawing Lines on Japan's Economic Map/Wall Street Journal - Eastern Edition/4/1/2014/Vol. 263 Issue 75, p12-12, 1/5p. 1 Graph
27. Burkitt Laurie/Amazon Comes to Shanghai's Free Trade Zone/Wall Street Journal - Eastern Edition/8/21/2014/Vol. 264 Issue 44, p4-4, 1/2p. 1 Color Photograph
28. Burkitt Laurie/Amazon. com Coming to Shanghai's Free Trade Zone/Wall Street Journal (Online) /8/21/2014/p1-1, 1p
29. Investor's Business Daily/China Will Ease/Investors Business Daily/2/

27/2014/
30. Investor's Business Daily/The Shanghai Gov't Relaxed/Investors Business Daily/7/2/2014/
31. Shen Hong/A Year On, Shanghai Free Trade Zone Disappoints/Wall Street Journal (Online) /9/29/2014/p1-1, 1p
32. Shen hong/A Year On, Shanghai Zone Disappoints/Wall Street Journal - Eastern Edition/9/29/2014/Vol. 264 Issue 76, p3-3, 1/3p

五、析出文献

1. 赵康太/重读与阐释："海南岛好好发展起来，是很了不起的"——纪念邓小平关于海南改革开放的重要论述发表三十周年/海上丝绸之路建设与琼粤两省合作发展——第三届中国（海南·广东）改革创新论坛论文集//2014/11/7/
2. 徐新华/发展海南与东盟多边经贸关系，促进21世纪"海上丝绸之路"与区域繁荣梦想/海上丝绸之路建设与琼粤两省合作发展——第三届中国（海南·广东）改革创新论坛//2014/11/7/
3. 黄丽华/关于把海南作为新"海上丝绸之路"桥头堡的思考/海上丝绸之路建设与琼粤两省合作发展——第三届中国（海南·广东）改革创新论坛//2014/11/7/
4. /邓小平理论与深圳经济特区的实践/邓小平与中国道路——全国纪念邓小平同志诞辰110周年学术研讨会//2014/8/20/
5. 陈立超，温小平/邓小平南方谈话精神与海南国际旅游岛的建设/邓小平与中国道路——全国纪念邓小平同志诞辰110周年学术研讨会//2014/
6. 吴振兴/邓小平与创办海南经济特区战略决策/中共中央文献研究室个人课题成果集2013年（下）//2014/
7. 屈婷/三中全会以来我国渐进式改革的探索之路——以我国经济特区的创立和发展为例/中共中央文献研究室个人课题成果集2013年（下）//2014/
8. 田苗苗，于喜峰/打造"深圳标准"助推"深圳质量"/市场践行标准化——第十一届中国标准化论坛//2014/
9. 阮春成/吸引投资及经济特区基础设施发展的国际经验/"世界经济特区发展论坛"首届论坛"机会与经验国际学术研讨会"//2014/
10. 弗拉基米尔·波特雅科夫/中国增长模式转变中的深圳经济/"世界经济

特区发展论坛”首届论坛“机会与经验国际学术研讨会”//2014/
11. 袁易明，闫振坤/中国经济特区产业转型能力研究/“世界经济特区发展论坛”首届论坛“机会与经验国际学术研讨会”//2014/
12. 罗清和，许新华/经济特区转型与中国模式研究/“世界经济特区发展论坛”首届论坛“机会与经验国际学术研讨会”//2014/
13. 周小云/深圳经济特区“新常态”路径研究/“世界经济特区发展论坛”首届论坛“机会与经验国际学术研讨会”//2014/
14. 弗拉基米尔·波特雅科夫/中国增长模式转变中的深圳经济/“2014 中国经济特区论坛”“经济特区比较与借鉴国际学术研讨会”/中国经济特区研究中心/深圳/1905/7/6/第 13-18 页
15. 乐正/迈向智慧型发展—深圳城市发展战略选择（2015—2025）/“2014 中国经济特区论坛”“经济特区比较与借鉴国际学术研讨会”/中国经济特区研究中心/深圳/2014/第 19-22 页
16. 曾智华/经济特区发展的全球经验/“2014 中国经济特区论坛”“经济特区比较与借鉴国际学术研讨会”/中国经济特区研究中心/深圳/2014/第 23-24 页
17. 吴忠/努力把经济特区打造成中国创新文化高地/“2014 中国经济特区论坛”“经济特区比较与借鉴国际学术研讨会”/中国经济特区研究中心/深圳/2014/第 25-27 页
18. 格卢沙科夫·伊戈尔/新丝绸之路经济带建设中的中俄战略合作/“2014 中国经济特区论坛”“经济特区比较与借鉴国际学术研讨会”/中国经济特区研究中心/深圳/2014/第 28-28 页
19. 阿拉德纳·阿拉瓦尔/经济特区的演化：国际经验和教训/“2014 中国经济特区论坛”“经济特区比较与借鉴国际学术研讨会”/中国经济特区研究中心/深圳/2014/第 29-39 页
20. 南岭/经济特区发展的“深圳共识”/“2014 中国经济特区论坛”“经济特区比较与借鉴国际学术研讨会”/中国经济特区研究中心/深圳/2014/第 40-42 页
21. 陶一桃/关于中国道路与特区的几个理论问题/“2014 中国经济特区论坛”“经济特区比较与借鉴国际学术研讨会”/中国经济特区研究中心/深圳/2014/第 43-47 页
22. 谭刚/经济新常态下的特区优势再造/“2014 中国经济特区论坛”“经济特区比较与借鉴国际学术研讨会”/中国经济特区研究中心/深圳/2014/

第 48-49 页

23. 孙元欣/中国（上海）自由贸易试验区的制度创新/“2014 中国经济特区论坛”“经济特区比较与借鉴国际学术研讨会”/中国经济特区研究中心/深圳/2014/第 50-51 页
24. 王锦侠/打造特区建设的“核心引擎”——前海的创新实践及其发展/“2014 中国经济特区论坛”“经济特区比较与借鉴国际学术研讨会”/中国经济特区研究中心/深圳/2014/第 52-53 页
25. 周兆翔/古丝绸之路上的新动力——喀什经济开发区建设思考/“2014 中国经济特区论坛”“经济特区比较与借鉴国际学术研讨会”/中国经济特区研究中心/深圳/2014/第 54-56 页
26. 团文正/越南广宁省经济特区的建立/“2014 中国经济特区论坛”“经济特区比较与借鉴国际学术研讨会”/中国经济特区研究中心/深圳/2014/第 57-58 页
27. 沈万根/图们江地区开发面临的困难及对策/“2014 中国经济特区论坛”“经济特区比较与借鉴国际学术研讨会”/中国经济特区研究中心/深圳/2014/第 59-63 页
28. 方浩范/朝鲜政体分析与经济特区现状—兼谈 2013 经济情况回顾/“2014 中国经济特区论坛”“经济特区比较与借鉴国际学术研讨会”/中国经济特区研究中心/深圳/2014/第 64-68 页
29. 林优娜［印度尼西亚共和国］/印尼与 21 世纪海上丝绸之路建设/“2014 中国经济特区论坛”“经济特区比较与借鉴国际学术研讨会”/中国经济特区研究中心/深圳/2014/第 69-70 页
30. 汪浩/欧洲的跨境合作/“2014 中国经济特区论坛”“经济特区比较与借鉴国际学术研讨会”/中国经济特区研究中心/深圳/2014/第 73-74 页
31. 袁易明/中国经济特区存在的逻辑/“2014 中国经济特区论坛”“经济特区比较与借鉴国际学术研讨会”/中国经济特区研究中心/深圳/2014/第 75-76 页
32. 赵伟/深圳特区下一步能为中国深化改革做些什么？/“2014 中国经济特区论坛”“经济特区比较与借鉴国际学术研讨会”/中国经济特区研究中心/深圳/2014/第 77 页
33. 姜安/深圳的重生之路/“2014 中国经济特区论坛”“经济特区比较与借鉴国际学术研讨会”/中国经济特区研究中心/深圳/2014/第 78 页
34. 姚峰/农业对一个国家发展的重要意义/“2014 中国经济特区论坛”“经

济特区比较与借鉴国际学术研讨会”/中国经济特区研究中心/深圳/2014/第79页

35. 傅小随/泛特区化背景下特区政策的变化趋势/“2014中国经济特区论坛”“经济特区比较与借鉴国际学术研讨会”/中国经济特区研究中心/深圳/2014/第80-81页

36. 张凯/老特区在海上丝绸之路建设中的一个新使命/“2014中国经济特区论坛”“经济特区比较与借鉴国际学术研讨会”/中国经济特区研究中心/深圳/2014/第82-83页

37. 许秀江/学术研究和学术价值/“2014中国经济特区论坛”“经济特区比较与借鉴国际学术研讨会”/中国经济特区研究中心/深圳/2014/第84-85页

38. 李凡/经济特区特殊产业的案例分析/“2014中国经济特区论坛”“经济特区比较与借鉴国际学术研讨会”/中国经济特区研究中心/深圳/2014/第86页

39. 黄发玉/经济特区与中国道路走出去/“2014中国经济特区论坛”“经济特区比较与借鉴国际学术研讨会”/中国经济特区研究中心/深圳/2014/第87-88页

40. 杨忠栋/在俄华商“走出去”经验分享/“2014中国经济特区论坛”“经济特区比较与借鉴国际学术研讨会”/中国经济特区研究中心/深圳/2014/第89页

41. 李国华/超大经济体与特区研究/“2014中国经济特区论坛”“经济特区比较与借鉴国际学术研讨会”/中国经济特区研究中心/深圳/2014/第90页

42. 兰知震/鸡西市沿边开发开放建设/“2014中国经济特区论坛”“经济特区比较与借鉴国际学术研讨会”/中国经济特区研究中心/深圳/2014/第91-92页

43. 李必豪/经济特区与深化改革开放/“2014中国经济特区论坛”“经济特区比较与借鉴国际学术研讨会”/中国经济特区研究中心/深圳/2014/第93页

44. 罗清和/论经济特区模式/“2014中国经济特区论坛”“经济特区比较与借鉴国际学术研讨会”/中国经济特区研究中心/深圳/2014/第94-96页

45. 孙元欣/经济特区发展新形势及其推动力/“2014中国经济特区论坛”

“经济特区比较与借鉴国际学术研讨会”/中国经济特区研究中心/深圳/2014/第 97-98 页

46. 祁亚辉/中国经济特区发展战略的再选择/“2014 中国经济特区论坛”“经济特区比较与借鉴国际学术研讨会”/中国经济特区研究中心/深圳/2014/第 99-100 页
47. 郑遵信/深圳特区金融改革/“2014 中国经济特区论坛”“经济特区比较与借鉴国际学术研讨会”/中国经济特区研究中心/深圳/2014/第 101 页
48. 武晓庆/国家级新区特点及其治理/“2014 中国经济特区论坛”“经济特区比较与借鉴国际学术研讨会”/中国经济特区研究中心/深圳/2014/第 102-103 页
49. 田秋生/经济特区的类型及其转型/“2014 中国经济特区论坛”“经济特区比较与借鉴国际学术研讨会”/中国经济特区研究中心/深圳/2014/第 104-105 页
50. 张克听/中国经济特区社会信用体系建设经验、问题和改进方向/“2014 中国经济特区论坛”“经济特区比较与借鉴国际学术研讨会”/中国经济特区研究中心/深圳/2014/第 106-107 页
51. 周小云/新时期深圳特区的优势和挑战/“2014 中国经济特区论坛”“经济特区比较与借鉴国际学术研讨会”/中国经济特区研究中心/深圳/2014/第 108 页
52. 周国和/从政策红利到法制红利/“2014 中国经济特区论坛”“经济特区比较与借鉴国际学术研讨会”/中国经济特区研究中心/深圳/2014/第 109 页
53. 贺京同/也谈京津冀一体化/“2014 中国经济特区论坛”“经济特区比较与借鉴国际学术研讨会”/中国经济特区研究中心/深圳/2014/第 110-111 页
54. 李猛/中国五大经济特区面临的新挑战/“2014 中国经济特区论坛”“经济特区比较与借鉴国际学术研讨会”/中国经济特区研究中心/深圳/2014/第 112 页
55. 伍凤兰/湾区经济演进的机制/“2014 中国经济特区论坛”“经济特区比较与借鉴国际学术研讨会”/中国经济特区研究中心/深圳/2014/第 113 页
56. 陈红泉/中国特区经济发展的金融支持/“2014 中国经济特区论坛”“经济特区比较与借鉴国际学术研讨会”/中国经济特区研究中心/深圳/

2014/第 114 页
57. 李幼林/一路走出去战略/“2014 中国经济特区论坛”“经济特区比较与借鉴国际学术研讨会”/中国经济特区研究中心/深圳/2014/第 115 页
58. 申勇/创建经济与生态双赢的新特区/“2014 中国经济特区论坛”“经济特区比较与借鉴国际学术研讨会”/中国经济特区研究中心/深圳/2014/第 116 页
59. 恽薇/人文社科可以做些什么？/“2014 中国经济特区论坛”“经济特区比较与借鉴国际学术研讨会”/中国经济特区研究中心/深圳/2014/第 117 页
60. 范霄文/开放经济与经济特区的使命/“2014 中国经济特区论坛”“经济特区比较与借鉴国际学术研讨会”/中国经济特区研究中心/深圳/2014/第 118 页
61. 俞友康/基于政策角度的海上丝绸之路/“2014 中国经济特区论坛”“经济特区比较与借鉴国际学术研讨会”/中国经济特区研究中心/深圳/2014/第 119 页
62. 李宗开/关于 21 世纪海上丝绸之路战略的几点思考/“2014 中国经济特区论坛”“经济特区比较与借鉴国际学术研讨会”/中国经济特区研究中心/深圳/2014/第 120 页
63. 钟若愚/湾区经济发展的机理与深圳经济特区—基于 CP 模型和内生增长理论的初步分析/“2014 中国经济特区论坛”“经济特区比较与借鉴国际学术研讨会”/中国经济特区研究中心/深圳/2014/第 121 页
64. 刘伟丽/经济学视角下的丝绸之路/“2014 中国经济特区论坛”“经济特区比较与借鉴国际学术研讨会”/中国经济特区研究中心/深圳/2014/第 122 页
65. 景晶/加强交流、深化合作 携手打造对俄开发开放桥头堡/“2014 中国经济特区论坛”“经济特区比较与借鉴国际学术研讨会”/中国经济特区研究中心/深圳/2014/第 123-124 页
66. 蒋洪民/长白山特区与沿江开发开放/“2014 中国经济特区论坛”“经济特区比较与借鉴国际学术研讨会”/中国经济特区研究中心/深圳/2014/第 125 页
67. 谢圣远/沿边开放的经济条件与经济目标/“2014 中国经济特区论坛”“经济特区比较与借鉴国际学术研讨会”/中国经济特区研究中心/深圳/2014/第 126 页

68. 郭茂佳/如何提升深圳国际金融中心地位？/“2014 中国经济特区论坛”“经济特区比较与借鉴国际学术研讨会”/中国经济特区研究中心/深圳/2014/第 127 页
69. 吴超林/“一带一路”框架下的中国沿边开放/“2014 中国经济特区论坛”“经济特区比较与借鉴国际学术研讨会”/中国经济特区研究中心/深圳/2014/第 128 页
70. 徐进/经济特区与沿边开放/“2014 中国经济特区论坛”“经济特区比较与借鉴国际学术研讨会”/中国经济特区研究中心/深圳/2014/第 129 页
71. 王廷惠/越南经济特区的发展/世界经济特区发展论坛——经验与机遇国际研讨会/中国经济特区研究中心/深圳/2014/第 9-10 页
72. 陶一桃/深圳经济特区对中国改革开放的历史性贡献及经验教训分享/世界经济特区发展论坛—经验与机遇国际研讨会/中国经济特区研究中心/深圳/2014/第 11-16 页
73. 蔡继明/中国的城市化与土地制度改革—深圳三次土改的得与失/世界经济特区发展论坛—经验与机遇国际研讨会/中国经济特区研究中心/深圳/2014/第 17-26 页
74. 庄宗明/中国的改革开放与厦门经济特区建设/世界经济特区发展论坛—经验与机遇国际研讨会/中国经济特区研究中心/深圳/2014/第 27-29 页
75. 劳拉·斯通/经济特区与跨太平洋伙伴关系协议实施/世界经济特区发展论坛—经验与机遇国际研讨会/中国经济特区研究中心/深圳/2014/第 30-31 页
76. 谈玉妮/印度自由贸易区：趋势与决定因素/世界经济特区发展论坛—经验与机遇国际研讨会/中国经济特区研究中心/深圳/2014/第 32-35 页
77. 魏达志/实现“外向型”与“开放性”经济发展模式的战略转型/世界经济特区发展论坛—经验与机遇国际研讨会/中国经济特区研究中心/深圳/2014/第 36-39 页
78. 郝寿义/滨海新区开发开放与区域创新/世界经济特区发展论坛—经验与机遇国际研讨会/中国经济特区研究中心/深圳/2014/第 40-45 页
79. 袁易明/越南如何借鉴中国经济特区的经验以减少本国贫困/世界经济特区发展论坛—经验与机遇国际研讨会/中国经济特区研究中心/深圳/2014/第 46-47 页
80. 安德鲁·格兰特/为建设发展经济特区吸引资源的措施/世界经济特区发展论坛—经验与机遇国际研讨会/中国经济特区研究中心/深圳/2014/第

48-58 页

81. 贺京同/以市场主导增量投资增强有效供给能力/世界经济特区发展论坛—经验与机遇国际研讨会/中国经济特区研究中心/深圳/2014/第 59-61 页

82. 陈威翔/新加坡的视角与经验——经济特区的成功模式/世界经济特区发展论坛—经验与机遇国际研讨会/中国经济特区研究中心/深圳/2014/第 62-65 页

83. 王苏生/中国经济特区发展成功经验——以深圳金融业改革创新为主题/世界经济特区发展论坛—经验与机遇国际研讨会/中国经济特区研究中心/深圳/2014/第 66-70 页

84. 汪永成/深圳经济特区的治理改革：历程、特点与前瞻/世界经济特区发展论坛—经验与机遇国际研讨会/中国经济特区研究中心/深圳/2014/第 71-72 页

85. 梅拉微・埃隆・沙哈尔/以色列创新高新科技保护生态系统/世界经济特区发展论坛—经验与机遇国际研讨会/中国经济特区研究中心/深圳/2014/第 73-75 页

86. 黎文诗/坚江省富国经济特区发展的机遇与经验/世界经济特区发展论坛—经验与机遇国际研讨会/中国经济特区研究中心/深圳/2014/第 76-80 页

87. 曾月英/建设法治政府推动社会经济发展——以深圳经济特区为视角/世界经济特区发展论坛—经验与机遇国际研讨会/中国经济特区研究中心/深圳/2014/第 81-84 页

88. 山岗博一/发展经济特区—经济复苏的“第三支箭”/世界经济特区发展论坛—经验与机遇国际研讨会/中国经济特区研究中心/深圳/2014/第 85-88 页

89. 向井隆，等/广宁省云屯经济特区的空间发展规划/世界经济特区发展论坛—经验与机遇国际研讨会/中国经济特区研究中心/深圳/2014/第 89-92 页

90. 阮战胜/吸引投资财力建设行政特区观点——庆和省云峰北之经验/世界经济特区发展论坛—经验与机遇国际研讨会/中国经济特区研究中心/深圳/2014/第 93-95 页

91. 郭茂佳/中国经济特区金融产业转型升级的思路/世界经济特区发展论坛—经验与机遇国际研讨会/中国经济特区研究中心/深圳/2014/第 96-

105 页

92. 李国华/中国深圳经济特区发展金融服务业的一些启示/世界经济特区发展论坛—经验与机遇国际研讨会/中国经济特区研究中心/深圳/2014/第106-108 页

93. 何孙荣/经济特区的商业贸易与投资：国际经验及云屯经济特区发展方向/世界经济特区发展论坛—经验与机遇国际研讨会/中国经济特区研究中心/深圳/2014/第 109-110 页

94. 裴必胜/在全球化时代建立经济特区之探讨/世界经济特区发展论坛—经验与机遇国际研讨会/中国经济特区研究中心/深圳/2014/第 111-113 页

95. 阮春成/吸引投资及经济区基础设施发展：国际经验/世界经济特区发展论坛—经验与机遇国际研讨会/中国经济特区研究中心/深圳/2014/第114-120 页

96. 于璟/深港边界今昔/深圳文史（第十四辑）/深圳市政协文化文史和学习委员会，深圳博物馆/深圳：海天出版社/2014/

97. 于璟/过境耕作与小额贸易/深圳文史（第十四辑）/深圳市政协文化文史和学习委员会，深圳博物馆/深圳：海天出版社/2014/

98. 崔孝松/原宝安县渔民的过境捕捞/深圳文史（第十四辑）/深圳市政协文化文史和学习委员会，深圳博物馆/深圳：海天出版社/2014/

99. 罗祎玑/深港联合治理深圳河 30 年回顾/深圳文史（第十四辑）/深圳市政协文化文史和学习委员会，深圳博物馆/深圳：海天出版社/2014/

100. 付莹/前海深港现代服务业合作区的建设和发展/深圳文史（第十四辑）/深圳市政协文化文史和学习委员会，深圳博物馆/深圳：海天出版社/2014/

101. 丰瑞/宝安的文化建设与深港文化交流/深圳文史（第十四辑）/深圳市政协文化文史和学习委员会，深圳博物馆/深圳：海天出版社/2014/

102. 周加胜，于璟/深港特色美食/深圳文史（第十四辑）/深圳市政协文化文史和学习委员会，深圳博物馆/深圳：海天出版社/2014/

103. 侯玲雅/深港两地的“打醮”习俗/深圳文史（第十四辑）/深圳市政协文化文史和学习委员会，深圳博物馆/深圳：海天出版社/2014/

104. 孙霄/试论沙头角鱼灯舞的迁徙、源流与发展/深圳文史（第十四辑）/深圳市政协文化文史和学习委员会，深圳博物馆/深圳：海天出版社/2014/

105. 王程太/南澳草龙舞与香港大坑火龙舞的民俗特色/深圳文史（第十四

辑）/深圳市政协文化文史和学习委员会，深圳博物馆/深圳：海天出版社/2014/

106. 崔孝松/逃港事件追忆/深圳文史（第十四辑）/深圳市政协文化文史和学习委员会，深圳博物馆/深圳：海天出版社/2014/

107. 钱锦/“逃港潮”与深港两地社会经济发展/深圳文史（第十四辑）/深圳市政协文化文史和学习委员会，深圳博物馆/深圳：海天出版社/2014/

108. 杨华芳/湾仔银坑难民营略述/珠海文史（第二十三辑）/郑小跃主编；政协珠海市委员会文史资料委员会编//2014/第1-14页

109. 谭贵爵，谭添伦，朱贺/日军“扫荡”三灶岛上表村的前前后后/珠海文史（第二十三辑）/郑小跃主编；政协珠海市委员会文史资料委员会编//2014/第15-23页

110. 钟泉口述；梁新整理/为侵华日军慰安所做防疫的日子/珠海文史（第二十三辑）/郑小跃主编；政协珠海市委员会文史资料委员会编//2014/第24-29页

111. 曾棠，谭添伦口述；振迅整理/日军在三灶“就业堂”设立临时指挥部/珠海文史（第二十三辑）/郑小跃主编；政协珠海市委员会文史资料委员会编//2014/第30-33页

112. 谭添伦口述；梁振兴整理/日军在三灶岛上的神社、指挥部和福大公司/珠海文史（第二十三辑）/郑小跃主编；政协珠海市委员会文史资料委员会编//2014/第34-41页

113. 谭贵爵口述；良震整理/我在三灶岛侵华日军指挥部里的所见所闻/珠海文史（第二十三辑）/郑小跃主编；政协珠海市委员会文史资料委员会编//2014/第42-53页

114. 曾棠/盟军袭击日军三灶机场的回忆/珠海文史（第二十三辑）/郑小跃主编；政协珠海市委员会文史资料委员会编//2014/第54-58页

115. 彭俊美/《三灶岛特报》翻译稿出炉/珠海文史（第二十三辑）/郑小跃主编；政协珠海市委员会文史资料委员会编//2014/第59-63页

116. 梁振兴/珠海渔业改革带头人冼十五/珠海文史（第二十三辑）/郑小跃主编；政协珠海市委员会文史资料委员会编//2014/第64-96页

117. 邝犇/邝金鼻与《阿凡提寓言》/珠海文史（第二十三辑）/郑小跃主编；政协珠海市委员会文史资料委员会编//2014/第97-104页

118. 黄金河/我所亲历的珠海文学领域的几个第一/珠海文史（第二十三

辑）/郑小跃主编；政协珠海市委员会文史资料委员会编//2014/第105-114页

119. 唐国安著唐越翻译/唐景星先生生平事略/珠海文史（第二十三辑）/郑小跃主编；政协珠海市委员会文史资料委员会编//2014/第115-122页

120. 唐绍明/唐国安主笔的近代《南方报》（英文版）简介/珠海文史（第二十三辑）/郑小跃主编；政协珠海市委员会文史资料委员会编//2014/第123-126页

121. 刘志明/前山城寨重建证据略谈/珠海文史（第二十三辑）/郑小跃主编；政协珠海市委员会文史资料委员会编//2014/第127-130页

122. 赵承华/南门赵姓的堂名和堂号/珠海文史（第二十三辑）/郑小跃主编；政协珠海市委员会文史资料委员会编//2014/第131-133页

123. 唐越/唐仲良唐丽泉传略/珠海文史（第二十三辑）/郑小跃主编；政协珠海市委员会文史资料委员会编//2014/第134-138页

124. 何志毅/珠海社会生活民俗/珠海文史（第二十三辑）/郑小跃主编；政协珠海市委员会文史资料委员会编//2014/第139-155页

125. 肖一亭，肖婧/唐绍仪研究述论/珠海文史（第二十三辑）/郑小跃主编；政协珠海市委员会文史资料委员会编//2014/第156-185页

126. 邓洁/中国电报业的先驱谭元湛/珠海文史（第二十三辑）/郑小跃主编；政协珠海市委员会文史资料委员会编//2014/第186-206页

127. 叶昌著；门晓琴整理/以其诗歌解读杨匏安/珠海文史（第二十三辑）/郑小跃主编；政协珠海市委员会文史资料委员会编//2014/第207

128. /红砖民居/厦门文史丛书《厦门红砖民居》/林志雄著；洪卜仁主编；中国政治协商会议福建省厦门市委员会编/厦门：厦门大学出版社/2014/第1页

129. /红砖民居的特质/厦门文史丛书《厦门红砖民居》/林志雄著；洪卜仁主编；中国政治协商会议福建省厦门市委员会编/厦门：厦门大学出版社/2014/第2-6页

130. /红砖民居的建构/厦门文史丛书《厦门红砖民居》/林志雄著；洪卜仁主编；中国政治协商会议福建省厦门市委员会编/厦门：厦门大学出版社/2014/第7-33页

131. /思明区红砖民居/厦门文史丛书《厦门红砖民居》/林志雄著；洪卜仁

主编；中国政治协商会议福建省厦门市委员会编/厦门：厦门大学出版社/2014/第 33-34 页
132. /卢厝/厦门文史丛书《厦门红砖民居》/林志雄著；洪卜仁主编；中国政治协商会议福建省厦门市委员会编/厦门：厦门大学出版社/2014/第 34-36 页
133. /蒋厝/厦门文史丛书《厦门红砖民居》/林志雄著；洪卜仁主编；中国政治协商会议福建省厦门市委员会编/厦门：厦门大学出版社/2014/第 37-38 页
134. /李氏宗祠/厦门文史丛书《厦门红砖民居》/林志雄著；洪卜仁主编；中国政治协商会议福建省厦门市委员会编/厦门：厦门大学出版社/2014/第 39-40 页
135. /虞朝巷叶厝/厦门文史丛书《厦门红砖民居》/林志雄著；洪卜仁主编；中国政治协商会议福建省厦门市委员会编/厦门：厦门大学出版社/2014/第 41 页
136. /盐溪街欧阳桢故居/厦门文史丛书《厦门红砖民居》/林志雄著；洪卜仁主编；中国政治协商会议福建省厦门市委员会编/厦门：厦门大学出版社/2014/第 42 页
137. /盐溪街李厝/厦门文史丛书《厦门红砖民居》/林志雄著；洪卜仁主编；中国政治协商会议福建省厦门市委员会编/厦门：厦门大学出版社/2014/第 43-44 页
138. /大字酒翁俊明古厝/厦门文史丛书《厦门红砖民居》/林志雄著；洪卜仁主编；中国政治协商会议福建省厦门市委员会编/厦门：厦门大学出版社/2014/第 45-46 页
139. /释仔街王厝/厦门文史丛书《厦门红砖民居》/林志雄著；洪卜仁主编；中国政治协商会议福建省厦门市委员会编/厦门：厦门大学出版社/2014/第 47-48 页
140. /前埔林云梯古厝/厦门文史丛书《厦门红砖民居》/林志雄著；洪卜仁主编；中国政治协商会议福建省厦门市委员会编/厦门：厦门大学出版社/2014/第 49-50 页
141. /鼓浪屿大夫第/厦门文史丛书《厦门红砖民居》/林志雄著；洪卜仁主编；中国政治协商会议福建省厦门市委员会编/厦门：厦门大学出版社/2014/第 51-52 页
142. /湖里区红砖民居/厦门文史丛书《厦门红砖民居》/林志雄著；洪卜仁

主编；中国政治协商会议福建省厦门市委员会编/厦门：厦门大学出版社/2014/第 52-53 页

143. /坂美大夫第/厦门文史丛书《厦门红砖民居》/林志雄著；洪卜仁主编；中国政治协商会议福建省厦门市委员会编/厦门：厦门大学出版社/2014/第 53-54 页

144. /祥店古厝群落/厦门文史丛书《厦门红砖民居》/林志雄著；洪卜仁主编；中国政治协商会议福建省厦门市委员会编/厦门：厦门大学出版社/2014/第 55-57 页

145. /坂上陈伦炯古厝/厦门文史丛书《厦门红砖民居》/林志雄著；洪卜仁主编；中国政治协商会议福建省厦门市委员会编/厦门：厦门大学出版社/2014/第 58-59 页

146. /锦园新大厝/厦门文史丛书《厦门红砖民居》/林志雄著；洪卜仁主编；中国政治协商会议福建省厦门市委员会编/厦门：厦门大学出版社/2014/第 60-62 页

147. /杏林高浦伯府/厦门文史丛书《厦门红砖民居》/林志雄著；洪卜仁主编；中国政治协商会议福建省厦门市委员会编/厦门：厦门大学出版社/2014/第 63-64 页

148. /杏林后埔郭家古厝/厦门文史丛书《厦门红砖民居》/林志雄著；洪卜仁主编；中国政治协商会议福建省厦门市委员会编/厦门：厦门大学出版社/2014/第 65-66 页

149. /灌口镇双岭村九十九间/厦门文史丛书《厦门红砖民居》/林志雄著；洪卜仁主编；中国政治协商会议福建省厦门市委员会编/厦门：厦门大学出版社/2014/第 67-68 页

150. /灌口镇东辉村九十九间/厦门文史丛书《厦门红砖民居》/林志雄著；洪卜仁主编；中国政治协商会议福建省厦门市委员会编/厦门：厦门大学出版社/2014/第 69-70 页

151. /曾营瀛洲芝圃/厦门文史丛书《厦门红砖民居》/林志雄著；洪卜仁主编；中国政治协商会议福建省厦门市委员会编/厦门：厦门大学出版社/2014/第 71-73 页

152. /莲塘别墅/厦门文史丛书《厦门红砖民居》/林志雄著；洪卜仁主编；中国政治协商会议福建省厦门市委员会编/厦门：厦门大学出版社/2014/第 74-77 页

153. /芦塘举人第/厦门文史丛书《厦门红砖民居》/林志雄著；洪卜仁主

编；中国政治协商会议福建省厦门市委员会编/厦门：厦门大学出版社/2014/第 78-80 页

154. /颜江守古厝/厦门文史丛书《厦门红砖民居》/林志雄著；洪卜仁主编；中国政治协商会议福建省厦门市委员会编/厦门：厦门大学出版社/2014/第 81-83 页

155. /颜民淳古厝/厦门文史丛书《厦门红砖民居》/林志雄著；洪卜仁主编；中国政治协商会议福建省厦门市委员会编/厦门：厦门大学出版社/2014/第 84 页

156. /青礁村院前社古厝群落/厦门文史丛书《厦门红砖民居》/林志雄著；洪卜仁主编；中国政治协商会议福建省厦门市委员会编/厦门：厦门大学出版社/2014/第 85-89 页

157. /颜金发古厝/厦门文史丛书《厦门红砖民居》/林志雄著；洪卜仁主编；中国政治协商会议福建省厦门市委员会编/厦门：厦门大学出版社/2014/第 90 页

158. /张四全古厝/厦门文史丛书《厦门红砖民居》/林志雄著；洪卜仁主编；中国政治协商会议福建省厦门市委员会编/厦门：厦门大学出版社/2014/第 91-92 页

159. /张夜合古厝/厦门文史丛书《厦门红砖民居》/林志雄著；洪卜仁主编；中国政治协商会议福建省厦门市委员会编/厦门：厦门大学出版社/2014/第 93 页

160. /张公武、张公跃古厝/厦门文史丛书《厦门红砖民居》/林志雄著；洪卜仁主编；中国政治协商会议福建省厦门市委员会编/厦门：厦门大学出版社/2014/第 94-95 页

161. /张振成古厝/厦门文史丛书《厦门红砖民居》/林志雄著；洪卜仁主编；中国政治协商会议福建省厦门市委员会编/厦门：厦门大学出版社/2014/第 96-97 页

162. /诒德堂（张氏家庙）/厦门文史丛书《厦门红砖民居》/林志雄著；洪卜仁主编；中国政治协商会议福建省厦门市委员会编/厦门：厦门大学出版社/2014/第 98 页

163. /张允贡古厝/厦门文史丛书《厦门红砖民居》/林志雄著；洪卜仁主编；中国政治协商会议福建省厦门市委员会编/厦门：厦门大学出版社/2014/第 99-100 页

164. /陈天衢古厝/厦门文史丛书《厦门红砖民居》/林志雄著；洪卜仁主

编；中国政治协商会议福建省厦门市委员会编/厦门：厦门大学出版社/2014/第101-102页

165./邱忠坡古厝/厦门文史丛书《厦门红砖民居》/林志雄著；洪卜仁主编；中国政治协商会议福建省厦门市委员会编/厦门：厦门大学出版社/2014/第103-104页

166./邱清德古厝/厦门文史丛书《厦门红砖民居》/林志雄著；洪卜仁主编；中国政治协商会议福建省厦门市委员会编/厦门：厦门大学出版社/2014/第105页

167./邱红蟳古厝/厦门文史丛书《厦门红砖民居》/林志雄著；洪卜仁主编；中国政治协商会议福建省厦门市委员会编/厦门：厦门大学出版社/2014/第106-107页

168./邱石钢古厝/厦门文史丛书《厦门红砖民居》/林志雄著；洪卜仁主编；中国政治协商会议福建省厦门市委员会编/厦门：厦门大学出版社/2014/第108页

169./静明堂/厦门文史丛书《厦门红砖民居》/林志雄著；洪卜仁主编；中国政治协商会议福建省厦门市委员会编/厦门：厦门大学出版社/2014/第109页

170./邱先春古厝/厦门文史丛书《厦门红砖民居》/林志雄著；洪卜仁主编；中国政治协商会议福建省厦门市委员会编/厦门：厦门大学出版社/2014/第110页

171./曾白莲古厝/厦门文史丛书《厦门红砖民居》/林志雄著；洪卜仁主编；中国政治协商会议福建省厦门市委员会编/厦门：厦门大学出版社/2014/第111-112页

172./裕德堂（邱氏家庙）/厦门文史丛书《厦门红砖民居》/林志雄著；洪卜仁主编；中国政治协商会议福建省厦门市委员会编/厦门：厦门大学出版社/2014/第113页

173./诒穀堂（新垵邱氏家庙）/厦门文史丛书《厦门红砖民居》/林志雄著；洪卜仁主编；中国政治协商会议福建省厦门市委员会编/厦门：厦门大学出版社/2014/第114-115页

174./邱曾氏金山堂支祠/厦门文史丛书《厦门红砖民居》/林志雄著；洪卜仁主编；中国政治协商会议福建省厦门市委员会编/厦门：厦门大学出版社/2014/第116页

175./裕文堂（邱氏家庙）/厦门文史丛书《厦门红砖民居》/林志雄著；洪

卜仁主编；中国政治协商会议福建省厦门市委员会编/厦门：厦门大学出版社/2014/第 117 页

176. /仰文堂/厦门文史丛书《厦门红砖民居》/林志雄著；洪卜仁主编；中国政治协商会议福建省厦门市委员会编/厦门：厦门大学出版社/2014/第 118 页

177. /思文堂/厦门文史丛书《厦门红砖民居》/林志雄著；洪卜仁主编；中国政治协商会议福建省厦门市委员会编/厦门：厦门大学出版社/2014/第 119-120 页

178. /邱煌荣古厝/厦门文史丛书《厦门红砖民居》/林志雄著；洪卜仁主编；中国政治协商会议福建省厦门市委员会编/厦门：厦门大学出版社/2014/第 121 页

179. /邱扬阵古厝/厦门文史丛书《厦门红砖民居》/林志雄著；洪卜仁主编；中国政治协商会议福建省厦门市委员会编/厦门：厦门大学出版社/2014/第 122-123 页

180. /丕振堂/厦门文史丛书《厦门红砖民居》/林志雄著；洪卜仁主编；中国政治协商会议福建省厦门市委员会编/厦门：厦门大学出版社/2014/第 124 页

181. /邱成画古厝/厦门文史丛书《厦门红砖民居》/林志雄著；洪卜仁主编；中国政治协商会议福建省厦门市委员会编/厦门：厦门大学出版社/2014/第 125 页

182. /邱继火古厝/厦门文史丛书《厦门红砖民居》/林志雄著；洪卜仁主编；中国政治协商会议福建省厦门市委员会编/厦门：厦门大学出版社/2014/第 126 页

183. /邱千里古厝/厦门文史丛书《厦门红砖民居》/林志雄著；洪卜仁主编；中国政治协商会议福建省厦门市委员会编/厦门：厦门大学出版社/2014/第 127-128 页

184. /垂德堂（邱氏小宗）/厦门文史丛书《厦门红砖民居》/林志雄著；洪卜仁主编；中国政治协商会议福建省厦门市委员会编/厦门：厦门大学出版社/2014/第 129-130 页

185. /邱美斯古厝/厦门文史丛书《厦门红砖民居》/林志雄著；洪卜仁主编；中国政治协商会议福建省厦门市委员会编/厦门：厦门大学出版社/2014/第 131 页

186. /邱盛龙古厝/厦门文史丛书《厦门红砖民居》/林志雄著；洪卜仁主

编；中国政治协商会议福建省厦门市委员会编/厦门：厦门大学出版社/2014/第 132 页

187. /新江小学旧址/厦门文史丛书《厦门红砖民居》/林志雄著；洪卜仁主编；中国政治协商会议福建省厦门市委员会编/厦门：厦门大学出版社/2014/第 133-134 页

188. /邱朝忠、邱开府古厝/厦门文史丛书《厦门红砖民居》/林志雄著；洪卜仁主编；中国政治协商会议福建省厦门市委员会编/厦门：厦门大学出版社/2014/第 135-136 页

189. /邱振兴古厝/厦门文史丛书《厦门红砖民居》/林志雄著；洪卜仁主编；中国政治协商会议福建省厦门市委员会编/厦门：厦门大学出版社/2014/第 137-139 页

190. /邱文猜古厝/厦门文史丛书《厦门红砖民居》/林志雄著；洪卜仁主编；中国政治协商会议福建省厦门市委员会编/厦门：厦门大学出版社/2014/第 140-141 页

191. /邱文达古厝/厦门文史丛书《厦门红砖民居》/林志雄著；洪卜仁主编；中国政治协商会议福建省厦门市委员会编/厦门：厦门大学出版社/2014/第 142-143 页

192. /邱国安古厝/厦门文史丛书《厦门红砖民居》/林志雄著；洪卜仁主编；中国政治协商会议福建省厦门市委员会编/厦门：厦门大学出版社/2014/第 144 页

193. /邱定忠古厝/厦门文史丛书《厦门红砖民居》/林志雄著；洪卜仁主编；中国政治协商会议福建省厦门市委员会编/厦门：厦门大学出版社/2014/第 145-146 页

194. /锦庆堂/厦门文史丛书《厦门红砖民居》/林志雄著；洪卜仁主编；中国政治协商会议福建省厦门市委员会编/厦门：厦门大学出版社/2014/第 147-149 页

195. /邱永凉古厝/厦门文史丛书《厦门红砖民居》/林志雄著；洪卜仁主编；中国政治协商会议福建省厦门市委员会编/厦门：厦门大学出版社/2014/第 150 页

196. /邱衡允古厝/厦门文史丛书《厦门红砖民居》/林志雄著；洪卜仁主编；中国政治协商会议福建省厦门市委员会编/厦门：厦门大学出版社/2014/第 151-152 页

197. /邱继潭古厝/厦门文史丛书《厦门红砖民居》/林志雄著；洪卜仁主

编；中国政治协商会议福建省厦门市委员会编/厦门：厦门大学出版社/2014/第 153 页

198. /邱梧桐古厝/厦门文史丛书《厦门红砖民居》/林志雄著；洪卜仁主编；中国政治协商会议福建省厦门市委员会编/厦门：厦门大学出版社/2014/第 154-155 页

199. /邱天乞古厝/厦门文史丛书《厦门红砖民居》/林志雄著；洪卜仁主编；中国政治协商会议福建省厦门市委员会编/厦门：厦门大学出版社/2014/第 156 页

200. /敦敬堂（邱氏家庙）/厦门文史丛书《厦门红砖民居》/林志雄著；洪卜仁主编；中国政治协商会议福建省厦门市委员会编/厦门：厦门大学出版社/2014/第 157-158 页

201. /垂统堂（邱氏家庙）/厦门文史丛书《厦门红砖民居》/林志雄著；洪卜仁主编；中国政治协商会议福建省厦门市委员会编/厦门：厦门大学出版社/2014/第 159-161 页

202. /邱希杉古厝/厦门文史丛书《厦门红砖民居》/林志雄著；洪卜仁主编；中国政治协商会议福建省厦门市委员会编/厦门：厦门大学出版社/2014/第 162-163 页

203. /邱风庆古厝/厦门文史丛书《厦门红砖民居》/林志雄著；洪卜仁主编；中国政治协商会议福建省厦门市委员会编/厦门：厦门大学出版社/2014/第 164 页

204. /邱光进兄弟古厝/厦门文史丛书《厦门红砖民居》/林志雄著；洪卜仁主编；中国政治协商会议福建省厦门市委员会编/厦门：厦门大学出版社/2014/第 165-166 页

205. /邱思贯古厝/厦门文史丛书《厦门红砖民居》/林志雄著；洪卜仁主编；中国政治协商会议福建省厦门市委员会编/厦门：厦门大学出版社/2014/第 167-168 页

206. /新垵村礼拜堂/厦门文史丛书《厦门红砖民居》/林志雄著；洪卜仁主编；中国政治协商会议福建省厦门市委员会编/厦门：厦门大学出版社/2014/第 169 页

207. /邱武滨古厝/厦门文史丛书《厦门红砖民居》/林志雄著；洪卜仁主编；中国政治协商会议福建省厦门市委员会编/厦门：厦门大学出版社/2014/第 170 页

208. /邱启明古厝/厦门文史丛书《厦门红砖民居》/林志雄著；洪卜仁主

编；中国政治协商会议福建省厦门市委员会编/厦门：厦门大学出版社/2014/第171页

209./邱建刚古厝/厦门文史丛书《厦门红砖民居》/林志雄著；洪卜仁主编；中国政治协商会议福建省厦门市委员会编/厦门：厦门大学出版社/2014/第172页

210./邱斗古厝/厦门文史丛书《厦门红砖民居》/林志雄著；洪卜仁主编；中国政治协商会议福建省厦门市委员会编/厦门：厦门大学出版社/2014/第173页

211./邱泽锦古厝/厦门文史丛书《厦门红砖民居》/林志雄著；洪卜仁主编；中国政治协商会议福建省厦门市委员会编/厦门：厦门大学出版社/2014/第174-176页

212./邱思土古厝/厦门文史丛书《厦门红砖民居》/林志雄著；洪卜仁主编；中国政治协商会议福建省厦门市委员会编/厦门：厦门大学出版社/2014/第177-178页

213./正顺宫/厦门文史丛书《厦门红砖民居》/林志雄著；洪卜仁主编；中国政治协商会议福建省厦门市委员会编/厦门：厦门大学出版社/2014/第179-181页

214./邱铁民古厝/厦门文史丛书《厦门红砖民居》/林志雄著；洪卜仁主编；中国政治协商会议福建省厦门市委员会编/厦门：厦门大学出版社/2014/第182页

215./邱文仁古厝/厦门文史丛书《厦门红砖民居》/林志雄著；洪卜仁主编；中国政治协商会议福建省厦门市委员会编/厦门：厦门大学出版社/2014/第183-184页

216./陈粹芬古厝/厦门文史丛书《厦门红砖民居》/林志雄著；洪卜仁主编；中国政治协商会议福建省厦门市委员会编/厦门：厦门大学出版社/2014/第185-186页

217./邱武粘古厝/厦门文史丛书《厦门红砖民居》/林志雄著；洪卜仁主编；中国政治协商会议福建省厦门市委员会编/厦门：厦门大学出版社/2014/第187-188页

218./邱明昶古厝/厦门文史丛书《厦门红砖民居》/林志雄著；洪卜仁主编；中国政治协商会议福建省厦门市委员会编/厦门：厦门大学出版社/2014/第189-190页

219./邱征祥古厝/厦门文史丛书《厦门红砖民居》/林志雄著；洪卜仁主

编；中国政治协商会议福建省厦门市委员会编/厦门：厦门大学出版社/2014/第 191-192 页

220. /福灵宫/厦门文史丛书《厦门红砖民居》/林志雄著；洪卜仁主编；中国政治协商会议福建省厦门市委员会编/厦门：厦门大学出版社/2014/第 193-195 页

221. /邱伍赤古厝/厦门文史丛书《厦门红砖民居》/林志雄著；洪卜仁主编；中国政治协商会议福建省厦门市委员会编/厦门：厦门大学出版社/2014/第 196 页

222. /贻燕堂（邱振庆古厝）/厦门文史丛书《厦门红砖民居》/林志雄著；洪卜仁主编；中国政治协商会议福建省厦门市委员会编/厦门：厦门大学出版社/2014/第 197-198 页

223. /邱思训古厝/厦门文史丛书《厦门红砖民居》/林志雄著；洪卜仁主编；中国政治协商会议福建省厦门市委员会编/厦门：厦门大学出版社/2014/第 199 页

224. /邱思监古厝/厦门文史丛书《厦门红砖民居》/林志雄著；洪卜仁主编；中国政治协商会议福建省厦门市委员会编/厦门：厦门大学出版社/2014/第 200 页

225. /敦睦堂（许厝许氏家庙）/厦门文史丛书《厦门红砖民居》/林志雄著；洪卜仁主编；中国政治协商会议福建省厦门市委员会编/厦门：厦门大学出版社/2014/第 201-202 页

226. /邱得魏古厝/厦门文史丛书《厦门红砖民居》/林志雄著；洪卜仁主编；中国政治协商会议福建省厦门市委员会编/厦门：厦门大学出版社/2014/第 203-205 页

227. /邱泽牌及惠氏祖厝旗杆石/厦门文史丛书《厦门红砖民居》/林志雄著；洪卜仁主编；中国政治协商会议福建省厦门市委员会编/厦门：厦门大学出版社/2014/第 206 页

228. /邱敏仪古厝/厦门文史丛书《厦门红砖民居》/林志雄著；洪卜仁主编；中国政治协商会议福建省厦门市委员会编/厦门：厦门大学出版社/2014/第 207-209 页

229. /杨达魁古厝/厦门文史丛书《厦门红砖民居》/林志雄著；洪卜仁主编；中国政治协商会议福建省厦门市委员会编/厦门：厦门大学出版社/2014/第 210 页

230. /杨中万古厝/厦门文史丛书《厦门红砖民居》/林志雄著；洪卜仁主

编；中国政治协商会议福建省厦门市委员会编/厦门：厦门大学出版社/2014/第 211-212 页

231. /杨景添古厝/厦门文史丛书《厦门红砖民居》/林志雄著；洪卜仁主编；中国政治协商会议福建省厦门市委员会编/厦门：厦门大学出版社/2014/第 213 页

232. /杨允仁古厝/厦门文史丛书《厦门红砖民居》/林志雄著；洪卜仁主编；中国政治协商会议福建省厦门市委员会编/厦门：厦门大学出版社/2014/第 214 页

233. /杨章英古厝/厦门文史丛书《厦门红砖民居》/林志雄著；洪卜仁主编；中国政治协商会议福建省厦门市委员会编/厦门：厦门大学出版社/2014/第 215 页

234. /杨章俗古厝/厦门文史丛书《厦门红砖民居》/林志雄著；洪卜仁主编；中国政治协商会议福建省厦门市委员会编/厦门：厦门大学出版社/2014/第 216 页

235. /杨本位古厝/厦门文史丛书《厦门红砖民居》/林志雄著；洪卜仁主编；中国政治协商会议福建省厦门市委员会编/厦门：厦门大学出版社/2014/第 217 页

236. /植德堂古厝（霞阳杨氏宗祠）/厦门文史丛书《厦门红砖民居》/林志雄著；洪卜仁主编；中国政治协商会议福建省厦门市委员会编/厦门：厦门大学出版社/2014/第 218-219 页

237. /应元宫/厦门文史丛书《厦门红砖民居》/林志雄著；洪卜仁主编；中国政治协商会议福建省厦门市委员会编/厦门：厦门大学出版社/2014/第 220-221 页

238. /杨本营古厝/厦门文史丛书《厦门红砖民居》/林志雄著；洪卜仁主编；中国政治协商会议福建省厦门市委员会编/厦门：厦门大学出版社/2014/第 222-223 页

239. /杨一瓜古厝/厦门文史丛书《厦门红砖民居》/林志雄著；洪卜仁主编；中国政治协商会议福建省厦门市委员会编/厦门：厦门大学出版社/2014/第 224-225 页

240. /马寒冰古厝/厦门文史丛书《厦门红砖民居》/林志雄著；洪卜仁主编；中国政治协商会议福建省厦门市委员会编/厦门：厦门大学出版社/2014/第 226 页

241. /杨清足古厝（绣英阁）/厦门文史丛书《厦门红砖民居》/林志雄著；

洪卜仁主编；中国政治协商会议福建省厦门市委员会编/厦门：厦门大学出版社/2014/第 227-228 页

242./杨清钦古厝/厦门文史丛书《厦门红砖民居》/林志雄著；洪卜仁主编；中国政治协商会议福建省厦门市委员会编/厦门：厦门大学出版社/2014/第 229 页

243./杨涵秋古厝/厦门文史丛书《厦门红砖民居》/林志雄著；洪卜仁主编；中国政治协商会议福建省厦门市委员会编/厦门：厦门大学出版社/2014/第 230-231 页

244./杨百西古厝/厦门文史丛书《厦门红砖民居》/林志雄著；洪卜仁主编；中国政治协商会议福建省厦门市委员会编/厦门：厦门大学出版社/2014/第 232-233 页

245./杨天厚古厝/厦门文史丛书《厦门红砖民居》/林志雄著；洪卜仁主编；中国政治协商会议福建省厦门市委员会编/厦门：厦门大学出版社/2014/第 234 页

246./苏颂卢山堂/厦门文史丛书《厦门红砖民居》/林志雄著；洪卜仁主编；中国政治协商会议福建省厦门市委员会编/厦门：厦门大学出版社/2014/第 235-237 页

247./打石巷王大埕古厝/厦门文史丛书《厦门红砖民居》/林志雄著；洪卜仁主编；中国政治协商会议福建省厦门市委员会编/厦门：厦门大学出版社/2014/第 238-240 页

248./溪边太监衙/厦门文史丛书《厦门红砖民居》/林志雄著；洪卜仁主编；中国政治协商会议福建省厦门市委员会编/厦门：厦门大学出版社/2014/第 241-242 页

249./吴必达古厝/厦门文史丛书《厦门红砖民居》/林志雄著；洪卜仁主编；中国政治协商会议福建省厦门市委员会编/厦门：厦门大学出版社/2014/第 243-244 页

250./陈健古厝/厦门文史丛书《厦门红砖民居》/林志雄著；洪卜仁主编；中国政治协商会议福建省厦门市委员会编/厦门：厦门大学出版社/2014/第 245-246 页

251./田洋“世大夫第”/厦门文史丛书《厦门红砖民居》/林志雄著；洪卜仁主编；中国政治协商会议福建省厦门市委员会编/厦门：厦门大学出版社/2014/第 247-248 页

252./陈睿思古厝/厦门文史丛书《厦门红砖民居》/林志雄著；洪卜仁主

编；中国政治协商会议福建省厦门市委员会编/厦门：厦门大学出版社/2014/第 249–250 页

253. /吴瑞甫古厝/厦门文史丛书《厦门红砖民居》/林志雄著；洪卜仁主编；中国政治协商会议福建省厦门市委员会编/厦门：厦门大学出版社/2014/第 251 页

254. /陈喜亭古厝（陈氏小宗）/厦门文史丛书《厦门红砖民居》/林志雄著；洪卜仁主编；中国政治协商会议福建省厦门市委员会编/厦门：厦门大学出版社/2014/第 252–253 页

255. /卢赣章古厝/厦门文史丛书《厦门红砖民居》/林志雄著；洪卜仁主编；中国政治协商会议福建省厦门市委员会编/厦门：厦门大学出版社/2014/第 254–255 页

256. /刘先登古厝/厦门文史丛书《厦门红砖民居》/林志雄著；洪卜仁主编；中国政治协商会议福建省厦门市委员会编/厦门：厦门大学出版社/2014/第 256–257 页

257. /蔡献臣古厝/厦门文史丛书《厦门红砖民居》/林志雄著；洪卜仁主编；中国政治协商会议福建省厦门市委员会编/厦门：厦门大学出版社/2014/第 258 页

258. /叶廷梅古厝/厦门文史丛书《厦门红砖民居》/林志雄著；洪卜仁主编；中国政治协商会议福建省厦门市委员会编/厦门：厦门大学出版社/2014/第 259 页

259. /叶时茂古厝/厦门文史丛书《厦门红砖民居》/林志雄著；洪卜仁主编；中国政治协商会议福建省厦门市委员会编/厦门：厦门大学出版社/2014/第 260–261 页

260. /陈廷香古厝（荔枝宅）/厦门文史丛书《厦门红砖民居》/林志雄著；洪卜仁主编；中国政治协商会议福建省厦门市委员会编/厦门：厦门大学出版社/2014/第 262–263 页

261. /陈焕章古厝/厦门文史丛书《厦门红砖民居》/林志雄著；洪卜仁主编；中国政治协商会议福建省厦门市委员会编/厦门：厦门大学出版社/2014/第 264 页

262. /西湖塘王氏古厝/厦门文史丛书《厦门红砖民居》/林志雄著；洪卜仁主编；中国政治协商会议福建省厦门市委员会编/厦门：厦门大学出版社/2014/第 265–266 页

263. /吴鸿源古厝/厦门文史丛书《厦门红砖民居》/林志雄著；洪卜仁主

编；中国政治协商会议福建省厦门市委员会编/厦门：厦门大学出版社/2014/第 267-268 页
264. /吴颂三古厝/厦门文史丛书《厦门红砖民居》/林志雄著；洪卜仁主编；中国政治协商会议福建省厦门市委员会编/厦门：厦门大学出版社/2014/第 269-270 页
265. /颜青云古厝/厦门文史丛书《厦门红砖民居》/林志雄著；洪卜仁主编；中国政治协商会议福建省厦门市委员会编/厦门：厦门大学出版社/2014/第 271-272 页
266. /后塘存德古厝/厦门文史丛书《厦门红砖民居》/林志雄著；洪卜仁主编；中国政治协商会议福建省厦门市委员会编/厦门：厦门大学出版社/2014/第 273-274 页
267. /辽野黄氏古厝/厦门文史丛书《厦门红砖民居》/林志雄著；洪卜仁主编；中国政治协商会议福建省厦门市委员会编/厦门：厦门大学出版社/2014/第 275-276 页
268. /徐信速古厝/厦门文史丛书《厦门红砖民居》/林志雄著；洪卜仁主编；中国政治协商会议福建省厦门市委员会编/厦门：厦门大学出版社/2014/第 277-278 页
269. /霞坂九十九间古厝/厦门文史丛书《厦门红砖民居》/林志雄著；洪卜仁主编；中国政治协商会议福建省厦门市委员会编/厦门：厦门大学出版社/2014/第 279-280 页
270. /陈扶摇古厝/厦门文史丛书《厦门红砖民居》/林志雄著；洪卜仁主编；中国政治协商会议福建省厦门市委员会编/厦门：厦门大学出版社/2014/第 281-282 页
271. /叶金泰古厝/厦门文史丛书《厦门红砖民居》/林志雄著；洪卜仁主编；中国政治协商会议福建省厦门市委员会编/厦门：厦门大学出版社/2014/第 283-285 页
272. /叶定国古厝/厦门文史丛书《厦门红砖民居》/林志雄著；洪卜仁主编；中国政治协商会议福建省厦门市委员会编/厦门：厦门大学出版社/2014/第 286-288 页
273. /叶心朝古厝/厦门文史丛书《厦门红砖民居》/林志雄著；洪卜仁主编；中国政治协商会议福建省厦门市委员会编/厦门：厦门大学出版社/2014/第 289-290 页
274. /刘兴邦古厝/厦门文史丛书《厦门红砖民居》/林志雄著；洪卜仁主

编；中国政治协商会议福建省厦门市委员会编/厦门：厦门大学出版社/2014/第 291 页

275. /叶拱南路下六路古厝/厦门文史丛书《厦门红砖民居》/林志雄著；洪卜仁主编；中国政治协商会议福建省厦门市委员会编/厦门：厦门大学出版社/2014/第 292-293 页

276. /尾岐山武魁第/厦门文史丛书《厦门红砖民居》/林志雄著；洪卜仁主编；中国政治协商会议福建省厦门市委员会编/厦门：厦门大学出版社/2014/第 294-295 页

277. /褒美棋盘古厝/厦门文史丛书《厦门红砖民居》/林志雄著；洪卜仁主编；中国政治协商会议福建省厦门市委员会编/厦门：厦门大学出版社/2014/第 296-297 页

278. /褒美碗匣厝/厦门文史丛书《厦门红砖民居》/林志雄著；洪卜仁主编；中国政治协商会议福建省厦门市委员会编/厦门：厦门大学出版社/2014/第 298 页

279. /云顶洋古厝群落/厦门文史丛书《厦门红砖民居》/林志雄著；洪卜仁主编；中国政治协商会议福建省厦门市委员会编/厦门：厦门大学出版社/2014/第 299-300 页

280. /陈化成古厝/厦门文史丛书《厦门红砖民居》/林志雄著；洪卜仁主编；中国政治协商会议福建省厦门市委员会编/厦门：厦门大学出版社/2014/第 301-303 页

281. /马巷亭洋古厝群/厦门文史丛书《厦门红砖民居》/林志雄著；洪卜仁主编；中国政治协商会议福建省厦门市委员会编/厦门：厦门大学出版社/2014/第 304-306 页

282. /林芳德古厝/厦门文史丛书《厦门红砖民居》/林志雄著；洪卜仁主编；中国政治协商会议福建省厦门市委员会编/厦门：厦门大学出版社/2014/第 307-308 页

283. /洪晓春“大夫第”/厦门文史丛书《厦门红砖民居》/林志雄著；洪卜仁主编；中国政治协商会议福建省厦门市委员会编/厦门：厦门大学出版社/2014/第 309-310 页

284. /李长庚古厝/厦门文史丛书《厦门红砖民居》/林志雄著；洪卜仁主编；中国政治协商会议福建省厦门市委员会编/厦门：厦门大学出版社/2014/第 311-312 页

285. /李增皆古厝/厦门文史丛书《厦门红砖民居》/林志雄著；洪卜仁主

编；中国政治协商会议福建省厦门市委员会编/厦门：厦门大学出版社/2014/第313-314页

286. /林君升古厝/厦门文史丛书《厦门红砖民居》/林志雄著；洪卜仁主编；中国政治协商会议福建省厦门市委员会编/厦门：厦门大学出版社/2014/第315-316页

287. /吕塘“九架厝”/厦门文史丛书《厦门红砖民居》/林志雄著；洪卜仁主编；中国政治协商会议福建省厦门市委员会编/厦门：厦门大学出版社/2014/第317-319页

288. /香山岩寺及石刻遗址/厦门文史丛书《厦门红砖民居》/林志雄著；洪卜仁主编；中国政治协商会议福建省厦门市委员会编/厦门：厦门大学出版社/2014/第320-322页

289. /东园古厝群/厦门文史丛书《厦门红砖民居》/林志雄著；洪卜仁主编；中国政治协商会议福建省厦门市委员会编/厦门：厦门大学出版社/2014/第323-325页

290. /彭友圃古厝/厦门文史丛书《厦门红砖民居》/林志雄著；洪卜仁主编；中国政治协商会议福建省厦门市委员会编/厦门：厦门大学出版社/2014/第326-327页

291. /洪朝选古厝/厦门文史丛书《厦门红砖民居》/林志雄著；洪卜仁主编；中国政治协商会议福建省厦门市委员会编/厦门：厦门大学出版社/2014/第328-329页

292. /“金门县政府旧址”建筑群/厦门文史丛书《厦门红砖民居》/林志雄著；洪卜仁主编；中国政治协商会议福建省厦门市委员会编/厦门：厦门大学出版社/2014/第330-334页

293. /大嶝郑氏家庙及其古厝群/厦门文史丛书《厦门红砖民居》/林志雄著；洪卜仁主编；中国政治协商会议福建省厦门市委员会编/厦门：厦门大学出版社/2014/第335-338页

294. /小嶝岛古厝群/厦门文史丛书《厦门红砖民居》/林志雄著；洪卜仁主编；中国政治协商会议福建省厦门市委员会编/厦门：厦门大学出版社/2014/第339-341页

295. /古宅黄鳌大夫第/厦门文史丛书《厦门红砖民居》/林志雄著；洪卜仁主编；中国政治协商会议福建省厦门市委员会编/厦门：厦门大学出版社/2014/第342-344页

296. /古宅古厝群/厦门文史丛书《厦门红砖民居》/林志雄著；洪卜仁主

编；中国政治协商会议福建省厦门市委员会编/厦门：厦门大学出版社/2014/第 345-347 页

297. /乌山“九十九间”/厦门文史丛书《厦门红砖民居》/林志雄著；洪卜仁主编；中国政治协商会议福建省厦门市委员会编/厦门：厦门大学出版社/2014/第 348-349 页

298. /乌山蔡氏古厝群/厦门文史丛书《厦门红砖民居》/林志雄著；洪卜仁主编；中国政治协商会议福建省厦门市委员会编/厦门：厦门大学出版社/2014/第 350-353 页

299. /曾厝金门梳式古厝/厦门文史丛书《厦门红砖民居》/林志雄著；洪卜仁主编；中国政治协商会议福建省厦门市委员会编/厦门：厦门大学出版社/2014/第 354-355 页

300. /许成功宫式古厝/厦门文史丛书《厦门红砖民居》/林志雄著；洪卜仁主编；中国政治协商会议福建省厦门市委员会编/厦门：厦门大学出版社/2014/第 356 页

301. Andrew Grant/Measures on Attracting Resources to Construct and Develop a SEZ/World Special Economic Zone Development Forum—International Conference on SEZ Experience and Opportunities/Tao Yitao/Shenzhen Red East Culture Spreading co. Ltd/2014

302. Aradnaaggaral/Evolution of SEZs：The International Experience and Lessons Learned/2014 China's Special Economic Zone Forum—an International Academic Symposium on Comparison and References of Special Economic Zones/Tao Yitao/Shenzhen Red East Culture Spreading co. Ltd/2014

303. Buitat Thang/Issue of Building Special Economic Zone in the Globalization Age/World Special Economic Zone Development Forum—International Conference on SEZ Experience and Opportunities/Tao Yitao/Shenzhen Red East Culture Spreading co. Ltd/2014

304. Chanwei Siang/The Perspective and Experience from Singapore-Successful Models of SEZ/World Special Economic Zone Development Forum—International Conference on SEZ Experience and Opportunities/Tao Yitao/Shenzhen Red East Culture Spreading co. Ltd/2014

305. Chen Hongqun/Financial Support to the Development of China's Special Economic Zones/2014 China's Special Economic Zone Forum—An International Academic Symposium on Comparison and References of Special Economic Zones/Tao Yitao/

Shenzhen Red East Culture Spreading co. Ltd/2014

306. Da Zhiwei/Strategic Transition of the Developmemt Mode from Outward Economy to Open Economy/World Special Economic Zone Development Forum—International Conference on SEZ Experience and Opportunities/Tao Yitao/Shenzhen Red East Culture Spreading co. Ltd/2014

307. Doanvan Chinh/Foundation of a Special Economic Zone in Quang Ninh Province, Vietnam/2014 China's Special Economic Zone Forum—An International Academic Symposium on Comparison and References of Special Economic Zones/Tao Yitao/Shenzhen Red East Culture Spreading co. Ltd/2014

308. Fan Xiaowen/Open Economy and Mission of Special Economic Zones/2014 China's Special Economic Zone Forum—An International Academic Symposium on Comparison and References of Special Economic Zones/Tao Yitao/Shenzhen Red East Culture Spreading co. Ltd/2014

309. Fang Haofan/Polity Analysis and Status of Special Economic Zone of North Korea—Also about 2013 Economic Review/2014 China's Special Economic Zone Forum—An International Academic Symposium on Comparison and References of Special Economic Zones/Tao Yitao/Shenzhen Red East Culture Spreading co. Ltd/2014

310. Fu Xiaosui/Change Trend of SEZs' Policies under the Background of Generalization/2014 China's Special Economic Zone Forum—An International Academic Symposium on Comparison and References of Special Economic Zones/Tao Yitao/Shenzhen Red East Culture Spreading co. Ltd/2014

311. Guo Maojia/How to Upgrade the Status of International Finance Center of Shenzhen/2014 China's Special Economic Zone Forum—An International Academic Symposium on Comparison and References of Special Economic Zones/Tao Yitao/Shenzhen Red East Culture Spreading co. Ltd/2014

312. Guo Huali/Some Suggestions for Developing Financial Tourism in Shenzhen Special Economic Zone, China/World Special Economic Zone Development Forum—International Conference on SEZ Experience and Opportunities/Tao Yitao/Shenzhen Red East Culture Spreading co. Ltd/2014

313. Hatong Vinh/Commercial Trade and Investment in Special Economic Zones: International Experience and Future Directions of Van Don SEZ/World Special Economic Zone Development Forum—International Conference on

SEZ Experience and Opportunities/Tao Yitao/Shenzhen Red East Culture Spreading co. Ltd/2014

314. He Jingtong/Discussion on Beijing-Tianjin-Hebei Integration/2014 China's Special Economic Zone Forum—An International Academic Symposium on Comparison and References of Special Economic Zones/Tao Yitao/Shenzhen Red East Culture Spreading co. Ltd/2014

315. Hirokazuyamaoka/Developing SEZs—A Third Arrow to Recover the Economy/ World Special Economic Zone Development Forum—International Conference on SEZ Experience and Opportunities/Tao Yitao/Shenzhen Red East Culture Spreading co. Ltd/2014

316. Huang Fayu/' Going out' of Special Economic Zones and China Road/2014 China's Special Economic Zone Forum—An International Academic Symposium on Comparison and References of Special Economic Zones/Tao Yitao/Shenzhen Red East Culture Spreading co. Ltd/2014

317. Igorglushakov/Sino-Russian Stragic Cooperation in the Construction on New Silk Road Economic Belt/2014 China's Special Economic Zone Forum—An International Academic Symposium on Comparison and References of Special Economic Zones/Tao Yitao/Shenzhen Red East Culture Spreading co. Ltd/2014

318. Jiang An/Rebirth Road of Shenzhen/2014 China's Special Economic Zone Forum—An International Academic Symposium on Comparison and References of Special Economic Zones/Tao Yitao/Shenzhen Red East Culture Spreading co. Ltd/2014

319. Jiang Hongmin/Development and Opening-up in Changbai Mountain Special Zone Ang Borders/2014 China's Special Economic Zone Forum—An International Academic Symposium on Comparison and References of Special Economic Zones/Tao Yitao/Shenzhen Red East Culture Spreading co. Ltd/2014

320. Ji Mingcai/Urbanization and Land Reform in China: Gains and Losses of Three-times Land Reforms in Shenzhen/World Special Economic Zone Development Forum—International Conference on SEZ Experience and Opportunities/Tao Yitao/Shenzhen Red East Culture Spreading co. Ltd/2014

321. Jing Jing/Enhance Communication, Deepen Cooperation and Create Bridgehead of Development Opening-up to Russia Hand in Hand/2014 China's Special Economic Zone Forum—An International Academic Symposium on Comparison and

References of Special Economic Zones/Tao Yitao/Shenzhen Red East Culture Spreading co. Ltd/2014

322. Jing Tonghe/Enhancing the Effective Supply Capacity by Market-driven Incremental Investment/World Special Economic Zone Development Forum—International Conference on SEZ Experience and Opportunities/Tao Yitao/Shenzhen Red East Culture Spreading co. Ltd/2014

323. Jonawidhagdo Putri/Indonesia and the Construction of Sea Silk Road of the 21th Century/2014 China's Special Economic Zone Forum—An International Academic Symposium on Comparison and References of Special Economic Zones/Tao Yitao/Shenzhen Red East Culture Spreading co. Ltd/2014

324. Lan Zhizhen/Development and Opending-up Construction of Boaeders around Jixi City/2014 China's Special Economic Zone Forum—An International Academic Symposium on Comparison and References of Special Economic Zones/Tao Yitao/Shenzhen Red East Culture Spreading co. Ltd/2014

325. Laurastone/SEZ and Post-top Implementation/World Special Economic Zone Development Forum—International Conference on SEZ Experience and Opportunities/Tao Yitao/Shenzhen Red East Culture Spreading co. Ltd/2014

326. Levan Thi/Opportunities and Experience of the Development of Phu Quoc Exclusive Economic Zone of Kien Giang Province/World Special Economic Zone Development Forum—International Conference on SEZ Experience and Opportunities/Tao Yitao/Shenzhen Red East Culture Spreading co. Ltd/2014

327. Le Zheng/Marching towards Smart Development—Shenzhen Urban Development Strategic Chioce（2015—2025）/2014 China's Special Economic Zone Forum—An International Academic Symposium on Comparison and References of Special Economic Zones/Tao Yitao/Shenzhen Red East Culture Spreading co. Ltd/2014

328. Li Bihao/Special Economic Zone and Deepening Reform and Opening-up/2014 China's Special Economic Zone Forum—An International Academic Symposium on Comparison and References of Special Economic Zones/Tao Yitao/Shenzhen Red East Culture Spreading co. Ltd/2014

329. Li Fan/Case Analysis of Special Industries in Special Economic Zones/2014 China's Special Economic Zone Forum—An International Academic Symposium

on Comparison and References of Special Economic Zones/Tao Yitao/Shenzhen Red East Culture Spreading co. Ltd/2014

330. Li Guohua/Research on Super-large Economy and SEZs/2014 China's Special Economic Zone Forum—An International Academic Symposium on Comparison and References of Special Economic Zones/Tao Yitao/Shenzhen Red East Culture Spreading co. Ltd/2014

331. Li Meng/New Challenges Faced by the China's Five Special Economic Zones/2014 China's Special Economic Zone Forum—An International Academic Symposium on Comparison and References of Special Economic Zones/Tao Yitao/Shenzhen Red East Culture Spreading co. Ltd/2014

332. Li Youlun/Going Global Stragegy/2014 China's Special Economic Zone Forum—An International Academic Symposium on Comparison and References of Special Economic Zones/Tao Yitao/Shenzhen Red East Culture Spreading co. Ltd/2014

333. Li Zongkai/Thoughts on Maritime Silk Road Strategy of the 21th Century/2014 China's Special Economic Zone Forum—An International Academic Symposium on Comparison and References of Special Economic Zones/Tao Yitao/Shenzhen Red East Culture Spreading co. Ltd/2014

334. Liu Weili/Silk Road from the Economic Perspective/2014 China's Special Economic Zone Forum—An International Academic Symposium on Comparison and References of Special Economic Zones/Tao Yitao/Shenzhen Red East Culture Spreading co. Ltd/2014

335. Luo Qinghe/On Special Economic Zone's Model/2014 China's Special Economic Zone Forum—An International Academic Symposium on Comparison and References of Special Economic Zones/Tao Yitao/Shenzhen Red East Culture Spreading co. Ltd/2014

336. Mao Jiaguo/Thinking about Conversion and Upgrade of Finance and Banking Sectors at Economic Special Zones of China/World Special Economic Zone Development Forum—International Conference on SEZ Experience and Opportunities/Tao Yitao/Shenzhen Red East Culture Spreading co. Ltd/2014

337. Meiraveilon Shahar/Israel Innovation Ecosystem/World Special Economic Zone Development Forum—International Conference on SEZ Experience and Opportunities/Tao Yitao/Shenzhen Red East Culture Spreading co. Ltd/2014

338. Nan Ling/Shenzhen Consensus ' on Development of SEZs/2014 China's Special Economic Zone Forum—An International Academic Symposium on Comparison and References of Special Economic Zones/Tao Yitao/Shenzhen Red East Culture Spreading co. Ltd/2014

339. Nguyenchien Thang/Mobilizing Resources for the North Van Phong Special Administrative－economic Zone, Khanh Hoa Province/World Special Economic Zone Development Forum—International Conference on SEZ Experience and Opportunities/Tao Yitao/Shenzhen Red East Culture Spreading co. Ltd/2014

340. Nguyenxuan Thanh/Attracting Investmen and Development of SEZ Infrastructure－international Experience/World Special Economic Zone Development Forum—International Conference on SEZ Experience and Opportunities/Tao Yitao/Shenzhen Red East Culture Spreading co. Ltd/2014

341. Qi Yahui/Reselecting of Development Strategy of China's SEZs/2014 China's Special Economic Zone Forum—An International Academic Symposium on Comparison and References of Special Economic Zones/Tao Yitao/Shenzhen Red East Culture Spreading co. Ltd/2014

342. Ravnithakur/Free Trade Zones in India: Trends and Determinants/World Special Economic Zone Development Forum—International Conference on SEZ Experience and Opportunities/Tao Yitao/Shenzhen Red East Culture Spreading co. Ltd/2014

343. Shen Wangen/Difficulties and Countermeasures Faced by the Development of Tumen River Area/2014 China's Special Economic Zone Forum—An International Academic Symposium on Comparison and References of Special Economic Zones/Tao Yitao/Shenzhen Red East Culture Spreading co. Ltd/2014344. Shen Yong/Creating New Special Zone for Win－win of Economy and Ecology/2014 China's Special Economic Zone Forum—An International Academic Symposium on Comparison and References of Special Economic Zones/Tao Yitao/Shenzhen Red East Culture Spreading co. Ltd/2014

345. Shou Yihao/Development&Opening up and Regional Innovation of Binhai New Area/World Special Economic Zone Development Forum—International Conference on SEZ Experience and Opportunities/Tao Yitao/Shenzhen Red East Culture Spreading co. Ltd/2014

346. Sun Yuanxin/Institutional Innovation if China (shanghai) Pliot Free Trade

Zone/2014 China's Special Economic Zone Forum—An International Academic Symposium on Comparison and References of Special Economic Zones/Tao Yitao/Shenzhen Red East Culture Spreading co. Ltd/2014

347. Sun Yuanxin/New Situation and Driving Force of SEZs'Development/2014 China's Special Economic Zone Forum—An International Academic Symposium on Comparison and References of Special Economic Zones/Tao Yitao/Shenzhen Red East Culture Spreading co. Ltd/2014

348. Su Shengwang/Successful Experience of Developing China's Special Economic Zones—Case Study of the Reform and Innovation of Shenzhen Financial Indus try/World Special Economic Zone Development Forum—International Conference on SEZ Experience and Opportunities/Tao Yitao/Shenzhen Red East Culture Spreading co. Ltd/2014

349. Takeshimukai et al/Van Don SEZ Spatial Development Plan for Quang Ninh Province/World Special Economic Zone Development Forum—International Conference on SEZ Experience and Opportunities/Tao Yitao/Shenzhen Red East Culture Spreading co. Ltd/2014

350. Tan Gang/Recreate Advanages of SEZs under New Normal of Economy/2014 China's Special Economic Zone Forum—An International Academic Symposium on Comparison and References of Special Economic Zones/Tao Yitao/Shenzhen Red East Culture Spreading co. Ltd/2014

351. Tao Yitao/Several the Oretical Issues about China Road and Special Economic Zones/2014 China's Special Economic Zone Forum—An International Academic Symposium on Comparison and References of Special Economic Zones/Tao Yitao/Shenzhen Red East Culture Spreading co. Ltd/2014

352. Tian Qiusheng/Types and Transformation of Special Economic Zones/2014 China's Special Economic Zone Forum—An International Academic Symposium on Comparison and References of Special Economic Zones/Tao Yitao/Shenzhen Red East Culture Spreading co. Ltd/2014

353. Vladimirportyakov/Shenzhen's Economy in the Context of China's Changing Growth Model/2014 China's Special Economic Zone Forum—An International Academic Symposium on Comparison and References of Special Economic Zones/Tao Yitao/Shenzhen Red East Culture Spreading co. Ltd/2014354. Vuongdish Hue/The De-

velopmemt of Special Economic Zones in Vietnan/World Special Economic Zone Development Forum—International Conference on SEZ Experience and Opportunities/Tao Yitao/Shenzhen Red East Culture Spreading co. Ltd/2014

355. Wang Hao/European Cross-border Cooperation/2014 China's Special Economic Zone Forum—An International Academic Symposium on Comparison and References of Special Economic Zones/Tao Yitao/Shenzhen Red East Culture Spreading co. Ltd/2014

356. Wang Jinxia/Building 'core engine' for Special Economic Zone: Innovative Practice and Development of Qianhai/2014 China's Special Economic Zone Forum—An International Academic Symposium on Comparison and References of Special Economic Zones/Tao Yitao/Shenzhen Red East Culture Spreading co. Ltd/2014

357. Wu Chaolin/China's Border Opening-up under the Framework of 'One Belt and One Road' /2014 China's Special Economic Zone Forum—An International Academic Symposium on Comparison and References of Special Economic Zones/Tao Yitao/Shenzhen Red East Culture Spreading co. Ltd/2014

358. Wu Fenglan/Mechanism of Evolution of Bay Area Economy/2014 China's Special Economic Zone Forum—An International Academic Symposium on Comparison and References of Special Economic Zones/Tao Yitao/Shenzhen Red East Culture Spreading co. Ltd/2014

359. Wu Xiaoqing/Characteristics and Governance of National-level New Areas/2014 China's Special Economic Zone Forum—An International Academic Symposium on Comparison and References of Special Economic Zones/Tao Yitao/Shenzhen Red East Culture Spreading co. Ltd/2014

360. Wu Zhong/On Building the SEZs into Innovation Plateau of China/2014 China's Special Economic Zone Forum—An International Academic Symposium on Comparison and References of Special Economic Zones/Tao Yitao/Shenzhen Red East Culture Spreading co. Ltd/2014

361. Xie Shengyuan/Economic Conditions and Economic Goals of Border Opening-up/2014 China's Special Economic Zone Forum—An International Academic Symposium on Comparison and References of Special Economic Zones/Tao Yitao/Shenzhen Red East Culture Spreading co. Ltd/2014

362. Xu Jin/Special Economic Zones and Development and Opening-up of the Borders/

2014 China's Special Economic Zone Forum—An International Academic Symposium on Comparison and References of Special Economic Zones/Tao Yitao/Shenzhen Red East Culture Spreading co. Ltd/2014

363. Xu Xiujiang/Academic Research Ang Academic Value/2014 China's Special Economic Zone Forum—An International Academic Symposium on Comparison and References of Special Economic Zones/Tao Yitao/Shenzhen Red East Culture Spreading co. Ltd/2014

364. Yang Zhongdong/Experience of Chinese Merchants in Russia in 'Going out' / 2014 China's Special Economic Zone Forum—An International Academic Symposium on Comparison and References of Special Economic Zones/Tao Yitao/Shenzhen Red East Culture Spreading co. Ltd/2014

365. Yao Feng/Significance of Agriculture to National Development/2014 China's Special Economic Zone Forum—An International Academic Symposium on Comparison and References of Special Economic Zones/Tao Yitao/Shenzhen Red East Culture Spreading co. Ltd/2014

366. Yi Mingyuan/What Relevant Reference Can Be Draw from China's SEZ in the Effort to Reduce Poverty in Vietnam/World Special Economic Zone Development Forum—International Conference on SEZ Experience and Opportunities/Tao Yitao/Shenzhen Red East Culture Spreading co. Ltd/2014

367. Yi Taotao/Shenzhen Special Economic Zone on China's Reform and Opening up; Historical Contribution, Experience and Lessons/World Special Economic Zone Development Forum—International Conference on SEZ Experience and Opportunities/Tao Yitao/Shenzhen Red East Culture Spreading co. Ltd/2014

368. Yong Chengwang/Operating Process of Shenzhen Special Economic Zone: Development, Characteristic and Prospect/World Special Economic Zone DevelopmentForum—International Conference on SEZ Experience and Opportunities/Tao Yitao/Shenzhen Red East Culture Spreading co. Ltd/2014

369. Yu Youkang/Maritime Silk Road Based on the Policy/2014 China's Special Economic Zone Forum—An International Academic Symposium on Comparison and References of Special Economic Zones/Tao Yitao/Shenzhen Red East Culture Spreading co. Ltd/2014

370. Yuan Yiming/Logic of China's Special Economic Zones/2014 China's Special E-

conomic Zone Forum—An International Academic Symposium on Comparison and References of Special Economic Zones/Tao Yitao/Shenzhen Red East Culture Spreading co. Ltd/2014

371. Yue Yingzeng/Construct a Rule-of-law Government and Promote Social and Economic Development: From the Perspective of Shenzhen Special Economic Zone/World Special Economic Zone Development Forum—International Conference on SEZ Experience and Opportunities/Tao Yitao/Shenzhen Red East Culture Spreading co. Ltd/2014

372. Yun Wei/What Can Humanities&Social Sciences Do/2014 China's Special Economic Zone Forum—An International Academic Symposium on Comparison and References of Special Economic Zones/Tao Yitao/Shenzhen Red East Culture Spreading co. Ltd/2014

373. Zeng Zhihua/Global Experience of Development of Special Economic Zones/2014 China's Special Economic Zone Forum—An International Academic Symposium on Comparison and References of Special Economic Zones/Tao Yitao/Shenzhen Red East Culture Spreading co. Ltd/2014

374. Zhang Kai/New mission of old sezs during the construction of sea silk road/2014 China's Special Economic Zone Forum—An International Academic Symposium on Comparison and References of Special Economic Zones/Tao Yitao/Shenzhen Red East Culture Spreading co. Ltd/2014

375. Zhang Keting/Experience, Problems and Improvement Direction of Social Credit System Construction in China's Special Economic Zones/2014 China's Special Economic Zone Forum—An International Academic Symposium on Comparison and References of Special Economic Zones/Tao Yitao/Shenzhen Red East Culture Spreading co. Ltd/2014

376. Zhao Wei/What Shenzhen Special Economic Zone Can Do for China's Deepering Reform? /2014 China's Special Economic Zone Forum—An International Academic Symposium on Comparison and References of Special Economic Zones/Tao Yitao/Shenzhen Red East Culture Spreading co. Ltd/2014

377. Zheng Zunxin/Financial Reform in Shenzhen Special Economic Zone/2014 China's Special Economic Zone Forum—An International Academic Symposium on Comparison and References of Special Economic Zones/Tao Yitao/Shenzhen

Red East Culture Spreading co. Ltd/2014

378. Zhong Ruoyu/Mechanism of Economic Development of Bay Areas and Shenzhen Special Economic Zone—Preliminary Analysis Based on Model and Endogenous Growth Theory/2014 China's Special Economic Zone Forum—An International Academic Symposium on Comparison and References of Special Economic Zones/Tao Yitao/Shenzhen Red East Culture Spreading co. Ltd/2014379. Zhou Huohe/From Policy Bonus on Bonus of Legal Institution/2014 China's Special Economic Zone Forum—An International Academic Symposium on Comparison and References of Special Economic Zones/Tao Yitao/Shenzhen Red East Culture Spreading co. Ltd/2014

380. Zhou Xiaoyun/Advantages and Challenges of Shenzhen SEZ in New Era/2014 China's Special Economic Zone Forum—An International Academic Symposium on Comparison and References of Special Economic Zones/Tao Yitao/Shenzhen Red East Culture Spreading co. Ltd/2014

381. Zhou Zhaoxiang/New Driving Force of the Ancient Silk Road: Thingking of Kashi Economic Development Zone Construction/2014 China's Special Economic Zone Forum—An International Academic Symposium on Comparison and References of Special Economic Zones/Tao Yitao/Shenzhen Red East Culture Spreading co. Ltd/2014

382. Zong Mingzhung/Open - door Reform of China and Construction of Xiamen Special Economic Zone/World Special Economic Zone Development Forum—International Conference on SEZ Experience and Opportunities/Tao Yitao/Shenzhen Red East Culture Spreading co. Ltd/2014

2015 年

一、著作

1. 《经典中国》编辑部编/海南/北京：中国旅游出版社/2015 年 4 月
2. 《深圳金融发展报告》编委会编著/深圳金融发展报告 2014/广州：广东经济出版社/2015 年 7 月
3. 查振祥著/土地利用模式创新深圳城市土地利用理论设计研究/深圳：海天出版社/2015 年 4 月
4. 陈水雄主编/2013—2014 年海峡两岸休闲农业与美丽乡村建设（海南）研讨会/海口：南海出版公司/2015 年 4 月
5. 陈一新著/深圳福田中心区（CBD）城市规划建设三十年历史研究 1980—2010 年/南京：东南大学出版社/2015 年 7 月
6. 陈一新著/规划探索深圳市中心区城市规划实施历程 1980—2010/深圳：海天出版社/2015 年 4 月
7. 段亚兵著/深圳财富传奇品牌定输赢/北京：人民出版社/2015 年 3 月
8. 范时杰著/社会建设的治道变革珠海社会体制的切面观察/北京：社会科学文献出版社/2015 年 5 月
9. 傅勤主编/海南知识产权审判/海口：海南出版社/2015 年 5 月
10. 黄鹤麟主编/2015 年厦门文化改革发展蓝皮书/厦门：厦门大学出版社/2015 年 11 月
11. 黄敏编著/深圳市综合交通体系规划与实践/上海：同济大学出版社/2015 年 5 月
12. 黄敏编著/深圳市交通拥堵综合治理探索与实践/上海：同济大学出版社/2015 年 5 月
13. 黄敏著/深圳市大交通管理体制改革实践与探索/北京：人民交通出版社/2015 年 6 月
14. 黄士芳主编/特区文化研究/深圳：海天出版社/2015 年
15. 李江著/转型期深圳城市更新规划探索与实践/南京：东南大学出版社/2015 年 7 月
16. 李辽宁著/海南国际旅游岛建设发展报告 2014/北京：中国社会科学出

版社/2015 年 11 月

17. 李小甘主编/深圳市南山区“一核多元”社区治理模式工作体系/深圳：海天出版社/2015 年 1 月
18. 梁青主编/海南餐饮文化/北京：经济管理出版社/2015 年 7 月
19. 刘海清，方佳主编/海南省主要热带水果国际竞争力研究/北京：中国农业科学技术出版社/2015 年 5 月
20. 陆杰华，罗乐宣，苏杨主编/深圳人口与健康发展报告 2015/北京：社会科学文献出版社/2015 年 11 月
21. 深圳市保健协会，深圳市健康产业发展促进会编/深圳健康产业发展报告 2013/北京：中国经济出版社/2015 年 1 月
22. 深圳市味道文化发展有限公司著/深圳味道·绘品尝/深圳：海天出版社/2015 年 5 月
23. 汤丽霞主编/建设国际化湾区名城深圳国际化城市建设比较研究报告 2/北京：中国发展出版社/2015 年 6 月
24. 汤丽霞主编/共赢与发展深圳外事与港澳工作新境界/深圳：海天出版社/2015 年 4 月
25. 汤庭芬主编/深圳劳动关系发展报告 2015/北京：社会科学文献出版社/2015 年 6 月
26. 陶一桃/中国经济特区发展报告 2015/北京：社会科学文献出版社/2015 年 12 月
27. 陶一桃主编/深圳经济特区年谱/北京：中国经济出版社/2015 年
28. 魏达志著/跨境合作论世界性潮流与深圳对外合作的研究/深圳：海天出版社/2015 年 4 月
29. 夏小明主编/海南省海洋资源环境状况/北京：海洋出版社/2015 年 3 月
30. 徐祥清主编/2014—2015 年厦门发展报告/厦门：厦门大学出版社/2015 年 6 月
31. 闫广林主编/海南历史文化第 5 卷/北京：社会科学文献出版社/2015 年 7 月
32. 杨保军，赵群毅，易翔著/非传统跨越海南城乡发展新路径/北京：中国建筑工业出版社/2015 年 1 月
33. 游朋著/地方政府运用土地政策参与宏观调控的理论与实践研究以深圳市为例/北京：企业管理出版社/2015 年 7 月
34. 袁易明主编/中国经济特区研究 2015 年第 1 期总第 8 期/北京：社会科

学文献出版社/2015 年 12 月
35. 张骁儒，陈东平主编/深圳社会建设与发展报告 2015/北京：社会科学文献出版社/2015 年 6 月
36. 张骁儒主编/以质取胜全方位提升深圳质量研究/深圳：海天出版社/2015 年 4 月
37. 张骁儒主编/深圳经济发展报告 2015/北京：社会科学文献出版社/2015 年 6 月
38. 张骁儒主编/深圳法治发展报告 2015/北京：社会科学文献出版社/2015 年 5 月
39. 赵鹤芹，陆凤兴，王梦阳著/珠海高端产业发展路径研究/武汉：华中科技大学出版社/2015 年 11 月
40. 赵康太主编/国际旅游岛讲坛报告选第 5 辑 2014 全面依法治国与海南经济社会发展/海口：海南出版社/2015 年 5 月
41. 中共厦门市委党史研究室编/厦门经济特区建设 2002—2011［专著］/北京：中共党史出版社/2015 年
42. 中共厦门市委宣传部，厦门市社会科学界联合会编/厦门普惠金融发展考察报告/福州：海峡文艺出版社/2015 年 5 月
43. 祝尔娟著/提升天津滨海新区国际化水平研究/北京：社会科学文献出版社/2015 年 2 月
44. 综合开发研究院（中国·深圳）课题组主编/中国金融中心指数（CDI CFCI）报告第 7 期　走进深圳/北京：中国经济出版社/2015 年 9 月
45. 段亚兵著/深圳财富传奇品牌定输赢/北京：人民出版社/2015 年
46. 深圳市保健协会，深圳市健康产业发展促进会编/深圳健康产业发展报告/北京：中国经济出版社/2015 年
47. 丁士昭，杨胜军主编/政府工程怎么管深圳的实践与创新研究/上海：同济大学出版社/2015 年
48. 汤丽霞主编/建设国际化湾区名城深圳国际化城市建设比较研究报告/北京：中国发展出版社/2015 年
49. 深圳史志办公室编/深圳改革开放实录/深圳：深圳报业集团出版社/2015 年
50. 范时杰著/社会建设的治道变革珠海社会体制的切面观察/北京：社会科学文献出版社/2015 年
51. 中共厦门市委宣传部，厦门市社会科学界联合会编/厦门普惠金融发展

考察报告/福州：海峡文艺出版社/2015 年
52. /Cambodia's Special Economic Zones/Economics Working Papers/2015
53. /Meeting China Halfway：How to Defuse the Emerging US－China Rivalry/Georgetown University Press/2015
54. Warr，PeterMenon，Jayant/Asian Economic Integration Report 2015：How Can Special Economic Zones Catalyze Economic Development/Asian Economic Integration Monitor/2015

二、期刊论文

1. 鲍锋/发展海南会展业要打好三张牌/今日海南/2015 年第 7 期/第 28 页
2. 蔡清辉/厦门民间文化的产业化分类及发展对策/厦门特区党校学报/2015 年第 1 期/第 36-41 页
3. 曹翊坤，付梅臣，谢苗苗，高云，姚思瑶/基于 LSMM 与 MSPA 的深圳市绿色景观连通性研究/生态学报/2015 年第 2 期/第 526-536 页
4. 曾青，俞白桦/持续推进城市生态文明建设的思考——以厦门市为例/安徽农业大学学报（社会科学版）/2015 年第 1 期/第 37-41 页
5. 曾秀伟/加强海南航天经济法制建设的思考/知识经济/2015 年第 9 期/第 68+70 页
6. 常正，征航，呈娣/深圳向东，再建一座新城——深汕特别合作区建设成效显著、形势喜人/新经济/2015 年第 19 期/第 18-20 页
7. 陈劼/厦台发展文化创意产业的政策支持比较研究/台湾研究集刊/2015 年第 3 期/第 87-94 页
8. 陈静莹/汕头“三大抓手”推动振兴发展/潮商/2015 年第 5 期/第 5-7 页
9. 陈君/海南房地产发展轨迹分析/商/2015 年第 18 期/第 286 页
10. 陈可石，邰浩/兼顾流动人口需求的城中村改造探索——以深圳五和、坂田、杨美村改造为例/现代城市研究/2015 年第 7 期/第 113-118 页
11. 陈淼，葛成军，俞花美，邓惠/海南省低碳旅游建设与发展的几点思考/当代经济/2015 年第 13 期/第 72-75 页
12. 陈卫国/以生态文明为导向建设美丽深圳深圳市园林建设 35 周年/风景园林/2015 年第 8 期/第 9-10 页
13. 陈文龙/厦门自贸片区对闽南地区经济发展的作用/品牌（下半月）/2015 年第 7 期/第 46-47 页

14. 陈雪梅/沿海经济特区与内陆城市市场贸易优势对比/湖北经济学院学报（人文社会科学版）/2015 年第 3 期/第 36-37 页
15. 陈宇聪/海南生态省建设实践与成效/热带林业/2015 年第 1 期/第 26-29 页
16. 党益群/本地智库到国际化智库之路——珠海新型智库建设思考/新经济/2015 年第 34 期/第 4-7 页
17. 邓凯志/深圳港口物流现状与发展对策/知识经济/2015 年第 2 期/第 134+136 页
18. 邓琪，郭莉，杨涛/深圳市多中心空间结构下的客运交通组织/城市交通/2015 年第 2 期/第 26-33+77 页
19. 邓小平/办好经济特区；增加对外开放城市（一九八四年二月二十四日）/新湘评论/2015 年第 3 期/第 60 页
20. 迪力努尔·阿不都热依木，阿尔斯兰·吉力力/喀什大学在丝绸之路经济带的定位与作用/河北企业/2015 年第 12 期/第 68-69 页
21. 董皞/“特区租管地”：一种区域合作法律制度创新模式/中国法学/2015 年第 1 期/第 152-168 页
22. 杜明聪/厦门：以立法引领和推动改革/人民政坛/2015 年第 6 期/第 16-17 页
23. 杜相/深圳市消防站选址优化研究/决策咨询/2015 年第 4 期/第 72-75+92 页
24. 段余杰/深圳河湾水污染治理研究/水利水电技术/2015 年第 2 期/第 56-59 页
25. 房玉/反家庭暴力立法之我见——以深圳经济特区反家庭暴力立法为视角/法制与社会/2015 年第 19 期/第 258-259 页
26. 冯桂英，陈松林/耦合协调视角下城市土地利用效益与城市化研究——以厦门市和深圳市为例/太原师范学院学报（自然科学版）/2015 年第 1 期/第 70-75 页
27. 付晖，许先升，付广/海口市城市绿地景观格局动态变化研究/福建林业科技/2015 年第 3 期/第 142-146 页
28. 傅治平/海南好圆“海丝”梦/新东方/2015 年第 4 期/第 3 页
29. 高峰，顾磊宏/基于深圳政府采购流程的标准体系框架研究/中国标准化/2015 年第 5 期/第 119-122 页
30. 高扬/浅谈海南本土文化的开发/学理论/2015 年第 34 期/第 162-163 页

31. 耿松涛/优化海南国际旅游岛税务营商环境的思考/中国集体经济/2015 年第 27 期/第 97-98 页
32. 关文诗/浅析我国经济特区授权立法/法制博览/2015 年第 20 期/第 237+236 页
33. 郭莉，孙永海，彭坷珂/深圳市空间结构多情景假设下的交通评估/城市交通/2015 年第 2 期/第 19-25 页
34. 郭秋萍，邹振东，李宏永，邱国玉/深圳市城中村的热环境特征与热岛强度分析/生态环境学报/2015 年第 3 期/第 427-435 页
35. 郭雅欣/厦门建设区域性贸易融资结算中心的构想/齐齐哈尔大学学报（哲学社会科学版）/2015 年第 9 期/第 58-59+62 页
36. 郭燕妮/厦门市科技资源有效共享的实现路径研究/厦门科技/2015 年第 1 期/第 1-5 页
37. 国家/TPP 与深圳前海：自贸区规则比较/开放导报/2015 年第 6 期/第 79-83 页
38. 韩松洋/珠澳政府互动发展策略探析——以珠澳机场竞争为例/中共珠海市委党校珠海市行政学院学报/2015 年第 6 期/第 68-73 页
39. 韩晓洁/深圳四大新区比较研究/特区实践与理论/2015 年第 1 期/第 96-100 页
40. 韩燕/构建厦门自由贸易园区的意义及发展策略/厦门广播电视大学学报/2015 年第 1 期/第 1-5 页
41. 韩勇/努力把海南打造成“信息智能岛”——对海南发展“互联网+”产业的思考/今日海南/2015 年第 5 期/第 9-10 页
42. 韩雨亭/深圳，第二？/商周刊/2015 年第 11 期/第 24-26 页
43. 郝璞/基于竞租理论的城中村建设强度分析——以深圳市为例/城市规划/2015 年第 8 期/第 24-28+38 页
44. 何宝峰/海外邓小平经济特区理论研究述评/前沿/2015 年第 2 期/第 8-13 页
45. 侯军英/生态文明视野下海南国际旅游岛公民环境意识的培育研究/黄河科技大学学报/2015 年第 6 期/第 66-69 页
46. 侯丽维/海南省海岸带开发利用的法律问题思考/法制博览/2015 年第 36 期/第 196-198 页
47. 侯荣涛/深圳经济增长动力研究及“十三五”发展研判/特区经济/2015 年第 7 期/第 15-18 页

48. 胡斌/浅谈厦门市集美体育旅游资源开发的 SWOT 分析/福建体育科技/2015 年第 3 期/第 15-17 页
49. 胡从旭/厦门港发展探讨/物流技术/2015 年第 3 期/第 93-94+102 页
50. 胡华/海南二手车市场现状及对策研究/现代经济信息/2015 年第 16 期/第 486 页
51. 华林/浦东制度创新密码/决策与信息/2015 年第 8 期/第 24-26 页
52. 黄彬彬/厦门邮轮产业政策设计/港口科技/2015 年第 4 期/第 39-43 页
53. 黄建固/“一带一路”战略构思下探索汕头特区发展新路径/广东经济/2015 年第 6 期/第 70-76 页
54. 黄明顺，潘慧/“智慧深圳”：信息化积淀实现智慧化飞跃/广东科技/2015 年第 11 期/第 17-21 页
55. 黄倩雪，黄景贵/构建适宜海南特区农民专业合作社特点的财务管理制度/中国乡镇企业会计/2015 年第 1 期/第 70-72 页
56. 黄卫平/我国改革进程中的经济特区与自贸区之比较/深圳大学学报（人文社会科学版）/2015 年第 6 期/第 41-43 页
57. 黄文强，韦开蕾/海南省吸引 FDI 影响因素的实证分析/经济研究导刊/2015 年第 26 期/第 128-130 页
58. 黄学斌，伏喜斌，张金梅，徐火力，范成龙，邹志坚/厦门市锅炉能源结构与节能减排状况/节能与环保/2015 年第 1 期/第 58-61 页
59. 黄雅颖/厦门新型城镇化与产业升级互动机制探析/厦门特区党校学报/2015 年第 3 期/第 17-21 页
60. 黄应锋，孙冰，廖绍波，陈勇，陈雷，陆钊华/深圳市古树资源特征与分布格局/植物资源与环境学报/2015 年第 2 期/第 104-111 页
61. 姬超，袁易明/中国经济特区发展和转型的制度本源效应追溯——基于特区经济发展 30 年的经验证据/东北师大学报（哲学社会科学版）/2015 年第 6 期/第 67-72 页
62. 江溱/浅谈深圳市城市规划管理对城市更新的影响/现代物业（上旬刊）/2015 年第 2 期/第 66-68 页
63. 江社安/创新是深圳未来持续健康发展的根本动力/特区实践与理论/2015 年第 3 期/第 18-20 页
64. 金民卿/邓小平的改革观与深圳经济特区的发展实践/特区实践与理论/2015 年第 4 期/第 41-45 页
65. 柯睿/关于在经济新常态下加快推进龙湖区扩容提质的几点思考/广东经

济/2015 年第 2 期/第 20-27 页
66. 寇有观/深圳市坪山新区智慧城市建设推进战略策略研究/办公自动化/2015 年第 7 期/第 24-26 页
67. 赖明明，陈能军，蔡志刚/汕头在 21 世纪海上丝绸之路建设中的 SWOT 分析/汕头大学学报（人文社会科学版）/2015 年第 5 期/第 47-53+95 页
68. 兰建洪，姚丽娟/深港联合治理深圳河工程的合作及启示/水利水电技术/2015 年第 2 期/第 64-69 页
69. 雷晓瑜，吴仍裕/深圳市卫生行政处罚案由使用现状分析及对策探讨/中国卫生监督杂志/2015 年第 6 期/第 516-520 页
70. 黎文勇/海南省金融效率与城镇化发展的实证研究/福建商业高等专科学校学报/2015 年第 2 期/第 17-22 页
71. 李勃，李莉，郭源园/"深港"空间紧邻如何影响深圳经济制度变迁——以深圳土地管理制度变迁为案例/城市发展研究/2015 年第 8 期/第 86-91+106 页
72. 李春艳/以深圳为例浅谈城市建设中的水土保持管理/中国水土保持/2015 年第 2 期/第 22-24 页
73. 李福，何继江/深圳高新区外溢发展战略与对策研究/科技进步与对策/2015 年第 12 期/第 35-39 页
74. 李明哲/多元化纠纷解决机制的地方立法探索——以厦门为样本/法律适用/2015 年第 7 期/第 18-21 页
75. 李茜，戴学英/珠海市民城市认同感分析/北方经贸/2015 年第 5 期/第 100-101 页
76. 李舒瑜/深圳前海：从行政权威走向法律权威/中国人大/2015 年第 9 期/第 33 页
77. 李文溥，陈婷婷，李昊/从经济特区到自由贸易区——论开放推动改革的第三次浪潮/东南学术/2015 年第 1 期/第 19-27+246 页
78. 李垚/区位优势对海南省经济发展的影响研究/商场现代化/2015 年第 3 期/第 168 页
79. 李长兴/深港联合治理深圳河工程的水土保持与生态建设/水利水电技术/2015 年第 2 期/第 1-4+13 页
80. 林海军/厦门市爱国主义教育基地的研讨及发展途径/人力资源管理/2015 年第 4 期/第 83-84 页

81. 林敏，郭志勇/深圳市商事登记制度改革后续卫生监管的对策探讨/中国卫生监督杂志/2015 年第 1 期/第 92-95 页
82. 林树枝/厦门加快产业升级提升工程质量/建筑/2015 年第 15 期/第 29-31 页
83. 林素彬/深圳河治理工程规划思路及效益分析/水利水电技术/2015 年第 2 期/第 74-78 页
84. 刘亢，肖晓春，王颖凌/基于产业链视角的海南邮轮游艇产业发展的思考/中国商论/2015 年第 Z1 期/第 186-187+192 页
85. 刘明贵/全面开放为国际旅游岛建设注入新动能/今日海南/2015 年第 5 期/第 13-14 页
86. 刘宁，邢一凡/喀什经济特区对外贸易与经济增长的相关性分析/江苏科技信息/2015 年第 27 期/第 71-72 页
87. 刘晓万，张永福，黄莉莉/喀什市土地资源优化配置研究/安徽农业科学/2015 年第 3 期/第 299-301 页
88. 刘筱/城市运行管理体制中的能效策略及顽症化解——以深圳宝安区精细化管理为例/上海城市管理/2015 年第 2 期/第 36-43 页
89. 刘新新，张超/论新变革时代下的深圳特区改革/南方论刊/2015 年第 1 期/第 13-15+18 页
90. 刘雪萍，魏波/横琴新区发展的法律保障机制/法制与经济/2015 年第 10 期/第 112-113+125 页
91. 刘阳/海南经济特区海岸带土地利用空间的功能分区及利用对策/贵州农业科学/2015 年第 12 期/第 182-185 页
92. 刘阳，岗田惠子/谈前海弹性工时制度改革/中国劳动/2015 年第 7 期/第 23-26 页
93. 刘雨江/厦门城市配送发展现状及改进措施探析/重庆电子工程职业学院学报/2015 年第 6 期/第 32-35 页
94. 卢亮/劳动争议解决法律机制的创新构建——以广东省横琴新区为例/商业经济研究/2015 年第 19 期/第 98-99 页
95. 鲁斯琪，陈弦/海南发展离岸金融中心的优势及路径分析/时代金融/2015 年第 8 期/第 59-60+74 页
96. 罗君名/海南旅游产业国际化探讨/特区经济/2015 年第 1 期/第 20-22 页
97. 罗堃/汕头潮阳区练江新城进入实质性规划/潮商/2015 年第 2 期/第

28 页

98. 罗苗/罗湖社区“活化赋权”试验/决策/2015 年第 6 期/第 61-63 页
99. 罗清和，曾婧/关于经济特区模式若干问题的思考/深圳大学学报（人文社会科学版）/2015 年第 1 期/第 94-99 页
100. 罗清和，潘道远/转型时期经济特区功能定位研究/改革与战略/2015 年第 9 期/第 22-25+83 页
101. 罗清和，潘道远/经济特区与非特区全要素生产率比较研究——基于 DEA 的实证分析/生产力研究/2015 年第 4 期/第 21-25 页
102. 吕拱南/厦门特区建设回眸/福建党史月刊/2015 年第 5 期/第 62-63 页
103. 马晋毅/深圳市内涝形成原因分析与治涝对策研究/水利水电技术/2015 年第 2 期/第 105-111 页
104. 马迎迎/珠海横琴区域经济发展与人才工作对策研究/特区经济/2015 年第 4 期/第 23-25 页
105. 马忠新/深圳、珠海、汕头特区经济增长差异的比较研究/改革与开放/2015 年第 23 期/第 56-59 页
106. 毛岱玮/影响深圳房价因素的实证研究/特区经济/2015 年第 5 期/第 13-16 页
107. 莫振鑫，李学成，金宏蕊，何圣国/海南国际旅游岛建设现状探究/学理论/2015 年第 29 期/第 55-57 页
108. 欧大军/珠海经济特区发展战略规划风雨路——吴健民口述历史/红广角/2015 年第 3 期/第 48-55 页
109. 欧长胜/厦门领跑“海上丝绸之路”的文化资源优势研究/厦门特区党校学报/2015 年第 2 期/第 20-24 页
110. 欧长胜/厦门市民营企业知识产权保护现状及对策/厦门特区党校学报/2015 年第 4 期/第 11-17 页
111. 庞凌/关于经济特区授权立法变通权规定的思考/学习与探索/2015 年第 1 期/第 74-78 页
112. 邱冠寰/城市可持续发展中生态体育城市的构建研究——以厦门市为例/安阳师范学院学报/2015 年第 5 期/第 90-94 页
113. 邱双燕，刘一心，雷雨，李海飞，黄桂芳/深圳市托幼机构卫生保健工作现况分析/中国学校卫生/2015 年第 6 期/第 900-902+905 页
114. 邱秀芬/汕头制造业清洁生产实施策略优化研究/再生资源与循环经济/2015 年第 8 期/第 41-44 页

115. 曲彬/浦东新区、深圳特区、滨海新区经济金融拉动模式的差异性研究——基于 VAR 模型实证的分析/上海金融/2015 年第 9 期/第 47-50 页
116. 厦门市统计局课题组，潘力方，彭勇，曾光辉，骆惠珠/厦门市民营经济发展研究/厦门特区党校学报/2015 年第 1 期/第 14-21 页
117. 邵小慧，陈爱梅/海南休闲农业节庆活动发展现状及问题研究/农业与技术/2015 年第 13 期/第 177-180 页
118. 申勇/海上丝绸之路背景下深圳湾区经济开放战略/特区实践与理论/2015 年第 1 期/第 84-87 页
119. 申勇/实施东进战略构建深圳发展新动力/特区实践与理论/2015 年第 4 期/第 51-54 页
120. 施利锋，张增祥，刘芳，赵晓丽，刘斌，徐进勇，胡顺光/1973—2013 年经济特区城市空间扩展遥感监测/遥感学报/2015 年第 6 期/第 1030-1039 页
121. 石进平，兰剑琴/新形势下厦门经济特区对接台湾重点产业的策略研究/工业经济论坛/2015 年第 4 期/第 77-85 页
122. 矢弓/海南海岸线如何在保护中开发？/今日海南/2015 年第 8 期/第 25 页
123. 宋春悦/深圳：创客之城/中国科技奖励/2015 年第 4 期/第 21-23 页
124. 宋娟/关于深圳市城市更新问题的探讨/特区经济/2015 年第 8 期/第 24-27 页
125. 宋军/海南高起点战略定位可行性国内外比较与借鉴/当代经济/2015 年第 34 期/第 80-83 页
126. 宋明，彭箫剑/论深圳经济特区立法评估制度的完善/南方论刊/2015 年第 5 期/第 45-48 页
127. 宋强/海南国际旅游岛优质旅游法治环境构建建议/云南大学学报（法学版）/2015 年第 4 期/第 135-139 页
128. 孙久文，彭芳梅，姚鹏/自贸区发展与经济特区的机遇和挑战/特区实践与理论/2015 年第 4 期/第 21-25+45 页
129. 孙涛，王曦/海南城镇化与生态文明协调发展对策研究/科技创新导报/2015 年第 5 期/第 108-109 页
130. 孙艳伟/政府高校双元协同供给公共文化服务模式研究——以珠海市西部中心城区为例/人力资源管理/2015 年第 6 期/第 13-14 页

131. 谭刚/经济特区的新使命与新探索/特区实践与理论/2015 年第 4 期/第 26-32 页
132. 王二红，冯长春，张爱华/深圳市建设用地扩展分析/城市发展研究/2015 年第 5 期/第 38-44 页
133. 王慧君/对喀什经济开发区战略定位的思考和建议/新疆社会科学/2015 年第 1 期/第 46-51 页
134. 王娟，白晗/新媒体环境下珠海城市移动阅读体系的建设思路/农业图书情报学刊/2015 年第 4 期/第 28-32 页
135. 王蒙徽/推动政府职能转变实现城乡区域资源环境统筹发展——厦门市开展“多规合一”改革的思考与实践/城市规划/2015 年第 6 期/第 9-13+42 页
136. 王淼/党的领导人关于深圳经济特区的战略构想及启示/广西青年干部学院学报/2015 年第 3 期/第 8-10 页
137. 王明初，王增智，兰岚/海南要在“中国—东盟”互联互通中发挥更大作用/今日海南/2015 年第 1 期/第 15-17 页
138. 王明严/海南热带农业发展的策略选择——基于“冬交会”的分析/特区经济/2015 年第 4 期/第 81-84 页
139. 王平聚，曾国屏/创新文化系统演进与结构研究——基于深圳的案例分析/科技进步与对策/2015 年第 3 期/第 40-43 页
140. 王伟/海南省本土 NGO 发展现状及策略的个案研究/统计与管理/2015 年第 1 期/第 65-66 页
141. 王小杰/深圳市城市规划区内山体缺口综合整治方法研究/中国农村水利水电/2015 年第 3 期/第 76-78+83 页
142. 王小准，邱宏华/深圳经济区城市腹地划分与演变研究/地理空间信息/2015 年第 2 期/第 110-113+13 页
143. 王燕，李战/湾区经济模式下深圳水环境问题对策初探/中国水利/2015 年第 5 期/第 26-28 页
144. 王勇/厦门自贸区与高雄自经区对接的前瞻/亚太经济/2015 年第 6 期/第 147-151 页
145. 王勇/厦台产业深度对接合作的创新模式和机制研究/厦门特区党校学报/2015 年第 3 期/第 1-8 页
146. 魏雅丽/关于海南省燃油附加费实施情况的调研报告/市场经济与价格/2015 年第 2 期/第 45-47 页

147. 温松，刘剑/社会治理视阈下和谐劳动关系的构建——以深圳市的政策实践为例/广东行政学院学报/2015 年第 2 期/第 52-58 页
148. 温雅丽/珠海市低碳城市建设评价及路径研究/现代商业/2015 年第 32 期/第 183-185 页
149. 邬晓锋/生态控制线的划定与管控研究——以厦门市翔安区生态控制线划定规划为例/中小企业管理与科技（下旬刊）/2015 年第 8 期/第 94 页
150. 吴凡/深圳：品牌打造质量引擎/中国品牌/2015 年第 10 期/第 28-29 页
151. 吴健生，郎琨，彭建，黄秀兰/城市防灾避险功能的空间差异性评价——以深圳市经济特区为例/城市规划/2015 年第 6 期/第 37-42 页
152. 吴克辉/广东经济特区的发展与创新/改革与开放/2015 年第 11 期/第 32-34 页
153. 吴克辉，周耀华/新形势下广东经济特区的路径选择/广东经济/2015 年第 6 期/第 58-63 页
154. 吴凌芳，吴善万/厦门地区出口贸易竞争力分析/现代商业/2015 年第 17 期/第 100-101 页
155. 吴盼文/把握新常态推动海南金融业先行发展/今日海南/2015 年第 7 期/第 35-37 页
156. 吴晓虹，杨晓梅/汕头地区业务发展的制约及对策/农业发展与金融/2015 年第 11 期/第 54-55 页
157. 吴志峰/经济特区是我国实施“走出去”战略的新平台/清华金融评论/2015 年第 1 期/第 104-105 页
158. 武鑫，李硕/天津滨海新区发展移动金融创新问题研究/区域金融研究/2015 年第 4 期/第 68-74 页
159. 夏林华/深圳建设公平正义城市的法律思考/特区经济/2015 年第 12 期/第 9-12 页
160. 向美琴/海南省导游人员发展中存在的问题及对策/旅游纵览（下半月）/2015 年第 10 期/第 145+147 页
161. 谢启标/积极推进厦门自贸区建设的路径思考/厦门特区党校学报/2015 年第 1 期/第 1-7 页
162. 谢仁古丽·艾尔肯/喀什地区新型城镇化建设协调发展研究/金融经济/2015 年第 6 期/第 167-169 页

163. 谢志强/深圳湾区经济助推中国开放/人民论坛/2015 年第 6 期/第 72 页
164. 熊金武/习仲勋经济特区思想研究/河北经贸大学学报/2015 年第 2 期/第 112–116 页
165. 熊庆蓉，杨永艳/海南乡村旅游目的地竞争力因素分析及提升策略/热带农业科学/2015 年第 5 期/第 88–94 页
166. 徐强/自贸区纠纷解决机制创新：深圳个案/重庆社会科学/2015 年第 11 期/第 38–43 页
167. 徐莎/厦门：借助产权交易平台培育发展新兴产业/产权导刊/2015 年第 2 期/第 61–62 页
168. 徐书贤/深圳开啃医改关键领域“硬骨头”/中国医院院长/2015 年第 6 期/第 36–38 页
169. 徐微/深圳城市发展与规划的问题/美与时代（城市版）/2015 年第 7 期/第 80–81 页
170. 徐炜/深圳：组合拳破解执法困境/道路交通管理/2015 年第 4 期/第 38–39 页
171. 徐晓光，许文，郑尊信/金融集聚对经济转型的溢出效应分析：以深圳为例/经济学动态/2015 年第 11 期/第 90–97 页
172. 许观嫦，徐颂军，宋焱，牛安逸，杨倩/深圳红树林自然保护区海水重金属质量评价/华南师范大学学报（自然科学版）/2015 年第 1 期/第 101–108 页
173. 闫双双，蔡庆涛，方浩成，张财原，吴凌宇，马秀娟，陈群，王娟，郭东北，范春，赵苒/厦门市居民水产品膳食结构的调查与评价/中国初级卫生保健/2015 年第 3 期/第 72–75 页
174. 颜冬，姬超/中国经济特区非均衡增长的经验与改革路径——基于劳动力市场一体化趋势的考察/商业研究/2015 年第 5 期/第 32–39 页
175. 杨鹏飞/横琴新区着力打造“四岛”助推跨越式发展/广东经济/2015 年第 7 期/第 62–64 页
176. 杨群/深圳森林生态旅游发展对策探析/深圳职业技术学院学报/2015 年第 2 期/第 24–28 页
177. 姚芳，李华/珠海成为海洋强市的可持续发展战略研究/中国商论/2015 年第 17 期/第 128–133 页
178. 易善炳/新形势下喀什噶尔艺术对喀什地区文化传播的意义/新疆艺术学院学报/2015 年第 1 期/第 78–82 页

179. 尹玉洁/厦门城市综合体发展特征及其形成原因探讨/莆田学院学报/2015 年第 1 期/第 60-64 页
180. 余晓敏，李兵，段志强，杨猛/深圳市绿地固碳能力演变探讨/地理空间信息/2015 年第 4 期/第 140-142+15 页
181. 袁持平，刘洋/珠港澳合作的新载体、新机遇及演进路径/中共珠海市委党校珠海市行政学院学报/2015 年第 1 期/第 67-71 页
182. 袁家柱/深圳市商事登记制度改革对环保系统运行的影响研究/环境科学导刊/2015 年第 4 期/第 29-32 页
183. 袁易明/中国经济特区的动态演化与实践使命/特区实践与理论/2015 年第 4 期/第 46-50 页
184. 岳世平/厦门经济特区社区网格化建设的主要做法与实践经验/厦门特区党校学报/2015 年第 5 期/第 25-30 页
185. 岳世平/厦门经济特区推进美丽厦门建设取得的成就与做法/厦门特区党校学报/2015 年第 4 期/第 5-10 页
186. 再娜甫·依米提/喀什地区引资环境优势分析/现代经济信息/2015 年第 12 期/第 427 页
187. 张东保/浦东开发开放的先行先试战略/上海党史与党建/2015 年第 2 期/第 26-28 页
188. 张飞飞，田亦陈，尹锴，李旋旗，文美平，袁超/快速城市化对滨海城市景观格局演变的影响/中国人口·资源与环境/2015 年第 S1 期/第 417-421 页
189. 张瀚钰，韩英/深圳对接香港文化创意产业发展研究/改革与开放/2015 年第 1 期/第 16-18 页
190. 张翩/低碳城市建设经验探索——以深圳市产业低碳化发展为例/现代经济信息/2015 年第 3 期/第 493-494 页
191. 张红锋/海南国际旅游岛建设中的法律意识与法律价值/新东方/2015 年第 2 期/第 38-42 页
192. 张鸿义/深圳金融中心建设的总结、评价与展望/开放导报/2015 年第 2 期/第 37-44 页
193. 张静/珠海市产业结构变动分析/经济研究导刊/2015 年第 5 期/第 42-44 页
194. 张军/抢抓“一带一路”机遇加快建设海洋强省/今日海南/2015 年第 7 期/第 30-32 页

195. 张庆虎，陈鸿勇/深圳市控烟执法管理面临的问题及建议/管理观察/2015 年第 6 期/第 20-22 页
196. 张伟，周军，肖作鹏，林焘宇/深圳市货运节点功能重组与空间重构/城市交通/2015 年第 2 期/第 34-41 页
197. 张翔/珠海乡村旅游与生态文明建设融合发展研究/现代经济信息/2015 年第 17 期/第 471-472 页
198. 张雁飞，葛成军，邓惠，俞花美，冯丹/海南省工业废弃物排放的环境库兹涅茨特征分析/特区经济/2015 年第 4 期/第 26-29 页
199. 张扬/海南寻根游发展探析/新东方/2015 年第 3 期/第 76-79 页
200. 张志成/厦门市土地利用与产业结构关联分析/安徽农业科学/2015 年第 19 期/第 288-290 页
201. 张祝菁，时慕天，帕提曼·巴拉提，钱芳，彭荐予/喀什的经济发展对中国西部边境安全的重要意义/学理论/2015 年第 1 期/第 38-40+45 页
202. 章平，唐娟/城中村城市化过程中的多中心复合治理模式构建——以深圳市宝安区城中村城市管理为例/生态经济/2015 年第 4 期/第 188-191 页
203. 赵树宽，陈依兰，刘武君/横琴口岸综合交通枢纽规划与运营研究/城市发展研究/2015 年第 3 期/第 19-22 页
204. 赵伟/呼唤经济特区“深改”与创新/浙江经济/2015 年第 4 期/第 15 页
205. 郑方/对珠海商事制度改革的思考/中国工商管理研究/2015 年第 3 期/第 51-54 页
206. 郑文魁，巫昌斌/厦门市水资源开发利用现状及发展趋势浅析/厦门理工学院学报/2015 年第 1 期/第 107-112 页
207. 郑勇，梅振中/谈以经济特区授权立法推动海南经济社会发展与改革/中国集体经济/2015 年第 30 期/第 67-68 页
208. 郑重/深圳小型水库除险加固后安全管理的问题与对策/广东水利水电/2015 年第 7 期/第 71-74 页
209. 周丽亚，秦正茂，樊行，缪春胜/试论海洋资源观的演进与城市发展——以深圳为例/城市发展研究/2015 年第 4 期/第 59-64 页
210. 周启蕾，袁露/深圳利用 FDI 现状与思考/现代商贸工业/2015 年第 3 期/第 88-91 页
211. 周义龙/海南医疗旅游发展存在的问题及对策研究/商业经济/2015 年

第 9 期/第 74-76+162 页
212. 朱仁显，黄雀莺/城市综合管理的法治化规范化——基于厦门的个案分析/东南学术/2015 年第 4 期/第 63-70 页
213. 庄三红，林雅玲，郭雅斌/厦门市文化历史类旅游景点的文化保护与核心价值观培育/厦门特区党校学报/2015 年第 1 期/第 28-35 页
214. 邹广，钟澄/深圳“小产权房”处置方式解析/中国土地/2015 年第 9 期/第 37-39 页
215. 邹立刚/新海上丝绸之路建设与海南省的作为/新东方/2015 年第 1 期/第 4-9 页
216. /广东深圳科技创新立法经验/上海人大月刊/2015 年第 6 期/第 15 页
217. /A New Look at Special Economic Zones in Asia//2015/
218. /A Tale of Two Cities：The Development and Reform Experiences of Shenzhen and Shanghai/Journal of Chinese Economic and Business Studies/2015/Vol. 13, Issue 4
219. /Adani Group Buys Kattupalli Port/JOC Online/11/10/2015/p1-1，1p
220. /Adani Ports Signs Deal to Run Kattupalli Container Terminal/JOC Online/10/5/2015/p1-1，1p
221. /Adani Vows to Finish India's Deep-sea Vizhinjam in 1000 Days/joc Online/8/18/2015/p1-1，1p. 1 Color Photograph
222. /Adani-CMA Terminal at Mundra Gets New Cranes/JOC Online/12/28/2015/p1-1，1p
223. /BASF Ups Polymer Dispersions Capacity in Southeast Asia/Chemical Week/2/9/2015/p10-10，1p
224. /Centre is Setting up Reverse SEZs in Various Nations：Petrochemicals Secy/Popular Plastics & Packaging/April 2015/Vol. 60 Issue 4，p67-68，2p
225. /China Announces Foreign Investment Management Rules in Pilot FTZs/China Chemical Reporter/5/6/2015/Vol. 26 Issue 9，p3-3，2/3p
226. /China's Foreign Trade to Keep Flat in 2015/China Chemical Reporter/11/21/2015/Vol. 26 Issue 22，p3-3，2/3p
227. /China's New Free Trade Zones Attract Overseas Investors/China Chemical Reporter/7/21/2015/Vol. 26 Issue 14，p3-3，2/3p
228. /Clustered Approach to Growth/Speciality Chemicals/January 2015/Vol. 35 Issue 1，p24-24，1p

229. /Cross - Border Trades and Commerce between Thailand and Neighboring Countries: Policy Implications for Establishing Special Border Economic Zones/Journal of Borderlands Studies/2015/Vol. 30, Issue 3

230. /Economic Interdependence and Security on the Korean Peninsula: The Impact of North Korean Special Economic Zones/Asian Security/March 2015/Vol. 11, Issue 1

231. /First Contract Tendered for Duqm Desalination Plant/MEED: Middle East Economic Digest/4/15/2015/Vol. 59 Issue 15, p15-15, 1/4p

232. /Following in China's Footsteps? The political Economy of North Korean Reform/The Pacific Review/October 2015/

233. /FTZ Equity Fund/Beijing Review/1/8/2015/Vol. 58 Issue 2, p7-7, 1/6p

234. /Gallagher Partners with Jiang Tai in China JV/Reactions/1/5/2015/p8-8, 1p

235. /Growing up/Economist/6/6/2015/Vol. 415 Issue 8941, p39-39, 3/4p

236. /Guangdong Zhenrong Plans to Build Reinery in Myanmar/China Chemical Reporter/3/21/2015/Vol. 26 Issue 6, p12-12, 1/5p

237. /HSBC Completes TF Deal in Shanghai FTZ/Trade Finance/2/23/2015/p1-1, 1p

238. /India Approves Funding for Free Trade Zone at Largest Port/JOC Online/10/2/2015/p1-1, 1p

239. /India's Largest Port Calls for SEZ Proposals/JOC Online/11/25/2015/p1-2, 2p

240. /Ministers Endorse Plans to Develop New Special Economic Zones in Mekong/External Relations Specialist/2015/

241. /Mitsui Sumitomo/Insurance Celebrates the Start of their Underwriting Operation in Myanmar/Asia Insurance Review/August 2015/p31-31, 2/3p

242. /Month in Review/China Economic Review/Spring 201/Vol. 26 Issue 1, p18-19, 2p

243. /Myanmar: Provisional Permits Granted to Two Japanese Insurers/Asia Insurance Review/July 2015/p24-24, 1/4p

244. /New ADB Research Shows Design of Special Economic Zones Determines Success/Communications Specialist/2015/

245. /Nigeria: Free Trade Zone FDI/Africa Research Bulletin: Economic, Financial& Technical Series/March 2015/Vol. 52 Issue 1, p20711-20711, 1p

246. /Not so Special/Economist/4/4/2015/Vol. 415 Issue 8932, p14-14, 2/3p

247. /Political Priority, Economic Gamble/Economist/4/4/2015/Vol. 415 Issue 8932, p65–67, 3p
248. /Power, Policy and Protest: The Politics of India's Special Economic Zones/ Commonwealth&Comparative Politics/October 2015/Vol. 53, Issue 4
249. /Solomon Islands Untold Riches/Forbes/9/7/2015/Vol. 196 Issue 3, p120-123, 4p. 7 Color Photographs
250. /Special Economic Zones: Who Wins, Who Loses/Global Finance/September 2015/Vol. 29 Issue 8, preceding p12-15, 4p
251. /Special Economic Zones: Who Wins, Who Loses? /Global Finance/September 2015/Vol. 29 Issue 8, preceding p12-15, 4p
252. /Spring Release/Economist/2/28/2015/Vol. 414 Issue 8927, p32-34, 3p
253. /Strong 3Q Results for India's Largest Private Port Infrastructure Developer/ JOC Online/1/28/2015/p1-1, 1p
254. /The 'Goan Impasse': Land Rights and Resistance to SEZs in Goa, India/ The Journal of Peasant Studies/2015/Volume 42, Issue 3-4, 2015
255. /Toward a Spatiotemporal Consciousness in Media Studies: Locational Aesthetics and Digital Film Making in China's Special Zones/Journal of Chinese Cinemas/ 2015/Volume 9, Issue 3
256. Abougabal Hossam/Egypt Plans to Establish East Minya Industrial Zone/ MEED: Middle East Economic Digest/10/7/2015/Vol. 59 Issue 40, p12-12, 1/2p
257. Ali Anibreen/At Arm's Reach/PM Network/June 2015/Vol. 29 Issue 6, p10-13, 4p
258. Aliyu Salisu Barau/Using Agent: Based Modelling and Landscape Metrics to Assess Landscape Fragmentation in Iskandar Malaysia/Ecological Processes/April 2015/
259. Allen Daniel/What You Need to Know about the Global Business of Free Trade Zones/In the Black/February 2015/p1-1, 1p
260. Allen Michael/CCB Financial Leasing arranges first Xiamen FTZ Transaction/ Airfinance Journal/8/3/2015/p1-1, 1p
261. Allen Michael/Calc Signs MOU with Chinese Free Trade Zone/Airfinance Journal/7/13/2015/p1-1, 1p
262. Allen Michael/Chinese Lessor and Bank Establish New RMB10 Billion Aviation Fund/Airfinance Journal/4/13/2015/p1-1, 1p

263. Allen Michael/Xiamen Airlines Mandates Chinese Lessor for 737 Deliveries/ Airfinance Journal/8/24/2015/p1-1, 1p

264. Allen Michael Michael/Qianhai Aims to Attract Aircraft Lessors/Airfinance Journal/11/2/2015/p25-25, 1p

265. Aneja Vineet, Opal Uday/An Update on Indian Insurance Regulatory Reforms/ Asia Insurance Review/October 2015/p68-70, 2p

266. Angelova Biljana/Economic Impacts of the Excise Legislation Alignment of the Republic of Macedonia and the EU Directives/Economic Development/Ekonomiski Razvoj/June 2015/Vol. 17 Issue 1/2, p1-24, 24p

267. Arend Mark/ICT Hub in the Making/Site Selection/Jule 2015/Vol. 60 Issue 4, p39-42, 4p

268. Balakina Galina F. /A Model of Organizing a Zone of Special Socio-ecological Conditions of Natural Resource Use for Depressive Regions' Development/Regional Economics/March 2015/Issue 10, p37-46, 10p

269. Bazgir Ali Asghar, Khosravi Tayebeh/Iran Chemicals Take of Foil Decline Lifts Iran/ICIS Chemical Business/10/12/2015/Issue 3681, p16-16, 1p

270. Bedi Heather Plumridge/Judicial Justice for Special Economic Zone Land Resistance/Journal of Contemporary Asia/November 2015/Vol. 45 Issue 4, p596-617, 22p

271. Behzad Damari/Interventions to Reduce Drug Abuse in Pars Special Economic Energy Zone/Iranian Red Crescent Medical Journal/2015/17 (11): e32016

272. Bhagwan Saduji Gosavi/SEZ : Policy and Practice/Indian Streams Research Journal/2015/p2230-7850

273. Chou Bill, Ding Xuejie/A Comparative Analysis of Shenzhen and Kashgar in Development as Special Economic Zones/East Asia/2015-06/Vol. 32 Issue 2

274. Bin Ye/Feasibility Study of a Solar-Powered Electric Vehicle Charging Station Model/Energies/2015/p12368

275. Birks Peter/Irdai Details New Reinsurance Regulations/Reactions/4/27/ 2015/p38-38, 1p

276. Bueno Cruz/Stratification Economics and Grassroots Development: The Case of Low-income Black Women Workers in Santo Domingo, Dominican Republic/Review of Black Political Economy/June 2015/Vol. 42 Issue 1/2, p35-55, 21p

277. Castilho Marta, Menéndez Marta, Sztulman Aude/Poverty and Inequality Dy-

namics in Manaus：Legacy of a Free Trade Zone? /Paris School of Economics：HAL/2015-12/

278. Cheng Changixu/A CDT-based Heuristic Zone Design Approach for Economic Census Investigators/Mathematical Problems in Engineering/11/23/2015/p1-14, 14p

279. Chmykhalo Alexander/Problems and Perspectives of Performance of Higher Education Institutions in the Development of Russian Innovative System (Regional Aspect) /Procedia-social and Behavioral Sciences/January 2015/p497-504, 8p

280. Chou Bill, Ding Xuejie/A Comparative Analysis of Shenzhen and Kashgar in Development as Special Economic Zones/East Asia：An International Quarterly/June 2015/Vol. 32 Issue 2, p117-136, 20p

281. Chun Yang/Government Policy Change and Evolution of Regional Innovation Systems in China：Evidence from Strategic Emerging Industries in Shenzhen/Environment and Planning/2015/p661-682, 22p

282. Dmitrievna Rezvaya Anna/Challenges and Opportunities of Investment in the Development of Tourism Industry in the Magadan Region/Economics&Management/2015/Vol. 111 Issue 1, p21-24, 4p

283. Dorsey Margaret E., Díaz-Barriga Miguel/The Constitution Free Zone in the United States：Law and Life in a State of Carcelment/polar：Political&Legal Anthropology Review/November 2015/Vol. 38 Issue 2, p204-225, 22p

284. Ebidunmi S. D./Impact of Onne Free Zone on Supply Chain Performance of Registered Oil and Gas Companies/AJOL-African Journals Online/2015-12-07/Vol. 4 (2015), p18-31, 14p

285. Elena G. Kropinova, Nataliya A. Zaitseva, Maxim Moroz/Approaches to the Assessment of the Contribution of Tourism into the Regional Surplus Product：Case of the Kaliningrad Region/Mediterranean Journal of Social Sciences/2015/p2039-9340

286. Elisa Barbieri/Industrial Development and Manufacturing in Chinese Territories：The Contribution of Special Economic Enclaves Policies//2015/

287. Ezz Mohamed Mohamed/Egypt：'Free zones' System in Egypt/International Tax Review/9/7/2015/p26-26, 1p. 1 Chart

288. F. Lipták, S. Klasová, V. Ková/Special Economic Zone Constitution According to Cluster Analysis/Procedia Economics&Finance/2015/p186-193, 8p289. Fei Yu, Feng Ha, Zhaojie Cui/Evolution of Industrial Symbiosis in an Eco-industrial

Park in China/Journal of Cleaner Production/January 2015/p339-347, 9p

290. Fiano Andrea/A Devaluation In China—And More Turbulence/Global Finance/September 2015/Vol. 29 Issue 8, p2-2, 2/3p

291. Gavin James/Duqm Reveals Oman's Frontier Spirit/MEED: Middle East Economic Digest/11/18/2015/Vol. 59 Issue 46, p35-35, 1p

292. Gegechkori Olga, Kozliakovskaia Elizaveta/The Issue of the Economic Security and Development of the Kaliningrad Fishing Industry/Management Systems in Production Engineering/April 2015/Vol. 18 Issue 2, p58-61, 4p. 3 Charts, 2 Graphs

293. Gerden Eugene/Russia Plans Far East Dry Port to Boost Capacity/JOC Online/11/23/2015/p1-1, 1p

294. Hanhee Lee/Foreign Direct Investment in North Korea and the Effect of Special Economic Zones: Learning From Transition Economies/Journal of E-conomic Development/2015/35-56, 22p

295. Hansen Shi/Shanghai 2020/Harvard International Review/Spring 2015/Vol. 36 Issue 3, p17-17, 1p

296. He Junliang, Huang Youfang, Chang Daofang/Simulation-based Heuristic Method for Container Supply Chain Network Optimization/Advanced Engineering Informatics/August 2015/Vol. 29 Issue 3, p339-354, 16p

297. Honrao Parmeshwar M. /Special Economic Zones and Its Impact on Employment/Management Standard and Licensed under a Creative Commons Attribution 3.0 License/2015/p2222-2855

298. Hui Rev/BEA to Set up Fully Licensed Securities JV in Qianhai/Global Capital/12/28/2015/p1-1, 1p

299. Hui Rev/Tianjin FTZ Launches Inaugural Dollar Bond/Global Capital/12/21/2015/p1-1, 1p

300. Inshakov Oleg Vasilyevich/Special Economic Zones as a Nano Industry Development Institute: Failures, Problems and Prospects/Vestnik Volgogradskogo Gosudarstvennogo Universiteta/2015/

301. Jammulamadaka Nimruji/Responsibility for the Third World Factory: Limits of Eurocentric CSR and Making Room for the State/Decision (0304-0941) /March 2015/Vol. 42 Issue 1, p71-82, 12p

302. Jean-Claude Maswana/Predicting the Determination and Performance Impact

of Absorptive Capacity in China's SEZ Prospects in Zambia and Mauritius/Economics and Business Research/2015/p80-99，20p

303. Cao Jinsheng/A SWOT-based Preliminary Study of the Shantou SEZ Development Strategy/Advance Journal of Food Science and Technology/2015/9（4），p286-289，4p

304. John Walsh/Thilawa Special Economic Zone and the Single Window/International Journal of Services Technology and Management/2015/p1460-6720

305. John Nevin/A Safe Harbour/Business Today/7/19/2015/Vol. 24 Issue 14，p92-93，2p

306. Kleibert Jana Maria/Islands of Globalisation：Offshore Services and the Changing Spatial Divisions of Labour/Environment&Planning/April 2015/Vol. 47 Issue 4，p884-902，19p

307. Knowler/APL Logistics to Set up Sri Lanka Hub/JOC Online/3/13/2015/p1-1，1p

308. Kuznetsova A. /Towards a Stable and Dynamic Economy in the Kaliningrad Region/Baltijskij Region/2015/

309. Lasiuk T. O. /Ways of Ensuring External Economic Strength in the Agricultural Produce Market of Ukraine/Problems of Economy/2015/Issue 1，p59-71，13p

310. Levien Michael/Social Capital as Obstacle to Development：Brokering Land，Norms and Trust in Rural India/World Development/2015/p77-92，16p

311. Likaj Drilona/Albania：New Tax Incentives for Operating in Free Zones in Albania/International Tax Review/10/19/2015/p30-30，1p

312. Maclellan Lila/Open for Business：North Korea Seeks Foreign Money/Institutional Investor/7/20/2015/p1-1，1p

313. Malinjordalemail/Disrespectful Men，Disrespectable Women'：Men's Perceptions on Heterosexual Relationships and Premarital Sex in a Sri Lankan Free Trade Zone：A Qualitative Interview Study/BMC International Health and Human Rights/February 2015/

314. Malini L. Tantri/ Fiscal Implications of Special Economic Zones Expansion in India：A Resource Cost Approach/Journal of International Commerce，Economics and Policy/2015-02/Vol. 6 Issue 1

315. Marphatia Ravi/Surveying the Scene/Paintindia/January 2015/Vol. 65 Issue 1，p86-88，2p

316. Md. Joynal Abdin/Foreign Direct Investment in Bangladesh: Trends, Challenges and Recommendations/International Journal of Economics and Management/July2015/V-4, I-8

317. Mitchell Jason/Russia's Mixed SEZ Success/Banker/August 2015/Vol. 165 Issue 1075, p56-57, 2p

318. Okanga Boniface/Strategies for Improving the Implementation of Special Economic Zoning Programs in South Africa/Journal of Economics and Sustainable Development/2015/p2222-2855

319. Ortega Arnisson Andre, Acielo Johanna Marie Astrid E., Hermida Maria Celeste H./Mega-regions in the Philippines: Accounting for Special Economic Zones and Global-local Dynamics/Cities/November 2015/Vol. 48, p130-139, 10p

320. Pankova Svetlana, Popov Valerii/The formation of Special Economic Zones in Municipalities/National Interests Priorities&Security/February 2015/Issue 7, p16-24, 9p

321. Parwez Sazzad/Modified Labor Welfare Measures for Special Economic Zone& Implications/Indian Journal of Industrial Relations/January 2015/Vol. 50 Issue 3, p386-396, 11p

322. Pasquali Valentina/Leaders and Laggards/Global Finance/September 2015/ Vol. 29 Issue 8, Special section p14-14, 1/2p

323. Philip F. Yuan/Archi-union Architects, City of Breeze, Shenzhen Bay, Shenzhen, China/Architectural Design/December 2015/p110-113, 3p

324. Platt Gordon/Forging New Economies/Global Finance/July/August 2015/Vol. 29 Issue 7, p32-32, 1p

325. Post Troy/Extending Foreign Trade Zone Status to a Single Manufacturer/Economic Development Journal/Summer 2015/Vol. 14 Issue 3, p37-43, 7p

326. Renne Elisha P./The Changing Contexts of Chinese-Nigerian Textile Production and Trade, 1900-2015/Textile: The Journal of Cloth&Culture/November 2015/ Vol. 13 Issue 3, p212-232, 21p

327. Roskam Cole/Envisioning Reform: The International Hotel in Postrevolutionary China, 1974-1990/Grey Room/Winter 2015/Issue 58, p84-111, 28p. 11 Black and White Photographs, 4 Diagrams

328. Russell George/Life in the Pearl River Delta: Inside the World's Biggest Megacity/In the Black/July 2015/p9-9, 1p

329. Ryl'skaya Marina A. , Pavlov Pavel V. /A Conceptual Model for the Development of Special Economic Zones in the Russian Federation/National Interests Priorities&Security/March 2015/Issue 11, p2-15, 14p
330. S. Wahyuni, Ekaputra Irwan Adi, W. Tjong/The Impact of Competitiveness on Firm Growth in Special Economic Zone: A Study of Electronics Cluster in Batam, Indonesia/Social Science Electronic Publishing/2015/p15
331. Schafer Peter/Coega off to a Running Start as a New SEZ/Finweek/1/22/2015/p31-33, 3p
332. Seifzadeh Ali/The Role of Free Zones in the Development of Tourism: Case Study of Kish Island/International Journal of Management, Accounting&Economics/January 2015/Vol. 2 Issue 1, p101-110, 10p
333. Shaw-Smith Peter/New Qatar Container Port to Relieve Congested Doha/JOC Online/7/31/2015/p1-2, 2p. 1 Color Photograph
334. Shen Wei, Vanhullebusch Matthias/Where Is the Alchemy? The Experiment of the Shanghai Free Trade Zone in Freeing the Foreign Investment Regime in China/European Business Organization Law Review/June 2015/Vol. 16 Issue 2, p321-352, 32p
335. Sood Ashima/Industrial Townships and the Policy Facilitation of Corporate Urbanisation in India/Urban Studies/June 2015/Vol. 52 Issue 8, p1359-1378, 20p
336. Steckley Marylynn, Shamsie Yasmine/Manufacturing Corporate Landscapes: The Case of Agrarian Displacement and Food in Security in Haiti/Third World Quarterly/January 2015/Vol. 36 Issue 1, p179-197, 19p
337. Stewart Michael/Steady Flow of Investment in Macedonia from New and Existing Companies/Automotive Industries/July 2015/
338. Susan Tiefenbrun/U. S. Foreign Trade Zones and Chinese Free Trade Zones: A Comparative Analysis/Thomas Jefferson School of Law Research Paper No. 2617592/June 2015/Hofstra Journal of International Business and Law/Vol. 14, 2015
339. Szczepkowski/Free Trade Zones in Romania in Comparison to World Solutions/Research Papers of the Wroclaw University of Economics/2015/Issue 402, p368-377, 10p
340. Tantri Malini L. /Fiscal Implications of Special Economic Zones Expansion in India: A Resource Cost Approach/Journal of International Commerce, Economics&Policy/February 2015/Vol. 6 Issue 1

341. Terenteva Elena Anatolevna, Vasilenkova Nadezhda Vladislavovna/Retrospective Analysis of Development of Special Economical Zones in the Russian Federation/ Mediterranean Journal of Social Sciences/2015/p2039-9340

342. Thi Minh Hoang Do, Gyei-Kark Park, Kyounghoon Choi, Kijung Kang, Onue Baik/Application of Game Theory and Uncertainty Theory in Port Competition between HongKong Port and Shenzhen Port/International Journal of E-Navigation and Maritime Economy/June 2015/Vol. 2 Issue

343. Tin Maung Than/Myanmar's Economic Reforms: Hard Choices Ahead/Social Research/Summer 2015/Vol. 82 Issue 2, p453-480, 28p

344. Torquato Jason/Analysis: Trans-Pacific Partnership Fast-track Stymied by Senate Vote/Trade Finance/6/29/2015/p1-1, 1p

345. Tremblay Jean-franÇois/which China/Chemical&Engineering News/8/31/ 2015/Vol. 93 Issue 34, p8-13, 5p

346. Trémon A./Local Capitalism and Neoliberalization in a Shenzhen Former Lineage-village//2015/p71-85, 15p

347. Trémon Anne-Christine/Local Capitalism and Neoliberalization in a Shenzhen Former Lineage Village/Focaal/Spring 2015/Vol. 2015 Issue 71, p71-85, 15p

348. Tsertseil Juliya/The Instruments to Maintain Cluster Activities within the Territory of the Region/GSTF Journal on Business Review/December 2015/p2251-2888

349. Turnell Sean/Burma's Economic Transition: Hopes and Hurdles/New School for Social Research/2015/Vol. 82, Issue 2 (2015), p481-506, 26p

350. V. Ivanov/Innovative Territories as a Base for the Spatial Structure of the National Innovation System/Region: Economics and Sociology//2015/

351. V. P./Twilight for Some Special Economic Zones/Global Finance/September 2015/Vol. 29 Issue 8, p15-15, 2/3p

352. Verma Sid/Ex-regulator Calls for China Market Reforms/Euromoney/December 2015/Vol. 46 Issue 560, p37-37, 1p

353. Wan James/Rise and Stall: China's Stepping Stone to Nowhere/African Business/ April 2015/Vol. 49 Issue 418, p31-35, 5p

354. Weinman Aaron/China Unveils Three New FTZs/Trade Finance/5/11/2015/ p1-1, 1p

355. Weinman Aaron/HSBC Completes China FTZ Deal Amid Relaxed Policies/

Trade Finance/4/13/2015/p1-1，1p

356. Wilkinson Philippa/Ports and Free Zones to Be Expanded/MEED：Middle East Economic Digest/11/4/2015/Vol. 59 Issue 44，p20-20，1/2p

357. Yannick Saleman，Luke Jordan/The Implementation of Industrial Parks：Some Lessons Learned in India/Journal of International Commerce，Economics and Policy/2015-02/Vol. 6 Issue 1

358. Yi Lu/Do Place-based Policies Work? Micro-level Evidence from China's E-conomic Zone Program//July 2015/

359. Yu Zhou/Is Shenzhen Housing Price Bubble that High? A Perspective of Shenz-hen HongKong Cross - border Integration/International Real Estate Review/2015/p365-382，18p

360. Yury M. Zverev/The Kaliningrad Region's Industry，Problems and Prospects of Development and Restructuring in the Context of a Special Economic Zone/Mediterranean Journal of Social Sciences/2015/p2039-9340

361. Huang Zhiji/Urban Land Expansion under Economic Transition in China：A Multi - level Modeling Analysis/Habitat International/June 2015/p69 - 82，14p

三、学位论文

1. 白凤丹/厦门保障性住房建设中的拆迁安置问题研究/硕士论文/集美大学/2015
2. 蔡福发/深圳软件产业发展模式研究/硕士论文/广西大学/2015
3. 蔡怡浩/厦门文化创意产业发展的对策研究/硕士论文/集美大学/2015
4. 陈冰清/厦门建设离岸金融中心的研究/硕士论文/福建师范大学/2015
5. 陈帆/厦门市休闲农业发展模式研究/硕士论文/集美大学/2015
6. 陈景峰/华侨与近代厦门港口城市发展研究（1840—1949）/硕士论文/华侨大学/2015
7. 陈静波/深圳商事登记制度优化研究/硕士论文/哈尔滨工业大学/2015
8. 程垠煜/海南国际旅游岛建设背景下土地利用格局研究/硕士论文/兰州大学/2015
9. 崔强/上海市城市经济与浦东机场空港物流互动关系研究/硕士论文/北京交通大学/2015

10. 杜玮/海南国际旅游岛背景下政府国际旅游市场营销策略研究/硕士论文/海南大学/2015
11. 段剑良/海南国际旅游岛旅游地产发展研究/硕士论文/广西大学/2015
12. 高兴亮/自贸区建设背景下上海浦东临空经济发展模式研究/硕士论文/华东师范大学/2015
13. 古义权/基于政府财政投入视角下的深圳中等职业教育发展研究/硕士论文/南昌大学/2015
14. 贵艳/广东省珠海市流动人口计划生育服务管理研究/硕士论文/吉林大学/2015
15. 郭金锻/基于时间维度的厦门市商品住宅房价与地价的关系分析/硕士论文/福建农林大学/2015
16. 郭静莹/深圳特区城市中小学校师资管理的定位与改革/硕士论文/南昌大学/2015
17. 郝锐/深圳海关执法腐败问题研究/硕士论文/南京大学/2015
18. 胡梦姚/基于 RMP 理论视角的海南度假旅游产品开发研究/硕士论文/海南大学/2015
19. 胡伟/厦门航空品牌建设问题研究/硕士论文/福建师范大学/2015
20. 金慧丽/厦门市特殊教育学校体育教育现状及对策分析/硕士论文/集美大学/2015
21. 雷建钟/厦门中秋博饼民俗的缘起与精神文化变容的研究/硕士论文/集美大学/2015
22. 雷源/海南黎族乡村旅游目的地文化建设调查与研究/硕士论文/华中师范大学/2015
23. 李贝/新媒体环境下深圳海关公共关系建设研究/硕士论文/哈尔滨工业大学/2015
24. 李沁昕/喀什地区土地利用变化及其驱动力分析/硕士论文/华中师范大学/2015
25. 刘芳/珠海市产品质量监管体系研究/硕士论文/华南理工大学/2015
26. 刘文嘉/深圳一线社工职业倦怠表现及解决途径探索/硕士论文/南京大学/2015
27. 刘昱彤/厦门经济特区立法问题研究/硕士论文/集美大学/2015
28. 马秋平/基于空间协同效应的深圳港应对产业转移研究/硕士论文/大连海事大学/2015

29. 潘玲/喀什地区矿产资源开发中脆弱生态环境保护研究/硕士论文/中国地质大学（北京）/2015
30. 潘妹莺/厦门市城乡居民出游意向比较研究/硕士论文/福建师范大学/2015
31. 潘杨/海南省直管县（市）体制改革案例研究/硕士论文/电子科技大学/2015
32. 施连江/厦门市武术馆现状及发展对策研究/硕士论文/集美大学/2015
33. 石颖健/浦东新区公共交通管理系统优化研究/硕士论文/西北农林科技大学/2015
34. 孙惜标/珠海市文化建设与城市软实力提升策略研究/硕士论文/西南交通大学/2015
35. 孙与襄/喀什地区农民增收问题研究/硕士论文/石河子大学/2015
36. 唐英/深圳盐田国际创意港（园区）创新型运营模式研究/硕士论文/昆明理工大学/2015
37. 汪波/城市经济竞争力评价研究——以厦门市为例/硕士论文/福建师范大学/2015
38. 王姗/游客视角下海南无居民海岛旅游开发价值研究/硕士论文/海南大学/2015
39. 王勇/海南滨海旅游目的地竞争力研究/硕士论文/海南大学/2015
40. 王元孟/深圳福田保税区发展案例研究/硕士论文/大连理工大学/2015
41. 魏丽娜/基于轨道交通 TOD 模式的城市休闲空间布局研究——以厦门市为例/硕士论文/华侨大学/2015
42. 文芳/海南珊瑚礁保护法律制度研究/硕士论文/海南大学/2015
43. 翁渝榕/厦门市广场健身舞开展现状及发展对策研究/硕士论文/福建师范大学/2015
44. 武朝夕/海南外来蕉工就业稳定性实证研究/硕士论文/海南大学/2015
45. 肖显超/厦门市现代农作物种业发展现状及对策/硕士论文/华中师范大学/2015
46. 颜超/上海市枢纽机场陆侧公共交通管理研究/硕士论文/华东师范大学/2015
47. 杨建华/海南离岸金融市场的资本流动与风险控制研究/硕士论文/海南大学/2015
48. 杨晓玭/海南无居民海岛旅游开发模式评价及选择研究/硕士论文/海南

大学/2015
49. 杨政璋/深圳特区一体化背景下原特区外社区治理问题研究/硕士论文/华中师范大学/2015
50. 叶钱赞/海南风情小镇型分时度假旅游发展对策研究/硕士论文/海南大学/2015
51. 叶翔/基于产业链视角的厦门市文化创意产业发展研究/硕士论文/集美大学/2015
52. 张梦夏/厦门市湖里区农村集体土地股份化项目的政策效应分析/硕士论文/福建农林大学/2015
53. 张敏/新型城镇化背景下优化海南城镇行政区设置研究/硕士论文/海南大学/2015
54. 张晓梅/厦门市各区基本公共服务均等化问题研究/硕士论文/集美大学/2015
55. 张远敏/基于生态旅游的厦门无居民海岛发展规划研究/硕士论文/华侨大学/2015
56. 赵诚/明代海南海患与防卫体系研究/硕士论文/暨南大学/2015
57. 赵胜文/中国特色社会主义经济特区建设研究/博士论文/东北师范大学/2015
58. 赵雅娇/建国初期海南土地改革运动初探/硕士论文/海南大学/2015
59. 赵玉竹/厦门经济特区邮轮业发展研究/硕士论文/集美大学/2015
60. 周姚/深圳平面设计现状与发展趋势探索/硕士论文/海南大学/2015
61. 朱春娇/基于 Markov 和 CLUE-S 模型的浦东新区土地利用变化趋势分析/硕士论文/华东师范大学/2015
62. Cheng Yiwen/Essays on Development and Urbanization//2015
63. Chong Tin Fook/Transaction-based Industrial Real Estate Price Indices for Iskandar Malaysia//2015
64. Cowaloosur Honita/Re-inscribing Dependency: The Political Economy of Mauritiusjinfei Economic and Trade Cooperation Zone Co. Ltd//2015
65. Deng Jun/Middle Space: Live Work Incubators in Shenzhen//2015
66. Moberg Lotta/The Political Economy of Special Economic Zones/ George Mason University//2015
67. Saggers Graeme Donald/A Critical Analysis of the Fiscal Incentives Offered to a Particular South African Special Economic Zones//2015

68. Sampat Preeti/Right to Land and the Rule of Law：Infrastructure，Urbanization and Resistance in India//2015
69. Sari Wahyuni/The Impact of Competitiveness on Firm Growth in Special Economic Zone：A Study of Electronics Cluster in Batam，Indonesia/Universitas Indonesia，Graduate School of Management//2015
70. Wong-Tworek，Susan W. K./China's Economic Development Plan in Xinjiang and How It Affects Ethnic Instability//2015

四、报刊文章

1. 曾冬梅/深圳地产圈缘何遭遇“多事之秋”/中国房地产报/2015/8/31/001 版
2. 陈蔚林/海南瓜菜价格居高不下怎么办？/海南日报/2015/2/10/001 版
3. 陈文标/写字楼散卖成“深圳特色”/深圳特区报/2015/3/25/002 版
4. 符王润/海南传统手工艺出路在何方？/海南日报/2015/6/7/002 版
5. 符王润，许春媚/新形势下的海南旅游营销/海南日报/2015/7/1/002 版
6. 郭嘉轩/富硒红糖能否让海南糖业富起来？/海南日报/2015/1/26/002 版
7. 何勇/厦门老字号发展遇窘境/中国文物报/2015/2/13/001 版
8. 洪日南/海南迎接 PPP 时代的思考/海南日报/2015/9/22/003 版
9. 江曙曜，卢维伟，田家鹏/城市治理现代化的“厦门探索”/厦门日报/2015/7/28/004 版
10. 蒋锦仕/“全面二孩”政策对厦门楼市影响有多大？/海峡财经导报/2015/11/25/001 版
11. 况昌勋/海南农业如何抓机遇破挑战？/海南日报/2015/5/19/004 版
12. 李超/27 岁，海南未老先衰？/经济观察报/2015/6/8/001 版
13. 李传朝，宣正明/浅谈海南海洋民俗学科研究的重要性/海南日报/2015/9/30/002 版
14. 李栋，陈嘉平/珠海该如何科学驾驭“新常态”？/珠海特区报/2015/1/22/004 版
15. 李凌/创新深圳为什么行/解放日报/2015/4/2/001 版
16. 李银/海南咖啡产业路在何方？/海口晚报/2015/1/7/002 版
17. 罗霞/“海南范”的会展业如何迈步？/海南日报/2015/7/3/005 版
18. 齐航/深圳楼市“暴走”有何信号意义？/杭州日报/2015/6/2/001 版

19. 邵长青/加快推动“互联网+滨海”行动计划/滨海时报/2015/6/30/003版
20. 陶一桃/从特区到自贸区：深圳经济特区的新使命/中国社会科学报/2015/10/13/001版
21. 王兴斌/设立海南国际旅游特区的新思考/中国旅游报/2015/6/10/004版
22. 魏达志/深圳特区的历史性贡献与战略性突破/深圳特区报/2015/8/25/003版
23. 杨可方/创新驱动·解码深圳/社会科学报/2015/7/9/005版
24. 杨勇/亮出“热带特色农业”王牌/海南日报/2015/3/28/003版
25. 郑奋明/为什么深圳的现代化水平最高/南方日报/2015/5/13/002版
26. Fung Esther/China's First REIT to List in Shenzhen/Wall Street Journal (Online) /6/25/2015/
27. Investor's Business Daily/China Is Attempting/Investors Business Daily/4/27/2015/
28. Michele Chandler/Is Googlenear Taking Search Back to China/Investors Business Daily/12/9/2015/
29. African Leaders Pledge to Create Free Trade Zone/Wall Street Journal/6/11/2015
30. Onishi Norimitsu/Talks to Beginon Creating a Trade Zone within Africa/New York Times/6/13/2015/Vol. 164 Issue 56896, p6-6, 1/6p
31. Page Paul, Chao Loretta/Firms Gauge Impact of Devastating Explosions at Tianjin Port/Wall Street Journal/8/14/2015/
32. Stevis Matina Mcgroarty Patrick/African Officials Seek New Trade Bloc/Wall Street Journal-Eastern Edition/6/11/2015/Vol. 265 Issue 135, p8-8, 1/9p
33. Yang Jie/Apple Pay Takes Step to Enter Chinese Market/Wall Street Journal-Eastern Edition/9/19/2015/Vol. 266 Issue 68, p3-3, 1/4p

五、析出文献

1. 吴青，童款强，刘柏平/深圳房地产估价机构征收咨询业务的探索与总结/房地产估价和经纪行业的开拓与创新——房地产咨询业发展论文集//2015/1/1/
2. 万熔/开拓房地产咨询业务新领域——从深圳城市更新咨询业务中得到的启发/房地产估价和经纪行业的开拓与创新——房地产咨询业发展论文

集//2015/1/1/

3. 鲍富元/海南旅游风险保障体系构建与应用研究/2015 中国旅游科学年会论文集//2015/4/26/
4. /“缺了临高语族群在海南的历史，海南岛的古代史将是不完整的。”/2015 年 04 月（下）民俗非遗研讨会论文集//2015/4/27/
5. /不到五指山，枉来海南游/2015 年 04 月（下）民俗非遗研讨会论文集//2015/4/27/
6. /海南开展王佐文化研究丰富国际旅游岛和廉政文化建设/2015 年 04 月（下）民俗非遗研讨会论文集//2015/4/27/
7. 张丽屏，张翔/创新产业聚集的影响因素分析——基于深圳、佛山企业大数据的空间分析/第十七届中国科协年会——分 16 大数据与城乡治理研讨会论文集//2015/5/23/
8. 王晓波/基于地铁网络的城市内部快递运输模式初探——以深圳为例/协同发展与交通实践——2015 年中国城市交通规划年会暨第 28 次学术研讨会论文集//2015/5/15/
9. 荆锐，陈江龙，袁丰/大都市新区空间生产过程与机理研究——以上海浦东新区为例/2015 年中国地理学会经济地理专业委员会学术研讨会论文摘要集//2015/6/26/
10. 李向宏，韩剑，罗志文，彭超/海南火龙果产业发展现状及对策/现代果业标准化示范区创建暨果树优质高效生产技术交流会论文汇编//2015/6/1/
11. 吴大放，梁达维，姚漪颖，李久枫，吴嘉欣/中尺度地域耕地生态安全评价分析——以珠海市为例/中国土地资源开发整治与新型城镇化建设研究//2015/7/25/
12. 张燕，林晓梅/海南失地农民社会保障体系设计/第二届世纪之星创新教育论坛论文集//2015/7/1/
13. 盛昌旦/上海浦东新四军初创时期的艰苦斗争——纪念“南汇保卫二中”建立 76 周年/新四军研究——第七辑//2015/8/1/
14. 宋龙飞/新四军与上海浦东的抗日游击战争/新四军研究——第七辑//2015/8/1/
15. 张翠萍，姜佳/海南中部山区生态友好型农村社区发展模式研究——以琼中县什运乡番道村为例/2015 年中国环境科学学会学术年会论文集//2015/8/6/

16. 谭胜淋，顾磊宏/推广标准支撑深圳社区公共服务/标准化改革与发展之机遇——第十二届中国标准化论坛论文集//2015/9/21/
17. 谭胜淋，詹炜/汇聚标准正能量 共筑质量强国梦——关于以“深圳标准”提升“深圳质量”的实践与思考/标准化改革与发展之机遇——第十二届中国标准化论坛论文集//2015/9/21/
18. 王磊，李晓凤，成胜涛/打造深圳标准构建新常态下质量型发展新优势/标准化改革与发展之机遇——第十二届中国标准化论坛论文集//2015/9/21/
19. 高瑞鑫/知识产权标准化——深圳探索与实践/标准化改革与发展之机遇——第十二届中国标准化论坛论文集//2015/9/21/
20. 梁元婷/新常态下深圳实施“大标准”战略的思考/标准化改革与发展之机遇——第十二届中国标准化论坛论文集//2015/9/21/
21. 金松燕，周莎，谭胜淋/深圳南山区标准化盈利模式调查研究/标准化改革与发展之机遇——第十二届中国标准化论坛论文集//2015/9/21/
22. 谭胜淋/抢占标准制高点　引领产业腾飞　实现深圳品牌梦——深圳实施变频产业标准化的实践与思考/标准化改革与发展之机遇——第十二届中国标准化论坛论文集//2015/9/21/
23. 胡军，陈明，李路吉，冯灿，张德拉/海南槟榔种植及加工概况研究报告/2015 年海南机械科技学术年会论文集//2015/9/23/
24. 孙瑶，马航/生态管控区内旅游村产业转型与空间更新研究——以深圳大鹏半岛半天云村和沙鱼涌村为例/新常态：传承与变革——2015 中国城市规划年会论文集（14 乡村规划）//2015/9/19/
25. 展安，叶育成，王庆阳/深圳规划年度实施计划十年评估、检讨与创新——从“增量计划”“存量计划”到“减量计划”/新常态：传承与变革——2015 中国城市规划年会论文集（11 规划实施与管理）//2015/9/19/
26. 李云，李福成/珠海市文化创意产业园区的综合评价体系探索/新常态：传承与变革——2015 中国城市规划年会论文集（12 区域规划与城市经济）//2015/9/19/
27. 周继红，余磊/文化创意产业空间集聚特征研究——以深圳华侨城 LOFT 为例/新常态：传承与变革——2015 中国城市规划年会论文集（08 城市文化）//2015/9/19/
28. 王欢，张鹏，尹霓阳，冯建喜/韧性规划视角下的城市用地开发管理研究——以汕头市中心城区北岸地区容积率控制为例/新常态：传承与变革——2015 中国城市规划年会论文集（11 规划实施与管理）//2015/9/19/

29. 旺姆，魏立军/基于“多规合一”的厦门市城市开发边界划定实践及管理实施策略探索/新常态：传承与变革——2015 中国城市规划年会论文集（11 规划实施与管理）//2015/9/19/
30. 李启军/从响应到引导——深圳产业转型的规划应对/新常态：传承与变革——2015 中国城市规划年会论文集（12 区域规划与城市经济）//2015/9/19/
31. 肖菲，陈广宇，姜佳丽/国家级新区的设立对区域重心迁移的影响——以天津滨海新区为例/新常态：传承与变革——2015 中国城市规划年会论文集（12 区域规划与城市经济）//2015/9/19/
32. 翟坤/一带一路与海上门户规划设想——以天津滨海新区为例/新常态：传承与变革——2015 中国城市规划年会论文集（09 城市总体规划）//2015/9/19/
33. 王欣，欧阳依妮，石进，倪碧波/基于 TDZ 理论的乡村旅游空间模式研究——以珠海斗门“幸福村居”乡村风情带为例/新常态：传承与变革——2015 中国城市规划年会论文集（14 乡村规划）//2015/9/19/
34. 唐述权，符武平/海南三大“抗日神器”荔枝炮 箭毒木 毒鱼藤/2015 年 09 月（上）民俗非遗研讨会论文集//2015/9/27/
35. 尹烈，王晓芙，孙琼博/探索气象服务对厦门国际“马拉松”赛的贡献/第 32 届中国气象学会年会 S14 第五届气象服务发展论坛——气象服务与信息化//2015/10/14/
36. 王琳佳，王云，李长顺，李萌萌/气候变化对厦门旅游业影响的模糊综合评价/第 32 届中国气象学会年会 S6 应对气候变化、低碳发展与生态文明建设//2015/10/14/
37. 梁静华，颜为健/海南闽语区社会结构对鸡文化当代传承的影响/2015 年 10 月（上）民俗非遗研讨会论文集//2015/10/27/
38. 林小洁，夏敏慧/基于可穿戴设备下海南体育旅游开发的 ASEB 栅格分析研究/2015 第十届全国体育科学大会论文摘要汇编（三）//2015/11/5/
39. 王三，任路遥/民间体育传承与发展研究——以上海浦东三林舞龙为例/2015 第十届全国体育科学大会论文摘要汇编（一）//2015/11/5/

40. 夏敏慧，李萍，何茹/海南少数民族传统体育项目的演变及发展研究/2015 第十届全国体育科学大会论文摘要汇编（一）//2015/11/5/
41. 杜宾，郑光辉/基于计量经济视角的物流系统预测和实证——以深圳为例/2015 年中国管理科学与工程研究报告//2015/11/5/
42. 陈傅晓，谭围/海南深水网箱养殖业发展存在的问题与基本对策/2015 年中国水产学会学术年会论文摘要集//2015/11/5/
43. 苏贝，夏敏慧，张欣欣/“钻石理论”模型下海南海洋体育旅游目的地竞争力现状分析/2015 第十届全国体育科学大会论文摘要汇编（二）//2015/11/5/
44. 周伟/海南公共外交的兴起与发展/公共外交季刊 2015 年第 4 期冬季号//2015/12/5/
45. 杜运韬/网络准入及终端管理系统在深圳烟草的研究与应用/中国烟草学会 2015 年度优秀论文汇编//2015/12/1/
46. 邵雨，符雷/海南雪茄烟叶发展存在的问题及对策/中国烟草学会 2015 年度优秀论文汇编//2015/12/1/
47. 陶一桃/论中国经济特区的新使命/中国经济特区研究（2015 年第 1 期总第 8 期）/
48. 袁易明/中国经济特区研究/社会科学文献出版社/北京/2015/
49. 袁易明/中国经济特区的动态演化与实践使命/中国经济特区研究（2015 年第 1 期总第 8 期）/
50. 何宝峰/论经济特区在我国非均衡发展中的地位和作用/中国经济特区研究（2015 年第 1 期总第 8 期）/
51. 姬超/历史情境中的特区经济增长与产业转型/中国经济特区研究（2015 年第 1 期总第 8 期）/
52. 蔡继明/论国家新型城镇化与其他区域发展战略的耦合/2015 年世界经济特区（虎林）发展论坛：“一带一路”与区域共同繁荣学术研讨会/中国经济特区研究中心/深圳/2015/第 19-25 页
53. 格卢沙科夫·伊戈尔/中俄商业协会在丝路建设中的互助合作/2015 年世界经济特区（虎林）发展论坛：“一带一路”与区域共同繁荣学术研讨会/中国经济特区研究中心/深圳/2015/第 26-27 页
54. 吴忠/在“一带一路”战略实施中推动中华文化走出去/2015 年世界经济特区（虎林）发展论坛：“一带一路”与区域共同繁荣学术研讨会/中国经济特区研究中心/深圳/2015/第 28-31 页

55. 陶一桃/地方政府在中蒙俄经济走廊建设中的职能与作用/2015 年世界经济特区（虎林）发展论坛：“一带一路”与区域共同繁荣学术研讨会/中国经济特区研究中心/深圳/2015/第 32-35 页
56. 萨文金娜·拉里萨·亚力山德罗夫娜/特区方案和亚太地区国家人力资源/2015 年世界经济特区（虎林）发展论坛：“一带一路”与区域共同繁荣学术研讨会/中国经济特区研究中心/深圳/2015/第 36-38 页
57. 石磊/特区整体逻辑的升级重构/2015 年世界经济特区（虎林）发展论坛：“一带一路”与区域共同繁荣学术研讨会/中国经济特区研究中心/深圳/2015/第 39-40 页
58. 科瓦尔·格奥尔基/提高俄罗斯滨海边疆经济特区竞争力/2015 年世界经济特区（虎林）发展论坛：“一带一路”与区域共同繁荣学术研讨会/中国经济特区研究中心/深圳/2015/第 41-43 页
59. 卡·马修/柬埔寨密切联系中国对抗美国在东南亚的影响/2015 年世界经济特区（虎林）发展论坛：“一带一路”与区域共同繁荣学术研讨会/中国经济特区研究中心/深圳/2015/第 44-47 页
60. 祁亚辉/建设“一带一路”，推进中俄合作发展/2015 年世界经济特区（虎林）发展论坛：“一带一路”与区域共同繁荣学术研讨会/中国经济特区研究中心/深圳/2015/第 48-50 页
61. 高占国/黑龙江省推进“一带一路”战略实施/2015 年世界经济特区（虎林）发展论坛：“一带一路”与区域共同繁荣学术研讨会/中国经济特区研究中心/深圳/2015/第 51-52 页
62. 邱琳娜·叶莲娜·亚历山大洛芙娜，秦海麻，操子英/中俄零售电商：基础设施、制度和项目合作能力/2015 年世界经济特区（虎林）发展论坛：“一带一路”与区域共同繁荣学术研讨会/中国经济特区研究中心/深圳/2015/第 53-65 页
63. 米妮卡·斯维特兰娜［俄罗斯］/东北亚的跨境旅游休闲聚集地/2015 年世界经济特区（虎林）发展论坛：“一带一路”与区域共同繁荣学术研讨会/中国经济特区研究中心/深圳/2015/第 66-67 页
64. 田启波，郑湘萍，包毅/生态正义与国际合作的相关问题/2015 年世界经济特区（虎林）发展论坛：“一带一路”与区域共同繁荣学术研讨会/中国经济特区研究中心/深圳/2015/第 68-73 页
65. 胡兹亚托夫·塔吉尔/俄罗斯滨海边疆区和中国东北各省的新兴区域/2015 年世界经济特区（虎林）发展论坛：“一带一路”与区域共同繁荣

学术研讨会/中国经济特区研究中心/深圳/2015/第 74-75 页

66. 库里洛娃·孔科尔吉雅/国际间合作的机遇与挑战/2015 年世界经济特区（虎林）发展论坛：“一带一路”与区域共同繁荣学术研讨会/中国经济特区研究中心/深圳/2015/第 76-77 页

67. 袁易明/市场空间提升“一带一路”经济体发展能力/2015 年世界经济特区（虎林）发展论坛：“一带一路”与区域共同繁荣学术研讨会/中国经济特区研究中心/深圳/2015/第 78-79 页

68. 克尔申科·亚历山大/工业园与经济特区废物管理平台系统/2015 年世界经济特区（虎林）发展论坛：“一带一路”与区域共同繁荣学术研讨会/中国经济特区研究中心/深圳/2015/第 80-81 页

69. 汪浩/亚洲多层次基础设施投资计划共识性/2015 年世界经济特区（虎林）发展论坛：“一带一路”与区域共同繁荣学术研讨会/中国经济特区研究中心/深圳/2015/第 82-83 页

70. 孙元欣/上海自贸试验区改革探索/2015 年世界经济特区（虎林）发展论坛：“一带一路”与区域共同繁荣学术研讨会/中国经济特区研究中心/深圳/2015/第 84-86 页

71. 雷若娃·纳塔利娅/中俄跨境经济合作项目发展前景/2015 年世界经济特区（虎林）发展论坛：“一带一路”与区域共同繁荣学术研讨会/中国经济特区研究中心/深圳/2015/第 87-90 页

72. 方浩范/2014—2015 朝鲜经济发展概况及开发区建设/2015 年世界经济特区（虎林）发展论坛：“一带一路”与区域共同繁荣学术研讨会/中国经济特区研究中心/深圳/2015/第 91-98 页

73. 罗清和，曾婧/“一带一路”与中国自由贸易区建设/2015 年世界经济特区（虎林）发展论坛：“一带一路”与区域共同繁荣学术研讨会/中国经济特区研究中心/深圳/2015/第 99-106 页

74. 郭茂佳/深圳正处在大众创业、万众创新的风口上/2015 年世界经济特区（虎林）发展论坛：“一带一路”与区域共同繁荣学术研讨会/中国经济特区研究中心/深圳/2015/第 107-113 页

75. /传统村落/厦门文史丛书《厦门古刹名僧》/洪卜仁主编；中国政治协商会议福建省厦门市委员会编/厦门：厦门大学出版社/2015/

76. /寺岩堂院梵宇林立/厦门文史丛书《厦门古刹名僧》/洪卜仁主编；中国政治协商会议福建省厦门市委员会编/厦门：厦门大学出版社/2015/

77. /思明区寺院/厦门文史丛书《厦门古刹名僧》/洪卜仁主编；中国政治

协商会议福建省厦门市委员会编/厦门：厦门大学出版社/2015/
78. /选佛道场南普陀寺/厦门文史丛书《厦门古刹名僧》/洪卜仁主编；中国政治协商会议福建省厦门市委员会编/厦门：厦门大学出版社/2015/
79. /僧学重镇闽南佛学院/厦门文史丛书《厦门古刹名僧》/洪卜仁主编；中国政治协商会议福建省厦门市委员会编/厦门：厦门大学出版社/2015/
80. /南普陀寺与闽南佛学/厦门文史丛书《厦门古刹名僧》/洪卜仁主编；中国政治协商会议福建省厦门市委员会编/厦门：厦门大学出版社/2015/
81. /鸿山寺/厦门文史丛书《厦门古刹名僧》/洪卜仁主编；中国政治协商会议福建省厦门市委员会编/厦门：厦门大学出版社/2015/
82. /虎溪岩寺/厦门文史丛书《厦门古刹名僧》/洪卜仁主编；中国政治协商会议福建省厦门市委员会编/厦门：厦门大学出版社/2015/
83. /白鹿洞寺/厦门文史丛书《厦门古刹名僧》/洪卜仁主编；中国政治协商会议福建省厦门市委员会编/厦门：厦门大学出版社/2015/
84. /醉仙岩天界寺/厦门文史丛书《厦门古刹名僧》/洪卜仁主编；中国政治协商会议福建省厦门市委员会编/厦门：厦门大学出版社/2015/
85. /万石莲寺/厦门文史丛书《厦门古刹名僧》/洪卜仁主编；中国政治协商会议福建省厦门市委员会编/厦门：厦门大学出版社/2015/
86. /中岩寺/厦门文史丛书《厦门古刹名僧》/洪卜仁主编；中国政治协商会议福建省厦门市委员会编/厦门：厦门大学出版社/2015/
87. /妙法林寺/厦门文史丛书《厦门古刹名僧》/洪卜仁主编；中国政治协商会议福建省厦门市委员会编/厦门：厦门大学出版社/2015/
88. /金鸡亭普光寺/厦门文史丛书《厦门古刹名僧》/洪卜仁主编；中国政治协商会议福建省厦门市委员会编/厦门：厦门大学出版社/2015/
89. /云顶岩寺/厦门文史丛书《厦门古刹名僧》/洪卜仁主编；中国政治协商会议福建省厦门市委员会编/厦门：厦门大学出版社/2015/
90. /碧山岩寺/厦门文史丛书《厦门古刹名僧》/洪卜仁主编；中国政治协商会议福建省厦门市委员会编/厦门：厦门大学出版社/2015/
91. /庆福寺/厦门文史丛书《厦门古刹名僧》/洪卜仁主编；中国政治协商会议福建省厦门市委员会编/厦门：厦门大学出版社/2015/
92. /启明寺/厦门文史丛书《厦门古刹名僧》/洪卜仁主编；中国政治协商会议福建省厦门市委员会编/厦门：厦门大学出版社/2015/

93. /日光岩寺/厦门文史丛书《厦门古刹名僧》/洪卜仁主编；中国政治协商会议福建省厦门市委员会编/厦门：厦门大学出版社/2015/
94. /湖里区寺院/厦门文史丛书《厦门古刹名僧》/洪卜仁主编；中国政治协商会议福建省厦门市委员会编/厦门：厦门大学出版社/2015/
95. /觉性钟声今犹在/厦门文史丛书《厦门古刹名僧》/洪卜仁主编；中国政治协商会议福建省厦门市委员会编/厦门：厦门大学出版社/2015/
96. /——小东山觉性禅院/厦门文史丛书《厦门古刹名僧》/洪卜仁主编；中国政治协商会议福建省厦门市委员会编/厦门：厦门大学出版社/2015/
97. /集美区寺院/厦门文史丛书《厦门古刹名僧》/洪卜仁主编；中国政治协商会议福建省厦门市委员会编/厦门：厦门大学出版社/2015/
98. /寿石岩/厦门文史丛书《厦门古刹名僧》/洪卜仁主编；中国政治协商会议福建省厦门市委员会编/厦门：厦门大学出版社/2015/
99. /西竺寺/厦门文史丛书《厦门古刹名僧》/洪卜仁主编；中国政治协商会议福建省厦门市委员会编/厦门：厦门大学出版社/2015/
100. /观音寺/厦门文史丛书《厦门古刹名僧》/洪卜仁主编；中国政治协商会议福建省厦门市委员会编/厦门：厦门大学出版社/2015/
101. /圣果院/厦门文史丛书《厦门古刹名僧》/洪卜仁主编；中国政治协商会议福建省厦门市委员会编/厦门：厦门大学出版社/2015/
102. /海沧区寺院/厦门文史丛书《厦门古刹名僧》/洪卜仁主编；中国政治协商会议福建省厦门市委员会编/厦门：厦门大学出版社/2015/
103. /石室禅院/厦门文史丛书《厦门古刹名僧》/洪卜仁主编；中国政治协商会议福建省厦门市委员会编/厦门：厦门大学出版社/2015/
104. /石峰岩寺/厦门文史丛书《厦门古刹名僧》/洪卜仁主编；中国政治协商会议福建省厦门市委员会编/厦门：厦门大学出版社/2015/
105. /云塔寺/厦门文史丛书《厦门古刹名僧》/洪卜仁主编；中国政治协商会议福建省厦门市委员会编/厦门：厦门大学出版社/2015/
106. /真寂寺/厦门文史丛书《厦门古刹名僧》/洪卜仁主编；中国政治协商会议福建省厦门市委员会编/厦门：厦门大学出版社/2015/
107. /同安区寺院/厦门文史丛书《厦门古刹名僧》/洪卜仁主编；中国政治协商会议福建省厦门市委员会编/厦门：厦门大学出版社/2015/
108. /梵天禅寺/厦门文史丛书《厦门古刹名僧》/洪卜仁主编；中国政治协商会议福建省厦门市委员会编/厦门：厦门大学出版社/2015/

109. /梅山古寺/厦门文史丛书《厦门古刹名僧》/洪卜仁主编；中国政治协商会议福建省厦门市委员会编/厦门：厦门大学出版社/2015/
110. /翔安区寺院/厦门文史丛书《厦门古刹名僧》/洪卜仁主编；中国政治协商会议福建省厦门市委员会编/厦门：厦门大学出版社/2015/
111. /甘露寺/厦门文史丛书《厦门古刹名僧》/洪卜仁主编；中国政治协商会议福建省厦门市委员会编/厦门：厦门大学出版社/2015/
112. /佛国寺/厦门文史丛书《厦门古刹名僧》/洪卜仁主编；中国政治协商会议福建省厦门市委员会编/厦门：厦门大学出版社/2015/
113. /准提寺/厦门文史丛书《厦门古刹名僧》/洪卜仁主编；中国政治协商会议福建省厦门市委员会编/厦门：厦门大学出版社/2015/
114. /清居堂/厦门文史丛书《厦门古刹名僧》/洪卜仁主编；中国政治协商会议福建省厦门市委员会编/厦门：厦门大学出版社/2015/
115. /大德高僧行化鹭岛/厦门文史丛书《厦门古刹名僧》/洪卜仁主编；中国政治协商会议福建省厦门市委员会编/厦门：厦门大学出版社/2015/
116. /太虚大师在厦门/厦门文史丛书《厦门古刹名僧》/洪卜仁主编；中国政治协商会议福建省厦门市委员会编/厦门：厦门大学出版社/2015/
117. /太虚大师与闽南佛学院/厦门文史丛书《厦门古刹名僧》/洪卜仁主编；中国政治协商会议福建省厦门市委员会编/厦门：厦门大学出版社/2015/
118. /弘一法师的厦门因缘/厦门文史丛书《厦门古刹名僧》/洪卜仁主编；中国政治协商会议福建省厦门市委员会编/厦门：厦门大学出版社/2015/
119. /弘一法师在闽南/厦门文史丛书《厦门古刹名僧》/洪卜仁主编；中国政治协商会议福建省厦门市委员会编/厦门：厦门大学出版社/2015/
120. /弘一大师与广洽法师的因缘/厦门文史丛书《厦门古刹名僧》/洪卜仁主编；中国政治协商会议福建省厦门市委员会编/厦门：厦门大学出版社/2015/
121. /协力筹办闽院的圆瑛法师/厦门文史丛书《厦门古刹名僧》/洪卜仁主编；中国政治协商会议福建省厦门市委员会编/厦门：厦门大学出版社/2015/
122. /法乳厦门道播十方/厦门文史丛书《厦门古刹名僧》/洪卜仁主编；中国政治协商会议福建省厦门市委员会编/厦门：厦门大学出版社/2015/
123. /开教菲律宾的性愿和尚/厦门文史丛书《厦门古刹名僧》/洪卜仁主

编；中国政治协商会议福建省厦门市委员会编/厦门：厦门大学出版社/2015/

124./把《海潮音》迁到台湾的大醒法师/厦门文史丛书《厦门古刹名僧》/洪卜仁主编；中国政治协商会议福建省厦门市委员会编/厦门：厦门大学出版社/2015/

125./台湾首尊肉身菩萨慈航法师/厦门文史丛书《厦门古刹名僧》/洪卜仁主编；中国政治协商会议福建省厦门市委员会编/厦门：厦门大学出版社/2015/

126./梵天寺走出的印顺导师/厦门文史丛书《厦门古刹名僧》/洪卜仁主编；中国政治协商会议福建省厦门市委员会编/厦门：厦门大学出版社/2015/

127./怀宏船法师兼忆会泉老人/厦门文史丛书《厦门古刹名僧》/洪卜仁主编；中国政治协商会议福建省厦门市委员会编/厦门：厦门大学出版社/2015/

128./宏船法师与厦门佛教/厦门文史丛书《厦门古刹名僧》/洪卜仁主编；中国政治协商会议福建省厦门市委员会编/厦门：厦门大学出版社/2015/

129./我所了解的广洽法师/厦门文史丛书《厦门古刹名僧》/洪卜仁主编；中国政治协商会议福建省厦门市委员会编/厦门：厦门大学出版社/2015/

130./百龄尊宿瑞今上人/厦门文史丛书《厦门古刹名僧》/洪卜仁主编；中国政治协商会议福建省厦门市委员会编/厦门：厦门大学出版社/2015/

131./铁罗汉妙月禅师/厦门文史丛书《厦门古刹名僧》/洪卜仁主编；中国政治协商会议福建省厦门市委员会编/厦门：厦门大学出版社/2015/

132./骨科圣手常凯法师/厦门文史丛书《厦门古刹名僧》/洪卜仁主编；中国政治协商会议福建省厦门市委员会编/厦门：厦门大学出版社/2015/

133./建寺安僧的会机法师/厦门文史丛书《厦门古刹名僧》/洪卜仁主编；中国政治协商会议福建省厦门市委员会编/厦门：厦门大学出版社/2015/

134./重光祖堂的善契法师/厦门文史丛书《厦门古刹名僧》/洪卜仁主编；中国政治协商会议福建省厦门市委员会编/厦门：厦门大学出版社/2015/

135./兴教利生功垂闽南/厦门文史丛书《厦门古刹名僧》/洪卜仁主编；中

国政治协商会议福建省厦门市委员会编/厦门：厦门大学出版社/2015/
136. /虎溪岩元飞和尚/厦门文史丛书《厦门古刹名僧》/洪卜仁主编；中国政治协商会议福建省厦门市委员会编/厦门：厦门大学出版社/2015/
137. /鸿山寺喜参和尚/厦门文史丛书《厦门古刹名僧》/洪卜仁主编；中国政治协商会议福建省厦门市委员会编/厦门：厦门大学出版社/2015/
138. /首任佛教会长的佛化大师/厦门文史丛书《厦门古刹名僧》/洪卜仁主编；中国政治协商会议福建省厦门市委员会编/厦门：厦门大学出版社/2015/
139. /早年募化南洋的转道和尚/厦门文史丛书《厦门古刹名僧》/洪卜仁主编；中国政治协商会议福建省厦门市委员会编/厦门：厦门大学出版社/2015/
140. /丛林改制的转逢和尚/厦门文史丛书《厦门古刹名僧》/洪卜仁主编；中国政治协商会议福建省厦门市委员会编/厦门：厦门大学出版社/2015/
141. /首任方丈的会泉法师/厦门文史丛书《厦门古刹名僧》/洪卜仁主编；中国政治协商会议福建省厦门市委员会编/厦门：厦门大学出版社/2015/
142. /常随佛学的常惺法师/厦门文史丛书《厦门古刹名僧》/洪卜仁主编；中国政治协商会议福建省厦门市委员会编/厦门：厦门大学出版社/2015/
143. /学医习拳的元镇和尚/厦门文史丛书《厦门古刹名僧》/洪卜仁主编；中国政治协商会议福建省厦门市委员会编/厦门：厦门大学出版社/2015/
144. /复兴寺院的妙湛和尚/厦门文史丛书《厦门古刹名僧》/洪卜仁主编；中国政治协商会议福建省厦门市委员会编/厦门：厦门大学出版社/2015/
145. /行医济世的瑞苗法师/厦门文史丛书《厦门古刹名僧》/洪卜仁主编；中国政治协商会议福建省厦门市委员会编/厦门：厦门大学出版社/2015/
146. /重兴梵天寺的厚学法师/厦门文史丛书《厦门古刹名僧》/洪卜仁主编；中国政治协商会议福建省厦门市委员会编/厦门：厦门大学出版社/2015/
147. /重建鸿山寺的妙华长老/厦门文史丛书《厦门古刹名僧》/洪卜仁主

编；中国政治协商会议福建省厦门市委员会编/厦门：厦门大学出版社/2015/

148. /人物专访文化慈善/厦门文史丛书《厦门古刹名僧》/洪卜仁主编；中国政治协商会议福建省厦门市委员会编/厦门：厦门大学出版社/2015/

149. /寻声救苦解困济民/厦门文史丛书《厦门古刹名僧》/洪卜仁主编；中国政治协商会议福建省厦门市委员会编/厦门：厦门大学出版社/2015/

150. /访厦门南普陀寺法主圣辉大和尚/厦门文史丛书《厦门古刹名僧》/洪卜仁主编；中国政治协商会议福建省厦门市委员会编/厦门：厦门大学出版社/2015/

151. /慈善不是作秀/厦门文史丛书《厦门古刹名僧》/洪卜仁主编；中国政治协商会议福建省厦门市委员会编/厦门：厦门大学出版社/2015/

152. /记“慈善大和尚”则悟法师/厦门文史丛书《厦门古刹名僧》/洪卜仁主编；中国政治协商会议福建省厦门市委员会编/厦门：厦门大学出版社/2015/

153. /以出世精神做人世事业/厦门文史丛书《厦门古刹名僧》/洪卜仁主编；中国政治协商会议福建省厦门市委员会编/厦门：厦门大学出版社/2015/

154. /访鸿山寺住持法云法师/厦门文史丛书《厦门古刹名僧》/洪卜仁主编；中国政治协商会议福建省厦门市委员会编/厦门：厦门大学出版社/2015/

155. /心系慈善情系桑梓/厦门文史丛书《厦门古刹名僧》/洪卜仁主编；中国政治协商会议福建省厦门市委员会编/厦门：厦门大学出版社/2015/

156. /记普光寺住持传建法师/厦门文史丛书《厦门古刹名僧》/洪卜仁主编；中国政治协商会议福建省厦门市委员会编/厦门：厦门大学出版社/2015/

157. /弘扬人生佛教共建精神家园/厦门文史丛书《厦门古刹名僧》/洪卜仁主编；中国政治协商会议福建省厦门市委员会编/厦门：厦门大学出版社/2015/

158. /济群法师访谈录/厦门文史丛书《厦门古刹名僧》/洪卜仁主编；中国政治协商会议福建省厦门市委员会编/厦门：厦门大学出版社/2015/

159. /后记/厦门文史丛书《厦门古刹名僧》/洪卜仁主编；中国政治协商会议福建省厦门市委员会编/厦门：厦门大学出版社/2015/

160. /古渔村沙坡尾/厦门文史丛书《厦门传统村落》/洪卜仁，靳维柏主

编；中国政治协商会议福建省厦门市委员会编/厦门：厦门大学出版社/2015/

161. /思明区厦港街道沙坡尾社区/厦门文史丛书《厦门传统村落》/洪卜仁，靳维柏主编；中国政治协商会议福建省厦门市委员会编/厦门：厦门大学出版社/2015/

162. /侨乡曾厝垵/厦门文史丛书《厦门传统村落》/洪卜仁，靳维柏主编；中国政治协商会议福建省厦门市委员会编/厦门：厦门大学出版社/2015/

163. /思明区滨海街道曾厝垵社区/厦门文史丛书《厦门传统村落》/洪卜仁，靳维柏主编；中国政治协商会议福建省厦门市委员会编/厦门：厦门大学出版社/2015/

164. /城中村的古代荣光/厦门文史丛书《厦门传统村落》/洪卜仁，靳维柏主编；中国政治协商会议福建省厦门市委员会编/厦门：厦门大学出版社/2015/

165. /思明区莲前街道前埔村/厦门文史丛书《厦门传统村落》/洪卜仁，靳维柏主编；中国政治协商会议福建省厦门市委员会编/厦门：厦门大学出版社/2015/

166. /南陈祖地/厦门文史丛书《厦门传统村落》/洪卜仁，靳维柏主编；中国政治协商会议福建省厦门市委员会编/厦门：厦门大学出版社/2015/

167. /湖里区江头街道浦园社/厦门文史丛书《厦门传统村落》/洪卜仁，靳维柏主编；中国政治协商会议福建省厦门市委员会编/厦门：厦门大学出版社/2015/

168. /“北薛”肇居地/厦门文史丛书《厦门传统村落》/洪卜仁，靳维柏主编；中国政治协商会议福建省厦门市委员会编/厦门：厦门大学出版社/2015/

169. /湖里区禾山街道安兜社/厦门文史丛书《厦门传统村落》/洪卜仁，靳维柏主编；中国政治协商会议福建省厦门市委员会编/厦门：厦门大学出版社/2015/

170. /闽王信仰属龙源，文化传承在薛岭/厦门文史丛书《厦门传统村落》/洪卜仁，靳维柏主编；中国政治协商会议福建省厦门市委员会编/厦门：厦门大学出版社/2015/

171. /湖里区江头街道薛岭村/厦门文史丛书《厦门传统村落》/洪卜仁，靳维柏主编；中国政治协商会议福建省厦门市委员会编/厦门：厦门大学

出版社/2015/
172. /城中的坚守/厦门文史丛书《厦门传统村落》/洪卜仁，靳维柏主编；中国政治协商会议福建省厦门市委员会编/厦门：厦门大学出版社/2015/
173. /湖里区禾山街道林后村/厦门文史丛书《厦门传统村落》/洪卜仁，靳维柏主编；中国政治协商会议福建省厦门市委员会编/厦门：厦门大学出版社/2015/
174. /鹭岛名村/厦门文史丛书《厦门传统村落》/洪卜仁，靳维柏主编；中国政治协商会议福建省厦门市委员会编/厦门：厦门大学出版社/2015/
175. /湖里区殿前街道殿前社/厦门文史丛书《厦门传统村落》/洪卜仁，靳维柏主编；中国政治协商会议福建省厦门市委员会编/厦门：厦门大学出版社/2015/
176. /紧邻古渡故事多/厦门文史丛书《厦门传统村落》/洪卜仁，靳维柏主编；中国政治协商会议福建省厦门市委员会编/厦门：厦门大学出版社/2015/
177. /湖里区金山街道霞边社/厦门文史丛书《厦门传统村落》/洪卜仁，靳维柏主编；中国政治协商会议福建省厦门市委员会编/厦门：厦门大学出版社/2015/
178. /昔日两岸隔绝桥头堡，今日两岸交流胜地/厦门文史丛书《厦门传统村落》/洪卜仁，靳维柏主编；中国政治协商会议福建省厦门市委员会编/厦门：厦门大学出版社/2015/
179. /集美区后溪镇城内村/厦门文史丛书《厦门传统村落》/洪卜仁，靳维柏主编；中国政治协商会议福建省厦门市委员会编/厦门：厦门大学出版社/2015/
180. /千年古镇深青村/厦门文史丛书《厦门传统村落》/洪卜仁，靳维柏主编；中国政治协商会议福建省厦门市委员会编/厦门：厦门大学出版社/2015/
181. /集美区灌口镇深青村/厦门文史丛书《厦门传统村落》/洪卜仁，靳维柏主编；中国政治协商会议福建省厦门市委员会编/厦门：厦门大学出版社/2015/
182. /海上“所城”高浦村/厦门文史丛书《厦门传统村落》/洪卜仁，靳维柏主编；中国政治协商会议福建省厦门市委员会编/厦门：厦门大学出版社/2015/

183. /集美区杏林镇高浦村/厦门文史丛书《厦门传统村落》/洪卜仁，靳维柏主编；中国政治协商会议福建省厦门市委员会编/厦门：厦门大学出版社/2015/
184. /古“杏苑”杏林村/厦门文史丛书《厦门传统村落》/洪卜仁，靳维柏主编；中国政治协商会议福建省厦门市委员会编/厦门：厦门大学出版社/2015/
185. /集美区杏林镇杏林村/厦门文史丛书《厦门传统村落》/洪卜仁，靳维柏主编；中国政治协商会议福建省厦门市委员会编/厦门：厦门大学出版社/2015/
186. /千古流芳/厦门文史丛书《厦门传统村落》/洪卜仁，靳维柏主编；中国政治协商会议福建省厦门市委员会编/厦门：厦门大学出版社/2015/
187. /海沧区海沧街道青礁村/厦门文史丛书《厦门传统村落》/洪卜仁，靳维柏主编；中国政治协商会议福建省厦门市委员会编/厦门：厦门大学出版社/2015/
188. /古建筑的海洋/厦门文史丛书《厦门传统村落》/洪卜仁，靳维柏主编；中国政治协商会议福建省厦门市委员会编/厦门：厦门大学出版社/2015/
189. /海沧区新阳街道新坟村/厦门文史丛书《厦门传统村落》/洪卜仁，靳维柏主编；中国政治协商会议福建省厦门市委员会编/厦门：厦门大学出版社/2015/
190. /一水相隔，两岸同名/厦门文史丛书《厦门传统村落》/洪卜仁，靳维柏主编；中国政治协商会议福建省厦门市委员会编/厦门：厦门大学出版社/2015/
191. /海沧区海沧街道霞阳村/厦门文史丛书《厦门传统村落》/洪卜仁，靳维柏主编；中国政治协商会议福建省厦门市委员会编/厦门：厦门大学出版社/2015/
192. /海沧沧江古镇/厦门文史丛书《厦门传统村落》/洪卜仁，靳维柏主编；中国政治协商会议福建省厦门市委员会编/厦门：厦门大学出版社/2015/
193. /海沧区海沧街道海沧村/厦门文史丛书《厦门传统村落》/洪卜仁，靳维柏主编；中国政治协商会议福建省厦门市委员会编/厦门：厦门大学出版社/2015/
194. /神奇“同”字厝，风云垓柄村/厦门文史丛书《厦门传统村落》/洪卜

仁，靳维柏主编；中国政治协商会议福建省厦门市委员会编/厦门：厦门大学出版社/2015/

195. /同安区莲花镇蝼柄村/厦门文史丛书《厦门传统村落》/洪卜仁，靳维柏主编；中国政治协商会议福建省厦门市委员会编/厦门：厦门大学出版社/2015/

196. /武功之乡古坑村/厦门文史丛书《厦门传统村落》/洪卜仁，靳维柏主编；中国政治协商会议福建省厦门市委员会编/厦门：厦门大学出版社/2015/

197. /同安区汀溪镇古坑村/厦门文史丛书《厦门传统村落》/洪卜仁，靳维柏主编；中国政治协商会议福建省厦门市委员会编/厦门：厦门大学出版社/2015/

198. /古镇换新颜/厦门文史丛书《厦门传统村落》/洪卜仁，靳维柏主编；中国政治协商会议福建省厦门市委员会编/厦门：厦门大学出版社/2015/

199. /同安区汀溪镇洪坑村/厦门文史丛书《厦门传统村落》/洪卜仁，靳维柏主编；中国政治协商会议福建省厦门市委员会编/厦门：厦门大学出版社/2015/

200. /古道之侧好风光/厦门文史丛书《厦门传统村落》/洪卜仁，靳维柏主编；中国政治协商会议福建省厦门市委员会编/厦门：厦门大学出版社/2015/

201. /同安区汀溪镇前格村/厦门文史丛书《厦门传统村落》/洪卜仁，靳维柏主编；中国政治协商会议福建省厦门市委员会编/厦门：厦门大学出版社/2015/

202. /武举人之乡/厦门文史丛书《厦门传统村落》/洪卜仁，靳维柏主编；中国政治协商会议福建省厦门市委员会编/厦门：厦门大学出版社/2015/

203. /翔安区新圩镇云头村/厦门文史丛书《厦门传统村落》/洪卜仁，靳维柏主编；中国政治协商会议福建省厦门市委员会编/厦门：厦门大学出版社/2015/

204. /名扬八闽之榜首/厦门文史丛书《厦门传统村落》/洪卜仁，靳维柏主编；中国政治协商会议福建省厦门市委员会编/厦门：厦门大学出版社/2015/

205. /翔安区新店镇吕塘村/厦门文史丛书《厦门传统村落》/洪卜仁，靳维

柏主编；中国政治协商会议福建省厦门市委员会编/厦门：厦门大学出版社/2015/

206. /翔安清代建筑材料市场/厦门文史丛书《厦门传统村落》/洪卜仁，靳维柏主编；中国政治协商会议福建省厦门市委员会编/厦门：厦门大学出版社/2015/

207. /翔安区马巷镇亭洋村/厦门文史丛书《厦门传统村落》/洪卜仁，靳维柏主编；中国政治协商会议福建省厦门市委员会编/厦门：厦门大学出版社/2015/

208. /溪流环绕、三峰拱照的传统村落/厦门文史丛书《厦门传统村落》/洪卜仁，靳维柏主编；中国政治协商会议福建省厦门市委员会编/厦门：厦门大学出版社/2015/

209. /翔安区内厝镇曾厝村/厦门文史丛书《厦门传统村落》/洪卜仁，靳维柏主编；中国政治协商会议福建省厦门市委员会编/厦门：厦门大学出版社/2015/

210. /小岛春秋/厦门文史丛书《厦门传统村落》/洪卜仁，靳维柏主编；中国政治协商会议福建省厦门市委员会编/厦门：厦门大学出版社/2015/

211. /翔安区大嶝街道小嶝村/厦门文史丛书《厦门传统村落》/洪卜仁，靳维柏主编；中国政治协商会议福建省厦门市委员会编/厦门：厦门大学出版社/2015/

212. /少数民族村落/厦门文史丛书《厦门传统村落》/洪卜仁，靳维柏主编；中国政治协商会议福建省厦门市委员会编/厦门：厦门大学出版社/2015/

213. /沧海桑田，闽海畲族/厦门文史丛书《厦门传统村落》/洪卜仁，靳维柏主编；中国政治协商会议福建省厦门市委员会编/厦门：厦门大学出版社/2015/

214. /湖里区禾山街道钟宅村/厦门文史丛书《厦门传统村落》/洪卜仁，靳维柏主编；中国政治协商会议福建省厦门市委员会编/厦门：厦门大学出版社/2015/

215. /“回”影寻踪/厦门文史丛书《厦门传统村落》/洪卜仁，靳维柏主编；中国政治协商会议福建省厦门市委员会编/厦门：厦门大学出版社/2015/

216. /翔安区新店镇陈塘村/厦门文史丛书《厦门传统村落》/洪卜仁，靳维柏主编；中国政治协商会议福建省厦门市委员会编/厦门：厦门大学出

版社/2015/

217. /客家村落/厦门文史丛书《厦门传统村落》/洪卜仁，靳维柏主编；中国政治协商会议福建省厦门市委员会编/厦门：厦门大学出版社/2015/

218. /谜一样的信仰/厦门文史丛书《厦门传统村落》/洪卜仁，靳维柏主编；中国政治协商会议福建省厦门市委员会编/厦门：厦门大学出版社/2015/

219. /湖里金山街道坂美村/厦门文史丛书《厦门传统村落》/洪卜仁，靳维柏主编；中国政治协商会议福建省厦门市委员会编/厦门：厦门大学出版社/2015/

220. /融合和美之村/厦门文史丛书《厦门传统村落》/洪卜仁，靳维柏主编；中国政治协商会议福建省厦门市委员会编/厦门：厦门大学出版社/2015/

221. /海沧区东孚镇鼎美村/厦门文史丛书《厦门传统村落》/洪卜仁，靳维柏主编；中国政治协商会议福建省厦门市委员会编/厦门：厦门大学出版社/2015/

222. /大山中的客家村落/厦门文史丛书《厦门传统村落》/洪卜仁，靳维柏主编；中国政治协商会议福建省厦门市委员会编/厦门：厦门大学出版社/2015/

223. /同安区莲花镇南山村/厦门文史丛书《厦门传统村落》/洪卜仁，靳维柏主编；中国政治协商会议福建省厦门市委员会编/厦门：厦门大学出版社/2015/

224. /客家古迹族规/厦门文史丛书《厦门传统村落》/洪卜仁，靳维柏主编；中国政治协商会议福建省厦门市委员会编/厦门：厦门大学出版社/2015/

225. /翔安区新店镇溪尾村/厦门文史丛书《厦门传统村落》/洪卜仁，靳维柏主编；中国政治协商会议福建省厦门市委员会编/厦门：厦门大学出版社/2015/

226. /后记/厦门文史丛书《厦门传统村落》/洪卜仁，靳维柏主编；中国政治协商会议福建省厦门市委员会编/厦门：厦门大学出版社/2015/

227. /第一章日本图占厦门蓄谋已久/厦门文史丛书《厦门抗战岁月》/洪卜仁主编；中国政治协商会议福建省厦门市委员会编/厦门：厦门大学出版社/2015/

228. /第一节日本强占租界未遂/厦门文史丛书《厦门抗战岁月》/洪卜仁主编；

中国政治协商会议福建省厦门市委员会编/厦门：厦门大学出版社/2015/

229. /第二节制造借口出兵欲占厦门/厦门文史丛书《厦门抗战岁月》/洪卜仁主编；中国政治协商会议福建省厦门市委员会编/厦门：厦门大学出版社/2015/

230. /第三节日舰炮轰厦门海关缉私舰/厦门文史丛书《厦门抗战岁月》/洪卜仁主编；中国政治协商会议福建省厦门市委员会编/厦门：厦门大学出版社/2015/

231. /第四节荒诞的“华南国”/厦门文史丛书《厦门抗战岁月》/洪卜仁主编；中国政治协商会议福建省厦门市委员会编/厦门：厦门大学出版社/2015/

232. /第五节日本舰队武装恫吓/厦门文史丛书《厦门抗战岁月》/洪卜仁主编；中国政治协商会议福建省厦门市委员会编/厦门：厦门大学出版社/2015/

233. /第六节日本觊觎厦门目的何在/厦门文史丛书《厦门抗战岁月》/洪卜仁主编；中国政治协商会议福建省厦门市委员会编/厦门：厦门大学出版社/2015/

234. /附录X近日本对闽之侵略阴谋/厦门文史丛书《厦门抗战岁月》/洪卜仁主编；中国政治协商会议福建省厦门市委员会编/厦门：厦门大学出版社/2015/

235. /第二章全面抗战万众一心/厦门文史丛书《厦门抗战岁月》/洪卜仁主编；中国政治协商会议福建省厦门市委员会编/厦门：厦门大学出版社/2015/

236. /第一节共产党主导厦门抗战宣传动员/厦门文史丛书《厦门抗战岁月》/洪卜仁主编；中国政治协商会议福建省厦门市委员会编/厦门：厦门大学出版社/2015/

237. /第二节群众抗战救亡组织如雨后春笋/厦门文史丛书《厦门抗战岁月》/洪卜仁主编；中国政治协商会议福建省厦门市委员会编/厦门：厦门大学出版社/2015/

238. /第三节厦门人民救亡图存的激昂之声/厦门文史丛书《厦门抗战岁月》/洪卜仁主编；中国政治协商会议福建省厦门市委员会编/厦门：厦门大学出版社/2015/

239. /第四节厦门军政当局备战紧锣密鼓/厦门文史丛书《厦门抗战岁月》/洪卜仁主编；中国政治协商会议福建省厦门市委员会编/厦门：厦门大学出版社/2015/

240. /第三章军民浴血奋战保卫厦门/厦门文史丛书《厦门抗战岁月》/洪卜

仁主编；中国政治协商会议福建省厦门市委员会编/厦门：厦门大学出版社/2015/

241. /第一节日军密谋进犯厦门/厦门文史丛书《厦门抗战岁月》/洪卜仁主编；中国政治协商会议福建省厦门市委员会编/厦门：厦门大学出版社/2015/

242. /第二节厦门驻军顽强抵御/厦门文史丛书《厦门抗战岁月》/洪卜仁主编；中国政治协商会议福建省厦门市委员会编/厦门：厦门大学出版社/2015/

243. /附录一陆军第七十五师厦门守备队战斗详报/厦门文史丛书《厦门抗战岁月》/洪卜仁主编；中国政治协商会议福建省厦门市委员会编/厦门：厦门大学出版社/2015/

244. /附录二闽厦防御战/厦门文史丛书《厦门抗战岁月》/洪卜仁主编；中国政治协商会议福建省厦门市委员会编/厦门：厦门大学出版社/2015/

245. /附录三厦门保卫战牺牲将士英雄题名录/厦门文史丛书《厦门抗战岁月》/洪卜仁主编；中国政治协商会议福建省厦门市委员会编/厦门：厦门大学出版社/2015/

246. /第三节警民齐赴前线杀敌/厦门文史丛书《厦门抗战岁月》/洪卜仁主编；中国政治协商会议福建省厦门市委员会编/厦门：厦门大学出版社/2015/

247. /附录一赞死守厦门的勇士/厦门文史丛书《厦门抗战岁月》/洪卜仁主编；中国政治协商会议福建省厦门市委员会编/厦门：厦门大学出版社/2015/

248. /附录二漳属各县旅厦同乡会鼓浪屿分会代表许珊夫密陈/厦门文史丛书《厦门抗战岁月》/洪卜仁主编；中国政治协商会议福建省厦门市委员会编/厦门：厦门大学出版社/2015/

249. /厦门失陷真相，电请俯准迅派大员督师收复/厦门文史丛书《厦门抗战岁月》/洪卜仁主编；中国政治协商会议福建省厦门市委员会编/厦门：厦门大学出版社/2015/

250. /第四节日军登陆后大肆屠杀/厦门文史丛书《厦门抗战岁月》/洪卜仁主编；中国政治协商会议福建省厦门市委员会编/厦门：厦门大学出版社/2015/

251. /第四章抗战时期的鼓浪屿/厦门文史丛书《厦门抗战岁月》/洪卜仁主编；中国政治协商会议福建省厦门市委员会编/厦门：厦门大学出版社/2015/

252. /第一节救亡运动如火如荼/厦门文史丛书《厦门抗战岁月》/洪卜仁主编；中国政治协商会议福建省厦门市委员会编/厦门：厦门大学出版社/2015/

253. /第二节接济难民共体时艰/厦门文史丛书《厦门抗战岁月》/洪卜仁主编；中国政治协商会议福建省厦门市委员会编/厦门：厦门大学出版社/2015/

254. /附录一龙溪县救济院收留厦门籍难民名单/厦门文史丛书《厦门抗战岁月》/洪卜仁主编；中国政治协商会议福建省厦门市委员会编/厦门：厦门大学出版社/2015/
255. /附录二龙溪县救济院收留厦门籍难民死亡名单/厦门文史丛书《厦门抗战岁月》/洪卜仁主编；中国政治协商会议福建省厦门市委员会编/厦门：厦门大学出版社/2015/
256. /第三节日夺警权英美出局/厦门文史丛书《厦门抗战岁月》/洪卜仁主编；中国政治协商会议福建省厦门市委员会编/厦门：厦门大学出版社/2015/
257. /第四节血魂团抗日复土/厦门文史丛书《厦门抗战岁月》/洪卜仁主编；中国政治协商会议福建省厦门市委员会编/厦门：厦门大学出版社/2015/
258. /第五节兆和惨案血海深仇/厦门文史丛书《厦门抗战岁月》/洪卜仁主编；中国政治协商会议福建省厦门市委员会编/厦门：厦门大学出版社/2015/
259. /第六节袭击敌酋锄奸惩恶/厦门文史丛书《厦门抗战岁月》/洪卜仁主编；中国政治协商会议福建省厦门市委员会编/厦门：厦门大学出版社/2015/
260. /第七节海上花园坠入黑暗/厦门文史丛书《厦门抗战岁月》/洪卜仁主编；中国政治协商会议福建省厦门市委员会编/厦门：厦门大学出版社/2015/
261. /第八节敌我交错谍影重重/厦门文史丛书《厦门抗战岁月》/洪卜仁主编；中国政治协商会议福建省厦门市委员会编/厦门：厦门大学出版社/2015/
262. /第九节交通船往来国统区/厦门文史丛书《厦门抗战岁月》/洪卜仁主编；中国政治协商会议福建省厦门市委员会编/厦门：厦门大学出版社/2015/
263. /第五章抗战烽火中的厦门儿女/厦门文史丛书《厦门抗战岁月》/洪卜仁主编；中国政治协商会议福建省厦门市委员会编/厦门：厦门大学出版社/2015/
264. /第一节浴血奋战在抗日前线/厦门文史丛书《厦门抗战岁月》/洪卜仁主编；中国政治协商会议福建省厦门市委员会编/厦门：厦门大学出版社/2015/
265. /第二节鼓与呼在抗敌大后方/厦门文史丛书《厦门抗战岁月》/洪卜仁主编；中国政治协商会议福建省厦门市委员会编/厦门：厦门大学出版社/2015/
266. /第六章厦门籍华侨投身抗战/厦门文史丛书《厦门抗战岁月》/洪卜仁主编；中国政治协商会议福建省厦门市委员会编/厦门：厦门大学出版社/2015/
267. /第一节祖国抗战后援南侨先锋/厦门文史丛书《厦门抗战岁月》/洪卜

仁主编；中国政治协商会议福建省厦门市委员会编/厦门：厦门大学出版社/2015/

268./第二节前线敌后征战英勇报国/厦门文史丛书《厦门抗战岁月》/洪卜仁主编；中国政治协商会议福建省厦门市委员会编/厦门：厦门大学出版社/2015/

269./第三节李林双枪杀敌芳韵永存/厦门文史丛书《厦门抗战岁月》/洪卜仁主编；中国政治协商会议福建省厦门市委员会编/厦门：厦门大学出版社/2015/

270./第四节凌云钢X翻飞空军战士/厦门文史丛书《厦门抗战岁月》/洪卜仁主编；中国政治协商会议福建省厦门市委员会编/厦门：厦门大学出版社/2015/

271./第五节战时后方保障科技支撑/厦门文史丛书《厦门抗战岁月》/洪卜仁主编；中国政治协商会议福建省厦门市委员会编/厦门：厦门大学出版社/2015/

272./第六节秉笔当剑杀敌文化义士/厦门文史丛书《厦门抗战岁月》/洪卜仁主编；中国政治协商会议福建省厦门市委员会编/厦门：厦门大学出版社/2015/

273./第七节坚守民族气节威武不屈/厦门文史丛书《厦门抗战岁月》/洪卜仁主编；中国政治协商会议福建省厦门市委员会编/厦门：厦门大学出版社/2015/

274./第七章台胞在厦门的抗日复土运动/厦门文史丛书《厦门抗战岁月》/洪卜仁主编；中国政治协商会议福建省厦门市委员会编/厦门：厦门大学出版社/2015/

275./第一节抗战前，在厦台胞掀起抗日复土运动/厦门文史丛书《厦门抗战岁月》/洪卜仁主编；中国政治协商会议福建省厦门市委员会编/厦门：厦门大学出版社/2015/

276./第二节抗战爆发，台胞抗战复土总同盟成立/厦门文史丛书《厦门抗战岁月》/洪卜仁主编；中国政治协商会议福建省厦门市委员会编/厦门：厦门大学出版社/2015/

277./第三节李友邦与XX义勇队在厦活动/厦门文史丛书《厦门抗战岁月》/洪卜仁主编；中国政治协商会议福建省厦门市委员会编/厦门：厦门大学出版社/2015/

278./第四节厦门人支援台胞复土/厦门文史丛书《厦门抗战岁月》/洪卜仁

主编；中国政治协商会议福建省厦门市委员会编/厦门：厦门大学出版社/2015/

279. /第八章抗战胜利后的厦门/厦门文史丛书《厦门抗战岁月》/洪卜仁主编；中国政治协商会议福建省厦门市委员会编/厦门：厦门大学出版社/2015/

280. /第一节智救美军飞行员/厦门文史丛书《厦门抗战岁月》/洪卜仁主编；中国政治协商会议福建省厦门市委员会编/厦门：厦门大学出版社/2015/

281. /第二节欢天喜地庆胜利/厦门文史丛书《厦门抗战岁月》/洪卜仁主编；中国政治协商会议福建省厦门市委员会编/厦门：厦门大学出版社/2015/

282. /第三节日军洽降气焰消/厦门文史丛书《厦门抗战岁月》/洪卜仁主编；中国政治协商会议福建省厦门市委员会编/厦门：厦门大学出版社/2015/

283. /第四节接收厦门波折多/厦门文史丛书《厦门抗战岁月》/洪卜仁主编；中国政治协商会议福建省厦门市委员会编/厦门：厦门大学出版社/2015/

284. /第五节惩治汉奸伸正义/厦门文史丛书《厦门抗战岁月》/洪卜仁主编；中国政治协商会议福建省厦门市委员会编/厦门：厦门大学出版社/2015/

285. /第六节遣返日俘与日侨/厦门文史丛书《厦门抗战岁月》/洪卜仁主编；中国政治协商会议福建省厦门市委员会编/厦门：厦门大学出版社/2015/

286. /第七节战后损失大调查/厦门文史丛书《厦门抗战岁月》/洪卜仁主编；中国政治协商会议福建省厦门市委员会编/厦门：厦门大学出版社/2015/

287. /附录一厦门市抗战损失调查/厦门文史丛书《厦门抗战岁月》/洪卜仁主编；中国政治协商会议福建省厦门市委员会编/厦门：厦门大学出版社/2015/

288. /附录二救济总署沦陷区损失调查/厦门文史丛书《厦门抗战岁月》/洪卜仁主编；中国政治协商会议福建省厦门市委员会编/厦门：厦门大学出版社/2015/

289. /特辑新发现的厦门抗战报道/厦门文史丛书《厦门抗战岁月》/洪卜仁主编；中国政治协商会议福建省厦门市委员会编/厦门：厦门大学出版社/2015/

290. /厦新任市长高汉鳌昨接事/厦门文史丛书《厦门抗战岁月》/洪卜仁主编；

中国政治协商会议福建省厦门市委员会编/厦门：厦门大学出版社/2015/

291. /敌机飞兴和被击落一架传厦门昨亦发现敌机/厦门文史丛书《厦门抗战岁月》/洪卜仁主编；中国政治协商会议福建省厦门市委员会编/厦门：厦门大学出版社/2015/

292. /厦门港外敌舰逞暴金门难民纷纷逃厦/厦门文史丛书《厦门抗战岁月》/洪卜仁主编；中国政治协商会议福建省厦门市委员会编/厦门：厦门大学出版社/2015/

293. /敌图犯华南/厦门文史丛书《厦门抗战岁月》/洪卜仁主编；中国政治协商会议福建省厦门市委员会编/厦门：厦门大学出版社/2015/

294. /敌在鼓浪屿捕我青年并与英兵冲突/厦门文史丛书《厦门抗战岁月》/洪卜仁主编；中国政治协商会议福建省厦门市委员会编/厦门：厦门大学出版社/2015/

295. /不受奴化政策诱惑厦门依然是死市/厦门文史丛书《厦门抗战岁月》/洪卜仁主编；中国政治协商会议福建省厦门市委员会编/厦门：厦门大学出版社/2015/

296. /敌伪蹂躏下的厦门/厦门文史丛书《厦门抗战岁月》/洪卜仁主编；中国政治协商会议福建省厦门市委员会编/厦门：厦门大学出版社/2015/

297. /日伪妄图"复兴厦门"物资榨取的新花样/厦门文史丛书《厦门抗战岁月》/洪卜仁主编；中国政治协商会议福建省厦门市委员会编/厦门：厦门大学出版社/2015/

298. /日伪利用鼓浪屿作经济侵略/厦门文史丛书《厦门抗战岁月》/洪卜仁主编；中国政治协商会议福建省厦门市委员会编/厦门：厦门大学出版社/2015/

299. /厦门混乱民不聊生/厦门文史丛书《厦门抗战岁月》/洪卜仁主编；中国政治协商会议福建省厦门市委员会编/厦门：厦门大学出版社/2015/

300. /厦门日台浪人竟出售人肉两月来杀害难民八十余/厦门文史丛书《厦门抗战岁月》/洪卜仁主编；中国政治协商会议福建省厦门市委员会编/厦门：厦门大学出版社/2015/

301. /厦门血魂团的今昔/厦门文史丛书《厦门抗战岁月》/洪卜仁主编；中国政治协商会议福建省厦门市委员会编/厦门：厦门大学出版社/2015/

302. /厦门日军大收捐税搜购原料推销商品/厦门文史丛书《厦门抗战岁月》/洪卜仁主编；中国政治协商会议福建省厦门市委员会编/厦门：厦门大学出版社/2015/

303. /南进声中的厦鼓/厦门文史丛书《厦门抗战岁月》/洪卜仁主编；中国政治协商会议福建省厦门市委员会编/厦门：厦门大学出版社/2015/
304. /厦门敌军组伪“贸易公司”阴谋侵夺华侨商业/厦门文史丛书《厦门抗战岁月》/洪卜仁主编；中国政治协商会议福建省厦门市委员会编/厦门：厦门大学出版社/2015/
305. /敌伪毒化东北厦门汉奸亦贩运烟土/厦门文史丛书《厦门抗战岁月》/洪卜仁主编；中国政治协商会议福建省厦门市委员会编/厦门：厦门大学出版社/2015/
306. /厦敌防务空虚辎重物资移港储藏全市粮食用品奇缺/厦门文史丛书《厦门抗战岁月》/洪卜仁主编；中国政治协商会议福建省厦门市委员会编/厦门：厦门大学出版社/2015/
307. /魔窟惨状厦门米源断绝/厦门文史丛书《厦门抗战岁月》/洪卜仁主编；中国政治协商会议福建省厦门市委员会编/厦门：厦门大学出版社/2015/
308. /死岛厦门敌军力弱内部混乱米粮缺乏劫案时起/厦门文史丛书《厦门抗战岁月》/洪卜仁主编；中国政治协商会议福建省厦门市委员会编/厦门：厦门大学出版社/2015/
309. /今日鼓浪屿/厦门文史丛书《厦门抗战岁月》/洪卜仁主编；中国政治协商会议福建省厦门市委员会编/厦门：厦门大学出版社/2015/
310. /厦门鼓浪屿粮荒敌伪无处搜括已濒绝境/厦门文史丛书《厦门抗战岁月》/洪卜仁主编；中国政治协商会议福建省厦门市委员会编/厦门：厦门大学出版社/2015/
311. /厦门鼓浪屿漆黑一团/厦门文史丛书《厦门抗战岁月》/洪卜仁主编；中国政治协商会议福建省厦门市委员会编/厦门：厦门大学出版社/2015/
312. /美机袭厦门炸沉敌船扫射机场/厦门文史丛书《厦门抗战岁月》/洪卜仁主编；中国政治协商会议福建省厦门市委员会编/厦门：厦门大学出版社/2015/
313. /敌寇航运遭受威胁在港设护航司令部/厦门文史丛书《厦门抗战岁月》/洪卜仁主编；中国政治协商会议福建省厦门市委员会编/厦门：厦门大学出版社/2015/
314. /盟机三袭上海厦门、上海敌妇孺疏散/厦门文史丛书《厦门抗战岁月》/洪卜仁主编；中国政治协商会议福建省厦门市委员会编/厦门：厦

门大学出版社/2015/

315. /美机队连日广泛出击重创湘粤敌供应线/厦门文史丛书《厦门抗战岁月》/洪卜仁主编；中国政治协商会议福建省厦门市委员会编/厦门：厦门大学出版社/2015/

316. /黄河前线至怒江前线美机广泛炸敌/厦门文史丛书《厦门抗战岁月》/洪卜仁主编；中国政治协商会议福建省厦门市委员会编/厦门：厦门大学出版社/2015/

317. /东南海面盟舰艇活跃闽境敌军慌张/厦门文史丛书《厦门抗战岁月》/洪卜仁主编；中国政治协商会议福建省厦门市委员会编/厦门：厦门大学出版社/2015/

318. /美机轰击宁波、厦门豫鄂湘前线继续炸敌/厦门文史丛书《厦门抗战岁月》/洪卜仁主编；中国政治协商会议福建省厦门市委员会编/厦门：厦门大学出版社/2015/

319. /厦门三童行诗稿为精神动员示范/厦门文史丛书《厦门抗战岁月》/洪卜仁主编；中国政治协商会议福建省厦门市委员会编/厦门：厦门大学出版社/2015/

320. /厦门儿童救亡剧团活跃在西南战场上/厦门文史丛书《厦门抗战岁月》/洪卜仁主编；中国政治协商会议福建省厦门市委员会编/厦门：厦门大学出版社/2015/

321. /提高警觉鬼子特务诱骗厦门儿童/厦门文史丛书《厦门抗战岁月》/洪卜仁主编；中国政治协商会议福建省厦门市委员会编/厦门：厦门大学出版社/2015/

322. /厦门一惨剧青年不堪饥饿切腹自杀/厦门文史丛书《厦门抗战岁月》/洪卜仁主编；中国政治协商会议福建省厦门市委员会编/厦门：厦门大学出版社/2015/

323. /陷害鼓浪屿爱国同胞日战犯十四名提公诉/厦门文史丛书《厦门抗战岁月》/洪卜仁主编；中国政治协商会议福建省厦门市委员会编/厦门：厦门大学出版社/2015/

324. /后记/厦门文史丛书《厦门抗战岁月》/洪卜仁主编；中国政治协商会议福建省厦门市委员会编/厦门：厦门大学出版社/2015/

325. 王地久/改革开放前夕深圳农民现状调查分析/《深圳改革开放实录》/深圳市史志办公室编/深圳：深圳报业集团出版社/2015 年/第 45-54 页

326. 周华/试论改革开放与深圳香港边境态势/《深圳改革开放实录》/深圳市史志办公室编/深圳：深圳报业集团出版社/2015 年/第 55-64 页
327. 毛剑锋/深圳的立法实践与探索/《深圳改革开放实录》/深圳市史志办公室编/深圳：深圳报业集团出版社/2015 年/第 173-185 页
328. 伍凤兰，闫婷/深圳市户籍制度变迁研究/《深圳改革开放实录》/深圳市史志办公室编/深圳：深圳报业集团出版社/2015 年/第 215-240 页
329. 詹延钦/20 世纪 60 年代深圳对外文化演出活动及其影响/《史志管窥》集/深圳市史志办公室编/深圳：深圳报业集团出版社/2015 年/第 24-35 页
330. 詹延钦/文革前京剧《红灯记》对香港的影响/《史志管窥》集/深圳市史志办公室编/深圳：深圳报业集团出版社/2015 年/第 36-38 页
331. 周华/略论改革开放以来深圳香港关系/《史志管窥》集/深圳市史志办公室编/深圳：深圳报业集团出版社/2015 年/第 117-121 页
332. 王硕/中国经济特区成败：20 世纪 80 年代中期的辩论和抉择/《史志管窥》集/深圳市史志办公室编/深圳：深圳报业集团出版社/2015 年/第 129-137 页
333. 毛剑锋/深圳在生态文明法规建设的先行先试研究/《史志管窥》集/深圳市史志办公室编/深圳：深圳报业集团出版社/2015 年/第 179-183 页
334. 周华/关于新时期深圳社区党建工作的探讨/《史志管窥》集/深圳市史志办公室编/深圳：深圳报业集团出版社/2015 年/第 194-197 页
335. 黄小华/新编地方志如何"突出政治"的几点思考——以《深圳市志》为例/《史志管窥》集/深圳市史志办公室编/深圳：深圳报业集团出版社/2015 年/第 214-216 页
336. 黄卓践/关于深圳市地方志工作发挥公共服务功能的思考和建议/《史志管窥》集/深圳市史志办公室编/深圳：深圳报业集团出版社/2015 年/第 304-309 页
337. Cai Jiming/Strategic Coupling between 'One Belt and One Road' and 'New-type Urbanization'/2015 World Special Economic Zone Development Forum: 'One Belt and One Road' and Regional Development/Tao Yitao/Shenzhen Red East Culture Spreading co. Ltd/August 2015/p23-32, 10p
338. China's Great Comeback/China's Great Comeback/The Shipping Point: The

Rise of China and the Future of Retail Supply Chain Management//2015/

339. Cambodia: Close Tie with China against the United States'Shadow in Southeast Asia/2022 World Special Economic Zone Development Forum: 'One Belt and One Road' and Regional Development/Tao Yitao/Shenzhen Red East Culture Spreading co. Ltd/August 2015/p57-61, 5p

340. Fang Haofan/Economic Overview and Construction of the Development Zones of North Korea in 2014-2015/2028 World Special Economic Zone Development Forum: 'One Belt and One Road' and Regional Development/Tao Yitao/Shenzhen Red East Culture Spreading co. Ltd/August 2015/p119-128, 10p

341. Gadwlinasvetlana Yurievna/A Gathering Place of Trans-boundary Tour in Northeast Asia/2026 World Special Economic Zone Development Forum: 'One Belt and One Road' and Regional Development/Tao Yitao/Shenzhen Red East Culture Spreading co. Ltd/August 2015/p86-88, 3p

342. Gao Zhanguo/Heilongjiang Province Pushing the Implementation of 'One Belt and One Road' Strategy/2024 World Special Economic Zone Development Forum: 'One Belt and One Road' and Regional Development/Tao Yitao/Shenzhen Red East Culture Spreading co. Ltd/August 2015/p67-69, 3p

343. Georgi Aleksandroviki kowal/Improve thc Competitiveness of Russia Primorsky Krai Special Ecomonic Zone/2021 World Special Economic Zone Development Forum: 'One Belt and One Road' and Regional Development/Tao Yitao/Shenzhen Red East Culture Spreading co. Ltd/August 2015/p53-56, 4p

344. Guo Maojia/Shenzhen on the Waves of Popular Entrepreneurship and Innovation/2028 World Special Economic Zone Development Forum: 'One Belt and One Road' and Regional Development/Tao Yitao/Shenzhen Red East Culture Spreading co. Ltd/August 2015/p140-152, 13p

345. Huatos/Russian Primorsky Krai and the Emerging Areas of Various Province in nNortheast China/2028 World Special Economic Zone Development Forum: 'One Belt and One Road' and Regional Development/Tao Yitao/Shenzhen Red East Culture Spreading co. Ltd/August 2015/p96-97, 2p

346. Igorglushakov/Mutual Aid and Cooperation of Sino-Russia Business Association in Silk Road Construction/2016 World Special Economic Zone Development Forum: 'One Belt and One Road' and Regional Development/Tao Yitao/Shenzhen

Red East Culture Spreading co. Ltd/August 2015/p33-34, 2p

347. John A. Cassara/More Schemes and Facilitators/Trade-based Money Laundering: The Next Frontier in International Money Laundering Enforcement//october 2015/

348. Joseph T. Wells/Patriotic Game/Fraud Casebook: Lessons from the Bad Side of Business//September 2015/

349. K. Thomas Liaw/An Overview of China's Powerful and Growing Economy/Investment Banking and Investment Opportunities in China: A Comprehensive Guide for Finance Professionals//August 2015/

350. K. Thomas Liaw/Chinese Business and Financial Law/Investment Banking and Investment Opportunities in China: A Comprehensive Guide for Finance Professionals//August 2015/

351. Kerrschenker Alexander/Industrial Park Developed into the Basic Factor for the Rubbish Management Platform System of Special Economic Zones/2028 World Special Economic Zone Development Forum: 'One Belt and One Road' and Regional Development/Tao Yitao/Shenzhen Red East Culture Spreading co. Ltd/August 2015/p104-106, 3p

352. Klarakoukalova/Opportunities and Challenges for International Cooperation/2028 World Special Economic Zone Development Forum: 'One Belt and One Road' and Regional Development/Tao Yitao/Shenzhen Red East Culture Spreading co. Ltd/August 2015/p98-100, 3p

353. Luo Qinghe, Zeng Jing/ 'One Belt and One Road' &Construction of China FTA/2028 World Special Economic Zone Development Forum: 'One Belt and One Road' and Regional Development/Tao Yitao/Shenzhen Red East Culture Spreading co. Ltd/August 2015/p129-139, 11p

354. Marion Werner/From Manufactura to Mentefactura/Global Displacements: The Making of Uneven Development in the Caribbean//October 2015/

355. Natalyapetrovna lehrerva/Is It Necessary to Develop Trans-boundary Economic Cooperation Projects/2028 World Special Economic Zone Development Forum: 'One Belt and One Road' and Regional Development/Tao Yitao/Shenzhen Red East Culture Spreading co. Ltd/August 2015/p114-118, 5p

356. Qi Yahui/Construst 'One Belt and One Road' and Push Sino-Russian Cooperation and Development/2023 World Special Economic Zone Development Forum:

'One Belt and One Road' and Regional Development/Tao Yitao/Shenzhen Red East Culture Spreading co. Ltd/August 2015/p62-66, 5p

357. Qlenaelena Alexander Lofuna/Sino-Russia E-Retail Trade: Infrastructure, System and Comprehensive Possible Schemes/2025 World Special Economic Zone Development Forum: 'One Belt and One Road' and Regional Development/Tao Yitao/Shenzhen Red East Culture Spreading co. Ltd/August 2015/p70-85, 6p

358. Savinkinalarissa Alexandravna/Special Economic Zones' Schemes and National Human Resources in Asian-Pacific Region/2019 World Special Economic Zone Development Forum: 'One Belt and One Road' and Regional Development/Tao Yitao/Shenzhen Red East Culture Spreading co. Ltd/August 2015/p46-49, 4p

359. Shi Lei/Entire Logic Upgrading and Rebuilding for Special Economic Zone/2020 World Special Economic Zone Development Forum: 'One Belt and One Road' and Regional Development/Tao Yitao/Shenzhen Red East Culture Spreading co. Ltd/August 2015/p50-52, 3p

360. Sun Yuanxin/Shanghai Free Trade Pilot Zone Reform2. 0 Version/2028 World Special Economic Zone Development Forum: 'One Belt and One Road' and Regional Development/Tao Yitao/Shenzhen Red East Culture Spreading co. Ltd/August 2015/p109-113, 5p

361. Tao Yitao/Function&Roles of Local Government in Construction of the Economic Corridor in China, Mongolia and Russia/2018 World Special Economic Zone Development Forum: 'One Belt and One Road' and Regional Development/Tao Yitao/Shenzhen Red East Culture Spreading co. Ltd/August 2015/p41-45, 5p

362. Tian Qibo/Issues Related to Ecological Justice and International Cooperation/2027 World Special Economic Zone Development Forum: 'One Belt and One Road' and Regional Development/Tao Yitao/Shenzhen Red East Culture Spreading co. Ltd/August 2015/p89-95, 7p

363. Wang Hao/Consensus on the Investment Plan for the Multi-level Infrastructure in Asia/2028 World Special Economic Zone Development Forum: 'One Belt and One Road' and Regional Development/Tao Yitao/Shenzhen Red East Culture Spreading co. Ltd/August 2015/p107-108, 2p

364. Wu Zhong/Promote Chinese Culture to Go Global in the 'One Belt and One Road' Strategic Implementation/2017 World Special Economic Zone Development Forum:

'One Belt and One Road' and Regional Development/Tao Yitao/Shenzhen Red East Culture Spreading co. Ltd/August 2015/p35-40, 6p

365. Yuan Timing/Development Capacity of 'One Belt and One Road' Economies Enhanced by Market Space/2028 World Special Economic Zone Development Forum: 'One Belt and One Road' and Regional Development/Tao Yitao/Shenzhen Red East Culture Spreading co. Ltd/August 2015/p101-103, 3p

后　记

本书是一部较为全面地反映经济特区研究学术成果的系列文献索引，并已纳入本人所主持的国家社科基金重大项目“中国经济特区发展史（1978—2018）”的阶段性文献研究与整理类成果，同时是深圳大学中国经济特区研究中心正在建设中的“中国经济特区研究数据库”的研究内容之一，是其子数据库“文献数据索引子数据库”的组成部分。

本书收录2011—2015年关于经济特区研究的文献。文献分类参考GB 7714—87《文后参考文献著录规则》及《中国学术期刊（光盘版）检索与评价数据规范》，并在常用8类用文献类型中选择以下5类文献进行编撰，即著作、期刊论文、学位论文、报纸文章及析出文献。本书具有以下特点。其一，文献数量多，内容更加充实。其二，视角多元化，重点突出。就产业来讲，其涉及一些新兴产业，如医药学、生态产业等，这与中国产业结构的调整和发展趋势相吻合。但收录还是以经济领域为重点，这或许也正是我们未来要突破的地方。因为随着市场经济的确定和逐步走向成熟，对特区问题的研究也越来越多，甚至超出对经济社会问题的全方位研究。其三，搜索方式上采用了线上线下相结合，既有对现有数据库进行的梳理，又有通过整理和收集各类相关研究文献，购买一系列珍贵的纸质版研究文献和内部研究资料，使本书更为全面地收集、反映了这一时期研究文献的索引数量和范围。

参与《经济特区研究文献索引（第五辑）》研究文献整理与编撰工作的是中国经济特区研究中心的老师与研究生们。

陶一桃教授负责本书整体构思、策划及编辑的组织和最终稿审定工作。

钟若愚教授负责本书的具体构思及框架设计的组织实施工作，对历年索引文献进行编撰、审核和修订。

王保卫老师负责本书文献整理和相关技术处理，组织检索收集文献并形成初稿，完成文献索引编撰和修订工作。

赖秀玫同学负责本书2011—2015年中文期刊、著作文献的检索、收录、初步整理，并参与后期校稿相关工作；刘光明同学负责本书2011—2015年中文学位论文、报纸文章、析出文献的检索、收录及初步整理；陈震俊同学负责本书外文文献检索、收集及初步整理。他们分别是2015级和2014级会计专业硕士研究生。李聿岢、徐卓怡和张先虹同学，在书稿后期的编撰、校对等工作中作出重要贡献，张先虹同学在出版前最后一稿完成了大量修正，他们均为2020级国际经济与贸易专业硕士研究生。上述同学以踏实的工作态度和认真的治学精神为书稿的顺利成形作了重要的贡献。此外，张佩素老师协助完成书稿内部文献的收集和整理工作。郑思嘉老师在资料收集整理、后期编辑出版中作出了贡献。

由于文献检索者的学识局限性，加之信息检索领域本身在不断丰富与发展，所以本书在内容和索引编排上难免存在疏漏甚至错误，以飨读者的同时，期望得到广大读者的建议与批评。

陶一桃

2022年4月25日于荔园